# L'ART
# DE LIRE

# L'ART DE LIRE

QUENTIN M. HOPE
INDIANA UNIVERSITY

Macmillan Publishing Company
New York
Collier Macmillan Publishers
London

| | |
|---|---|
| PRODUCTION | Michael Bass & Associates |
| TEXT DESIGN | Linda M. Robertson |
| COMPOSITION | G&S Typesetters |
| DRAWINGS | Annemarie Mahler |

Macmillan Publishing Company
866 Third Avenue, New York, New York 10022

Collier Macmillan Canada, Inc.

Library of Congress Cataloging-in-Publication Data

Hope, Quentin M. (Quentin Manning)
  L'art de lire.

  Text in French with English notes and vocabularies.
  1. French language—Text-books for foreign speakers—
English.  2. French language—Readers.  I. Title.
[PC2129.E5H66  1988]      448.6'421        87-14088
ISBN 0-02-356920-4

Printing:  1  2  3  4  5  6  7     Year:  8  9  0  1  2  3  4

ISBN 0-02-356920-4

# INTRODUCTION

**L'Art de lire** is addressed to students who have begun the study of French, but have not yet achieved reading proficiency. Its purpose is to provide interesting and accessible stories that help students develop the basic techniques for reading a foreign language.

There are a few fundamental rules to follow:

1. *Use the context.* When you come to a part of the story that you cannot understand, use the context to make an assumption about the meaning. Then continue reading to see if what follows clarifies the meaning. Use logic and common sense. It also helps to use the broader context—the genre of the story. In a detective story, for example, think of the kind of questions a detective is likely to ask, what suspects or witnesses are likely to say or do.

2. *Recognize cognates.* If a word looks similar to an English word and seems to fit the context, it is almost surely a cognate—a word with the same or a similar meaning as its English relative, even though its spelling may be quite different. Beneath a difficult-looking word is often a simple and recognizable cognate, such as *escape* for **échapper**. Identifying the meaning often involves moving from the cognate, which is often a lower-frequency word or a word with a somewhat different or more narrow meaning, to the broader, higher-frequency word. For example, the cognate of **drôle** is *droll,* but the usual English equivalent is *funny.* Cognates, and partial cognates like **drôle**, are presented in the context of short sentences in the **préparation à la lecture** that precedes the reading in which they will appear.

3. *Recognize structure.* When reading in a foreign language you must learn to understand sentence structure. You have to recognize the subject, verb, and object of the sentence, and know negative from affirmative, past from present, real action from hypothetical action, and so on. Many of these structural elements are learned early on in the study of French, but the points of grammar that are essential for reading comprehension are also highlighted in the **préparation à la lecture**.

4. *Learn vocabulary.* In addition to gaining the essential reading techniques of using the context and recognizing cognates and structures, it is also important to expand your recognition of vocabulary. The

**préparation à la lecture** introduces vocabulary from the reading. A special section of **mots-clés**—key words—is presented separately in the early chapters. These are very common and useful words that it is important to learn well.

5. *Read for understanding.* Try to grasp the meaning directly without detouring through English. Visualize the action and the characters, even acting out their gestures now and then. Translation of difficult passages can sometimes be useful, particularly if it helps you see where the problem was and how to avoid it in the future. However, try never to waste time thinking of the English for what you already understand in French. Concentrate on meaning, not on isolated words.

6. *Review.* Periodic review will help you retain what you have learned. One way to review is to reread the stories. A quicker way is to reread the short passages in the first part of each **préparation à la lecture** under the headings **mots apparentés**, **mots partiellement apparentés**, **mots-clés**, and **vocabulaire**. They contain all of the important idioms and vocabulary from the reading selection that follows. The **révisions**, which appear after every three or four reading selections, summarize the stories while stressing cognate recognition. An effective way to review the content of the stories is to reread the **résume de l'action** exercises that appear in the **activités** sections following the readings.

*The Stories.* The stories in **L'Art de lire** are the heart of the book. Many readers have appreciated these stories, finding them to be intriguing or funny, moving or exciting. Everyone enjoys reading a well-paced, interesting short story. Curiosity about the outcome holds our attention to the last page. Along the way we discover something about what other people's lives are like, how they feel, and how they behave. Reading French stories, you will meet people whose culture, attitudes, and preconceptions are unfamiliar in some ways, and yet very recognizably human.

In the first stories of this book, Simenon introduces you to the shrewd, resourceful, and bluff-mannered detective, Maigret, using his powers of logic and understanding of human motivation to solve seemingly insoluble mysteries. Then Maupassant presents pompous citizen-soldiers delighted at capturing a single, defenseless, and cowardly enemy; humble civilians whose own encounter with the enemy puts their character to a harsh test; a loving husband and a self-important bureaucrat, both of whom are suddenly shocked out of their complacency. Many different kinds of stories follow, stories about the joys and suffering of childhood, about deceit and self-deception, about the conflict between father and son and between man and woman, about love and altruism, hatred and selfishness, truth and falsehood. There is much variety in the stories and in the way different readers respond to them, but the adventures they recount and the characters they introduce you to all add a dimension to your experience of life, one that only fiction can provide.

# TO THE INSTRUCTOR

*L'Art de lire* is meant to adapt itself with as much flexibility as possible to the method of presentation the instructor finds appropriate. It may be used successfully at the second-year level with third-semester students who have had little previous reading experience. The Première Partie may be used in conjunction with a conversational review grammar in a third-semester four-skill course and the Deuxième Partie in the fourth-semester course that follows it. In addition, both the Première and Deuxième Parties can be covered in a third-semester reading track course.

The stories are gradated. The book assumes that students have a recognition vocabulary of about 250 non-cognates. Each chapter adds some 25 to 30 non-cognates presented in the **préparation à la lecture** and in its exercises. The earlier readings are shortened to make them more accessible. The number of cuts diminishes as the Première Partie progresses, and in the Deuxième Partie there are omissions from the complete text only in the selections from François Truffaut and Marcel Pagnol. Low-frequency words and expressions are explained in footnotes. The placement of the longer stories first should help students concentrate on developing reading skills early in the course.

Students should study the parts of the **préparation à la lecture** entitled **mots apparentés, mots partiellement apparentés, mots-clés,** and **vocabulaire** before going into the reading. These words are not glossed in the reading. Apart from that, the decision about which of the other materials in the text to use and how to use them will depend upon the method and objectives of the instructor.

In each **préparation à la lecture** a few of the points of grammar that come up in the reading selection that follows are presented. This is not meant to review active command of grammar but to help students become more familiar with the structures they need to recognize in order to read well.

The exercises that conclude each **préparation à la lecture** consolidate command of the vocabulary presented. They are intended to help the student prepare for the reading and are not necessarily to be gone over in class, although it is sometimes helpful to do so.

The marginal questions provide a convenient and rapid way of going over the reading, and can help students find their way through a difficult passage. They are presented unobtrusively, so that instructors who wish to omit them can easily do so.

The post-reading **activités** include a variety of **résumé de l'action** exercises. These are true/false, multiple-choice, and sentence-completion exercises, or exercises that call for identification of characters, actions, or objects from the story. They are presented in narrative order and are sufficiently detailed to cover all of the significant action of the reading. Instructors may wish to choose between them, or occasionally to omit them in favor of the marginal questions or the more general

**sujets de discussion orale ou écrite** that follow. The **sujets de discussion** bring the vocabulary of the story into more active use, invite students to think about its meaning, and provide a framework in which they can discuss what pleases, bothers, or puzzles them about it—the motivation of the characters, the plausibility of the plot, and so forth.

Most of the exercises, in the **préparations à la lecture,** in the **activités,** and in the **révisions** are lettered and numbered so that a key can be provided if that seems desirable. Instructors who would like a key to the exercises and a series of objective tests accompanying each **révision** may obtain an Instructor's Handbook from the publisher.

There are several people I would like to thank: Annemarie Mahler for her illustrations, Denise France for her help and encouragement when the manuscript was at an earlier stage, and the many associate instructors at Indiana University who used the pre-publication version of the book. Among them, I especially want to thank Roger Pieroni for his meticulous reading of the entire text.

QUENTIN M. HOPE

# TABLE DES MATIÈRES

## PREMIÈRE PARTIE                                                    1

### GEORGES SIMENON

| | | |
|---|---|---|
| 1 | La Vieille Dame de Bayeux (I) | 3 |
| 2 | La Vieille Dame de Bayeux (II) | 17 |
| 3 | La Vieille Dame de Bayeux (III) | 31 |
| RÉVISION | La Vieille Dame de Bayeux (I–III) | 44 |
| 4 | La Vieille Dame de Bayeux (IV) | 47 |
| 5 | La Vieille Dame de Bayeux (V) | 59 |
| 6 | La Vieille Dame de Bayeux (VI) | 73 |
| RÉVISION | La Vieille Dame de Bayeux (IV–VI) | 86 |
| 7 | L'Auberge aux Noyés (I) | 89 |
| 8 | L'Auberge aux Noyés (II) | 104 |
| 9 | L'Auberge aux Noyés (III) | 118 |
| 10 | L'Auberge aux Noyés (IV) | 132 |
| RÉVISION | L'Auberge aux Noyés (I–IV) | 148 |

### GUY DE MAUPASSANT

| | | |
|---|---|---|
| 11 | L'Aventure de Walter Schnaffs (I) | 151 |
| 12 | L'Aventure de Walter Schnaffs (II) | 164 |
| 13 | Le Protecteur | 176 |
| RÉVISION | L'Aventure de Walter Schnaffs (I–II) et Le Protecteur | 190 |

## DEUXIÈME PARTIE                                                  193

### GUY DE MAUPASSANT (suite)

| | | |
|---|---|---|
| 14 | Les Bijoux (I) | 195 |
| 15 | Les Bijoux (II) | 209 |
| 16 | Deux Amis (I) | 224 |

17 Deux Amis (II) 237
RÉVISION Les Bijoux (I–II) et Deux Amis (I–II) 249

## GILBERT CESBRON

18 «En Cas de danger tirez la poignée...» 251
19 La Couronne 264
20 Ouah Ouah... 278
21 La Furie 294
RÉVISION Les Quatre Contes de Gilbert Cesbron 307

## CLAIRE MARTIN

22 Femmes 311

## FRANÇOIS TRUFFAUT: extraits de *L'Argent de poche*

23 Le Déjeuner de Sylvie 325
24 Quel est le secret de Julien? 341

## MARCEL PAGNOL: extrait de *La Gloire de mon père*

25 Au Parc Borély avec Tante Rose 358

## ANDRÉE CHEDID

26 La Chèvre du Liban 373
RÉVISION Les Cinq Derniers Contes 388

*VOCABULAIRE* 393

# PREMIÈRE PARTIE

# CHAPITRE 1
# LA VIEILLE DAME DE BAYEUX (I)

## *Préparation à la lecture*

## LEXIQUE

### MOTS APPARENTÉS

**Les mots apparentés** are cognates, related words having more or less the same meaning in French as in English. The spelling may be the same, or slightly different, as in **nièce**–*niece,* or quite noticeably different, as in **neveu**–*nephew.* Sometimes there is an extra syllable in the French cognate, as in **orphelin**–*orphan* or **résultat**–*result.* Harder to recognize are words whose English cognates have syllables that do not appear in French, such as **trahir**–*betray* or **nier**–*deny.* Some of the cognates that appear in the first reading selection are listed below.

| | |
|---|---|
| Phillipe est le **neveu** de la dame. | nephew |
| Cécile est **orpheline.** | orphan |
| Maigret la questionne avec **circonspection.** | circumspection |
| En répondant elle se **voile** la face de la main. | veils |
| Maigret veut savoir quels sont les **faits.** | facts |
| Ce qu'elle lui dit lui semble assez **curieux.** | curious |
| the **-ieux** ending: sér**ieux,** env**ieux,** stud**ieux** | usually *-ious* |

# MOTS PARTIELLEMENT APPARENTÉS

Partial cognates are cognates whose English equivalents occur less frequently than the French words, or whose meanings are slightly different. They serve as stepping stones between the French word and the more commonly used English word that conveys the same meaning. You may not recognize some of the words as cognates the first time you read them, but once you realize that a word has an English relative it becomes easier to remember it the next time it appears. Some of the partial cognates that appear in the first reading selection are listed below.

| | | |
|---|---|---|
| Cécile **débute** dans la vie. | cf. debut | is beginning |
| Le **hasard** a fait que la | hazard | chance |
| vieille **dame** l'a gardée. | dame | lady |
| Elle dit: je vais vous **expliquer**. | explicate | explain |
| Croyez-moi, je vous en **prie**, | pray | beg |
| je vous en **supplie**. | supplicate | beg |
| La dame n'a pas eu une | | |
| **crise cardiaque**. | cardiac crisis | heart attack |
| Je ne suis pas une **folle**. | fool | madwoman |
| Les Deligeard sont **coupables**. | culpable | guilty |
| **En somme**, dit-il, vous les accusez. | in sum | in short |

Sometimes the partial cognate is only one of the meanings of the word. Recognizing it, however, may help you remember the other meaning. Primary meanings are numbered 1. Secondary meanings are numbered 2.

| | | |
|---|---|---|
| Il **garde** sa pipe à la bouche. | 2. guards | 1. keeps |
| Puis il la **retire**. | 2. retires | 1. withdraws, takes out |
| Enfin il se **retire**. | 2. retires | 1. leaves |
| Il va faire une **enquête**. | 2. inquest | 1. inquiry |
| Qui **a assassiné** la dame? | 2. assassinated | 1. murdered |

Note that the circumflex accent in **enquête** becomes the -s in *inquest*. The circumflex accent often corresponds to an -s in English. Remembering this equivalence makes many cognates easy to understand. For example:

la forêt    la conquête    le mât    la hâte    l'île

Other similar cognates may be slightly harder to recognize alone, but in context their meaning should be clear:

la côte Atlantique    les bêtes de la forêt    ça coûte cent francs

## FAUX AMIS

**Faux amis**—false friends—is the name sometimes given to cognates whose true meanings are different from what they appear to be. They can cause confusion. Nonetheless, the apparent but wrong meaning is often not too distant from the real meaning, and once you have learned it the false cognate may help you remember what the word really means. The false cognates that appear in the first reading selection are listed below:

| | | |
|---|---|---|
| Je **reste** ici. | not: rest | but: stay |
| Il **prétend** être innocent. | not: pretends | but: claims, alleges |

## MOTS-CLÉS (KEY WORDS)

Certain prepositions, conjunctions, and adverbs, as well as certain high-frequency idiomatic expressions are listed as "key words." They are words that occur often, are rarely cognates, and cannot usually be understood from the context alone. Reading is faster and more pleasurable if you know the meanings of these words well, without having to grope or guess. The key words that appear in the first reading selection are listed below. Make a point of learning those that you do not already know.

| | |
|---|---|
| J'explique **pour que** vous compreniez. | I am explaining *so that* you will understand. |
| **Il vaut mieux** vous expliquer. | *It is better* that I (*I had better*) explain. |
| J'ai débuté **comme** bonne **chez** Mme Croizier. | I began *as* a maid *at* Madame Croizier's (*at* Madame Croizier's *house*). |
| Elle m'a gardée **auprès d'**elle. | She kept me *near* (*by, with*) her. |
| **Donc,** j'habite ici. | *Therefore,* I live here. |
| Je n'avais personne **sinon** elle. | I had no one *except* her. |
| **Au fait,** quand êtes-vous allée à Caen? | *By the way,* when did you go to Caen? |
| J'y étais **vers** cinq heures, **ensuite** j'ai fait des courses **puis** je suis retournée, **dès** six heures, c'est à dire **à peine** une heure plus tard. | I was there *around* five, *next,* I did some errands *then* I came back, *by* (*as early as*) six, that is to say *scarcely* an hour later. |

## VOCABULAIRE

This section will regularly include additional vocabulary items that will appear in the reading selection that follows. Like the cognates and the key words, some of these will probably be words you already know. If you do not know the word, try to use the context to guess at the meaning before checking the English in the right-hand column.

Some of the words under **Vocabulaire** could actually have been listed as cognates, but since they may be somewhat harder to recognize as cognates they are included here. (For example, **valoir**—*to be worth* is related to *value,* **porter plainte**—*to bring an action* is related to *complaint.*)

Maigret **jette les yeux** sur la lettre.

Maigret *glances* at the letter.

Cécile a débuté comme **bonne**, pas comme **cuisinière**.
Elle appelle Mme Croizier sa **tante**.

Cécile began as a *maid,* not as a *cook.*
She calls Madame Croizier her *aunt.*

La dame est allée à Caen **se soigner** les dents et faire des **courses**. Elle a dit que si un **malheur** lui arrivait le premier **soin** de Cécile devrait être d'**exiger** une enquête.

The lady went to Caen *to take care of* her teeth and to do *errands.* She said that if a *misfortune (accident)* happened to her Cécile's first *care* should be to *insist on* an investigation.

Mais ces **craintes** de vieille femme, **valent**-elles quelque chose?

But these *fears* of an old woman, *are* they *worthy* of notice?

Cécile croit que oui.
Elle **soupire**.

Cécile thinks they are.
She *sighs.*

Cécile a les **larmes** aux yeux.

Cécile has *tears* in her eyes.

Elle va **porter plainte** contre Phillipe.

She is going to *bring an action* against Phillipe.

Maigret va **se renseigner**.

Maigret will *make inquiries.*

# GRAMMAIRE

To understand what you are reading it is not enough to know what the individual words mean. You have to know how the words fit together to make the meaning, whether the action is past, present, or future, what the pronouns refer to, and so forth. In each lesson a few of the points of grammar that come up in the reading selection are presented. The focus is on reading comprehension, thus the emphasis is not quite the same as when you are learning to speak and write.

## LES TEMPS DU PASSÉ

Different past tenses express different aspects of the past, but all express past action.

The **passé composé**, like the other compound tenses, is conjugated with an auxiliary verb, either **avoir** or **être**.

| | |
|---|---|
| Maigret **a soupiré**. | Maigret *sighed*. |
| Sa tante **est allée** à Caen. | Her aunt *went* to Caen. |
| Ses yeux **se sont voilés**. | Her eyes *dimmed*. |

It is important to distinguish between **être** as a verb in the present and **être** as an auxiliary verb followed by the past participle.

| | |
|---|---|
| Cécile **est retournée**. | Cécile *returned*. |
| Cécile **est fatiguée**. | Cécile *is tired*. |

The **imparfait** does not express completed actions like the **passé composé**, but expresses a state of being in the past, habitual action, or interrupted action. The distinction is less important for reading comprehension than it is for speaking or writing. An **imparfait** like **il fumait**, for example, can often be understood simply as expressing past action: *he smoked*. When it expresses interrupted or ongoing action, however, it can only be rendered by *he was smoking*.

| | |
|---|---|
| Maigret **fumait** quand Cécile est entrée. | Maigret *was smoking* when Cécile came in. |

The **plus-que-parfait** (pluperfect) is formed by the imperfect of the auxiliary plus the past participle. In French as in English it expresses past action that took place before another action in the past.

| | |
|---|---|
| Il **avait perdu** sa fortune. | He *had lost* his fortune. |

If the auxiliary verb is **être** its English equivalent is *had,* not *was* or *were*.

| | |
|---|---|
| Elle **était** restée à Bayeux. | She *had* stayed in Bayeux. |

## LE PARTICIPE PRÉSENT OU GÉRONDIF

The verb form ending in **-ant**, corresponding to one of the uses of the *-ing* ending in English, expresses action simultaneous with the action of the main verb and is often preceded by **en**.

| | |
|---|---|
| **Retirant** sa pipe de la bouche, | *Taking* his pipe *out* of his mouth, |
| il a soupiré. | he sighed. |
| Il prend des notes en lui **parlant**. | He takes notes while *talking* to her. |

## LES PRONOMS RELATIFS: **QUE, QUI, CE QUE, CE QUI**

The relative pronouns **qui** and **que** (*that, which,* or *who, whom* when the antecedent is a person) rarely present a difficulty to the reader. As for **ce qui** and **ce que**, they can usually be translated by *what*.

| | |
|---|---|
| Dites-moi **ce qui** est arrivé. | Tell me *what* happened. |
| C'est un accident **qui** est arrivé hier. | It is an accident *that* happened yesterday. |
| Savez-vous **ce que** vous dites? | Do you know *what* you are saying? |
| C'est une histoire **que** vous avez inventée. | It's a story (*that*) you made up. |

## LES EXPRESSIONS NÉGATIVES

In addition to **ne... pas** and **ne... jamais**, two other negative expressions occur in the reading selection: **ne... guère** and **ne... aucun(e)**.

| | |
|---|---|
| Phillipe **ne** l'aime **guère**. | Phillipe *scarcely* likes her. or: Phillipe *doesn't* like her *much*. |
| Mais il **n**'y a **aucune** base à son accusation. | But there is *no* basis *at all* to her accusation. |

**Ne... que** (*only*) presents a special case because it is not a negative expression at all. Generally speaking, to think of **ne** alone as conveying a negative sense is often misleading. Look rather at the word that comes after the verb: **jamais**: *never,* **guère**: *scarcely,* **que**: *only*.

| | |
|---|---|
| Phillipe **n**'avait **qu**'à attendre. | Phillipe had *only* to wait. or: All that Phillipe could do was wait. |

## POUR MIEUX COMPRENDRE

Further points of grammar or usage that can expand your reading comprehension are considered under this heading.

A basic principle to follow is reading for meaning. If you feel unsure of the meaning, do not translate word for word, but try to grasp the thought of the phrase. You can often make sense of a phrase by leaving out the words you don't know. Conversely, you may need to add a word or two in your mind to clarify the meaning.

For example: prepositions are often omitted before place names in French, and a house or building may be signified simply by its address.

| | |
|---|---|
| Vous habitez Bayeux? | Do you live *in* Bayeux? |
| Elle est morte rue des Récollets. | She died *in the house on* rue des Récollets. |

# EXERCICES

## RÉSUMÉ DE LA GRAMMAIRE

Les exercices de chaque leçon commencent par quelques phrases qui résument la grammaire présentée dans la leçon. Lisez-les. Si vous n'êtes pas sûr de les comprendre, relisez la grammaire de la leçon.

1. Dites-moi **que** vous avez compris.
2. Dites-moi **ce que** vous avez compris.
3. Moi, je **ne** comprends **guère**.
4. Moi, je **n'**ai **aucune** difficulté pour comprendre.
5. Maigret prend des notes **en écoutant** Cécile.
6. Elle **était** malheureuse. Si seulement sa tante n'**était** pas allée à Caen!
7. Elle **ne** peut penser **qu'**à ça.
8. Elle est allée rue des Récollets.

## MOTS-CLÉS

A. Lisez le passage suivant en remplissant les tirets par le mot convenable.

   a. auprès de　　　　　d. pour que
   b. comme　　　　　　e. sinon que
   c. dès

Je vous explique la situation __1__ vous compreniez. Quand j'ai débuté __2__ bonne chez Mme Croizier elle ne savait rien de moi __3__ j'étais orpheline. Mais __4__ le début elle m'a aimée et elle a décidé de me garder __5__ elle.

B. Lisez le passage suivant en remplissant les mots en caractères gras par un synonyme.

    a. au plus           d. puis

    b. chez             e. vers

    c. donc

Cécile vivait **dans la maison de** (1) Mme Croizier. Elle l'aimait beaucoup. **Pour cette raison** (2) elle était désolée quand Mme Croizier est morte. Mme Croizier était allée à Caen. Caen est à une demi-heure **à peine** (3) de Bayeux. Cécile y est allée **à environ** (4) quatre heures de l'après-midi. **Ensuite** (5) elle est retournée à Bayeux le même jour.

## VOCABULAIRE

C. Lisez le passage suivant en remplissant les tirets par le mot convenable.

    a. bonne           e. larmes

    b. craintes        f. prêter

    c. cuisinière      g. soigner

    d. exige

Chez les Deligeard la préparation du dîner est faite par la __1__ . Le service est fait par la __2__ . Mais ils ne sont pas riches. Phillipe doit demander à la banque de lui __3__ de l'argent, et la banque __4__ des garanties de paiement sérieuses.

    Sa tante, qui est riche, est allée à Caen pour se faire __5__ les dents. Elle y est morte. Quand Cécile y pense elle a les __6__ aux yeux. Elle accuse les Deligeard. Mais Maigret lui dit que les vieilles femmes ont des __7__ irrationnelles.

D. Lisez le passage suivant en remplaçant les mots en caractères gras par un synonyme. Faites attention aux changements de genre.

    a. accident        e. porter plainte

    b. ce que valent     f. regarde

    c. les faits        g. se renseigner

    d. préoccupation    h. vaut mieux

Maigret **jette les yeux sur** (1) la lettre du procureur. Le procureur lui dit qu'il **est préférable d'** (2) être prudent. Il paraît qu'il est arrivé un **malheur** (3) à une vieille dame. Mais Cécile croit que Phillipe, le neveu de la dame, l'a assassinée. Elle va donc **le dénoncer** (4) . Elle veut que justice soit faite. C'est son premier **soin** (5) .

    Mais Maigret se demande **quelle est la valeur de** (6) ces accusations. Avant de continuer l'enquête Maigret veut **s'informer** (7) . Il veut savoir **ce qui est vraiment arrivé** (8) .

# PRESENTATION OF THE READING

Footnotes, appearing either in French or in English, explain words or expressions not presented in the **leçon**, or offer a hint that should help you figure out the meaning for yourself. Also, certain cognates that have not been presented in the **leçon** are marked by a triangle (△). By knowing that a word is a cognate and looking at its context, you should be able to determine its meaning.

# GEORGES SIMENON

The first two stories in this book are by Georges Simenon, an extraordinarily prolific and popular author of detective novels, who also wrote a number of long short stories. The two that appear here have been cut to about half of their original length to make them more accessible to readers whose reading skills in French are not yet fully developed. Simenon is a good author for beginning readers because he is a master storyteller in the detective story tradition. Reading French—like reading anything—involves a process of recognition and discovery. You will find these two elements well-balanced in reading Simenon. The detective story is a genre that we all recognize, with its crime, motive, clues, murder weapon, mystery, and solution. Being familiar with this underlying structure will make it easier to understand the stories that follow.

The first story, *"La Vieille Dame de Bayeux,"* is in six installments. The second story, *"L'Auberge aux noyés,"* is in four. These relatively long stories at the beginning should help you concentrate on developing basic reading skills in a systematic and cumulative way. Another advantage of the longer story is that the same characters, atmosphere, and situation, even, to some extent, the same vocabulary appear from one installment to the next. The shorter stories that follow are in one or two installments, and present a wider range of difficulties.

Simenon is the creator of **le commissaire** Maigret, a detective who joins the ranks of Sherlock Holmes, Lord Peter Whimsey, Hercule Poirot, and a few others as one of the memorable characters of detective fiction. A middle-aged, comfortable figure of a man, Maigret is very fond of his pipe, a cool beer in a neighborhood café, and the well-prepared meals that his devoted wife serves him when he is not too busy on a case. He has a keen knowledge of human nature, an instinctive liking for simple, unpretentious people, and a certain distrust for the well-to-do and the well-established. His mind is shrewd, penetrating, and indefatigable, his style easy and informal, his tone alternately cordial, teasing, ironic, or gruff, depending on what he wants to find out from his interlocutor or how he is doing on the case. Although his acquaintance with the seamier side of human behavior is a long one, he keeps his sense of moral outrage at cold-blooded meanness and brutality, and on rare occasions, as at the end of *"La Vieille Dame de Bayeux,"* it surfaces in an outburst of anger and scathing irony.

In *"La Vieille Dame de Bayeux"* we find him away from his usual base of action, which is police headquarters in Paris, moving uncomfortably in the stuffy, secretive, provincial atmosphere of Caen, the Norman city to which he has been called to reorganize the mobile police squad. While he is on detachment in Caen his immediate superior is the district attorney, **le Procureur de la République**. As the story opens Maigret sits in his office in Caen, glancing at a note from **monsieur le procureur**.

tout cela est du passé

## LA VIEILLE DAME DE BAYEUX (I)

—Asseyez-vous, mademoiselle, a soupiré Maigret, en retirant à regret sa pipe de la bouche. Et il a jeté les yeux sur la lettre du procureur qui disait: «Affaire de famille. Entendez Cécile Ledru, mais gardez la plus grande circonspection.»

—Je vous écoute, mademoiselle Ledru. Votre âge?

—Vingt-huit ans.

—Profession?

—Je suppose qu'il vaut mieux tout vous expliquer pour que vous compreniez ma situation. J'étais orpheline et j'ai débuté dans la vie, à quinze ans, comme bonne...

—Continuez, je vous en prie...

—Le hasard m'a placée chez Mme Croizier à Bayeux. Je vous parlerai d'elle après. Je vous dirai seulement qu'elle s'est prise d'affection pour moi.[1] Plus tard, c'est comme demoiselle de com-

1. Que fait Maigret avant d'interroger Cécile Ledru?
2. Que dit la lettre du procureur?

3. Quels sont l'âge et la situation de famille de Cécile?

[1] **elle s'est prise d'affection pour moi**    *she took a liking to me*

pagnie[2] qu'elle m'a gardée auprès d'elle et elle voulait que je l'appelle tante Joséphine...

—Donc, vous habitez Bayeux avec Mme Joséphine Croizier?

Les yeux de la jeune fille se sont voilés de larmes.

—Tout cela est du passé, dit-elle. Tante Joséphine est morte hier, ici à Caen, et c'est pour vous dire qu'elle a été assassinée que...

—Pardon! Vous êtes sûre que Mme Croizier a été assassinée? Vous étiez là? Quelqu'un vous l'a dit?

—Ma tante elle-même!

—Comment! Votre tante vous a dit qu'elle avait été assassinée?

—Je vous en prie, monsieur le commissaire, ne me prenez pas pour une folle... Je sais ce que je dis... Ma tante m'a répété plusieurs fois que si un malheur lui arrivait dans la maison de la rue des Récollets, mon premier soin devrait être d'exiger une enquête...

—Un instant! Quelle est cette maison de la rue des Récollets?

—La maison de son neveu, Phillipe Deligeard... Tante Joséphine était venue passer quelques semaines à Caen, pour se faire soigner les dents. J'étais restée à Bayeux parce que Phillipe ne m'aime guère...

Sur un bout de papier Maigret nota: «Phillipe Deligeard.»

—Quel âge, ce neveu?

—Quarante-quatre ou quarante-cinq ans...

—Profession?

—Il n'en a pas. Il avait de la fortune, celle de sa femme, mais je crois que depuis plusieurs années cette fortune n'existe plus. Mais ils continuent à habiter une grande maison, rue des Récollets, et à avoir cuisinière, valet de chambre, et chauffeur. Plusieurs fois Phillipe est venu à Bayeux supplier sa tante de lui prêter de l'argent.

—Elle en a prêté?

—Jamais! Elle répondait à son neveu qu'il n'avait qu'à prendre patience et attendre sa mort...

—En somme, mademoiselle Cécile, il n'y a aucune base sérieuse à votre accusation, sinon que Phillipe avait besoin d'argent et que la mort de sa tante lui en procurerait?

—Je vous ai déjà dit que Mme Croizier elle-même a toujours prétendu que, si elle mourait rue des Récollets...

—Excusez-moi, mais vous devez savoir ce que valent ces

4. Qu'est-ce qui montre que la dame l'aime?

5. La dame est-elle vraiment sa tante?

6. Comment explique-t-elle la mort de la dame?

7. Qui lui a dit que la dame a été assassinée?

8. Qu'est-ce que la dame lui a dit de faire si un malheur lui arrivait?

9. Pourquoi la dame est-elle allée à Caen? Et pourquoi sans Cécile?

10. Décrivez Phillipe: âge? profession? finances? mariage? domestiques? résidence?

11. Que demandait-il à sa tante, et comment répondait-elle?

12. Comment Maigret appelle-t-il les craintes de la dame?

[2] demoiselle de compagnie    *lady's companion*

craintes de vieilles femmes... Voulez-vous maintenant me dire quels sont les faits?

—Ma tante est morte hier, vers cinq heures de l'après-midi. On essaie de prétendre qu'elle a succombé à une crise cardiaque.

—Vous étiez à Bayeux à ce moment?

—Non... J'étais à Caen...

—Je croyais que vous n'aviez pas accompagné Joséphine Croizier?

—C'est exact... Mais il y a à peine une demi-heure de route entre Caen et Bayeux... J'étais venue faire des courses...

—Et vous n'avez pas essayé de voir Mme Croizier?

—Je suis allée rue des Récollets...

—A quelle heure?

—Vers quatre heures... On m'a dit que Mme Croizier était sortie...

—Où êtes-vous allée ensuite?

—En ville. J'avais des courses à faire... Puis je suis retournée à Bayeux, et, ce matin, dans le journal, j'ai appris que ma tante était morte...

—Curieux...

—Vous dites?

—Je dis que c'est curieux. A quatre heures de l'après-midi quand vous vous présentez rue des Récollets on vous annonce que votre tante est sortie. Vous rentrez à Bayeux et, dès le lendemain matin, vous apprenez par le journal qu'elle est morte quelques minutes seulement, une heure au plus, après votre visite... Est-il exact que vous ayez porté plainte, mademoiselle Cécile?

—Oui, monsieur le commissaire. Je n'ai aucune fortune, mais je donnerais le peu que je possède pour qu'on découvre la vérité et qu'on punisse les coupables... Vous allez faire une enquête, n'est-ce pas?

—Je vais me renseigner et, si besoin est... Au fait, où pourrai-je vous trouver?

—Je serai à l'hôtel Saint-Georges...

13. Quelle est l'explication officielle de la mort de la dame?

14. Où était Cécile ce jour-là?

15. Qu'est-ce qu'elle y faisait?

16. Où est-elle allée quand elle était à Caen?

17. Que lui a-t-on dit?

18. Quand a-t-elle appris la mort de la dame? Comment?

19. Qui a porté plainte?

20. Que veut Cécile?

21. Que va faire Maigret?

# Activités

The **préparations à la lecture** that precede each reading selection help prepare you to understand the reading. In the **activités** that follow the reading, exercises under the heading **résumé de l'action**—true/false, multiple choice, completion, and various identification exercises—provide a check on your understanding of what happens in the story and a way of reviewing it, while the **sujets de discussion orale ou écrite** invite discussion of the story and a more active use of oral or written French.

## RÉSUMÉ DE L'ACTION: VRAI/FAUX

A. Résumez l'action en corrigeant les phrases fausses.

EXEMPLE: *La phrase fausse:* Phillipe est le fils de Mme Croizier.
*La correction:* Phillipe est le neveu de Mme Croizier.

1. La conversation se passe dans le bureau du commissaire Maigret.
2. Cécile a encore son père et sa mère.
3. Cécile est une jeune fille qui a à peine vingt ans.
4. C'est la vieille dame qui a demandé à Cécile de l'appeler tante Joséphine.
5. C'est pour rendre visite à son neveu que la vieille dame est allée à Caen.
6. Cécile est sûre que Mme Croizier a été assassinée.
7. Maigret a les larmes aux yeux pendant leur conversation.
8. Cécile n'a pas accompagné la dame à Caen parce que Phillipe ne l'aime guère.
9. Phillipe venait souvent à Bayeux supplier sa tante de lui prêter de l'argent.
10. Elle lui prêtait de l'argent, mais seulement de temps en temps.
11. Cécile était à Caen le jour où Mme Croizier est morte.
12. Elle a même vu Mme Croizier ce jour-là, un peu avant sa mort.
13. Le lendemain Cécile a lu dans le journal que Mme Croizier est morte assassinée.
14. La vieille dame avait dit à Cécile d'exiger une enquête si un malheur arrivait à son neveu Phillipe.
15. Phillipe et sa femme habitent une grande maison, rue des Récollets.
16. La fortune des Deligeard était celle de Phillipe.
17. Mme Deligeard fait la cuisine elle-même.
18. Les Deligeard n'ont pas d'automobile.
19. Cécile demande ce que valent ces craintes de vieille femme.
20. Cécile a peur parce que Maigret va faire une enquête.
21. Nous ne savons pas encore si on a vraiment commis un crime.

## RÉSUMÉ DE L'ACTION: LES PERSONNAGES

B. Résumez l'action en identifiant le personnage qui prononce ou pourrait prononcer chacune des phrases suivantes.
1. Je vais demander à ce commissaire parisien de questionner cette Cécile Ledru, mais de le faire avec prudence.

2. Je suis certaine que les Deligeard ont assassiné Mme Croizier, et je donnerais le peu que je possède pour qu'on les punisse.
3. L'accusation que fait cette jeune femme, basée sur des craintes de vieille dame, me semble assez improbable.
4. M. Deligeard a une grande maison et trois domestiques, tout ça c'est très beau, mais il ne nous paie jamais.
5. Je te supplie de me prêter de l'argent maintenant et de ne pas me faire attendre.
6. Tout ce qu'il fait c'est de me demander de l'argent. Je préfère la compagnie de ma petite Cécile.

Si vous n'avez pas trouvé la réponse vous pouvez la chercher dans la liste suivante.

a. Maigret
b. Cécile Ledru
c. Mme Croizier
d. le valet de chambre
e. Phillipe Deligeard
f. le procureur

## SUJETS DE DISCUSSION ORALE OU ÉCRITE

### Le Rôle de la fortune dans cette histoire

1. Qui en avait mais n'en a plus?
2. Qui en veut et pourquoi?
3. Qui avait une fortune à laisser à ses héritiers?
4. Qui est sans fortune mais veut donner le peu qu'elle a?
5. Qu'est-ce qu'elle veut accomplir avec ce peu qu'elle a?
6. L'argent est-il le mobile le plus fréquent du crime en général? Quelles sont les autres raisons pour lesquelles on commet un crime?

### L'Intrigue (*The plot*)

Y a-t-il une certaine contradiction dans les actions de Mme Croizier? Considérez les questions suivantes:

1. Sous quelles conditions Cécile doit-elle exiger une enquête?
2. Qui lui a dit de le faire?
3. Pourquoi Mme Croizier est-elle allée à Caen?
4. Où habite-t-elle quand elle y est?
5. Qui est-ce qu'elle craint?
6. Quelle contradiction y a-t-il là?
7. Pourquoi donc n'est-elle pas allée à l'hôtel? Trouvez une raison.

# CHAPITRE 2
# LA VIEILLE DAME DE BAYEUX (II)

## Préparation à la lecture

## LEXIQUE

### MOTS APPARENTÉS

Even when the English cognate is a relatively uncommon word, it can help you recognize the meaning of the related French word the next time it occurs.

| | | |
|---|---|---|
| Elle est allée chez le dentiste pour un travail de **prothèse**. | prosthesis | artificial replacement, e.g., false teeth |
| A ce moment **douloureux** | dolorous | sad, painful |
| on présente ses **condoléances**. | condolences | sympathy |
| Mais cette fille **perfide**, | perfidious | deceitful |
| je l'accuse de **calomnie**. | calumny | slander |

Abstract nouns are often cognates that take the same endings in French as in English: *-ment*, or *-tion*. There are other suffixes that are not identical, but similar:

**théorie**–theory    **liberté**–liberty    **histoire**–history

Sometimes an abstract noun takes one ending in French and another in English:

| | |
|---|---|
| la **punition** qu'elle mérite | punishment |
| son **dévouement** désintéressé | devotion |
| Est-ce un **interrogatoire**? | interrogation |

The suffix -**ier** often indicates profession:

| | |
|---|---|
| Maigret est **policier**. | policeman |
| **officier**, **banquier**, **cuisinier** | officer, banker, cook |

## MOTS PARTIELLEMENT APPARENTÉS

| | | |
|---|---|---|
| Phillipe a trois **domestiques**. | domestics | servants |
| Il est **également** membre d'un | equally | also |
| **cercle** élégant. | 1. circle | 2. club; cf. circle of friends |
| Maigret n'a pas **rendez-vous** avec lui, | rendezvous | appoint-ment |
| mais Phillipe lui **accorde** dix minutes. | accords | grants |
| Il se donne la **peine** de répondre, | 1. pain | 2. trouble |
| mais dit qu'il ne **supportera** pas un | support | stand for |
| vrai interrogatoire. «Evidemment | | |
| il ne va rien **avouer**», se dit Maigret. | avow | admit, confess |
| Il garde sa pipe dans sa **poche** | pouch | pocket |
| et écoute l'histoire que Phillipe | | |
| **raconte** en le regardant avec de | recounts | tells |
| **drôles** de petits yeux. | droll | funny |

## FAUX AMIS

Reminder: Although these cognates mean something different from what they seem to mean, the relationship between the false and true meanings is often quite close.

| | | |
|---|---|---|
| J'ai **profité de** la situation. | not: profited from | but: took advan-tage of |
| Cécile va **avertir** Maigret. | not: to avert | but: to warn |

## MOTS-CLÉS

| | |
|---|---|
| **S'agit-il** d'un crime? | *Is it a question* of a crime? |
| **Quant à** Phillipe, | *As for* Phillipe, |
| c'est un homme du monde, | he is a man of the world, |
| **autrement dit**, un snob. | *in other words,* a snob. |
| **Autrement** il serait plus gentil avec Cécile. | *Otherwise* he would be nicer to Cécile. |
| Il est **à la fois** snob et homme du monde. | He is *both* a snob and a man of the world. |
| **Or**, il n'est pas riche. | *Now it so happens that* he's not rich. |
| **Néanmoins**, il en a l'air, **car** il est toujours bien habillé. | *Nonetheless,* he seems to be, *because* he is always well-dressed. |
| **Par contre**, il a des dettes. | *On the other hand,* he has debts. |
| En a-t-il, **en effet**? | Does he *really (in fact)*? |
| **Ou** c'est vrai, **ou** c'est faux. | *Either* it's true *or* it's false. |
| **Aussitôt que** Maigret est arrivé on l'a mené **là-haut** **comme si** on ne voulait pas qu'on le voie. | *As soon as* Maigret got there they took him *up there* *as if* they didn't want him to be seen. |
| Il était **à peu près** cinq heures. | It was *about* five o'clock. |
| **Peu après**, il est parti. | *A little later,* he left. |

## VOCABULAIRE

*Suit = follows*
*ensuite = following*

| | |
|---|---|
| Maigret a visité les **lieux**. | Maigret visited the *place* (the *scene of the action*). |
| C'est une vaste maison **grise**. | It's a big *grey* house. |
| Il **suit** le valet. | He *follows* the valet. |
| Il a un **entretien** avec Phillipe. | He has a *conversation* with Phillipe. |
| —Cécile a un **amant**. **Bien entendu**, c'était mon **devoir** de le dire à ma tante. | "Cécile has a *lover*. *Of course,* it was my *duty* to tell my aunt. |
| Elle n'était pas dupe jusqu'au **bout**. | She wasn't a dupe right up to the *end*." |
| Maigret **joue** bien son rôle. | Maigret *plays* his part well. |

| | |
|---|---|
| Il **laisse** sa pipe dans sa poche, puis il la **tire** de sa poche, | He *leaves* his pipe in his pocket, then he *takes* it *out* of his pocket, |
| comme s'il oubliait où il **se trouvait**. | as if he was forgetting where he *was* (literally: where he *found himself*). |
| Quand la crise **a eu lieu** le chauffeur **avait congé**, | When the attack *took place,* the chauffeur *was on leave* (*had the day off*), |
| le valet était au **rez-de-chaussée**, la cuisinière dans la **cuisine**, et Phillipe était allé au cercle | the valet was on the *ground floor,* the cook in the *kitchen,* and Phillipe had gone to the club |
| **à pied**. | *on foot.* |
| Il n'a pas pris la **voiture**. | He didn't take the *car.* |
| Son histoire est-elle **croyable**? | Is his story *credible?* |
| Quel est votre **avis**? | What is your *opinion?* |
| A-t-il vraiment **tué** sa tante? | Did he really *kill* his aunt? |
| Le valet **reconduit** Maigret. | The valet *shows* Maigret *out.* |

# GRAMMAIRE

## LES ADVERBES QUI SE TERMINENT EN **-MENT**

The ending -**ment**, like the ending *-ly* in English, turns an adjective into an adverb. Adjectives ending in -**ent** or -**ant** take the adverbial endings -**emment** or -**amment.**

| | |
|---|---|
| un air **parfaitement** innocent | a *perfectly* innocent manner |
| J'étais **personnellement** absent. | I was *personally* absent. |
| **Evidemment** il a ses doutes. | *Evidently* (*obviously*) he has his doubts. |

## LE CONDITIONNEL

The conditional tense has the same endings as the **imparfait**: -ais, -ais, -ait, -ions, -iez, -aient. Obviously it is important to distinguish between such phrases as **je l'accusais** and **je l'accuserais**, *I accused her* and *I would accuse her.* To make the distinction one must look at the stem. In the imperfect it comes from the **nous**-form of the present. In the conditional it comes from the infinitive, and therefore ends in -**r**. Even irregular conditional stems always end in -**r**.

Je demand**ais**, je demand**erais**    I ask*ed*, I *would* ask

Note the distinction between the two tenses when the imperfect stem ends in -**r**.

| | |
|---|---|
| elle ouvr**ait**, elle ouvr**irait** | she open*ed*, she *would* open |
| Son mariage lui procur**ait** de l'argent. | His marriage *brought* him money. |
| La mort de sa tante lui procur**erait** de l'argent. | The death of his aunt *would* bring him money. |

## LE PASSÉ DU CONDITIONNEL

The past conditional is formed by the conditional of the auxiliary plus the past participle. Whether the auxiliary verb is **être** or **avoir** it is translated by *would have* plus the past participle.

| | |
|---|---|
| Pourquoi ne l'**aurais**-je pas **dit**? | Why *would*n't I *have said* it? |
| Elle **serait arrivée** trop tard. | She *would have arrived* too late. |

## **IL** DANS LES EXPRESSIONS IMPERSONNELLES

Do not confuse the personal pronoun **il** with **il** used in impersonal expressions such as **il faut** or **il y a**.

| | |
|---|---|
| **Il** est vrai qu'**il** le dit. | *It* is true that *he* says so. |
| **Il** m'explique de quoi **il** s'agit. | *He* explains to me what *it* is about. |
| **Il** dit qu'**il** faut appeler le médecin. | *He* says *it* is necessary to call the doctor. |

Note that *it is necessary* is often a clumsy way of translating **il faut**, however. Depending on the context, *we have to call the doctor* or *you must call the doctor* would be more common ways of expressing the thought.

## LE PRONOM PERSONNEL **ON**

**On** can sometimes be translated literally as *one*, but you will understand the phrases in which it appears better if you remember the different ways in which it can be rendered in English: *you, they, we, people,* the passive voice.

| | |
|---|---|
| le type qu'**on** rencontre souvent | the type *you* often meet |
| **On** m'a dit qu'elle était sortie. | *They* told me she had gone out. or: *I was told* she had gone out. |
| **On** prenait le café. | *We* were having coffee. |

## POUR MIEUX COMPRENDRE

Words often vary in meaning according to their context. Some adjectives have a different meaning before a noun than after a noun. Consider the meanings of **même**.

| | |
|---|---|
| Phillipe est le type **même** du bourgeois de province. | Phillipe is the *very* type of the provincial bourgeois. |
| Ce n'est pas la **même** chose qu'un parisien. | That is not the *same* thing as a Parisian. |
| **Même** Phillipe l'avouerait. | *Even* Phillipe would admit it. |
| Il le sait lui-**même**. | He knows it him*self*. |

Here is another example of how context determines meaning:

Maigret watches some very proper people going into a mansion to pay their final respects to the deceased Mme Croizier. When he enters he notices a **plateau d'argent**. **Argent** usually means *money* and **plateau** looks like an easy cognate, but neither makes sense in this context. A basic rule is that if a word does not make any sense in a given context it must have some other meaning in that context. An effective way to find that meaning is to continue reading. Move on beyond the word or phrase that perplexes you. Often what follows will clarify the meaning. What he sees is a **plateau d'argent plein de cartes de visite**. It is easy enough to see that **cartes de visite** must mean *visiting cards,* and that makes what goes before easier to understand. **Plateau** could mean *plate* or *platter* and the other meaning of **argent** might not be too hard to guess in this context. People are putting their visiting cards into a *silver platter.*

# EXERCICES

## RÉSUMÉ DE LA GRAMMAIRE

1. Quelle est l'attitude de Maigret? **Il** est évident qu'**il** n'aime pas Phillipe.
2. Quand **on** est curieux **on** pose des questions.
3. On ne peut pas **décemment** fumer dans ces circonstances.
4. **Il faut** que Cécile reçoive la punition qu'elle mérite.
5. Si Cécile avait su, elle **serait restée** à Caen.
6. Elle **offrait** de l'argent à Cécile quand elle en demandait.
7. Elle **offrirait** de l'argent à Cécile si elle en demandait.

## MOTS-CLÉS

A. Lisez le passage suivant en remplissant les tirets par le mot convenable.

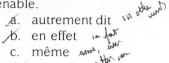

a. autrement dit (in other words)
b. en effet (in fact)
c. même (same, even)
d. ou... ou... (either or)
e. par contre (on the other hand)
f. quant à (as for)

Phillipe est le type __1__ du «bourgeois distingué», __2__ une personnalité importante de la ville. __3__ il est évident que Cécile est d'origine humble. __4__ elle a débuté comme bonne.

__5__ Maigret, c'est un détective venu de Paris. C'est lui qui doit décider: __6__ Cécile est coupable __ou__ elle est innocente.

B. Lisez le passage suivant en remplaçant les mots en caractères gras par un synonyme.

a. à la fois
b. à peu près
c. car
d. néanmoins

Phillipe ne veut pas d'interrogatoire. **Mais** (1) il répond, **parce que** (2) il faut répondre aux questions d'un policier. On ne peut pas être innocent et coupable **en même temps** (3) . Et Maigret est **presque** (4) certain que Cécile n'est pas coupable.

## VOCABULAIRE

C. Lisez le passage suivant en remplissant les tirets par le mot convenable.

a. amant
b. à pied
c. croyable
d. eu lieu
e. il s'agit
f. jouer
g. laisser
h. rez-de-chaussée
i. suivre
j. tirer

Le bureau de Phillipe n'est pas au __1__ mais au premier. Pour monter au premier Maigret doit __2__ le valet. Il demande à Phillipe de lui expliquer de quoi __3__ dans toute cette histoire. Il veut savoir dans quelle chambre la crise a __4__ .

Phillipe lui dit que ce jour-là il allait à son cercle __5__ et non en voiture. Il a préféré __6__ la voiture au garage.

Mais quel rôle Phillipe semble-t-il __7__ dans tout ceci? Et quelle conclusion faut-il __8__ de ses remarques? Est-ce que ce que Phillipe dit est __9__ ? Dit-il la vérité quand il prétend que Cécile a un __10__ qui passe la nuit avec elle?

D. Lisez le passage suivant en remplaçant les mots en caractères gras par un synonyme. Faites les changements de genre nécessaires.

a. avis
b. bien entendu
c. bout
d. congé
e. devoir
f. entretien
g. tuer
h. voiture

Maigret va poursuivre cette enquête jusqu'à la **fin** (1) . Il considère cela comme une **obligation** (2) . Il a donc une **conversation** (3) avec Phillipe. Il n'aime pas ce bourgeois prétentieux avec ses trois domestiques et son **automobile** (4) de luxe.

**Naturellement** (5) , cela ne veut pas dire qu'il est coupable. Serait-il capable d'**assassiner** (6) la vieille dame? Maigret n'a pas encore d'**opinion** (7) à ce sujet. Mais il se demande pourquoi le chauffeur avait **la journée libre** (8) le jour de la mort de la dame.

# CULTURAL REFERENCES

Since different languages reflect different cultures, cultural references that crop up in texts often require a word of explanation. In the story you are about to read, Phillipe Deligeard lives in an **hôtel particulier**—a mansion in the city. It has a **cour d'honneur**—a main courtyard—with candelabras for exterior lighting and a **porte cochère**—a carriage entrance. Phillipe belongs to the **haute bourgeoisie**—the upper-middle class, the class that owns property, has uniformed servants, displays a silver platter for visiting cards on formal occasions, etc. As for the city of Caen, it is a **ville de province**. In the 1930s, when the action takes place, provincial cities were generally considered to be staid, conservative, and parochial, a reputation they have not entirely lost even today.

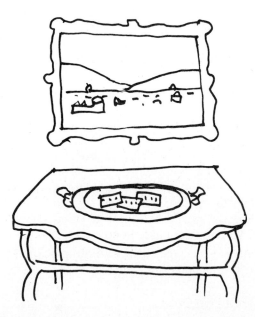

la cour d'honneur

# LA VIEILLE DAME DE BAYEUX (II)

Maigret finissait sa pipe en regardant avec de drôles de petits yeux la vaste maison grise, la porte cochère, la cour d'honneur aux candélabres de bronze.

C'était ce qu'il appelait une affaire sans pipe, autrement dit une enquête où le commissaire ne pouvait pas décemment garder sa pipe à la bouche.[1]

C'est pourquoi il fumait△ encore un peu, avant d'entrer, observant les gens qui allaient et venaient, des dames en noir, des messieurs très corrects, toute la haute bourgeoisie de Caen, en somme, qui venait présenter ses condoléances.

—Ça va être gai! a-t-il soupiré. Et il est entré comme les autres, passant devant le plateau d'argent plein de cartes de visite.

Un homme tout en noir, lui aussi, les yeux rouges, le visage△ irrégulier, regardait Maigret avec l'air△ de lui demander ce qu'il venait faire, et le commissaire s'est approché de lui.

—Monsieur Phillipe Deligeard, je suppose. Commissaire Maigret. Si vous pouviez m'accorder un moment d'entretien.

—Suivez-moi, monsieur. Mon bureau est au premier étage...

—Asseyez-vous, je vous en prie. Je suppose que cette fille continue ses manœuvres et que c'est à elle que je dois cette visite?

[1] **la bouche?** Où met-on sa pipe?

△Reminder: A triangle indicates a cognate.

1. Où se trouve Maigret?

2. Pourquoi fume-t-il avant d'entrer?

3. Pourquoi ces gens entrent-ils dans la maison?
4. Qu'est-ce qu'ils laissent sur le plateau?
5. Décrivez l'homme qui regarde Maigret. (Pourquoi est-il en noir?)

6. Où vont-ils?

7. De quelle fille parle-t-il?

—Vous parlez de Mlle Cécile Ledru?

—Je parle en effet de cette fille perfide.

Maigret n'avait pas besoin d'examiner Phillipe Deligeard. C'était le type même qu'on rencontre dans toutes les villes de province du grand bourgeois riche qui fait tout pour se distinguer du commun des mortels.△

Vous comprenez, monsieur le commissaire, qu'il me soit extrêmement désagréable de recevoir, en des moments aussi douloureux, la visite d'un policier. Je répondrai, néanmoins, à vos questions parce que je veux que Cécile reçoive la punition qu'elle mérite.

—C'est à dire?

—Ma pauvre tante n'a pas été dupe jusqu'au bout de cette fille et de son fameux dévouement désintéressé. Quand elle a appris que sa chaste demoiselle de compagnie avait un amant...

—Cécile avait un amant?

Ou l'indignation était réelle, ou elle était admirablement jouée. Il est vrai qu'il en profitait pour tirer sa pipe de sa poche avec un air parfaitement innocent, comme s'il oubliait où il se trouvait.

—Depuis deux ans! Il y a deux ans qu'ils sont amants et qu'ils se retrouvent presque chaque nuit. Lui s'appelle Jacques Mercier.

—Est-ce croyable? Et vous l'avez dit à votre tante?

—Bien entendu... Pourquoi ne l'aurais-je pas dit? N'était-ce pas mon devoir?

—Evidemment...

—Ma tante était donc décidée à mettre Cécile à la porte...[2] Seule la peur d'une vengeance la retenait...

—Je suppose que, néanmoins, vous n'accusez pas Cécile d'avoir tué votre tante?

—Mais ma tante n'a pas été tuée!... Il faut que cette fille soit à la fois folle et vicieuse pour avoir raconté cela... Ma tante est morte d'une crise cardiaque... Je ne vois pas comment...

—Bref!△ Vous n'accusez pas Cécile d'avoir tué votre tante?

—Je l'accuserais si je n'étais pas sûr que ma tante est morte de mort naturelle... Par contre, si cette fille continue à colporter de tels ragots,[3] je me verrai obligé de porter plainte contre elle pour calomnie.

—Une question, monsieur Deligeard... Votre tante est morte vers cinq heures, n'est-ce pas?

—Cinq heures et quelques minutes, oui... C'est ma femme

8. Comment la caractérise-t-il?

9. Et Maigret, quel type voit-il en Phillipe?

10. Qu'est-ce qui est désagréable pour Phillipe?

11. Que voudrait-t-il que Cécile reçoive?

12. Quelle nouvelle Maigret apprend-il?

13. Que fait-il quand il l'apprend?

14. Que font les deux amants depuis deux ans?

15. A qui Phillipe a-t-il raconté ce secret? Quelle raison donne-t-il?

16. Qu'a décidé la tante quand elle a appris le secret?

17. Qu'est-ce qui la retient?

18. Comment sa tante est-elle morte?

19. De quoi n'accuse-t-il pas Cécile?

---

[2] **mettre à la porte**   *to fire; to kick out*
[3] **colporter de tels ragots**   *spreading such malicious gossip*

qui me l'a dit, car j'étais personnellement absent...

—Très bien... Or, vers quatre heures Joséphine Croizier n'était pas dans la maison?

—Chaque jour, à quatre heures, elle avait rendez-vous chez son dentiste, car il s'agissait d'un très long travail de prothèse...

—Savez-vous à quelle heure votre tante est rentrée?

—On me l'a dit... A peu près cinq heures... C'est presque aussitôt après son arrivée que la crise l'a prise...

—La crise a eu lieu dans sa chambre?

—Oui... La chambre Louis XIV du second étage...

—Votre femme était là-haut?

—Ma femme est montée peu après, au moment où ma tante ouvrait sa porte pour appeler à l'aide...

—Puis-je vous demander où vous étiez?

—Je suppose, commissaire, qu'il ne s'agit pas d'un interrogatoire, car je ne le supporterais pas.

—Nullement![4] Il s'agit précisément de répondre à cette fille audacieuse qui...

—J'étais à mon cercle... Je quitte généralement mon hôtel vers quatre heures et demie ou cinq heures moins le quart, à pied, pour me donner un peu d'exercice... Je traverse ainsi une partie de la ville... Vers cinq heures, je joue au bridge et à sept heures et demie la voiture vient me reprendre pour le dîner...

—Vous avez été averti à votre cercle par un coup de téléphone?

—C'est cela...

—Et quand vous êtes arrivé?...

—Ma tante était morte et le médecin était déjà présent...

—Le médecin de la famille?

—Non! Il habite trop loin[5] et ma femme avait fait venir un docteur des environs, un jeune médecin...

—Les domestiques?

—Arsène, le chauffeur, avait congé... Le valet de chambre ne quitte jamais, l'après-midi, son poste au rez-de-chaussée. Quant à la cuisinière, je suppose que, comme son nom l'indique, elle était dans la cuisine... Y a-t-il encore quelque chose que vous veuillez savoir, commissaire?... Je veux croire qu'après les explications que je me suis donné la peine de fournir, je ne serai plus troublé par cette indécente histoire... Le valet de chambre va vous reconduire.

Un quart d'heure plus tard, Maigret était chez le procureur de

20. Où sa tante est-elle allée?

21. Qu'est-ce qui est arrivé quand elle est rentrée?

22. Où a eu lieu la crise?

23. Qui est monté quand la dame a appelé?

24. Quelle question irrite Phillipe?

25. Qu'est-ce qu'il refuse de tolérer?

26. Quelle est la routine de Phillipe?

27. Comment a-t-il appris la mauvaise nouvelle?

28. Quel docteur est venu, et pourquoi?

29. Où étaient les domestiques?

---

[4] **nullement**   pas du tout
[5] **trop loin**?   Pensez au contexte. On a fait venir un médecin des environs parce que le médecin de famille habite **trop loin**.

la République, un Maigret placide et ironique, qui gardait sa pipe dans sa poche car le procureur de Caen n'était pas un personnage à laisser fumer dans son bureau.

—Eh bien! Vous avez entendu cette demoiselle?

—Je suis allé également sur les lieux.

—Votre avis? Des ragots,[6] n'est-ce pas?

—J'ai l'impression, au contraire, que cette bonne vieille Joséphine Croizier a été aidée à mourir... Mais par qui?... Voilà la question...

[6] **des ragots**   *malicious gossip*

# Activités

### RÉSUMÉ DE L'ACTION: PHRASES À COMPLÉTER

A.  Résumez l'action en complétant les phrases suivantes.
1. Maigret n'entre pas tout de suite parce que dans la maison il ne peut pas décemment...
2. Les gens qu'il voit entrer et sortir viennent présenter...
3. Il demande à Phillipe Deligeard de lui accorder...
4. Maigret voit en Phillipe le type même du...
5. Phillipe lui dit: «Il m'est très désagréable, en des moments aussi douloureux, de recevoir...
6. «Ma tante ne savait pas que Cécile...
7. «Je le lui ai dit parce que c'était...
8. «Ma tante avait décidé de...
9. Maigret interrompt: «Mais vous n'accusez pas Cécile...
10. Phillipe répond: «C'est impossible! Ma tante est morte...
11. «Chaque jour, à quatre heures, elle avait...
12. «Elle est rentrée à cinq heures. Aussitôt après...
13. «Ma femme est montée au moment où ma tante ouvrait sa porte pour...
14. «Moi, à ce moment-là, j'étais...
15. «Généralement, vers quatre heures et demie, je...
16. «J'ai été averti par...
17. «Le médecin de la famille habite...
18. «Voilà pourquoi ma femme avait fait venir...
19. «Arsène, le chauffeur, avait...
20. «Le valet de chambre était à son poste au...
21. «La cuisinière, comme son nom l'indique, était...
22. «Je veux croire qu'après ces explications, je ne serai plus...
23. Un quart d'heure plus tard Maigret était chez...
24. «J'ai l'impression, dit-il, que la dame a été...

30. Où va Maigret ensuite?
31. Peut-il enfin fumer sa pipe?
32. Que signifie «aider à mourir» ici?
33. Qu'est-ce que Maigret ne sait pas encore?

Si vous n'avez pas trouvé la réponse vous pouvez la chercher dans la liste suivante:

a.  appeler à l'aide
b.  assassinée, aidée à mourir
c.  avait un amant
d.  d'avoir tué votre tante
e.  grand bourgeois riche
f.  à mon cercle
g.  leurs condoléances
h.  congé
i.  un coup de téléphone
j.  d'une crise cardiaque
k.  la crise l'a prise
l.  dans la cuisine
m.  mon devoir
n.  un docteur des environs
o.  garder sa pipe à la bouche
p.  mettre Cécile à la porte
q.  un moment d'entretien
r.  le Procureur
s.  quitte mon hôtel
t.  rendez-vous chez son dentiste
u.  rez-de-chaussée
v.  trop loin
w.  troublé par cette indécente histoire
x.  la visite d'un policier

## RÉSUMÉ DE L'ACTION: LES LIEUX

B.  Résumez l'action en spécifiant où se trouvent les personnes ou les objets suivants:
    1.  la pipe de Maigret quand il est dans l'hôtel particulier
    2.  les candélabres de bronze
    3.  toute la haute bourgeoisie de Caen
    4.  les cartes de visite
    5.  le bureau de Phillipe Deligeard
    6.  Mme Croizier, chaque jour à quatre heures
    7.  Mme Croizier quand la crise l'a prise
    8.  Phillipe, chaque jour de cinq heures à sept heures et demie
    9.  le médecin de famille au moment de la crise
    10. le jeune médecin quand on l'a fait venir
    11. le valet de chambre, l'après-midi
    12. la cuisinière, normalement
    13. Maigret, un quart d'heure après son entretien avec Phillipe

Si vous n'avez pas trouvé la réponse vous pouvez la chercher dans la liste suivante:

a.  dans le bureau de monsieur le procureur
b.  dans son bureau, qui se trouve dans les environs
c.  à son cercle
d.  sur un plateau d'argent
e.  dans la chambre Louis XIV
f.  dans sa poche
g.  dans la cour d'honneur
h.  au premier étage
i.  dans la cuisine
j.  au rez-de-chaussée
k.  chez le dentiste
l.  trop loin pour qu'on l'appelle
m.  en visite de condoléances chez les Deligeard

# SUJETS DE DISCUSSION

### Le Monde de Phillipe Deligeard

1. Décrivez son hôtel particulier.
2. Quels sont ses domestiques?
3. Ses amis?
4. A quelle classe appartient-il?
5. Croyez-vous qu'il connaisse le Procureur de la République?
6. Pourquoi, selon vous, le procureur a-t-il recommandé la circonspection à Maigret?
7. Quel est son style de vie?
8. De quoi a-t-il besoin?
9. Quelle opinion Maigret a-t-il de lui et de sa maison?

### L'Intrigue

1. Pourquoi est-ce que l'accusation de Cécile semble peu croyable?
2. Quel est l'alibi de Phillipe?
3. Qui aurait pu tuer la vieille dame pendant l'absence de Phillipe?
4. Mais qui l'aurait remarqué s'il y avait eu de la violence?
5. Par contre, quel médecin a-t-on fait venir?
6. Pour quelle raison?
7. Cela vous semble-t-il un détail important?

# C H A P I T R E 3
# LA VIEILLE DAME DE BAYEUX (III)

## *Préparation à la lecture*

## LEXIQUE

### MOTS APPARENTÉS

| | |
|---|---|
| Maigret aime la **paix** provinciale de ce petit café. | peace |
| Ce que le docteur a dit, il va le **maintenir**. | maintain |
| La terminaison -**tenir** correspond souvent à: | *-tain* |
| **contenir** | to contain |
| **appartenir** | to appertain (to belong) |
| **retenir** | to retain (to hold back, to remember) |

### MOTS PARTIELLEMENT APPARENTÉS

| | | |
|---|---|---|
| Cécile a des **projets** de mariage. | projects | plans |
| Il y a deux ans que ça **dure**. | cf. duration | has lasted |
| Mais ils n'ont pas **fixé** la date. | fixed (the date of a meeting, etc.) | set, determined |

| | | |
|---|---|---|
| Pour Mme Croizier ce mariage serait une **trahison**. | treason | betrayal |
| Les **vêtements** du jeune médecin montrent qu'il n'est pas riche. | vestments | clothing |
| Maigret s'excuse de le **déranger**. | deranging | bothering |
| Son **récit** surprend Maigret énormément. | recital | story |
| Maigret a la main sur le **front**. | 1. front | 2. forehead |
| Le médecin ne **conduit** pas. | 1. conduct | 2. drive |
| Il prend l'escalier qui **conduit** | conducts | leads |
| au premier, et confirme le **décès** de Mme Croizier | cf. deceased | death |
| en signant l'**acte** de décès. | act | certificate |
| Voici ce qui va **se passer**: | to come to pass | to happen |
| Quand il fait sa déposition **à la barre** | at the bar (of justice) | in court |
| un **avocat** | advocate | lawyer |
| **habile** | able | clever |
| demandera des **précisions** | precisions | details |
| et voudra la **détruire** | to destruct | to destroy |

## FAUX AMIS

| | | |
|---|---|---|
| Dans quelle **pièce** est-elle morte? | sometimes means piece (fragment, chess piece) | usually means room or play (theatrical) |
| J'aime mieux vous **prévenir**. | not: to prevent | but: to warn |
| cf. **avertir** | not: to avert | but: to warn |
| Phillipe n'est pas **gentil**. | not: gentle | but: nice |
| Le médecin a une **infirmière**. | not: infirmary | but: nurse |

## MOTS-CLÉS

| | |
|---|---|
| Phillipe n'est pas gentil **à l'égard de** Cécile. | Phillipe is not nice *to* Cécile. |

| | |
|---|---|
| Qu'est-ce que ça peut **vouloir dire**? | What can that *mean?* |
| Maigret **se doute de** quelque chose. | Maigret *suspects* something. |
| Le médecin est entré par la porte de **derrière**. | The doctor entered by the *rear* door. |
| **D'abord** il n'a pas compris. | *At first* he did not understand. |
| Puis il a vu que la dame **venait de** mourir. | Then he saw that the lady *had just* died. |
| La mort était **pour ainsi dire** instantanée. | Death was *so to speak* instantaneous. |
| **Ainsi** elle est morte dans la chambre jaune? | *So* she died in the yellow room? |
| Oui, c'est **ainsi** que ça s'est passé. | Yes, that is *how* it happened. |
| Eh bien, **soit**. | Well, *so be it.* |

## VOCABULAIRE

| | |
|---|---|
| Cécile **est accourue** à Caen aussi **vite** que possible. | Cécile *rushed* to Caen as *quickly* as possible. |
| Elle **pleurait** car elle était **émue**. | She *was crying* because she was *upset* (*moved*). |
| Maigret **se rend** chez le médecin. | Maigret *goes* to the doctor's. |
| —**J'ai mis** sept minutes pour aller à leur **hôtel particulier**. | "*It took me* seven minutes to get to their *mansion.* |
| Je suis monté par l'**escalier** à la chambre **jaune**, une pièce **meublée** en Louis XIV. | I went up the *staircase* to the *yellow* bedroom, a room *furnished* in the Louis XIV style. |
| La dame était **déshabillée** mais ses vêtements ne **traînaient** pas dans la pièce. | The lady was *undressed,* but her clothes weren't *lying around* the room. |
| Mais qu'est-ce qui est **en jeu** ici? | But what's *at stake* here?" |
| —La **tête** d'un homme est en jeu. | "The *head* (*life*) of a man is at stake. |
| Ils feront **l'impossible** pour détruire votre **témoignage**. | They will do their *utmost* to destroy your *testimony.*" |
| —Ils n'y **parviendront** pas. | "They won't *succeed.*" |

# GRAMMAIRE

## EMPLOIS DE **DEVOIR**

**Devoir**, like *must*, expresses both obligation and supposition.

### Obligation

| | |
|---|---|
| Il **doit** de l'argent à la banque. | He *owes* money to the bank. |
| Il **devrait** être plus prudent. | He *ought* to be more prudent. |
| Je **dois** le respect à ma tante. | I *owe* respect to my aunt. |
| Je **devais** l'accompagner partout. | I *had to* go with her everywhere. |
| J'**aurais dû** la protéger. | I *should have* protected her. |

### Supposition

| | |
|---|---|
| Phillipe **doit** être riche. | Phillipe *must* be rich. |
| La clientèle de ce médecin ne **doit** guère être nombreuse. | The clientele of that doctor *can* scarcely be numerous. |

## **IL Y A** ET **DEPUIS** SUIVIS D'UNE EXPRESSION DE TEMPS

**Il y a** and **depuis** (also **voilà** and **voici**) followed by expressions of time indicate how long an action has been going on. French, unlike English, uses the present tense to express duration up through the present time.

| | |
|---|---|
| Il y a deux ans que ça **dure**. | It *has been going on* for two years. |
| Nous nous **connaissons** depuis deux ans. | We *have known* each other for two years. |
| Voilà vingt minutes que je vous **écoute**. | I *have been listening* to you for twenty minutes. |

Duration up to a moment in the past is expressed by the **imparfait**.

| | |
|---|---|
| Il y avait une nuit entière que la vieille dame **était** morte. | The old lady *had been* dead for one whole night. |
| Maigret **attendait** depuis une demi-heure. | Maigret *had been waiting* for a half hour. |

## **FAIRE** + INFINITIF

**Faire** followed by the infinitive indicates that the action expressed by the infinitive is performed not by the subject but by someone else. It is the equivalent of *to have* in expressions like "to have one's hair cut," but in French the verb precedes the noun. Note the difference between these two sentences:

| | |
|---|---|
| On **a appelé** le docteur. | They *called* the doctor. |
| On **a fait appeler** le docteur. | They *had* the doctor *called*. |

## REPRISE: **NE... QUE**; LE PARTICIPE PRÉSENT

Under this heading we come back to, or consider more extensively, certain forms that are important for comprehension.

*Ne... que:* only

**Que** precedes the word it modifies.

| | |
|---|---|
| Je ne pourrais **que** répéter. | I could *only* repeat. |
| Je n'ai eu avec Jacques **que** des relations cachées. | I had *only* a hidden relationship with Jacques. |

Notice how changing the position of **que** changes the meaning:

Je n'ai eu des relations cachées **qu'**avec Jacques.

*Le Participe présent*

The present participle or gerund, the verb form ending in **-ant**, can express cause as well as simultaneity. If **en** precedes it, it may mean either *by* (cause) or *while* (simultaneity).

| | |
|---|---|
| Il est tombé **en entrant**. | He fell down *while entering*. |
| **En entrant** par la porte de derrière on peut monter au second. | *By entering* through the rear door you can go up to the second floor. |
| **N'ayant** plus personne, elle me considérait sa chose. | *Having* no one left, she considered me her creature. |
| C'est **en lisant** qu'on apprend à lire. | It is *by reading* that you learn to read. |

## POUR MIEUX COMPRENDRE

You can often get the main idea of a passage, enough to follow the story quite well, even if the meanings of a few of the words escape you. But it is hard to understand a passage if you cannot see how the words fit together, what they add up to. How does one learn to do that?

Punctuation is always helpful and too often overlooked. Observe question marks and exclamation marks. Quotation marks (**les guillemets**) are used in quotations other than dialogue. In a dialogue each interlocutor's speech is introduced by a dash (**un tiret**) and no quotation marks are used.

—Elle a prêté de l'argent à son neveu? demanda Maigret.

—Jamais! Elle lui disait qu'il n'avait qu'à attendre sa mort.

Commas (**les virgules**) help define the articulation of the sentence. Passages between commas, like passages between parentheses, can often be set aside, at least temporarily, when you are looking for the main idea. The sentence you have just read illustrates that point.

Discovering the subject, verb, and object of the sentence, and the recognition of parts of speech that this involves, is an essential part of discovering the meaning. The process is mostly an unconscious one, but when you cannot see what a passage means it helps to work your way systematically through it, identifying words by parts of speech and seeing how they fit together.

Verbs and their tenses are recognized by their endings and their auxiliaries; nouns are usually preceded by articles; the adjectives that modify them agree with them in number and gender; adverbs are invariable and often end in -**ment**; abstract nouns likewise have easily recognized endings, and so on.

# EXERCICES

## LES PARTIES DU DISCOURS

Lisez le passage suivant en indiquant les parties du discours et les temps du verbe qui devraient être utilisés dans les tirets, et en les remplissant par un mot convenable.

| | |
|---|---|
| a. adjectif | g. verbe au participe présent |
| b. adverbe | h. verbe au conditionnel |
| c. nom | i. verbe à l'imparfait |
| d. nom abstrait | j. verbe à l'impératif |
| e. préposition | k. verbe à l'infinitif |
| f. verbe au passé composé | |

— __1__ -ez-moi de ce Phillipe, dit Maigret en __2__ -ant sa pipe de la bouche.

—Il avait de la __3__ , a répondu Cécile, celle de sa femme. Mais il l' __4__ -ée depuis longtemps. Néanmoins, ils habitent dans une __5__ -e maison.

Cécile parlait si __6__ -ment qu'il pouvait à peine l'entendre. Mais Maigret avait l'impression qu'elle disait la __7__ -té et il a décidé de __8__ -re une enquête.

Pendant toute cette conversation il garde sa pipe __9__ sa poche. Je __10__ -rais bien fumer, se __11__ -ait-il, mais ce ne serait pas poli.

# RÉSUMÉ DE LA GRAMMAIRE

1. Mme Croizier se **fait** soigner les dents.
2. Maigret apprend la vérité **en questionnant** Cécile.
3. **En fumant** sa pipe il observait les gens qui entraient.
4. Il y a dix ans que Cécile **connaît** Mme Croizier.
5. Mme Croizier **devait** être une femme très gentille.
6. Elle **aurait dû** rester à Bayeux.
7. Depuis deux jours les gens **venaient** présenter leurs condoléances.
8. Je **dois** vous dire que Cécile a un amant.

# MOTS-CLÉS

A. Remplacez les mots en caractères gras par un synonyme.

a. à mon égard        d. elle aura lieu
b. avoir une idée     e. signifier
c. d'abord

Phillipe n'a pas été très cordial **pour moi** (1) . Je ne sais pas ce que cela peut **vouloir dire** (2) . **Au début** (3) je croyais qu'il disait la vérité. Mais maintenant je commence à **me douter** (4) de son vrai caractère. Cécile veut que je fasse une enquête? Eh bien, **soit** (5) .

# VOCABULAIRE

B. Lisez le passage en remplissant les tirets par le mot convenable.

a. accourue          h. meublée
b. déshabiller       i. parvenir
c. émue             j. pleurait
d. escalier          k. se rendre
e. jaune            l. témoignage
f. en jeu          m. traîner
g. impossible

La chambre de Mme Croizier est __1__ en Louis XIV. Elle n'est pas de couleur __2__ mais de couleur bleue. L'après-midi elle y monte pour se reposer, mais sans se __3__ , car c'est une femme énergique qui n'aime pas __4__ dans sa chambre. Elle descend par l' __5__ et elle sort pour aller chez le dentiste. Comment pouvait-elle croire que sa vie était __6__ ?

Quand Cécile a appris que la dame était morte elle était très __7__ . Elle __8__ tellement qu'elle ne pouvait pas parler. Elle voulait __9__ à Caen aussitôt que possible. Alors elle y est __10__ .

Elle fera l' __11__ pour prouver que les Deligeard sont coupables. Mais qui est-ce qui va croire à son __12__ ? Est-ce qu'elle va __13__ à persuader Maigret de faire une enquête?

venez vite, docteur !

## LA VIEILLE DAME DE BAYEUX (III)

Quand Cécile est arrivée à l'hôtel Saint-Georges il y avait déjà une bonne demi-heure que Maigret attendait.

—Vous désirez me parler? questionne-t-elle.

—Je voudrais vous demander quelques précisions, oui. Vous ne voulez pas que nous entrions quelques minutes dans un café?

Quelques instants plus tard ils étaient installés△ dans un café où des hommes jouaient au billard.

—Tout d'abord, laissez-moi vous faire remarquer, mademoiselle Cécile, que ce n'est pas très gentil de ne m'avoir pas parlé de M. Mercier.

—J'aurais dû me douter que Phillipe vous en parlerait.

Son regard suivant les billes[1] de billard, Maigret, qui fumait à toutes petites bouffées voluptueuses,[2] semblait savourer△ la paix grise mais pénétrante de la province.[3]

—En somme, il y a deux ans que ça dure?

—Deux ans que nous nous connaissons, oui.

1. Que fait Maigret à l'hôtel?

2. Où propose-t-il d'aller avec Cécile?

3. Qu'est-ce que Cécile ne lui a pas dit?

4. Qu'est-ce que Maigret aime dans ce café?

[1] **billes?** Utilisez le contexte.
[2] **à toutes petites bouffées voluptueuses** *with voluptuous little puffs*
[3] **la province** En France il existe une distinction fondamentale entre Paris et la province, c'est à dire tout le reste du pays. On fait le contraste entre l'animation de Paris et la paix de la province. (Maigret est parisien.)

—Et depuis combien de temps M. Mercier a-t-il pris l'habitude△ de passer ses nuits dans la maison de la vieille dame?

—Plus d'un an...

—Vous n'avez pas eu l'idée de vous marier?

—La vieille dame, comme vous dites, ne l'aurait pas permis. Plus exactement, elle aurait considéré ce projet comme une trahison à son égard. Elle était jalouse△ de mon affection. N'ayant plus personne dans la vie, sinon des neveux qu'elle détestait, elle me considérait un peu comme sa chose. C'est pour elle que j'ai accepté de n'avoir avec Jacques que des relations cachées.

—Très bien! Maintenant, mademoiselle, dites-moi... Quand vous avez appris la mort de Joséphine Croizier par le journal, je suppose que vous avez demandé à Mercier de vous conduire à Caen... Vous êtes arrivée rue des Récollets à quelle heure?

—Vers neuf heures et demie du matin.

—Il y avait donc une nuit entière que la vieille dame était morte. Voulez-vous me préciser ce que vous avez vu?

—Que voulez-vous dire? J'ai d'abord vu le valet de chambre, puis des hommes dans le grand corridor, puis Phillipe Deligeard qui s'est avancé vers moi en me disant d'un air sarcastique: «Je me doutais que vous alliez accourir!»

«Ensuite, j'ai vu ma tante...

—Attention! C'est ici que votre récit m'intéresse. Vous avez vu le cadavre de votre tante? Vous avez reconnu son visage? Vous en êtes certaine?

—Absolument!

—Vous n'avez rien remarqué d'anormal?△

—Mais non... Je pleurais... J'étais très émue... J'aurais voulu rester seule un moment avec elle mais c'était impossible.

—Une dernière question. Je connais l'entrée principale de la rue des Récollets. Mais je suppose qu'il y en a une autre?

—Il y a une petite porte derrière.

—En entrant par cette porte peut-on monter au second étage sans passer près du valet de chambre ou de la cuisinière?

—Oui! On prend le petit escalier, comme on l'appelle, qui conduit au second étage.

—Je vous remercie, mademoiselle.

\* \* \*

Chez le docteur Liévin, qu'on avait fait appeler quand Joséphine Croizier avait sa crise cardiaque, Maigret trouve un homme très jeune.

5. Où Mercier passe-t-il ses nuits? Avec qui? Depuis quand?

6. Pourquoi ne se sont-ils pas mariés?

7. Que pensait la dame de ses neveux? Et de Cécile?

8. Qui a conduit Cécile à Caen?

9. Quelle était l'attitude de Phillipe?

10. De quoi Maigret veut-il être certain?

11. En quel état était Cécile?

12. Qu'est-ce qu'elle aurait voulu faire?

13. Qu'est-ce que Maigret veut savoir?

14. Qui est le docteur Liévin?

—Je vous dérange, docteur? Excusez-moi mais j'ai besoin de quelques précisions au sujet de la mort de Mme Croizier.

Liévin avait à peine vingt-sept ans et venait de s'installer△ à Caen où sa clientèle, à en juger△ par l'aspect des lieux, ne devait guère être nombreuse.△

—Aviez-vous déjà eu l'occasion d'être appelé chez M. Deligeard?

—Jamais! Comme vous avez compris en entrant ici, je débute et ma clientèle est de condition très modeste. J'ai été assez surpris quand on m'a appelé dans un des plus beaux hôtels particuliers de la ville...

—Quelle heure était-il? Pouvez-vous fixer ce point avec certitude?

—Avec une certitude rigoureuse, car j'ai une petite infirmière qui vient chaque après-midi pour ma consultation et qui part à cinq heures. Or, elle partait quand le téléphone a sonné.

—Donc, il était cinq heures exactement. Combien de temps avez-vous mis à vous rendre rue des Récollets?

—En tout, sept à huit minutes.

—Vous avez été reçu par le valet de chambre qui vous a conduit au second étage?

—Non, pas précisément. Le valet de chambre m'a ouvert la porte, mais, presqu'aussitôt, une femme a crié du second étage: «Venez vite, docteur!»

«C'était Mme Deligeard, qui m'a conduit en personne dans la chambre de droite...

—Pardon! Vous avez dit la chambre de droite? Il s'agit bien d'une chambre bleu pâle?

—Vous faites erreur, commissaire. La chambre de droite est une chambre jaune...

—Meublée en Louis XIV?

—Excusez-moi! Je connais assez bien les styles et je puis vous affirmer que la chambre de droite est meublée en style Régence...

—Soit! Vous voici là-haut et il est à peu près cinq heures dix. Où est le corps?

—Sur le lit, bien entendu.

—Déshabillé?

—Mais oui! Naturellement...

—Des vêtements traînaient-ils dans la pièce?

—Je ne pense pas... Non!... Il n'y avait aucun désordre...

—Et il ne s'y trouvait que Mme Deligeard?

—Oui... Elle était très nerveuse... Elle m'a décrit l'attaque que

15. De quoi Maigret a-t-il besoin?

16. Que montre l'aspect de son bureau?

17. Quelle était sa réaction quand on l'a appelé?

18. Comment sait-il l'heure exacte à laquelle on l'a appelé?

19. Qui l'a reçu à la porte?

20. Qui l'a appelé?

21. Qu'a-t-elle dit?

22. De quelle couleur était la chambre, et dans quel style était-elle meublée? (Phillipe a-t-il donné la même description de la chambre?)

23. Où est le corps?

24. Qui y était?

sa tante avait eue. J'ai aussitôt compris que la mort avait été pour ainsi dire instantanée△...

—Vous avez pu déterminer approximativement l'heure de la mort?

—La mort a eu lieu vers quatre heures et quart.

—Hein?... Quoi?... Quatre heures et quart?

—Mais oui! Mme Deligeard avait essayé d'appeler deux autres médecins, ce qui avait pris du temps...

—Quatre heures et quart!... répétait Maigret en se passant la main sur le front... Je ne voudrais pas vous vexer, docteur... Mais vous êtes débutant△... Etes-vous certain de ce que vous avancez? Maintiendriez-vous votre affirmation si la tête d'un homme ou d'une femme était en jeu?

—Je ne pourrais que répéter...

—Bien! Je vous crois... Mais j'aime mieux vous prévenir qu'il faudra presque sûrement recommencer cette déposition à la barre et que les avocats feront l'impossible pour détruire votre témoignage...

—Ils n'y parviendront pas.

—Avez-vous autre chose à me dire? Que s'est-il passé ensuite?

—Rien. J'ai signé l'acte de décès... Mme Deligeard m'a payé deux cents francs...

—C'est votre prix?

—Non, mais elle l'a fixé elle-même...

—Et vous n'avez rencontré personne d'autre?

—Personne.

25. A quelle heure est-elle morte?
26. Quelle est la réaction de Maigret?
27. Pourquoi le médecin n'est-il arrivé que bien après la mort de la dame?
28. Qu'est-ce qui pourrait dépendre de son témoignage?

29. Où faudra-t-il répéter cette déposition?

30. Quel était le prix du docteur et qui l'a fixé?

# Activités

## RÉSUMÉ DE L'ACTION: VRAI/FAUX

A. Résumez l'action en corrigeant les phrases fausses.
   1. Dans leur première conversation Cécile n'a pas parlé de son amant à Maigret.
   2. Jacques et Cécile se retrouvent depuis un an dans la maison de Jacques.
   3. A cause de la vieille dame, Cécile a refusé d'avoir des relations avec Jacques.
   4. Maigret est curieux de savoir si Cécile a reconnu le visage de sa tante morte.
   5. Cécile n'a pas montré son émotion devant le cadavre de la vieille dame.
   6. Dans l'hôtel des Deligeard il y a à la fois un petit et un grand escalier.

7. Malgré sa jeunesse, le docteur Liévin a beaucoup de patients et ils sont tous prospères.
8. Le bureau du docteur Liévin n'est qu'à sept ou huit minutes de l'hôtel particulier des Deligeard.
9. Ne connaissant pas les styles, le docteur ne peut pas affirmer dans quelle chambre la dame se trouvait.
10. La dame portait les mêmes vêtements qu'elle avait quand elle était allée chez le dentiste.
11. Le docteur est certain que la mort a eu lieu vers quatre heures et quart.
12. Le docteur hésiterait à témoigner devant la barre.
13. Le docteur a signé l'acte de décès.
14. Le docteur a fixé le prix, mais Mme Deligeard lui a donné plus d'argent qu'il n'en demandait.
15. Dans la chambre de la dame morte il y avait trois personnes: le docteur, le valet et Mme Deligeard.

## RÉSUMÉ DE L'ACTION: LES PERSONNAGES

B. Résumez l'action en identifiant le personnage qui prononce ou pourrait prononcer chacune des phrases suivantes:
1. Ce n'est pas très gentil de ne m'avoir pas parlé de M. Mercier.
2. Si elle se mariait je considérerais cela comme une trahison à mon égard.
3. Voilà pourquoi j'ai accepté de n'avoir que des relations cachées avec lui.
4. Depuis un an je passe mes nuits dans sa maison mais elle ne sait pas que je suis là.
5. Ah vous voilà... Je me doutais que vous alliez accourir à la nouvelle de sa mort.
6. Je pars toujours de chez le docteur Liévin à cinq heures, après sa consultation.
7. Je débute et ma clientèle est de condition très modeste.
8. Je lui ai ouvert la porte mais je ne suis pas monté au second étage avec lui.
9. Montez vite, docteur, je crois qu'elle a eu une crise cardiaque!
10. Le témoignage de ce médecin va condamner mon client. Je vais faire l'impossible pour le détruire.

Si vous n'avez pas trouvé la réponse vous pouvez la chercher dans la liste suivante:

| | | |
|---|---|---|
| a. | un avocat de la défense | f. Cécile Ledru |
| b. | Mme Croizier | g. le docteur Liévin |
| c. | Phillipe Deligeard | h. Maigret |
| d. | Mme Deligeard | i. Jacques Mercier |
| e. | l'infirmière | j. le valet de chambre |

# SUJETS DE DISCUSSION

### Le Projet de mariage de Cécile

1. Quelle raison donne-t-elle pour ne pas s'être mariée?
2. Quelles sont les obligations de Cécile envers la vieille dame?
3. Depuis combien de temps est-elle sa demoiselle de compagnie?
4. A-t-elle raison de lui cacher ses relations avec Jacques?
5. Comment jugez-vous sa conduite?
6. Et Maigret, comment semble-t-il la juger?
7. Qui a révélé à la vieille dame les relations cachées de Cécile et de son amant?
8. Imaginez la conversation entre Phillipe et sa tante à ce sujet.
9. D'après Phillipe, quelle décision la vieille dame a-t-elle prise quand elle a appris la nouvelle?
10. Toujours d'après Phillipe, pourquoi hésitait-elle à faire ce qu'elle avait décidé de faire?
11. Est-ce qu'il dit la vérité, croyez-vous?
12. Pourquoi Phillipe a-t-il révélé ce secret à sa tante?
13. Il semble plus que probable qu'il craignait cette grande affection de la vieille dame pour Cécile. Pourquoi?

### L'Intrigue

Dans le roman policier (*detective story*) les indices (*clues*) jouent un rôle important. Parlons des indices—ou des contradictions mystérieuses—que Maigret a découverts au cours de son entretien avec le docteur Liévin.

1. La chambre où la dame est morte.    Qui prétend que c'est la chambre bleue meublée en Louis XIV? Mais d'après le médecin, de quel style et de quelle couleur était la chambre de la dame?
2. L'état de la chambre.    La dame venait de rentrer de chez le dentiste quand la crise l'a prise. Où est-elle quand le médecin la voit? En quel état est la chambre? Où sont ses vêtements? Expliquez ce qu'il y a de contradictoire dans la situation.
3. L'heure de la mort.    Phillipe dit qu'il est parti pour son cercle vers quatre heures et demie et qu'il n'était pas là quand elle est morte. A quelle heure est-elle morte d'après lui? Et d'après le docteur? Aurait-il eu le temps de la tuer avant de partir? Mais d'après le docteur quelle est la cause de la mort de la dame? Pouvez-vous expliquer ce mystère?

# LA VIEILLE DAME DE BAYEUX (I–III)

Les exercices de révision résument le conte (*the story*) et offrent en même temps une révision des mots apparentés et des faux amis.

Lisez les passages suivants en remplissant les tirets par le mot convenable.

## A

| | |
|---|---|
| a. circonspection | g. hasard |
| b. coupable | h. orpheline |
| c. débuté | i. prétend |
| d. enquête | j. rester |
| e. folle | k. supplie |
| f. garder | l. voilés |

Cécile n'a ni père ni mère. Elle est __1__ . Elle a __2__ dans la vie chez Mme Croizier. Et pourquoi là? C'était un pur __3__ . La dame a décidé de la __4__ auprès d'elle et Cécile était heureuse d'y __5__ .

Maintenant la dame est morte et Cécile a les yeux __6__ de larmes. Elle accuse Phillipe d'être un assassin. Elle __7__ qu'il est __8__ d'avoir assassiné Mme Croizier et elle veut que Maigret fasse une __9__ . «Je vous en __10__ , dit-elle, ne me prenez pas pour une __11__ !» Mais Maigret sait qu'il faut traiter Phillipe avec __12__ .

## B

| | |
|---|---|
| a. accorder | f. douloureux |
| b. avertir | g. peine |
| c. calomnie | h. perfide |
| d. condoléances | i. punition |
| e. dévouement | |

Les bourgeois de Caen viennent présenter leurs __1__ aux Deligeard. Phillipe dit à Maigret que c'est un moment __2__ , mais qu'il veut bien lui __3__ quelques minutes. Il prend la __4__ d' __5__ Maigret que Cécile n'est pas ce qu'elle semble être. Cécile, dit-il, est une fille __6__ , et l'accusation qu'elle a faite contre lui est une __7__ qui mérite une __8__ sévère. Il prétend que le fameux __9__ désintéressé de Cécile pour la vieille dame n'est pas sincère.

## C

a. air
b. avouer
c. l'aide
d. cercle

e. crise cardiaque
f. drôles
g. poche

Je dois __1__ , dit-il, que je n'étais pas présent au moment où ma tante a eu sa __2__ . C'est ma femme qui l'a entendu crier à __3__ . Personnellement je jouais au bridge dans mon __4__ .

Pendant toute cette scène Maigret ne fume pas. Il garde sa pipe dans sa __5__ et regarde Phillipe avec de __6__ de petits yeux. Phillipe a un __7__ digne et solennel que Maigret n'aime pas.

## D

a. durent
b. explique
c. fixé
d. gentil

e. jalouse
f. projets
g. trahison

Cécile n'a pas avoué à Maigret qu'elle avait un amant. Maigret dit que ce n'était pas très __1__ de sa part. Il demande une explication. Cécile __2__ que Jacques et elle ont des __3__ de mariage, que leurs relations cachées __4__ depuis plus d'un an, mais qu'ils n'ont pas encore __5__ la date de leur mariage. Mme Croizier, qui n'en savait rien, aurait considéré cela comme une __6__ . Elle était __7__ de l'affection de Cécile.

## E

a. avocats
b. décès
c. déranger
d. détruire
e. front
f. maintenir

g. passé
h. pièce
i. prévenir
j. prix
k. vêtements

Ensuite Maigret va voir le docteur qui a signé l'acte de __1__ de Mme Croizier. Il s'excuse de le __2__ , mais il voudrait savoir ce qui s'est __3__ chez les Deligeard. Il veut surtout savoir dans quelle __4__ de l'hôtel particulier Mme Croizier se trouvait.

Phillipe lui avait dit que la dame était morte après cinq heures. Quand le docteur lui dit que la dame est morte à quatre heures et quart Maigret se passe la main sur le __5__ . Il lui demande s'il va __6__ cette affirmation au tribunal.

Il préfère le __7__ tout de suite que les __8__ feront l'impossible pour __9__ son témoignage. Il apprend aussi certains détails révélateurs: Il n'y avait pas de __10__ qui traînaient dans la pièce, et Mme Deligeard avait donné deux cents francs au docteur, ce qui est bien supérieur à son __11__ ordinaire.

# CHAPITRE 4
# LA VIEILLE DAME DE BAYEUX (IV)

## *Préparation à la lecture*

## LEXIQUE

### MOTS APPARENTÉS

| | |
|---|---|
| Phillipe a des **dettes** énormes. | debts |
| Il se sent **rassuré**, mais il a tort. | reassured |
| Il **paraît** que Maigret | appears |
| joue au **chat** et à la souris avec lui. | cat |

### MOTS PARTIELLEMENT APPARENTÉS

| | | |
|---|---|---|
| Dans ce **milieu** solennel | milieu | environment |
| et **volontairement** austère | voluntarily | willfully, deliberately |
| apparaît la **bête** humaine. | beast | animal |
| Leur hôtel est à deux **pas**. | paces | steps |
| Maigret y va sans **se presser**. | pressing on | hurrying |
| Le **patron** a donné congé au chauffeur. | 2. patron | 1. boss |

| | | |
|---|---|---|
| La chambre jaune? Elle ne **sert** jamais. | serves | is used |
| Le préfixe **dé-** (déboutonné) | *dis-* | *un-* (unbuttoned) |

## FAUX AMIS

| | | |
|---|---|---|
| Le valet voulait **introduire** Maigret. | not: to introduce, to present | but: to introduce, to show in |
| la **grosse** cuisinière | not: gross | but: fat, big |
| la **vilaine** bête | not: villainous | but: ugly |
| un **ancien** domestique | when it comes before the noun, not: ancient | but: former |

But when **ancien** comes after the noun it does mean *ancient*.

## MOTS-CLÉS

| | |
|---|---|
| **Au fond** | *Basically,* (*fundamentally*) |
| Maigret n'**a** pas **tort**. | Maigret *is* not *wrong*. |
| Il y a un criminel **sous** cette apparence digne. | There is a criminal *under* that dignified appearance. |
| **Auparavant** il doit voir le valet. | *Beforehand* he must see the valet. |
| Il va **dehors**. | He goes *outside*. |
| L'hôtel est **à** deux pas. | The mansion is two steps *away*. |
| Il y va non pas **tout à l'heure** mais **tout de suite**. | He does not go there *later on* but *right away*. |

## VOCABULAIRE

| | |
|---|---|
| Assis dans un restaurant **poussiéreux**, Maigret joue au chat et à la **souris** avec le criminel. Un monsieur **hautain** tuerait-il pour de l'argent? | Seated in a *dusty* restaurant, Maigret plays cat and *mouse* with the criminal. Would a *haughty* gentleman kill for money? |
| Il va **sonner** chez les Deligeard. Le valet **vient à sa rencontre**. | He goes to *ring the door-bell* at the Deligeards'. The valet *comes forward to meet him.* |
| —C'est à vous que je veux parler, **mon vieux**. | "You're the one I want to talk to, *old man* (*pal, friend*)." |

| | |
|---|---|
| Le valet n'**ose** pas protester. | The valet doesn't *dare* protest. |
| Maigret apprend sans **étonnement** qu'il y a des traces de **boue** dans la voiture. Il **pleuvait**. | Maigret learns without *astonishment* (*surprise*) that there are traces of *mud* in the car. It *was raining*. |
| —Mme Croizier n'était pas **fière**, dit le valet. Elle nous **adressait la parole**. | "Madame Croizier was not *proud*," says the valet. She *would speak to us*. |
| Elle nous disait que les dentistes ne **font** pas **mal**. | She would tell us that dentists do not *cause pain* (*hurt*). |
| Elle était **bien portante**. | She was *in good health*." |

# GRAMMAIRE

## LES PRONOMS DÉMONSTRATIFS: **CELUI, CELLE, CEUX, CELLES**

When followed by a relative pronoun or by **de**, **celui** and **celle** are usually translated by *the one*, **ceux** and **celles** by *those*. **Celui-ci** and **celle-ci** are *this one*, **celui-là** and **celle-là**, *that one*, **ceux-là** and **celles-là**, *those*.

| | |
|---|---|
| La vilaine bête, **celle** qui tue par intérêt sordide. | The ugly animal, *the one* that kills out of sordid self-interest. |
| Quelle chambre? **Celle** de droite? | Which room? *The one* on the right? |
| Mais non! **Celle-là** est la chambre Régence. | No! *That one* is the Regency room. |

The demonstrative pronouns can also mean *the former* when followed by **-là** and *the latter* when followed by **-ci.** But *the former* and *the latter* are not used nearly as frequently in English as **celui-là** and **celui-ci** in French. The English equivalent is usually a personal pronoun.

| | |
|---|---|
| Il parle à la cuisinière et au valet. **Celle-là** est hostile, **celui-ci** est cordial. | He speaks to the cook and the valet. *She* is hostile, *he* is cordial. |

## REPRISE: **IL** IMPERSONNEL

| | |
|---|---|
| **Il** pleuvait. | *It* was raining. |
| **Il** est venue Mlle Cécile. | Mlle Cécile came. Literally: *There* came Mlle Cécile. |

## LE PASSÉ SIMPLE

The **passé simple** is a literary past tense used in sustained narration. It occurs most frequently in third-person forms. The third-person endings are:

| | | |
|---|---|---|
| -**er** verbs: aller | il all**a** | ils all**èrent** |
| -**ir** verbs: finir | il fin**it** | ils fin**irent** |
| -**re** verbs: rendre | il rend**it** | ils rend**irent** |

The reader has only to recognize these endings as indications that the action expressed by the verb is in the past. Note, however, that **il finit** is identical with the present form, as are all singular forms of regular -**ir** verbs. You have to use the context to determine whether they express past or present action.

Even irregular verbs are usually easy to recognize in the **passé simple** if you can recognize them in the **passé composé**.

| | PASSÉ COMPOSÉ: | PASSÉ SIMPLE: |
|---|---|---|
| avoir: | il a eu | il eut, ils eurent |
| pouvoir: | il a pu | il put, ils purent |

There are some irregular **passé simple** forms that need to be learned for recognition, however. The most important are:

| | |
|---|---|
| être: | il fut, ils furent |
| faire: | il fit, ils firent |
| venir, tenir, and their derivatives: | il vint, ils vinrent<br>il tint, ils tinrent |
| voir: | il vit, ils virent |

## POUR MIEUX COMPRENDRE

Sometimes a grammatical feature (a plural form, a possessive adjective, etc.) contributes something important to the meaning, and sometimes it does not. Learning what is and what is not essential to the meaning is an important reading skill. For example:

1. The definite article used in greetings is characteristically French and does not appear in English. The possessive adjective is also used more frequently in French in direct address than in English. (For example, you say **mon oncle** to your uncle, **mon capitaine** to your captain.)

| | |
|---|---|
| Asseyez-vous, **les** enfants! | Sit down, kids! |
| Bonjour, **la** compagnie! | Hi, everybody! |
| Alors, **mon** vieux, ça va? | So how are you doing, old man? |

2. Plural nouns in French may correspond to singular nouns in English and vice versa. **Lieu,** for example means *place,* but **les lieux** means *the scene of the action.* In this case there is a corresponding plural noun in English, however: *the premises.*

# EXERCICES

## RÉSUMÉ DE LA GRAMMAIRE

1. Cécile **eut** l'idée d'aller voir sa tante, mais elle **fut** surprise quand le valet **vint** à la porte et lui **dit** que sa tante était sortie.
2. **Celui** qu'on **fit** venir était un médecin très jeune.
3. Maigret **vit** un homme en noir. **Celui-ci** l'invita à monter au premier.
4. Pas dans la chambre de gauche. **Celle-là** est jaune.
5. **Il** arrive que sa tante était toujours absente quand **il** arrivait chez elle.

## VOCABULAIRE ET MOTS-CLÉS

A. Lisez le passage suivant en remplaçant les mots en caractères gras par un synonyme. Faites les changements de genre nécessaires.

   a. au fond
   b. auparavant
   c. avoir tort
   d. étonnement
   e. osé
   f. sous
   g. tout à l'heure
   h. tout de suite

Maigret ne peut pas décider **immédiatement** (1) . Il doit parler au médecin **d'abord** (2) . Sans doute il décidera **bientôt** (3) .

Imaginez la **surprise** (4) de Maigret quand il voit que le médecin est certain de ne pas **faire erreur** (5) . Il y a donc un crime **caché derrière** (6) cette façade digne. Et c'est Cécile qui a **eu le courage de** (7) le dénoncer. **Après tout** (8) , elle a eu raison.

B. Remplissez les tirets dans les phrases suivantes par les mots convenables.

   a. ancien
   b. bien portante
   c. boue
   d. faire mal
   e. fière
   f. hautaines
   g. mon vieux
   h. poussiéreuse
   i. sonner
   j. souris

1. Une personne qui n'est pas du tout malade est une personne
    _____.
2. A la campagne quand il pleut beaucoup il y a de la _____.
3. Les gens fiers ont souvent des manières _____.
4. Il était officier mais il ne l'est plus. C'est un _____ officier.
5. Les gros chats terrorisent les petites _____.
6. En général ce n'est qu'à des amis qu'on dit _____.
7. On a peur d'aller chez le dentiste parce qu'on pense que ça va
    _____.
8. On n'entre presque jamais dans la chambre jaune, donc elle est
    assez _____.
9. Il est devenu médecin à l'âge de vingt-sept ans, et sa mère en
    est très _____.
10. Vous êtes à la porte d'un hôtel particulier. Pour entrer il faut
    _____.

ses soles normandes

# LA VIEILLE DAME DE BAYEUX (IV)

Maigret alla dîner dans un restaurant célèbre pour ses soles normandes et ses tripes à la mode de Caen.[1] Le restaurant, comme
tous les milieux où Maigret s'était trouvé ce jour-là, avait quelque chose de poussiéreux et de solennel,△ de volontairement
austère.

1. Quelle est
   l'atmosphère du
   restaurant?

[1] Les tripes sont une spécialité de la ville de Caen: **tripes à la mode de Caen**. Les soles
sont une spécialité de la Normandie, province dont Caen est une des deux villes prin-
cipales. C'est pourquoi on les appelle **les soles normandes**.

Maigret se disait qu'au fond c'était une affaire comme il les aimait: une façade digne, des gens graves, toutes les apparences de la vertu, et sous tout cela, sous les vêtements sombres et les visages hautains, la bête humaine, la vilaine bête, la plus inexcusable, celle qui tue par intérêt sordide, pour des questions d'argent!

Contrairement à son habitude, il ne se pressait pas et prenait plaisir à travailler lentement, comme s'il jouait au chat et à la souris avec l'assassin.

Le procureur lui avait répété:

—Faites le nécessaire mais soyez prudent!... Phillipe Deligeard est un homme connu qui a peut-être des dettes mais qui est reçu partout... Soyez prudent, commissaire!

Et Maigret se disait:

—Mais oui, mon vieux! Seulement on les aura...[2]

—Tout à l'heure je mettrai tout cela en ordre, se promit-il. Auparavant, il faut que j'aie un entretien avec ce fameux valet de chambre...

Et ayant terminé son dîner, il alla sonner rue des Récollets, retint le domestique qui voulait l'introduire dans l'antichambre.

—Non, mon vieux, c'est à vous que j'ai à parler. Vous savez qui je suis, n'est-ce pas? Que faisiez-vous quand j'ai sonné?

—On prenait le café dans la cuisine...

—J'irai donc prendre le café avec vous!

Il s'invitait. Il s'imposait. L'homme n'osait pas protester, annonçait à la cuisinière et à Arsène, le chauffeur:

—C'est le commissaire qui demande une tasse[3] de café...

Arsène portait un uniforme gris très élégant, mais qu'il avait déboutonné pour être plus à l'aise[4] et la cuisinière était une grosse femme que l'intrusion de Maigret dans son domaine ne paraissait pas rassurer.

—Ne vous dérangez pas pour moi, les enfants! Restez à votre aise, Arsène! Au fait, pourquoi avez-vous pris congé avant-hier? C'était votre jour?

—Pas précisément... Le matin le patron m'a dit comme ça[5] que, puisqu'il ne pourrait pas me donner de congé la semaine prochaine, à cause d'un voyage dans le Midi,[6] je n'avais qu'à prendre mon jour...

—M. Phillipe a donc conduit lui-même?

---

2. Qu'y a-t-il sur la façade de cette affaire?

3. Et derrière la façade?

4. Dans le jeu de Maigret, qui est le chat? Qui est la souris?

5. Comment le procureur décrit-il Phillipe?

6. Qui va-t-il voir?

7. Que voulait faire le valet?

8. Que faisaient-ils quand il a sonné? Qui va les joindre?
9. Pourquoi le valet ne proteste-t-il pas?

10. Décrivez Arsène. Quelle est l'attitude de la cuisinière?

11. Pourquoi Arsène avait-il congé?

---

[2] **on les aura**    nous allons trouver les coupables
[3] **tasse?**    Dans quoi est-ce qu'on boit du café?
[4] **à l'aise?**    Pourquoi est-ce qu'on déboutonne son uniforme?
[5] **le patron m'a dit comme ça**    *An uneducated turn of speech. An English equivalent might be: the boss he says to me...*
[6] **le Midi**    la partie sud de la France

—Oui... Je croyais qu'il n'aurait pas besoin de l'auto, mais j'ai remarqué qu'il s'en est servi, puisqu'il y avait des traces de boue à l'intérieur.

—Comme il ne pleuvait pas, il est donc allé à la campagne?

—Vous savez, ici, la campagne ne commence pas bien loin de la maison...

Quant au valet de chambre, qui s'appelait Victor, il affectait dans ses réponses une précision toute mathématique et Maigret apprit sans étonnement que c'était un ancien sous-officier d'artillerie.

—Pouvez-vous me dire à quelle heure Mme Croizier est sortie?

—Quelques minutes avant quatre heures, comme tous les jours. C'est à quatre heures qu'elle avait rendez-vous chez son dentiste qui habite à deux pas d'ici.

—Elle était bien portante?

—Comme toujours! C'était une personne très bien conservée, très gaie, pas fière, qui ne passait jamais sans nous adresser la parole.

—Elle ne vous a rien dit de spécial?

—Non! Elle m'a dit: «A tout à l'heure, Victor...»

—Elle allait à pied chez le dentiste?

—Mme Croizier n'aimait pas l'auto. Même quand elle retournait à Bayeux elle préférait prendre le train.

—Pourriez-vous me dire où était la voiture à ce moment?

—Non, monsieur!

—Elle n'était pas au garage?

—Non, monsieur... Monsieur et Madame étaient sortis avec, tout de suite après le déjeuner... Ils sont rentrés environ une heure plus tard, mais ils avaient dû laisser l'auto dehors...

—Donc, Monsieur et Madame, comme vous dites, sont rentrés vers trois heures... Une heure après, un peu avant quatre heures, Mme Joséphine Croizier est sortie... Ensuite?

—Il est venue Mlle Cécile...

—A quelle heure?

—Quatre heures dix... Je lui ai appris que sa tante venait de sortir et elle est partie...

—Elle n'a vu que vous dans la maison?

—Que moi.

—Ensuite?

—Monsieur est sorti... Il était quatre heures vingt-cinq... J'ai regardé l'heure, car il était un peu en avance sur l'heure à laquelle il se rend chaque jour au cercle...

—Continuez...

54    GEORGES SIMENON

12. Comment sait-il que son patron a utilisé la voiture?

13. Pourquoi Mme Croizier est-elle sortie?

14. Comment était-elle avec les domestiques?

15. Pourquoi va-t-elle à pied ou par le train?

16. Qu'ont fait les Deligeard après le déjeuner?

17. Qui est venu?

18. Pourquoi est-elle partie?

19. Où est allé Phillipe? En quoi sa routine était-elle un peu différente de celle des autres jours?

—Il n'y a rien eu d'autre à ce moment... Et il allait être vers cinq heures quand Mme Croizier est rentrée...

—Toujours bien portante?

—Elle était même de bonne humeur. Elle m'a dit comme ça, en passant, qu'on a tort de croire que les dentistes sont des gens qui font mal...

—Elle est montée dans sa chambre?

—Elle est montée, oui!

—Sa chambre est bien la chambre Louis XIV?

—Bien sûr!

—Celle de droite, la chambre jaune?

—Mais non! Celle-là est la chambre Régence, qui ne sert pour ainsi dire jamais.

—Que s'est-il passé alors?

—Je ne sais pas... Des minutes sont passées... Madame est descendue, toute émue..

—Pardon! Combien de minutes sont passées?

—Vingt... En tout cas, il était plus de cinq heures quand Madame m'a demandé de téléphoner à Monsieur au cercle, pour l'avertir que sa tante venait d'avoir une crise...

—Et en téléphonant au cercle, vous avez dit qu'elle avait eu une crise?

—Oui...

—Vous n'avez pas dit qu'elle était morte?

—Non... Je ne savais pas encore qu'elle était morte...

—Vous êtes monté là-haut?

—Non... Personne de nous n'est monté... Un jeune docteur est venu et Madame est allée à sa rencontre... Ce n'est qu'à sept heures qu'on nous a annoncé la mort de Mme Croizier et il était huit heures quand nous sommes tous montés la voir...

—Dans la chambre jaune?

—Non! Dans la chambre bleue...

20. Comment allait la dame quand elle est rentrée? Que dit-elle?

21. A quoi s'intéresse Maigret tout particulièrement? (Pourquoi?)

22. En quel état était Mme Deligeard quand elle est descendue?

23. Qu'a-t-elle demandé au valet de faire?

24. Qu'a-t-il dit au téléphone?

25. Que n'a-t-il pas dit? Pourquoi pas?

26. Qui est venu ensuite?

27. Que leur a-t-on annoncé à sept heures?

# Activités

## RÉSUMÉ DE L'ACTION: PHRASES À COMPLÉTER

A. Résumez l'action en complétant les phrases suivantes.
1. Le restaurant où Maigret dîne est célèbre pour ses...
2. Comme dans tous les milieux où il avait été ce jour-là, il y avait dans ce restaurant quelque chose de...

3. Maigret aime cette affaire. Derrière sa façade digne il voit la...
4. Il ne se presse pas. Il joue au...
5. Le procureur lui avait répété: «Soyez...
6. Mais Maigret se disait: «Mais oui, mon vieux. Seulement,...
7. Après son dîner il a un entretien avec...
8. Il va dans la cuisine prendre une...
9. Il demande au chauffeur, Arsène, pourquoi il avait...
10. Le chauffeur dit qu'il avait congé ce jour-là à cause d'un...
11. Le chauffeur continue: «Je sais que le patron s'est servi de la voiture parce qu'il y avait...
12. Le valet de chambre, Victor, aime la vieille dame. Il dit qu'elle ne passait jamais sans leur...
13. Il continue: «Elle est sortie à quatre heures pour aller...
14. «Elle n'aime pas l'auto. Elle est donc allée...
15. «Ensuite, il est venue Mlle Cécile. Je lui ai dit que sa tante...
16. «Puis le patron est sorti pour aller...
17. «Quand Mme Croizier est rentrée elle était de bonne...
18. «Elle m'a même dit qu'on a tort de croire que les dentistes...
19. «Puis elle est...
20. «Quelques minutes plus tard, Madame Deligeard, tout émue, est descendue et m'a demandé de...
21. «J'ai téléphoné et j'ai dit à monsieur que sa tante...
22. «Je n'ai pas dit qu'elle était...
23. «Ce n'est qu'à sept heures qu'on nous a annoncé...

Si vous n'avez pas trouvé la réponse vous pouvez la chercher dans la liste suivante.

a. adresser la parole, parler
b. avait eu une crise
c. bête humaine
d. au cercle
e. chat et à la souris
f. chez le dentiste
g. congé
h. les domestiques
i. humeur
j. montée dans sa chambre
k. la mort de Mme Croizier
l. morte
m. on les aura

n. à pied
o. poussiéreux et de solennel
p. prudent
q. soles normandes et ses tripes à la mode de Caen
r. sont des gens qui font mal
s. tasse de café
t. téléphoner à Monsieur au cercle
u. traces de boue à l'intérieur
v. venait de sortir
w. voyage dans le midi la semaine prochaine

## RÉSUMÉ DE L'ACTION: LES LIEUX

B. Résumez l'action en indiquant où on peut trouver les personnes ou les objets suivants.

1. des soles normandes et des tripes à la mode de Caen
2. la tasse de café que prend Maigret
3. l'uniforme gris très élégant mais déboutonné
4. des traces de boue à l'intérieur
5. beaucoup de boue quand il pleut
6. l'équipement qu'il faut pour un travail de prothèse dentaire
7. la voiture quand on ne la conduit pas
8. Monsieur Deligeard au moment de la crise
9. le cadavre de la vieille dame

Si vous ne trouvez pas la réponse vous pouvez la chercher dans la liste suivante.

a. à la campagne
b. à son cercle
c. dans la chambre bleue (ou bien dans la chambre jaune?)
d. sur le dos du chauffeur
e. dans la cuisine
f. chez le dentiste
g. dans le garage
h. dans le restaurant
i. dans la voiture des Deligeard

## RÉSUMÉ DE L'ACTION: LES PERSONNAGES

C. Résumez l'action en identifiant le personnage qui prononce ou pourrait prononcer chacune des phrases suivantes.
   1. Les soles normandes c'est une de nos spécialités.
   2. Faites l'enquête, mais soyez prudent. Phillipe Deligeard est une personne très connue, très distinguée.
   3. Non, mon vieux, c'est à vous que j'ai à parler.
   4. L'intrusion de ce commissaire dans mon domaine ne me rassure pas.
   5. J'ai appris à penser, et donc à parler, avec une précision mathématique quand j'étais dans l'artillerie, et j'en suis fier.
   6. Je sais qu'il s'en est servi, parce qu'il y avait des traces de boue dedans.
   7. Puisque nous allons dans le Midi la semaine prochaine vous n'avez qu'à prendre votre jour aujourd'hui.
   8. Je voyage toujours en train, jamais en auto.
   9. Rassurez-vous, madame, ça ne va pas faire mal.
  10. Puisque j'avais des courses à faire à Caen, je suis passée voir tante Joséphine.
  11. Quelle mauvaise nouvelle! Rentrez tout de suite auprès de votre femme, elle a besoin de vous dans ces circonstances douloureuses.

Si vous ne trouvez pas la réponse vous pouvez la chercher dans la liste suivante.

a.  Cécile Ledru
b.  Mme Croizier
c.  la cuisinière
d.  le dentiste
e.  le commissaire Maigret
f.  le chauffeur
g.  un garçon dans le restaurant
h.  un membre du cercle de Phillipe
i.  Phillipe Deligeard
j.  le valet de chambre
k.  le procureur

## SUJETS DE DISCUSSION

### Le Milieu

Parlons de Caen et de ses habitants, et de l'impression qu'ils font sur Maigret. Donnez quelques précisions sur:

1. le restaurant.
2. l'hôtel particulier des Deligeard.
3. les gens qui présentent leurs condoléances. (costume, visages, etc.)
4. le cercle de Phillipe. A quoi est-ce qu'on joue?
5. Phillipe lui-même. Ses manières.
6. l'hôtel Saint-Georges. Imaginez-le. Quelle sorte d'hôtel Cécile choisirait-elle?
7. le café où il a son deuxième entretien avec Cécile. A quoi est-ce que les hommes jouent? Lui laisse-t-il la même impression que le restaurant? Est-ce peut-être une exception à son impression générale de la ville de Caen?

### L'Intrigue

Parlons 1) des nouveaux indices et 2) des contradictions entre le témoignage du docteur et celui des domestiques.

1. la voiture. Qui l'a utilisée? Le chauffeur a-t-il conduit? Qu'y avait-il à l'intérieur?
2. la mort de Mme Croizier. D'après le valet, quand est-elle sortie, quand est-elle rentrée et de quelle humeur, et quand a-t-elle eu sa crise? Mais d'après le docteur quand est-elle morte?

# CHAPITRE 5
# LA VIEILLE DAME DE BAYEUX (V)

## *Préparation à la lecture*

## LEXIQUE

### MOTS APPARENTÉS

| | |
|---|---|
| Maigret est assis sur un **banc**. | bench |
| Il a osé **commettre** une faute. | to commit |
| La terminaison -**mettre** (omettre, permettre, émettre, transmettre) correspond souvent à: | *-mit* |
| Il ne peut pas le **nier**. | to deny |
| Son action était **hâtive**. | hasty |

### MOTS PARTIELLEMENT APPARENTÉS

| | | |
|---|---|---|
| Maigret a reçu une **convocation**. | convocation | order to appear |
| Il est dans le **cabinet** du procureur. Il joue le rôle du policier **maladroit**. | 2. cabinet | 1. office |
| | maladroit | clumsy |
| Je vous présente mes **hommages**. | homage | respects |

| | | |
|---|---|---|
| J'ai commis une **faute**. | fault | error |
| J'en suis **désolé**. | desolate | sorry |
| Cela **suffit**, dit le procureur. | suffices | is enough |
| J'**ai horreur de** votre ton de **raillerie**. | feel horror for raillery | can't stand sarcastic banter |
| Alors j'explique sans **tarder**. | cf. tardy | delaying, taking long |
| Je ne veux pas vous **attarder**. | to retard | to delay |
| Quand on m'a **signalé** des traces de boue, je suis allé dans le **quartier** où demeure cette femme. | signaled quarter (cf. Latin Quarter) | pointed out part of town |
| Irez-vous à son **enterrement**? | interment | funeral |
| Le visage de Phillipe **se décomposa**. | decomposed | fell apart, became distorted |
| Il voulait **se précipiter**. | to precipitate | to rush forward |
| C'est **inutile**, dit Maigret, d'une voix **paisible**. | cf. utility peaceable | useless quiet |

## MOTS-CLÉS

| | |
|---|---|
| Nous n'avons pas **tout à fait** terminé. | We have not *completely* finished. |
| J'expliquerai **volontiers**, si vous le **voulez bien**. | I will *gladly* explain, if you *are willing*. |
| **Je n'en ai pas pour** longtemps. | *It won't take me* long. |
| D'abord je n'ai pas compris **non plus**. | At first I didn't understand *either*. |
| **D'ailleurs**, qu'y avait-il à comprendre? | *Besides,* what was there to understand? |
| Mais en effet c'est **plutôt** simple. | But in fact it's *rather* simple. |
| **Surtout** quand on y pense. | *Especially* when you think about it. |
| Il est parti au club **plus tôt** que d'habitude. | He left for the club *earlier* than usual. |
| C'était **autour de** cinq heures. | It was *around* five o'clock. |
| Pourquoi faire une **telle** chose? | Why do *such* a thing? |
| **Alors qu**'on parlait d'une crise cardiaque, | *While* they were talking about a heart attack, |

je **me suis rendu compte**
qu'il s'agissait **tout bonnement**
d'un crime affreux.

I *realized* that
*quite simply* a dreadful
crime was involved.

## VOCABULAIRE

Maigret a un **sourire**
aux **lèvres**.

Maigret has a *smile*
on his *lips*.

Il aime avoir l'air **bête**.

He likes to seem *stupid*.

Il entre avec la **lourdeur**
d'un policier bête.

He enters with the *clumsy
heaviness* of a dumb cop.

Il ne **manque** que les moustaches.

Only the mustache *is
missing*.

Le procureur parle d'un ton
**sec** et **dur**. Maigret continue:
J'ai quelque chose
à **ajouter**.

The prosecutor speaks in a
*dry, hard* tone. Maigret
goes on: I have something
to *add*.

D'abord j'**ai failli** le croire.

At first I *almost* believed
him (*came close to* believ-
ing him). Later on I had
*doubts*.

Plus tard j'ai eu
des **soupçons**.

Le valet dit qu'elle
**plaisantait** avec lui.

The valet says she
*was joking* with him.

Evidemment il ne **ment** pas.

He is obviously not *lying*.

«Vous faites une enquête, c'est
**entendu**, dit le procureur.

"You're investigating, that's
*understood*," says the
prosecutor.

Je vous **entends** parler, mais je ne
comprends pas. Dites-moi ce que
vous **entendez** par vos remarques.»

"I *hear* you talking, but I
don't understand. Tell me
what you *mean* by your
remarks."

# GRAMMAIRE

## L'IMPÉRATIF

The command, or imperative, form does not usually present a reading
comprehension problem. Like the imperative in English, it takes no
subject pronoun.

**Entrez. Fermez** la porte.     *Come in. Close* the door.
**Allons** chez les Deligeard.     *Let's go* to the Deligeards'.

The only verbs that do not derive their imperative forms from the present indicative are **être**, **avoir**, **vouloir**, and **savoir**, which use the subjunctive. It is important to recognize these verbs when they appear in this form. Note also that the imperatives of **savoir** and **vouloir** are not usually translated literally.

| | |
|---|---|
| **Soyez** prudent. | *Be* prudent. |
| **Ayez** de la patience. | *Have* patience. |
| **Veuillez** me suivre. | *Be so good as to* follow me. |
| **Sachez** qu'elle demeure dans la chambre bleue. | *You should know* (*Be aware*) that she lives in the blue room. |

In the positive imperative of pronominal verbs the reflexive pronoun follows the verb. Do not confuse these forms with a verb in the interrogative form.

| | |
|---|---|
| **Asseyez-vous**. | *Sit down.* |
| **Vous asseyez-vous**? | *Are you sitting down?* |
| Je ne comprends pas. | *I don't understand.* |
| **Expliquez-vous**. | *Explain yourself.* (*Make yourself clear.*) |
| **Expliquez-vous** tout cela à vos enfants? | *Do you explain* all that to your children? |

## EMPLOIS DE **SAVOIR**

In addition to its primary meaning of *know,* **savoir** also means *to know how to* and *to be able to.*

| | |
|---|---|
| Maigret **sait** exaspérer le procureur. | Maigret *knows how to* exasperate the prosecutor. |
| Il **a su** le faire sans être vu. | He *was able to* do it without being seen. |

## LES PRONOMS COMPLÉMENTS

Object pronouns, direct or indirect, come before the verb, except in the positive imperative. **Nous** and **vous** are both subject and object pronouns, but both the word order and the verb ending make it clear which is which.

| | |
|---|---|
| Nous vous attendons. | We are waiting for you. |
| Vous nous attendez. | You are waiting for us. |

The third-person direct objects are **le**, **la**, and **les**, which are also the definite articles. Articles precede nouns, however, and object pronouns precede verbs. Even when noun and verb are spelled the same, the basic structure of the sentence makes the distinction clear. This illustrates the fundamental importance of grasping sentence structure when reading.

| | |
|---|---|
| Sa femme l'aide. | His wife helps *him*. |
| L'aide de sa femme est indispensable. | *The* help of his wife is indispensable. |
| On la place près de la porte. | They place *her* near the door. |
| La place est occupée. | *The* place is taken. |

Similarly, sentence structure makes the distinction between **leur**, the indirect object pronoun, and **leur**, the possessive adjective, perfectly clear.

| | |
|---|---|
| **Leur** garde est bien payé. | *Their* guard is well paid. |
| Il **leur** garde la maison. | He guards the house *for them*. |

Unlike the disjunctive pronoun **lui**, the indirect object pronoun **lui** replaces either a masculine or a feminine noun. As with all pronouns, the context determines what the antecedent is.

| | |
|---|---|
| Elle et **lui** sont parents. | She and *he* are relatives. |
| Il **lui** demande de l'argent. | He asks *her* for money. |
| Elle ne **lui** en donne pas. | She doesn't give *him* any. |

## POUR MIEUX COMPRENDRE

| | |
|---|---|
| Il parle **bien**. | He speaks *well*. |

In addition to this familiar meaning the adverb **bien** serves to emphasize the word it modifies. This is another case of a word that can be omitted without much loss of meaning. Yet it can be helpful to notice the various ways in which **bien** adds to the meaning when it is used for emphasis.

| | |
|---|---|
| Il est **bien** fatigué. | He is *very* tired. |
| C'est **bien** ce que je vous reproche. | That is *exactly* what I am reproaching you for. |
| Vous voyez **bien** que nous n'avons pas terminé. | You *do* see that we haven't finished. |
| A cinq heures elle était **bien** en vie. | At five o'clock she was *perfectly* alive. |
| La chambre bleue est **bien** la sienne. | The blue room is hers *all right*. |
| **Bien** le bonjour, monsieur. | A *very* good day *to you*, sir. |

In the expression **vouloir bien**, however, **bien** serves not to emphasize the verb, but to attenuate it. **Je veux bien** is not *I do want, I want very much*, but *I am willing, it's all right with me*.

Je **veux** y aller. I *want* to go.

Je **veux bien** y aller. I *am willing* to go.

# EXERCICES

## RÉSUMÉ DE LA GRAMMAIRE

1. **Sachez** que Mme Croizier était une personne très gentille.
2. **Approchez-vous**. **Excusez-vous**.
3. Moi, m'excuser? Qu'**entendez-vous** par cela?
4. La vieille dame ne **sait** pas conduire.
5. Maigret **a su** entrer dans le jardin.
6. Cécile est désolée depuis la mort de la dame. Ne **lui** parlez pas de cela.

## VOCABULAIRE ET MOTS-CLÉS

A. Lisez le passage suivant en remplaçant les mots en caractères gras par un synonyme.

a. accepte
b. autour de
c. découvrir
d. en a pour
e. plutôt
f. surtout
g. tout à fait

Le dîner de Maigret est **relativement** (1) paisible. Il aime la cuisine normande, **particulièrement** (2) les tripes.

Mais il veut **se rendre compte de** (3) ce qui s'est passé. Il va donc chez les Deligeard. Il **met** (4) cinq minutes pour y aller. Il est **à peu près** (5) huit heures quand il sonne chez eux.

«Vous voulez m'interroger? dit le chauffeur. Moi, je **veux bien** (6) .» Maigret semble **complètement** (7) à son aise parmi les domestiques.

B. Même exercice

a. à bientôt
b. avant
c. était sur le point de
d. exactement
e. pendant que
f. volontiers

«Au revoir, dit Phillipe, en partant. **On se retrouvera plus tard** (1) .» Mais c'est **bien** (2) ce que je disais: Il **a failli** (3) manquer son bridge. Les autres sont arrivés **plus tôt que** (4) lui. Il était encore chez lui

**alors que** (5) ses amis l'attendaient. Ils auraient accepté un autre partenaire **sans aucune hésitation** (6) .

C. Substituez à la description suivante d'une personne aimable la description d'une personne désagréable, en remplaçant les mots en caractères gras par un mot qui signifie le contraire.

a. bête
b. éliminer de
c. lourdeur
d. manque

e. mentir
f. parler sans sourire
g. sec
h. des soupçons

On dit que cet homme est **intelligent** (1) . De plus, il a la réputation de **dire la vérité** (2) . Il a l'habitude de **plaisanter** (3) . Il fait tout ce qu'il fait avec **grâce** (4) . Il **possède beaucoup** (5) de vivacité et de charme. Dans ses actions il inspire **confiance** (6) . Il vous parle toujours d'un ton **cordial** (7) . C'est un nom à **ajouter à** (8) la liste des invités.

# LA VIEILLE DAME DE BAYEUX (V)

*si vous irez à l'enterrement de Caroline?*

—Monsieur le procureur vous prie d'attendre...

Maigret se trouva sur un bout de banc dur, dans le corridor poussiéreux du Palais de Justice de Caen.

Il était dix heures du matin. Maigret avait reçu le matin une convocation assez sèche du procureur, le priant d'être à son cabinet à dix heures précises.

1. Où se trouve Maigret?

A dix heures dix il se leva de son banc et s'approcha de l'huissier.[1]

—Il y a quelqu'un chez le procureur?

—Oui.

—Vous ne savez pas s'il en a pour longtemps?

—Je suppose! Il est déjà là depuis neuf heures et demie. C'est M. Deligeard...

Un drôle de sourire flotta△ sur les lèvres de Maigret.

Enfin on appela l'huissier, qui revint annoncer:

—M. le procureur vous attend!

Or Phillipe Deligeard n'était pas sorti. Maigret entra avec une lourdeur où il y avait peut-être une bonne part d'affectation. Il lui arrivait ainsi, en certaines occasions, surtout quand il était de très bonne humeur, d'aimer avoir l'air plus bête que nature, et alors il paraissait plus gros, maladroit, véritable policier de caricature, à qui il ne manquait que les fortes moustaches.

—Mes hommages, monsieur le procureur. Bien le bonjour, monsieur Deligeard...

—Fermez la porte, commissaire... Avancez... Vous me mettez dans une situation extrêmement délicate et désagréable... Que vous avais-je recommandé hier?

—La prudence, monsieur le procureur...

—Ne vous avais-je pas dit aussi que je ne croyais pas aux ragots de cette jeune fille, cette Cécile?

—Vous m'avez dit en tout cas que M. Deligeard est un personnage important de la ville et que, dans ces conditions, il fallait user de ménagements[2] à son égard...

—Asseyez-vous! Cessez de marcher! J'ai horreur des gens qui marchent quand on leur parle...

—Volontiers, monsieur le procureur.

—Où étiez-vous hier vers neuf heures du soir?

—Vers neuf heures?... Attendez! Je devais être chez M. Deligeard...

—Qu'entendez-vous par être chez quelqu'un?

—Dans la maison, évidemment!

—C'est entendu! Mais vous y étiez frauduleusement,△ sans mandat de perquisition.[3]

—J'avais quelques questions à poser aux domestiques.

—C'est bien ce que je vous reproche et contre quoi M. Deli-

2. Pourquoi y est-il?

3. Qu'est-ce qu'il apprend de l'huissier, et quelle est sa réaction?

4. De quelle humeur est-il en entrant?
5. Quel rôle joue-t-il?

6. Quelle recommandation le procureur lui avait-il faite?

7. Qu'est-ce qui irrite le procureur?

8. Où était Maigret vers neuf heures?

9. Quelle raison donne-t-il?

[1] **huissier**   *bailiff*
[2] **ménagements**?   Comment faut-il traiter un personnage important?
[3] **mandat de perquisition**?   Qu'est-ce qu'un policier doit avoir pour entrer dans une maison en toute légalité?

66   GEORGES SIMENON

geard, ici présent, porte plainte. Mais ce n'est pas tout, et le reste est beaucoup plus grave. Après être sorti de la maison, vous n'avez pas tardé à y rentrer par la porte du jardin.△ Je suppose que vous ne le niez pas.

—Hélas,△ monsieur le procureur! Je voulais seulement savoir par où on avait introduit le cadavre...

—Qu'est-ce que vous dites?

Le procureur s'était levé, Phillipe aussi, et ils étaient aussi pâles l'un que l'autre, mais sans doute pour des raisons différentes.

—Je vous en parlerai tout à l'heure si vous le désirez. Quant au jardin, il était désert.△ Je me suis rendu compte que le garage n'était pas loin et, ne voulant pas déranger M. Deligeard pour si peu, surtout en de douloureuses circonstances, je suis allé voir les traces de boue qu'Arsène m'avait signalées... C'est tout... Je me rends compte que j'ai commis une faute... Je vous en demande pardon et je m'en expliquerai comme je pourrai...

—C'est à dire qu'il s'agit (tout bonnement) d'effraction![4] Vous, un commissaire de la brigade mobile qui vous permettez de...

—Je suis désolé, monsieur le procureur... Encore une fois, si j'avais su ne pas déranger M. Deligeard, je me serais fait annoncer à lui, pour lui poser quelques questions...

—Cela suffit! J'ajoute que je n'aime pas le ton de raillerie que vous semblez prendre... Monsieur Deligeard, je crois que nous pouvons considérer cet incident comme clos△ et que je vous ai donné toutes satisfactions désirables...

—Je vous remercie, monsieur le procureur. La conduite△ de cet homme était telle que je ne pouvais décemment...

Et il s'avançait pour serrer la main[5] du magistrat.

—Merci! Et à bientôt...

—Je serai d'ailleurs demain à l'enterrement et...

Soudain△ on entendit la voix△[6] paisible de Maigret qui disait:

—Monsieur le procureur de la République, je voudrais, si vous le permettez, poser une question, une seule, à cet homme.

Et Maigret murmura:

—Pourriez-vous me dire, monsieur, si vous irez à l'enterrement de Caroline?

Le procureur fut stupéfait△ du résultat△ de ces paroles. En un instant le visage de Phillipe se décomposa, l'homme perdit con-

10. Comment y est-il rentré?

11. Quelle raison donne-t-il pour y être rentré?

12. Comment les deux hommes réagissent-ils?

13. Qu'est-ce qu'il est allé voir dans le garage?

14. Comment s'excuse-t-il? (Ses excuses semblent-elles sincères?)

15. Qu'est-ce qui irrite le procureur? Qui traite-t-il avec ménagements?

16. Où les deux hommes vont-ils se revoir?

17. A l'enterrement de qui??? (Savons-nous qui c'est?)

---

[4] **effraction**?    Quel crime Maigret a-t-il commis?
[5] **serrer la main**?    Que fait-on quand on se dit au revoir?
[6] **la voix**?    Qu'est-ce qu'on entend quand quelqu'un parle?

tenance,△ et faillit, dans un réflexe, se précipiter sur le commissaire.

Celui-ci, toujours placide, trop placide, refermait la porte.

—Vous voyez bien que nous n'avons pas tout à fait terminé!
Je vous demande pardon de vous attarder, mais je crains que ce
ne soit pour assez longtemps...

—Je vous prie de vous expliquer plus clairement.

—Aussi clairement que je le pourrai sans abuser de votre
temps... Je vais commencer, si vous le voulez bien, par le mystère du bleu et du jaune, qui est à la base de mes découvertes,△
ou plutôt qui m'a confirmé dans mes soupçons... Ne regardez
pas vers la porte, monsieur Deligeard... Vous savez bien que
c'est inutile...

—J'attends, soupira nerveusement le procureur.

—Sachez donc qu'au second étage de la rue des Récollets,
Mme Joséphine Croizier occupait la chambre de gauche, appelée
chambre Louis XIV, une chambre bleu pâle. Or, à cinq heures
moins quelques minutes, Joséphine Croizier, bien en vie, rentrait
à l'hôtel, plaisantait avec le valet de chambre, et montait chez
elle. Elle pénétrait donc dans la chambre bleue qui était la sienne.

«Or quand le médecin, appelé par téléphone, le docteur
Liévin, arrivait, à cinq heures dix, on l'introduisit dans la chambre de droite, la chambre Régence, qui est du plus beau jaune.
Et dans cette chambre, la pauvre vieille femme était, non seulement morte, mais déjà déshabillée, sans même autour d'elle le
désordre qui suit un hâtif déshabillage... Que pensez-vous de ce
problème, monsieur le procureur?

—Continuez, répondit sèchement celui-ci.

—Ce mystère n'est pas le seul. En voici un autre: le jeune
docteur Liévin, qui vient seulement de s'installer dans le quartier, et qui donne des consultations à dix francs aux pauvres
gens, est appelé dans l'hôtel des Deligeard de préférence à tout
autre médecin. Or il constate[7] que la mort remonte[8] à quatre
heures vingt environ. Qui ment? Le docteur, ou le valet de chambre qui a vu entrer Mme Croizier un peu avant cinq heures? Et,
dans ce cas, le dentiste ment aussi, qui prétend qu'à quatre
heures vingt la vieille dame de Bayeux était dans son cabinet...

—Je ne comprends pas...

—Patience! Je n'ai pas compris tout de suite... comme je n'ai
pas compris non plus pourquoi ce jour-là, parti plus tôt que
d'habitude△ de son domicile, M. Deligeard est arrivé à son cercle
à cinq heures un quart, alors que ses partenaires△ habituels

---

18. Quelle est la réaction de Phillipe?

19. De quoi s'excuse Maigret?

20. Que fait Phillipe à ce moment? (Pourquoi?)

21. A qui est cette chambre Louis XIV?

22. Qu'a fait la dame en rentrant de chez le dentiste?

23. Dans quelle chambre était la dame quand le docteur est arrivé?

24. Quelle est la situation du docteur Liévin?
25. D'après lui, quand la dame est-elle morte?
26. Mais qui l'a vue encore en vie après cette heure?
27. Quand est-ce que Phillipe a quitté la maison?

---

[7] **il constate**   il remarque
[8] **la mort remonte à 4h.20**   *death occurred as early as 4:20*

s'impatientaient et étaient sur le point de chercher un autre quatrième...[9]

    —On peut marcher plus ou moins vite...

    C'était le procureur qui répondait, car Deligeard, le visage pâle, gardait une immobilité rigoureuse. *absolutely*

28. Et quand est-il arrivé au cercle?

[9] **un quatrième?**      Ils jouent au bridge, jeu où il y a quatre joueurs

# *Activités*

## RÉSUMÉ DE L'ACTION: VRAI/FAUX

A. Résumez l'action en corrigeant les phrases fausses.
   1. Maigret se trouve dans le corridor du Palais de Justice.
   2. Il est assis dans une chaise confortable.
   3. Il a reçu une convocation très aimable du procureur.
   4. M. Deligeard est dans le cabinet du procureur.
   5. Maigret affecte une manière élégante et aisée en entrant.
   6. Il s'assied tout de suite sans attendre que le procureur l'y invite.
   7. Le procureur est charmé par son attitude.
   8. Il l'accuse d'être entré frauduleusement chez les Deligeard.
   9. Maigret le nie.
  10. Il dit qu'il n'a commis aucune faute.
  11. Il était surpris de trouver les traces de boue dans la voiture car personne ne les lui avait signalées.
  12. Le procureur n'aime pas son ton de raillerie.
  13. Quand Maigret prononce le nom de Caroline, Phillipe garde un calme parfait.
  14. Il explique que Mme Croizier est montée dans sa chambre bleue.
  15. Les signes d'un hâtif déshabillage montrent que la crise l'a prise très rapidement.
  16. D'après le docteur, la mort remonte à quatre heures vingt.
  17. Ses partenaires de bridge prétendent que Phillipe est arrivé au cercle à l'heure habituelle.

## RÉSUMÉ DE L'ACTION: PHRASES À COMPLÉTER

B. Résumez l'action en choisissant la terminaison qui convient à chacune des phrases suivantes.
   1. Maigret a reçu une convocation assez sèche
     a. du procureur
     b. de Phillipe Deligeard
     c. du docteur Liévin
   2. En entrant dans le bureau, Maigret affecte les manières d'un vrai policier de caricature à qui il ne manque que:

    a.  l'air plus bête que nature

    b.  un drôle de sourire

    c.  les fortes moustaches

3. Le procureur lui demande où il était hier vers neuf heures du soir. Maigret
   a. refuse de répondre
   b. dit qu'il a oublié
   c. répond qu'il devait être chez M. Deligeard

4. Maigret explique qu'il est entré dans le garage
   a. pour parler avec le chauffeur Arsène
   b. pour voir les traces de boue qu'Arsène lui avait signalées
   c. parce qu'il n'avait pas de mandat de perquisition

5. Il prétend qu'il ne s'est pas fait annoncer à M. Deligeard parce que:
   a. il ne voulait pas le déranger
   b. M. Deligeard l'aurait reconduit
   c. M. Deligeard était allé à son cercle

6. Le procureur dit que ça suffit, et ajoute qu'il n'aime pas
   a. le fait d'être dérangé par un homme comme Phillipe Deligeard
   b. le ton de raillerie que Maigret semble prendre
   c. l'interruption d'une enquête menée par le célèbre Maigret

7. En disant au revoir à Deligeard le procureur lui dit qu'il va le voir
   a. au Palais de Justice
   b. à son cercle
   c. à l'enterrement de Mme Croizier

8. Maigret pose une seule question à Phillipe. Il veut savoir s'il
   a. fera un voyage dans le Midi
   b. va porter plainte contre Cécile
   c. ira à l'enterrement de Caroline

9. En un instant le visage de Phillipe se décomposa, et il faillit
   a. téléphoner à son avocat
   b. se précipiter sur le commissaire
   c. accuser le docteur Liévin

10. Le procureur demande à Maigret
    a. de ne plus continuer son enquête
    b. de quitter le bureau immédiatement
    c. de s'expliquer plus clairement

11. Maigret dit que quand Joséphine Croizier est rentrée à l'hôtel
    a. elle est montée dans la chambre bleue
    b. elle est morte aussitôt d'une crise cardiaque
    c. elle était de très mauvaise humeur

12. Il ajoute que le docteur Liévin a examiné la pauvre vieille femme
    a. dans l'escalier où la crise l'avait prise
    b. dans la chambre bleue qui était la sienne
    c. dans la chambre Régence, qui est du plus beau jaune.

13. D'après le docteur Liévin, dans la chambre où il a examiné la vieille femme
    a.  il n'y avait aucun signe d'un déshabillage hâtif
    b.  les domestiques se pressaient autour du lit
    c.  il était la seule personne présente
14. Maigret explique que le docteur Liévin
    a.  n'était pas certain de l'heure de la mort de la vieille femme
    b.  donne des consultations à dix francs aux pauvres gens
    c.  est le médecin de famille des Deligeard
15. D'après le docteur Liévin la mort de la dame a eu lieu
    a.  à une heure indéterminée
    b.  à quatre heures vingt environ
    c.  un peu avant cinq heures
16. Au cercle, les partenaires habituels de Phillipe prétendent
    a.  qu'il est arrivé à son heure habituelle
    b.  qu'ils étaient sur le point de chercher un autre quatrième
    c.  qu'il ne s'est jamais présenté au cercle ce jour-là

## SUJETS DE DISCUSSION ORALE OU ÉCRITE

Le Jeu du chat et de la souris

Parlons de l'attitude que prend Maigret pendant cette scène.

1.  Quelle opinion Maigret a-t-il du procureur?
2.  Qu'est-ce qui a pu contribuer à cette opinion?
3.  Par contre, quelle est l'attitude du procureur envers Maigret?
4.  S'agit-il peut-être de la suspicion d'un provincial envers un parisien?
5.  Pourquoi Maigret est-il de si bonne humeur?
6.  Décrivez le rôle qu'il aime jouer quand il est de bonne humeur.
7.  Quelles excuses donne-t-il pour ses deux entrées frauduleuses?
8.  Qu'est-ce qui montre que le procureur n'est pas dupe de cette fausse humilité?
9.  Qu'est-ce qui montre que le procureur et Phillipe Deligeard appartiennent à la même classe sociale?
10. Qui est le chat? Qui est la souris? A quel moment précis le chat montre-t-il ses griffes (claws)? Comment la souris réagit-elle?
11. Qui joue le rôle de spectateur dans le jeu? Est-ce un spectateur impartial?

Le Rôle du procureur

Transformons les remarques du procureur en un monologue.

1.  Dites à Maigret de fermer la porte et d'avancer.
2.  Dites-lui ce que vous lui aviez recommandé.

3. Dites-lui qui vous lui aviez dit de ne pas croire.
4. Dites-lui avec qui il fallait user de ménagements.
5. Dites lui de s'asseoir. Dites-lui quels sont les gens qui vous font horreur.
6. Dites-lui où il était hier soir.
7. Dites-lui comment il y est entré.
8. Dites-lui ce qu'il a fait après être sorti de la maison.
9. Demandez-lui s'il le nie.
10. Ajoutez une remarque sur ce que vous n'aimez pas dans son ton.
11. Dites à M. Deligeard—d'un ton amical—comment il peut considérer cet incident.
12. Dites-lui où vous le verrez demain.
13. Demandez à Maigret—d'un ton sec—quelle est cette question qu'il veut poser à M. Deligeard.

Le Monologue de Maigret

1. Posez la question qui laisse le procureur stupéfait.
2. Demandez-lui pardon de l'attarder.
3. Dites-lui ce qui vous a confirmé dans vos soupçons.
4. Dites à M. Deligeard ce qu'il est inutile de faire.
5. Dites quelle chambre Mme Croizier occupe.
6. Dites dans quelle chambre et en quelle condition le docteur a trouvé la vieille dame.
7. Expliquez qui est le docteur Liévin.
8. Dites où il a été appelé et pourquoi cela l'a étonné.
9. Dites ce que le docteur a constaté quant à la mort de la vieille dame.
10. Dites ce que faisaient les partenaires habituels de M. Deligeard à environ cinq heures et quart.

# CHAPITRE 6
# LA VIEILLE DAME DE BAYEUX (VI)

## *Préparation à la lecture*

## LEXIQUE

### MOTS APPARENTÉS

| | |
|---|---|
| Maigret **grommela** entre ses dents. | grumbled |
| Phillipe n'a presque rien **négligé**. | neglected |
| La terminaison -**iger** (corriger, infliger, ériger) correspond souvent à: | *-ict, -ect* |
| Il a voulu se **créer** un alibi. | to create |
| La terminaison -**er** (spéculer, pénétrer, aggraver, tolérer) correspond quelquefois à: | *-ate* |
| Il voulait **supprimer** sa tante. | to suppress, do away with |
| La terminaison -**primer** (exprimer, opprimer, ré-primer) correspond souvent à: | *-press* |
| Il voulait l'**étrangler**. | to strangle |
| **é**- au début d'un mot correspond souvent à: | *s-* |
| état, étude, étranger, écarlate, épice, étable | |

## MOTS PARTIELLEMENT APPARENTÉS

| | | |
|---|---|---|
| La vieille dame est **malade**. | cf. malady | sick |
| Elle ne se **sent** pas bien. | sense | feel |
| Elle est seule dans son **logis**. | lodging | house |
| Il prétend la **secourir**. | to succor | to help |
| Il **charge** son corps dans sa voiture, puis il | charges (a firearm, a furnace) | loads |
| étrangle la dame avec un **lacet**. | cf. lace | shoelace |
| D'abord elle **s'agite**. | agitates | struggles |
| C'est **inquiétant** pour lui. | disquieting | worri-some |
| Mais bientôt elle ne **bouge** plus. | budge | move |

## MOTS-CLÉS

| | |
|---|---|
| Ils vont **souvent** la voir. | They *often* go to see her. |
| **Tout à coup** une occasion se présente. **Voilà qu'**elle est **à nouveau** malade. | *Suddenly* an opportunity comes along. *It happens that* she is sick *again* (*anew*). |
| Maigret fait une enquête **à ce sujet**. | Maigret makes an investigation *about it.* |
| Il veut en savoir **davantage**. | He wants to know *more* about it. |
| **Selon** lui, Phillipe l'a fait. Son plan était **pour le moins** ingénieux. | *According to* him, Phillipe did it. His plan was ingenious *to say the least.* |
| **Afin d'** avoir un alibi il est allé au cercle où il serait **parmi** ses amis. | *In order to* have an alibi, he went to the club where he would be *among* his friends. |
| **Cependant**, c'était en vain, **puisque** Maigret a compris. | *However,* it was in vain, *since* Maigret understood. |
| **Malgré** les précautions de Phillipe, il **a fini par** découvrir la vérité. | *In spite of* Phillipe's precautions, he *finally* discovered the truth. |

## VOCABULAIRE

| | |
|---|---|
| Phillipe n'a pas de **métier**, et on n'en apprend pas **du jour au lendemain**. | Phillipe has no *trade* (*profession*), and you don't learn one *from one day to the next.* |

| | |
|---|---|
| Il veut continuer à **vivre** selon ses **goûts**. | He wants to go on *living* according to his *tastes*. |
| Il revient du **salon de jeu** tout **bouleversé**. «Sa mort c'est comme un coup de **couteau** au **cœur**, dit-il. | He comes back from the *card-room* all *upset*. "Her death is like a *knife*-blow to the *heart*," he says. |
| J'ai dû prendre un **verre** d'**eau**, pour me calmer. | "I had to drink a *glass* of *water* to calm down. |
| On a dû me **ramener** chez moi.» | They had *to take* me home." |
| Le silence qui suit **pèse**, et il finit par **baisser** les yeux. Pour comprendre ce qui s'est passé il faut **parcourir** le même **chemin** que Maigret, aller dans la **banlieue**, parler aux **voisins** qui ont remarqué ces **allées et venues**. | The silence that follows *weighs heavily*, and he finally *lowers* his eyes. To understand what happened you must *travel* the same *path* as Maigret, go to the *suburbs*, speak to the *neighbors* who noticed these *comings and goings*. |

# GRAMMAIRE

## LES PRONOMS RELATIFS **CE QUI** ET **CE QUE**

**Ce que** and **ce qui** are usually translated by *what*. However, when they are preceded by a punctuation mark and take the whole preceding clause as antecedent their English equivalent is usually *which*.

| | |
|---|---|
| Il dit **ce qu**'il pense—**ce qui** me surprend, je l'avoue. | He says *what* he thinks— *which* surprises me, I admit. |
| Il avait plu, **ce qui** explique les traces de boue. | It had been raining, *which* explains the traces of mud. |
| —Vos méthodes sont périlleuses. | "Your methods are dangerous." |
| —**Ce qui** signifie que vous ne les approuvez pas. | "*Which* means that you don't approve of them." |

**Ce que** and **ce qui** also introduce dependent clauses modifying **tout**. In this usage they correspond to the relative pronoun *that*, but the relative pronoun as object (**ce que**) is often omitted in English.

| | |
|---|---|
| C'est tout **ce que** je sais. | That is all (*that*) I know. |
| Tout **ce qui** brille n'est pas d'or. | All *that* glitters is not gold. |

## LES MOTS NÉGATIFS EN COMBINAISON

When two or more negative words are used in combination, only one of them has negative value.

| | |
|---|---|
| Il n'a **rien** fait. | He has done *nothing.* |
| Il n'a **jamais rien** fait. | He has *never* done *anything.* |
| Il n'a **plus** d'argent. | He has *no* money *left.* |
| Il n'a **plus que** dix francs. | *All* he has *left* is ten francs. |
| Il ne lui reste **plus qu'**à aller à son cercle. | *All* he has *left* to do is to go to his club. |

## POUR MIEUX COMPRENDRE

As we have seen, you have to know the structure of a sentence to understand it. This means identifying the subject, verb, and object of the main clause and then seeing how any dependent clauses or phrases may relate to them. Usually this happens unconsciously, but in longer sentences you may have to think about how the parts relate to one another. Consider this sentence:

Or quand le médecin, appelé par le téléphone, le docteur Liévin, arrivait, à cinq heures dix, on l'introduisit dans la chambre de droite, la chambre Régence, qui est du plus beau jaune.

Always use the help that punctuation offers. In this case, to get to the heart of the sentence, omit the phrases between commas. This gives you a dependent clause:

| *subject* | *verb* |
|---|---|
| Or quand le médecin | arrivait |

and the main clause:

| *subject* | *object* | *verb* | *object of the preposition* |
|---|---|---|---|
| on | l' | introduisit | dans la chambre de droite |

That is the essential part of the sentence. The phrases between commas are nouns in apposition, prepositional phrases, or dependent clauses that offer further specification and qualification of who, what, why, where, and when.

| | |
|---|---|
| *dependent clause, subject:* | Or quand le **médecin**, |
| how was he summoned? | appelé par téléphone, |
| who was he? | le docteur Liévin, |
| *dependent clause, verb:* | **arrivait**, |
| when? | à cinq heures dix, |
| *main clause, subject, object, verb:* | **on l'introduisit**, |
| where? | dans la chambre de droite, |
| *specification:* | la chambre Régence, |
| *further specification:* | qui est du plus beau jaune. |

# EXERCICES

## ANALYSE DE LA PHRASE

Identify the subject, verb, and object of the main clause of the following sentence. They express the main thought: what happened to whom. Then, skimming over words of which you are unsure, using the cognates, and observing the structure of the sentence, try to discover what the dependent clauses and phrases say about how, when, and why.

Grâce à la mort inopinée de son mari, survenue au cours d'un voyage d'affaires en Angleterre, Mme Croizier, qui jusqu'au moment de l'accident avait vécue plus que modestement, héritait d'une fortune d'autant plus inattendue que son mari lui avait caché la manie qu'il avait de s'assurer excessivement, signant des polices avec toutes les compagnies possibles et imaginables.

First, the main thought:

*subject:*   who
*verb:*      action, event
*object:*    what

Then, what the dependent clauses and phrases add:

*about the subject:*   how qualified and described?
*about the action:*    why and how did it happen?
*about the object:*    how qualified and described?

## RÉSUMÉ DE LA GRAMMAIRE

1. Phillipe avait un valet en uniforme, **ce qui** a surpris Maigret.
2. Phillipe avait un valet en uniforme **qui** a surpris Maigret par la précision toute mathématique de ses réponses.
3. Voilà **ce qui** a surpris Maigret.
4. Maigret explique tout **ce qui** s'est passé.
5. Il leur dit tout **ce qu'**il a découvert.
6. Phillipe n'a **jamais rien** fait dans la vie.
7. Il ne nous reste **plus rien** à manger.
8. Il ne nous reste **plus qu'**un chapitre à lire.

## MOTS-CLÉS

A. Lisez le passage suivant en remplissant les tirets par le mot convenable.

    a.  d'ailleurs      c.  puisque
    b.  malgré         d.  selon

Phillipe est un personnage important dans la ville, __1__ le procureur. __2__ , Phillipe est son ami personnel. Mais, __3__ tout cela, Maigret continue son enquête. D'abord il ne comprend pas, __4__ Phillipe semble avoir un alibi.

B. Lisez le passage suivant en remplaçant les mots en caractères gras par un synonyme.

a. entre
b. fréquemment
c. néanmoins
d. plus

e. pour
f. puis
g. sur lui

Quant à Phillipe, Maigret a des doutes **à son sujet** (1) . Il compte **parmi** (2) les gens les plus distingués de la ville. Le procureur le lui a dit fermement et **souvent** (3) .

**Cependant** (4) Maigret continue à avoir des doutes. Il veut **davantage** (5) de preuves. Il questionne d'abord le chauffeur, **ensuite** (6) le valet. Puis il examine la voiture **afin de** (7) vérifier les allégations du chauffeur.

## VOCABULAIRE

C. Corrigez ce passage en remplaçant les mots en caractères gras par un mot ou une expression qui signifie le contraire. Faites les changements de genre nécessaires.

a. à nouveau
b. au centre de la ville
c. baisser
d. bouleverser

e. goût
f. jour précédent
g. mourir
h. est sans occupation

La tante de Phillipe est venue **vivre** (1) à Caen. Le départ de Phillipe pour le Midi, c'était le **lendemain** (2) .

Quant à Phillipe, c'est un homme qui **a un métier** (3) dans la vie. Il demeure dans un hôtel particulier **dans la banlieue** (4) . Il a une **aversion** (5) pour les objets rares et la vie somptueuse.

Maigret le confronte **pour la première fois** (6) dans le bureau du procureur. Ce que Maigret lui dit semble le **calmer** (7) . Il commence à **lever** (8) la tête.

D. Remplissez les tirets dans les phrases suivantes par le mot convenable.

a. chemin
b. cœur
c. couteau
d. parcourir

e. pèse
f. tuée
g. verre
h. voisin

1. Il a eu une crise cardiaque car il avait une maladie de _____.
2. Donnez-moi un _____ d'eau, s'il vous plaît.
3. La personne qui demeure à côté de vous est votre _____.
4. Mme Croizier a été «aidée à mourir», c'est à dire qu'on l'a _____.

5. L'arme utilisée par l'assassin était un _____.
6. Maigret est un homme assez gros. Il _____ quatre-vingts kilos.
7. Je vais vous accompagner. Nous suivons le même _____.
8. Pour bien connaître un pays il faut le _____ d'un bout à l'autre.

## LA VIEILLE DAME DE BAYEUX (VI)

## la porte de derrière

—Alors répondez à cette question, monsieur le procureur. M. Phillipe est à peine arrivé que son valet de chambre lui téléphone que sa tante vient d'avoir une crise. Le valet n'en dit pas davantage puisqu'il ne sait rien de plus. Cependant, M. Deligeard rentre au salon de jeu, tout bouleversé, et annonce que sa tante vient de mourir...

Le procureur jeta un assez vilain regard à Phillipe qui ne bougeait toujours pas et qui avait fini par baisser les yeux.

—Maintenant des questions secondaires. Pourquoi, ce jour-là précisément, M. Deligeard donne-t-il congé à son chauffeur sous prétexte qu'il aura besoin de lui tous les jours de la semaine suivante? Hasard? Soit! Pourquoi sort-il la voiture à deux heures de l'après-midi? Où se rend-il avec sa femme?

—Auprès d'une personne malade! répliqua soudain Phillipe.

—Auprès de Caroline, c'est exact, de Caroline qui habite dans la banlieue, ce qui explique les traces de boue. Nous sommes en

1. Qui a téléphoné?
2. Quel est le message?

3. Et que dit Phillipe?
4. La réaction du procureur? Et de Phillipe?
5. A qui est-ce que Phillipe donne congé, et sous quel prétexte?

présence, monsieur le procureur, d'un des crimes les plus ig-nobles que je connaisse, en même temps que d'un crime pres-que parfait...△ Pour que vous compreniez, il faut que je vous fasse parcourir rapidement le chemin que j'ai moi-même par-couru... Phillipe Deligeard, qui n'a jamais rien fait dans la vie, sinon épouser△ une femme riche, et spéculer avec si peu de bon sens△ qu'il a perdu toute sa fortune, est aux abois¹ depuis trois ans et sa seule ressource est sa tante, qui refuse de le secourir...

6. Comment Maigret décrit-il: le crime de Phillipe?

7. sa vie?

«On n'apprend pas un métier à son âge... On ne change pas d'existence du jour au lendemain.

«La tante est vieille... Malgré cette fille inquiétante, Cécile Ledru, elle ne déshéritera△ pas son neveu...

«Phillipe, d'ailleurs, prend ses précautions en révélant à la vieille dame que la jeune fille reçoit chaque nuit un amant dans la maison de sa protectrice...

8. Quelle précaution Phillipe prend-il?

«Vous me suivez, monsieur le procureur? On pourrait dire que le crime est décidé, qu'il est nécessaire... Il faut que Joséphine Croizier meure pour que les Deligeard continuent à vivre selon leurs goûts...

9. Pourquoi faut-il que la dame meure?

«Je répète que le crime est virtuellement décidé.

«Ce qui manque c'est l'occasion, l'occasion de supprimer la vieille dame sans aucun risque...

10. Qu'est-ce qu'ils attendent?

«Et voilà que tout à coup cette occasion se présente. Phillipe a une vieille nourrice,△² à peu près de l'âge de Mme Croizier, qui vit seule dans une maison de banlieue et n'a pas de famille.

11. Caroline: âge, domicile, famille?

«Cette nourrice, qui a déjà eu plusieurs crises cardiaques, en a une nouvelle et le couple, alerté, va la voir à deux heures de l'après-midi, revient une heure plus tard, sachant que Caroline— c'est son nom—n'en a plus que pour deux heures à vivre...

12. Que lui arrive-t-il?

«La disposition de la maison est favorable, mais il ne faut négliger aucun détail.

«Mme Deligeard repart aussitôt par la porte de derrière et re-tourne au chevet³ de la nourrice qui meurt vers quatre heures vingt minutes.

«Phillipe, lui, ne quitte l'hôtel qu'à peu près à son heure habi-tuelle, un tout petit peu plus tôt, à cause de son impatience. Il retrouve sa voiture, va chez Caroline, charge le corps dans la voiture et ramène sa femme par la même occasion.

13. Que font-ils du cadavre chez Caroline?

¹ **aux abois**?   Quelle est en effet la situation financière de Phillipe?
² **nourrice**   *wet-nurse. At the time Phillipe was born, which would be in the 1890s, it was still a fairly common practice in bourgeois families for a newborn child to be breastfed by a wet-nurse—a woman other than the mother. A wet-nurse would natu-rally have a closer bond to the family than the average servant. This may explain why the Deligeards have remained in touch with her over the years.*
³ **au chevet**?   Où se met-on quand on est auprès d'un malade?

«Tous deux, toujours par la porte de derrière, introduiront le cadavre dans la maison et l'installeront dans la chambre jaune du second étage.

«Pour les domestiques, Mme Deligeard n'est pas sortie. Quant au mari, il est en route pour son cercle...

«Ils sont dans la maison. Ils attendent le retour△ de la tante, qui ne peut tarder...

«Elle arrive, pénètre dans sa chambre, la chambre bleue, et est aussitôt assassinée...

«Il ne reste à Phillipe qu'à aller à son cercle—par la porte de derrière, en auto—afin de se créer un alibi.

«Au médecin, qu'on choisit parmi ceux qui ne connaissent pas la maison ni Joséphine Croizier, on montre le corps de Caroline, morte de mort naturelle, et il délivre évidemment un acte de décès.

«Il suffira ensuite de transporter (à nouveau) le corps de la nourrice dans son logis...

—Qu'est-ce qui vous a fait penser à Caroline? questionna le procureur après un silence.

—La logique! Le médecin ne pouvait pas avoir examiné le corps de Joséphine Croizier. J'ai donc acheté le journal du lendemain. J'ai lu la liste des décès. J'étais sûr de trouver le nom d'une vieille femme et quand je l'ai trouvé j'ai fait une enquête à son sujet... Les voisins ont remarqué plusieurs allées et venues en auto, mais ne s'en sont pas inquiétés, sachant que les anciens patrons de la vieille venaient assez souvent la voir...

Le silence pesa. Le magistrat questionna d'une voix hésitante:

—Vous avouez, Phillipe Deligeard?

—Je ne répondrai qu'en présence de mon avocat.

Formule traditionnelle! Il était très pâle. Quand il se leva il tremblait et il fallut lui donner un verre d'eau.

\* \* \*

L'autopsie de la pauvre Joséphine Croizier révéla avant tout que le cœur était en excellent état, ensuite qu'elle avait été tuée maladroitement, d'abord à l'aide d'un lacet avec lequel on avait essayé de l'étrangler, puis, sans doute parce qu'elle s'agitait encore, de deux coups de couteau.

—Je ne peux que vous féliciter, dit le procureur à Maigret, en accompagnant ces mots d'un sourire glacial. Vous êtes bien l'as△4 qu'on nous avait annoncé. Cependant j'aime mieux vous

---

14. et chez eux?

15. Décrivez le retour de la dame.

16. Comment le médecin est-il dupé?

17. Pourquoi a-t-il pensé à la substitution d'un autre cadavre?

18. Que cherchait-il dans le journal?

19. Pourquoi les voisins ne se sont-ils pas inquiétés des allées et venues chez Caroline?

20. Réaction de Phillipe à la narration de Maigret?

21. Comment a-t-on tué la dame?

---

4 **l'as?**   mot apparenté. Mais attention! Lequel? Maigret est-il bête ou est-il intelligent?

_admit_

avouer que vos méthodes, dans une petite ville, sont pour le _to say the least_ moins périlleuses...△

—Ce qui signifie, n'est-ce pas, que je ne resterai pas long-temps à Caen?

—Il est certain que...

—Je vous remercie, monsieur le procureur.

—Mais...

—Je me sentais, moi aussi, assez mal à l'aise dans le pays. Ma femme m'attend à Paris. Tout ce que je veux, c'est que le jury de cette ville ne se laisse pas _impress_ impressionner par l'hôtel par-ticulier de cette crapule intégrale de Phillipe[5] et qu'ils exigent _insist upon_ sa tête...

Et il grommela entre ses dents une mauvaise plaisanterie:

—Ainsi, il pourra continuer à faire le mort[6] au bridge!

22. Ces deux hommes s'aiment-ils?
23. Que pense Maigret de Caen? de Phillipe?
24. Que craint-il de la part du jury?
25. Quelle sentence veut-il?

[5] **cette crapule intégrale de Phillipe**     _that unmitigated scum of a Phillipe_
[6] **faire le mort**     Au bridge, il y a un quatrième joueur qui ne joue pas. En anglais il s'appelle _the dummy,_ en français, **le mort**. Maigret fait «une mauvaise plaisanterie», un jeu de mots, sur **le mort**–_the dummy_ et **le mort**–_the dead man._

# _Activités_

## RÉSUMÉ DE L'ACTION: PHRASES À COMPLÉTER

A.  Résumez l'action en complétant les phrases suivantes.
1. Le valet téléphone à M. Phillipe que sa tante vient d'...
2. Mais celui-ci annonce au salon de jeu que sa tante vient de...
3. Avec sa femme il se rend auprès de Caroline, qui habite...
4. Maigret est indigné. «Nous sommes en présence, dit-il, d'un...
5. Phillipe n'a jamais rien fait dans la vie, sinon...
6. A son âge on n'apprend pas...
7. Sa seule ressource est...
8. Sa tante ne va pas laisser sa fortune à Cécile. D'ailleurs, il prend ses précautions en lui révélant que...
9. Il faut que Joséphine Croizier meure pour que les Deligeard con-tinuent à...
10. Sa vieille nourrice, Caroline, a déjà eu plusieurs...
11. Quand elle meurt Phillipe va chez elle et charge...
12. Ils introduisent le cadavre dans la maison, et l'installent dans la...
13. La tante arrive, pénètre dans sa chambre, et elle est aussitôt...
14. Mme Deligeard appelle un médecin qui ne connaît pas...
15. Elle montre au médecin le corps de...
16. Le médecin délivre un...

17. Il suffira ensuite de transporter à nouveau le corps de Caroline...
18. Je savais que le médecin ne pouvait pas avoir examiné le corps de Joséphine Croizier. J'ai donc lu dans le journal...
19. J'étais sûr d'y trouver le nom...
20. Mon enquête m'a appris que cette vieille femme avait été...
21. L'autopsie a révélé que Mme Croizier avait été tuée maladroitement, d'abord à l'aide...
22. et ensuite de deux coups de...
23. Tout ce que je veux c'est que le jury exige...
24. Ainsi cette crapule intégrale de Phillipe pourra continuer à...

Si vous n'avez pas trouvé la réponse vous pouvez la chercher dans la liste suivante:

a. acte de décès
b. assassinée
c. avoir une crise
d. dans la banlieue
e. Caroline
f. Cécile a un amant
g. chambre jaune du second étage
h. le corps dans la voiture
i. crime des plus ignobles
j. crises cardiaques
k. couteau
l. épouser une femme riche et spéculer avec si peu de bon sens qu'il a perdu toute sa fortune

m. faire le mort au bridge
n. d'un lacet
o. la liste des décès
p. dans son logis
q. la maison
r. un métier
s. mourir
t. la nourrice des Deligeard
u. sa tante
v. sa tête
w. d'une vieille femme
x. vivre selon leurs goûts

## RÉSUMÉ DE L'ACTION: DÉFINITIONS

B. Résumez l'action en spécifiant ce qui est désigné par chacune des phrases suivantes.
1. l'endroit où Phillipe joue au bridge
2. le moyen de communication par lequel il apprend la mauvaise nouvelle
3. ce que Phillipe a donné à son chauffeur le jour de l'assassinat
4. la partie de la ville où habite Caroline
5. ce que Phillipe a perdu en spéculant avec peu de bon sens
6. ce qu'on n'apprend pas à l'âge de Phillipe
7. la personne que Cécile reçoit chaque nuit dans la maison de la vieille dame
8. la porte par laquelle on introduit le cadavre de Caroline dans la maison
9. ce que Phillipe essaie de se créer en partant pour son cercle aussitôt après avoir tué sa tante

10. ce que Maigret lit dans le journal pour apprendre qui est mort le même jour que Mme Croizier
11. la personne sans la présence de qui Phillipe refuse de répondre
12. ce avec quoi on a d'abord essayé d'étrangler la vieille dame
13. l'arme qu'on a utilisée ensuite
14. les personnes de la ville de Caen qui vont déterminer l'innocence ou la culpabilité de Phillipe

Si vous n'avez pas trouvé la réponse vous pouvez la chercher dans la liste suivante.

a. un alibi
b. son amant
c. son avocat
d. la banlieue
e. un couteau
f. sa fortune
g. un jour de congé
h. le jury
i. la liste des décès
j. un lacet
k. un métier
l. la porte de derrière
m. le salon de jeu
n. le téléphone

## SUJETS DE DISCUSSION

### Le Crime

Parlons du caractère et des mobiles de ce crime.

1. Qui sont les criminels?
2. Quels sont leurs goûts, quel est leur style de vie? Donnez des détails.
3. Quelle a été la source de leur fortune?
4. Comment Phillipe a-t-il su la perdre?
5. Qu'est-ce qu'il fait dans la vie, Phillipe, et qu'est-ce qu'il ne fait pas?
6. Pourquoi commettent-ils ce crime?
7. Comment les jugez-vous moralement?
8. Diriez-vous que les craintes de Mme Croizier étaient justifiées?
9. Y a-t-il dans la réalité des gens distingués et élégants comme eux qui ont commis des crimes aussi ignobles?
10. A qui Phillipe rend-il visite de temps en temps? Cela le montre-t-il peut-être sous un aspect moins ignoble que le reste de sa conduite?
11. Qu'est-ce que Maigret craint de la part du jury? Pourquoi seraient-ils indulgents pour Phillipe? Y a-t-il une justice pour les pauvres gens, et une autre pour les gens distingués qui sont «reçus partout»?

### Le Dénouement de l'intrigue

1. Qui est Caroline?
2. De quelle maladie souffre-t-elle?
3. Où et avec qui vit-elle?

4. Qui va la voir de temps en temps?

5. Pourquoi Phillipe donne-t-il congé au chauffeur quand il apprend que Caroline va mourir dans quelques heures?

6. De quoi meurt-elle et à quelle heure?

7. Que font les Deligeard dès qu'elle est morte?

8. Quel docteur appellent-ils?

9. Pourquoi pas le médecin de la famille?

10. Quel cadavre le docteur a-t-il examiné?

11. Qui croyait-il examiner?

12. D'après l'acte de décès qu'il a signé, qui est la morte et quelle est la cause de sa mort?

13. Qu'ont fait les Deligeard dès que Mme Croizier est montée dans sa chambre?

14. Qu'ont-ils fait du cadavre de Caroline?

15. Quelle erreur Phillipe a-t-il faite quand il a annoncé la mauvaise nouvelle à ses partenaires?

16. Quel a été l'élément essentiel dans la solution du crime?

# LA VIEILLE DAME DE BAYEUX (IV–VI)

Lisez les passages suivants en remplissant les tirets par le mot convenable.

### A

a. bête
b. chat
c. dettes
d. milieux
e. plaisir

f. se presser
g. solennelles
h. vertu
i. vilaines

Assis dans un restaurant, Maigret pense aux manières pompeuses et __1__ de Phillipe Deligeard. Un homme très distingué, oui, mais il ne paie pas ses __2__ ! Maigret sait que sous cette façade digne il se passe des choses très __3__ .

Le restaurant, comme tous les __4__ où il s'est trouvé ce jour-là, lui semble trop austère. Néanmoins, il prend __5__ à cette affaire: des gens graves, toutes les apparences de la __6__ , mais sous tout cela, la __7__ humaine, celle qui tue par intérêt sordide. Il prend son temps, il ne veut pas __8__ . Il préfère jouer au __9__ et à la souris avec l'assassin.

### B

a. aise
b. conduit
c. domestiques
d. grosse

e. introduire
f. pas
g. patron
h. sert

L'hôtel des Deligeard est à deux __1__ du restaurant. Quand Maigret sonne, le valet veut l' __2__ dans le salon, mais c'est aux __3__ que Maigret veut parler. La __4__ cuisinière est inquiétée par sa présence. Il lui dit de se mettre à l' __5__ .

Le chauffeur lui dit que son __6__ lui a donné congé. Ce n'est donc pas lui qui a __7__ la voiture. Maigret apprend aussi que la chambre jaune, celle où le docteur a examiné le cadavre, est inoccupée. Elle ne __8__ jamais.

C

a. banc
b. cabinet
c. convocation
d. désolé
e. faute
f. frauduleusement
g. hommages

h. jardin
i. maladroit
j. nier
k. part
l. raillerie
m. tardé

Maigret a reçu une __1__ du procureur. Le voilà assis sur un __2__ devant le __3__ du procureur. Il avoue qu'il a commis une __4__ . Il est entré dans la maison des Deligeard __5__ , sans sonner, sans permission. Il en est sorti, mais il n'a pas __6__ à y rentrer par la porte du __7__ . Il n'essaie pas de le __8__ .

Il présente ses excuses: «J'en suis __9__ !» Mais il n'est pas sincère! C'est avec une large __10__ d'affectation qu'il joue le rôle du policier __11__ . «Mes __12__ , monsieur le procureur», a-t-il dit humblement en entrant. Mais il n'essaie même pas de cacher son ton de __13__ .

D

a. attarder
b. clos
c. conduite
d. décomposa
e. enterrement
f. inutile
g. paisible

h. précipiter
i. soudain
j. stupéfait
k. suffit
l. voix

Le procureur en a assez de l'attitude de Maigret. «Cela __1__ !» dit-il. Votre __2__ , surtout de la part d'un policier, est déplorable. Puis, à Phillipe: «Nous pouvons considérer cet incident comme __3__ .» Mais c'est à ce moment qu'on entend __4__ la __5__ de Maigret: «Irez-vous à l'__6__ de Caroline?»

Le procureur fut __7__ du résultat. Le visage de Phillipe se __8__ , et il fut sur le point de se __9__ sur Maigret. Alors on entendit Maigret: «Je m'excuse de vous __10__ , mais il le faudra bien.» Puis à Phillipe d'une voix __11__ et calme: «Ne regardez pas vers la porte, vous savez bien que c'est __12__ .»

Lisez le passage suivant en remplaçant les mots en caractères gras par un synonyme.

**E**

a. s'agite
b. le bon sens
c. charge
d. est malade
e. négliger

f. parfait
g. pénètre
h. périlleuse
i. secourir
j. supprimer

Phillipe a l'intention de **tuer** (1) la vieille dame. C'est une entreprise **dangereuse** (2) et il ne peut **oublier** (3) aucun détail.

Il a une ancienne nourrice, Caroline, qui **va mal** (4) . Il va chez elle, en principe pour l'**aider** (5) . Mais, en fait, il attend qu'elle meure, puis il **met** (6) le corps dans sa voiture, le transporte chez lui, et l'installe dans la chambre jaune. Un peu plus tard Mme Croizier rentre et monte dans sa chambre, la chambre bleue. Phillipe y **entre** (7) . Il essaie de l'étrangler. Mais elle **bouge** (8) encore. Il est obligé de la tuer d'un coup de couteau. Puis il va à son cercle. Après la visite du docteur, Phillipe n'a qu'à retransporter le cadavre de Caroline dans son logis.

A la fin, Maigret découvre la vérité. C'est vraiment contre **la raison** (9) de vouloir commettre un crime **sans faire de fautes** (10) .

# C H A P I T R E  7
# L'AUBERGE AUX NOYÉS (I)

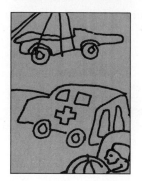

## *Préparation à la lecture*

## LEXIQUE

### MOTS APPARENTÉS

| | |
|---|---|
| Une voiture **de passage** s'arrête. | passing |
| cf. **oiseaux de passage** | birds of passage |

### MOTS PARTIELLEMENT APPARENTÉS

| | | |
|---|---|---|
| C'était une voiture **découverte**. | uncovered | open, convertible |
| Elle était sans **lumières**. | cf. illumination | light |
| Elle a été projetée au **fond**, | foundation | bottom |
| là où l'eau n'est pas **basse**. | base, bass | low |
| On a appelé au **secours**. | succor | help |
| Quand il a ouvert le **coffre** | coffer | trunk |
| il a **reculé** d'horreur | recoiled | drew back |
| devant ce qu'il **a aperçu**. | perceived | saw, noticed |
| Maigret va **s'occuper** du crime, | to occupy him- | to pay atten- |

| | | |
|---|---|---|
| mais pour le moment | self with | tion to |
| il attend les **événements**. | events | developments |

## FAUX AMIS

| | | |
|---|---|---|
| Le **brigadier** fait son rapport. | not: brigadier | but: sergeant |
| On l'appelle **couramment** | not: currently | but: usually |
| l'Auberge aux Noyés. | | |

## MOTS-CLÉS

| | |
|---|---|
| Que s'est-il passé **au juste** | exactly |
| **à la suite** de l'accident | because of |
| **il y a** quelques heures | ago |
| **au delà** de la rivière? | beyond |
| **Lorsqu**'ils sont à l'auberge | when |
| Maigret commence son enquête. | |
| **Tour à tour**, Maigret voit tous les | in turn |
| témoins, **y compris** le patron, celui | including |
| qui parle de l'accident **en** connaisseur. | as a |

## VOCABULAIRE

| | |
|---|---|
| Ils ont couchés à l'**auberge.** | inn |
| L'auberge est **éclairée** la nuit. | lit up |
| On leur a donné une **fiche** | registration form |
| qu'ils ont **remplie**. | filled out |
| Quel **sale** temps! | dirty, (ugly) |
| La **pluie** ne finit pas. | rain |
| On ne voit que des **parapluies**. | umbrellas |
| Il y a une **péniche** sur la rivière. | barge |
| On cherche un **noyé** dans la rivière. | drowned person |
| Quelqu'un essayait de **nager**. | swim |
| C'était peut-être un **pêcheur**. | fisherman |
| Un accident a eu lieu **la veille**. | the day before |
| Un **camion** de dix tonnes | truck |
| a **heurté** une auto sans lumières. | ran into |
| Pouvait-on l'**empêcher**? | prevent |
| Il fallait le **prévenir**. | warn |
| Maintenant l'auto est **accrochée** à une | hooked onto |
| machine qui fait beaucoup de **bruit**. | noise |

| | |
|---|---|
| Un brigadier de la **gendarmerie** | police station |
| arrive à moto et **saute à terre**. | jumps to the ground |
| Tout le monde l'**entoure** | surrounds |
| et le tire par la **manche**. | sleeve |
| Une femme aux **cheveux** blonds | hair |
| **cachée** dans la voiture | hidden |
| a eu la **gorge** | throat |
| **tranchée**. | cut |

# GRAMMAIRE

## ADJECTIVES AS NOUNS

Adjectives are often used independently as nouns. The English equivalent is usually adjective + noun or adjective + pronoun. This is another case where adding a word can clarify the meaning if you have trouble understanding.

| | |
|---|---|
| Un **anonyme** a ouvert le coffre. | Some anonymous *person* opened the luggage compartment. |
| Un des **curieux** était médecin. | One of the curious *persons* (i.e., onlookers, spectators) was a doctor. |
| Il y a **du nouveau, de l'assez vilain**. | There is *something* new, *something* rather ugly. |
| A-t-on trouvé le **noyé**? | Did they find the drowned *man?* |
| Ma fille est une **impulsive**. | My daughter is an impulsive *girl*. |

## THE SUBJUNCTIVE

Although it has many different uses, the subjunctive rarely presents a reading comprehension problem. In most cases you can recognize the verb from its stem and get a clear sense of the meaning. Irregular forms, however, have to be learned for recognition. Here are four that should already be familiar to you because of similarities with the imperative:

| | | | | | |
|---|---|---|---|---|---|
| être: | sois | sois | soit | soyons | soyez | soient |
| avoir: | aie | aies | ait | ayons | ayez | aient |
| savoir: | sache | saches | sache | sachions | sachiez | sachent |
| vouloir: | veuille | veuilles | veuille | voulions | vouliez | veuillent |

Another irregular subjunctive that you should learn to recognize:

faire:     fasse     fasses     fasse     fassions     fassiez     fassent

A command in the third person is expressed by a sentence beginning with **que** followed by the subjunctive. In this usage **que** is the equivalent of *let* (but the use of **que** is never optional, as the use of *let* can be).

| | |
|---|---|
| **Qu**'on ne touche à rien! | (*Let*) nobody touch anything! |
| S'il sait quelque chose **qu**'il parle! | If he knows something *let* him speak! |
| **Que** le ciel soit béni! | (*Let*) heaven be praised! |


## THE RELATIVE PRONOUN **DONT**

**Dont** is the relative pronoun that replaces **de** + noun. Since **de** is used in many different ways, there is no single equivalent for **dont** in English. It can usually be translated by *of which, of whom* or *whose,* but the word order following it may be different in English.

| | |
|---|---|
| le marinier **dont** la péniche était tout près | the sailor *whose* barge was nearby |
| un homme **dont** on n'a pas pris le nom | a man *whose* name was not taken |
| des questions **dont** je m'excuse | questions *for which* I beg your pardon |


## POUR MIEUX COMPRENDRE

The **faire** + infinitive construction is sometimes confusing to some readers and may require special attention. There are two things to remember about it:

1. **Faire** has a special meaning when followed by the infinitive. It is the equivalent of *to have, to make,* or *to get.* The subject of **faire** has, makes, or gets someone to perform some action. The infinitive expresses the action performed.

2. The word order is always different from the word order in English. Both the subject and the object of the infinitive come after the verb.

|   *verb*   *subject*   |   *subject*   *verb*   |
|---|---|
| Maigret fait parler le marinier. | Maigret has the sailor talk. |

|   *verb*   *object*   |   *object*   *verb*   |
|---|---|
| Maigret fait examiner la voiture. | Maigret has the car examined. |

If both the subject and the object of the infinitive are specified, the subject is introduced by **à** or **par** and comes at the end. If you have trouble understanding this construction, find the subject at the end of the statement and put it in front of the verb.

| | |
|---|---|
| Maigret fait répéter sa déposition au marinier. | Maigret has the sailor repeat his statement. |
| Il se faisait offrir à boire par les journalistes. | He was getting the journalists to offer him drinks. |

# EXERCICES

## RÉSUMÉ DE LA GRAMMAIRE

1. S'il peut identifier le cadavre, **qu**'il le fasse!
2. Restez tous là! **Que** personne ne bouge!
3. L'auteur **dont** nous parlons est Simenon.
4. C'est un accident **dont** la cause est inconnue.
5. Une **vieille** et deux **petits** traversaient la rue.
6. Pourquoi aurait-il prêté sa voiture à un **inconnu**?
7. Maigret **fait** parler le chauffeur.
8. On va **faire** réparer la voiture.
9. Le professeur **fait** répéter la phrase à la classe.

## VOCABULAIRE ET MOTS-CLÉS

A. Lisez le passage suivant en remplaçant les mots en caractères gras par un synonyme.

a. à la suite de
b. au delà de
c. au juste
d. cache
e. empêcher
f. il y a environ cent ans
g. lorsque
h. prévenir
i. tour à tour
j. y compris

On a construit l'auberge **vers 1890** (1) . Je ne sais pas **exactement** (2) où elle se trouve, mais on dit que pour la trouver il faut aller **plus loin que** (3) la ville.

C'est là que Maigret prend la déposition des témoins **l'un après l'autre** (4) . Il interroge tout le monde, **sans omettre** (5) le propriétaire.

**Quand** (6) il arrive à l'auberge, le chauffeur téléphone à son patron pour l'**avertir** (7) qu'il est retenu par la police **à cause de** (8) l'accident. Maigret prend la précaution de **rendre impossible** (9) son départ. Peut-être que ce chauffeur **dissimule** (10) quelque chose.

B. Lisez le passage suivant en remplissant les tirets par le mot convenable.

a. accrocher      g. noyée
b. camions      h. péniche
c. éclairée      i. pluie
d. heurté      j. remplir
e. lumières      k. tranchée
f. nager      l. veille

Ils sont partis ensemble le 30 avril, c'est à dire la __1__ du premier mai. L'auberge n'était pas encore __2__ mais elle était ouverte, et ils sont entrés. Le propriétaire leur a donné une fiche qu'ils ont dû __3__ .

Ne tolérant pas le bruit des __4__ qui passaient sur la route nationale, ils sont sortis. Il y avait beaucoup de boue sur la route, car il y avait eu beaucoup de __5__ . Un camion qui n'a pas pu s'arrêter à temps a __6__ leur voiture. Il n'a pas vu leur voiture parce qu'elle était sans __7__ . La voiture a été projetée à l'eau. Pour la retirer il a fallu l' __8__ solidement à une grue (crane).

La fille dans la voiture savait-elle __9__ ? On dit qu'elle s'est __10__ parce qu'elle ne savait pas nager. En tout cas, un marinier qui dormait dans sa __11__ a entendu un cri dans la nuit. Mais le cri c'était peut-être cette femme qu'on a découverte, la gorge __12__ .

# MAIGRET SOLVES CRIME ON THE ROAD

In *«L'Auberge aux Noyés»* we move from the stuffy provincial town of Caen to the banks of the Loing, a hundred kilometers south of Paris, where the story centers on a shabby roadside inn near a dangerous curve on the truck route that runs along the river. As often happens in Simenon's stories, the weather intensifies the atmosphere and contributes to the action. It is raining from beginning to end.

Rather than having to display a show of deference to a **procureur** whose chief concern is not to offend the man who turns out to be the murderer, Maigret is in charge here, and is working with a colleague whom he likes and respects, **le capitaine** Pille-

ment. Another character in the story, the well-to-do bourgeois Germain La Pommeraye, is as proper in his manner as the pretentious and haughty Phillipe Deligeard, but he is presented as a kind and decent person.

As for the murder itself, it is very different from Phillipe Deligeard's elaborately prepared and nearly perfect crime. The crime in *"L'Auberge aux Noyés"* is clumsy, rash, and stupid, "le crime dans toute sa bêtise." Nonetheless Maigret must call upon all his powers of logic and observation, and his knowledge of human behavior, to catch the criminal.

on voyait enfin sortir de l'eau une voiture

# L'AUBERGE AUX NOYÉS (I)

Maigret était venu à Nemours pour une affaire d'importance secondaire qu'il avait à discuter<sup>△</sup> avec le capitaine de gendarmerie Pillement. Le capitaine était un homme charmant, cultivé et sportif. Après le dîner, comme il pleuvait à torrents, il avait invité le commissaire à dormir dans la chambre d'amis.[1]

On était au plus mauvais de l'automne et depuis quinze jours on vivait sous la pluie.

A six heures du matin, alors que le jour n'était pas encore levé, Maigret entendit la sonnerie du téléphone.

Quelques instants plus tard, le capitaine murmurait derrière la porte:

—Vous dormez, commissaire?

—Non, je ne dors pas!

—Cela ne vous dit rien de[2] venir avec moi à quinze kilomètres d'ici? Il y est arrivé cette nuit un curieux accident.

Maigret y était allé, bien entendu! Au bord<sup>△</sup> du Loing, là où la route nationale suit la rivière, entre Nemours et Montargis. Un

1. Qui est le capitaine Pillement?
2. Pourquoi Maigret a-t-il passé la nuit chez lui?

3. Qu'est-ce qui le réveille?

4. Qu'est-ce qui est arrivé?

5. Où l'accident a-t-il eu lieu?

---

[1] **chambre d'amis**?   Le contexte indique ce que c'est. (Notez qu'en anglais on donne un nom un peu différent à cette chambre.)
[2] **cela ne vous dit rien de...**?   *would you be at all interested in...?*

ciel bas et froid. La rivière d'un brun△ sale et au delà les peupliers△ bordant△ le canal.

Pas un village. La seule auberge, l'Auberge des Pêcheurs, était à sept cents mètres, et Maigret savait déjà que dans le pays on l'appelait couramment l'Auberge aux Noyés.

Quant aux noyés de cette fois-ci, on n'en savait encore rien! Il fallait attendre, attendre que l'auto qui était là, sous les eaux rapides, fût solidement accrochée à la grue[3] et retirée de la rivière.

6. Où est l'auto?

Ce qui s'était passé, on ne le savait pas au juste. La veille au soir, un camion de dix tonnes, qui effectuait△ un service régulier Paris-Lyon, passait sur cette même route, un peu après huit heures. Il avait heurté une auto qui était arrêtée, sans lumières, et l'auto avait été projetée△ dans le Loing.

7. Qu'est-ce qui a heurté l'auto? Pourquoi?

Le chauffeur, Joseph Lecoin, avait cru entendre des cris, et le marinier△ de la *Belle-Thérèse,* dont la péniche était amarrée[4] dans le canal, à moins de cent mètres, prétendait avoir, lui aussi, entendu des appels au secours.

8. Qu'est-ce qu'on a entendu?

Les deux hommes avaient effectué de vagues recherches.△ Puis le chauffeur du camion avait continué sa route jusqu'à Montargis où il avait alerté la gendarmerie.

9. Qui a alerté la police?

Le propriétaire de l'auberge était là, abrité[5] sous un vaste parapluie, et il discutait la question en connaisseur.

—Si les corps ne sont pas coincés[6] dans la voiture, on ne les retrouvera pas d'ici longtemps.

—Ils ne sont sûrement plus dans l'auto, répliquait△ le chauffeur du camion, puisque c'est une voiture découverte!

10. Pourquoi ne peuvent-ils pas être coincés dans la voiture?

—C'est curieux.

—Pourquoi?

—Parce qu'hier j'avais deux petits clients en voiture découverte. Ils ont couché et déjeuné à l'auberge. Ils devaient y coucher encore et je ne les ai pas revus.

11. Quelle sorte de voiture les deux clients de l'auberge ont-ils?

La grue faisait un vacarme[7] insupportable et on voyait enfin sortir de l'eau une voiture...

Le capitaine notait la plaque△ avec le nom△ du propriétaire: R. Daubois, 135 avenue des Ternes, Paris.

12. Qu'y a-t-il d'écrit sur la plaque?

Tout le monde, y compris une douzaine△ de curieux descendus d'autos de passage, entourait la voiture. Ce fut précisément

13. Qui entoure la voiture?

[3] **grue**?    Avec quoi est-ce qu'on retire une voiture du fond de l'eau?
[4] **amarrée**    attachée au bord du canal
[5] **abrité**?    Utilisez le contexte. Quelle est la fonction d'un parapluie?
[6] **coincés**    *stuck, jammed*
[7] **un vacarme**    un grand bruit

un anonyme qui eut la curiosité d'ouvrir le coffre. Celui-ci s'ouvrit sans effort, et l'homme poussa un cri, recula de deux ou trois pas.

Maigret s'approcha comme les autres, et dit:

—Allons! Reculez! Qu'on ne touche à rien!

Il avait vu aussi. Il avait vu une forme humaine au fond du coffre. Des cheveux blonds platinés△ indiquaient qu'il s'agissait d'une femme.

—Capitaine, il y a du nouveau, de l'assez vilain...

Un des curieux était médecin. Il examina le cadavre.

—La mort remonte à trois jours au moins...

On tirait Maigret par la manche. C'était Justin Rozier, le patron de l'Auberge aux Noyés.

—Je reconnais la voiture, déclara-t-il. C'est celle de mes petits clients!

—Vous avez leur nom?

—Ils ont rempli leur fiche.

—Le médecin, à nouveau, intervenait.

—Vous savez qu'il s'agit d'un crime?

—Commis avec quoi?

—Un rasoir.△ Cette femme a eu la gorge tranchée...

Il pleuvait toujours, sur l'auto comme sur le cadavre et sur toutes ces silhouettes noires.

Une motocyclette...△ Le brigadier qui sautait à terre...

—L'auto n'appartient plus à M. Daubois, que j'ai eu en personne au téléphone. Il l'a vendue la semaine dernière à un garagiste△ de la Porte Maillot.

—Et le garagiste?

—J'ai téléphoné. Le garage a revendu la voiture il y a trois jours à un jeune homme dont on n'a pas pris le nom.

—Mais puisque moi j'ai le nom! s'impatienta△ l'aubergiste qui trouvait qu'on ne s'occupait pas assez de lui. Venez seulement jusque chez moi et...

Une heure plus tard, à l'Auberge aux Noyés, il n'y avait qu'à se rapprocher△ de la cabine téléphonique, où les journalistes pénétraient tour à tour, pour se rendre compte qu'avant le soir l'auberge serait célèbre.

...*Le Mystère de l'Auberge aux Noyés... Le Crime de l'Auberge aux Noyés... Un cadavre dans un coffre... L'Enigme de l'auto grise...*

Dans tout ce monde, deux personnages seuls intéressaient Maigret: le marinier de la *Belle-Thérèse* et le chauffeur du camion.

Il fit répéter sa déposition au marinier:

—J'allais me coucher quand j'ai entendu un drôle de bruit... De l'intérieur de la péniche on ne se rend pas compte... Je suis

14. Qu'a fait l'un d'eux? (Montrez son geste.)

15. Qu'y avait-il dans le coffre?

16. Que dit Rozier?

17. De quel crime s'agit-il? Commis avec quoi?

18. Qu'est-ce que Daubois a fait de sa voiture?

19. Qui a acheté la voiture?

20. Qui sait le nom de l'acheteur et comment le sait-il?

21. Où sont-ils une heure plus tard?

22. Où lira-t-on des titres sensationnels?

sorti et il m'a semblé entendre une voix qui appelait au secours.

—Une voix d'homme ou de femme?

—Plutôt d'homme!

—Vous vous êtes donc dirigé dans cette direction?

—J'ai vu les lumières d'un camion. Puis j'ai aperçu un gros homme qui marchait...

—Le chauffeur... C'est bien celui-là?

—Oui... Il m'a dit qu'il avait heurté une auto et que celle-ci avait roulé$^\triangle$ dans la rivière... Je suis allé prendre ma torche électrique...

—Quand vous avez vu qu'il n'y avait rien à faire, que vous a dit le chauffeur?

—Qu'il allait prévenir la gendarmerie.

—Il n'a pas précisé laquelle?

—Non... Je ne crois pas...

—Vous n'avez pas pensé à lui dire qu'il pouvait téléphoner de l'auberge qui n'est qu'à sept cents mètres?

—J'y ai pensé après, quand j'ai vu qu'il continuait sa route...

Le chauffeur avait prévenu téléphoniquement son patron qu'il était retenu par la police à la suite d'un accident et il attendait sans impatience les événements, se faisant offrir à boire par les journalistes à qui, en échange, il répétait sans cesse$^\triangle$ son histoire.

Maigret le prit à part.$^\triangle$

—A quelle heure avez-vous quitté$^\triangle$ Paris?

—A deux heures. Par la pluie je ne pouvais pas aller vite.

—Je suppose que vous vous êtes arrêté pour dîner dans un restaurant?

—Comme vous dites! Je me suis arrêté chez la mère Catherine qui fait de la fameuse cuisine.[8]

—Et vous n'avez vu le roadster$^\triangle$ qu'au moment de l'accident?

—A quelques mètres, alors qu'il était trop tard pour empêcher le choc.$^\triangle$

—Il n'y avait aucune lumière?

—Aucune!

—Et vous n'avez aperçu personne?

—Je ne peux pas vous dire... Il pleuvait... Tout ce que je sais, c'est que, quand l'auto a été dans l'eau, il m'a semblé que quelqu'un, dans l'obscurité, essayait de nager. Puis j'ai entendu comme un appel au secours...

23. Qu'est-ce que le marinier a entendu quand il est sorti?

24. Qui est le gros homme qu'il a rencontré?

25. Qu'est-ce que le chauffeur a décidé de faire?

26. Où aurait-il pu téléphoner?

27. Pourquoi le chauffeur attend-il sans impatience?

28. Pourquoi n'allait-il pas vite?

29. Où s'est-il arrêté?

30. Pourquoi a-t-il heurté la voiture?

31. Qu'a-t-il entendu d'abord?
32. Et ensuite?

---

[8] **elle fait de la fameuse cuisine**?     Que fait une cuisinière dans sa cuisine? (Notez qu'ici **fameux** veut dire **très bon** plutôt que **célèbre**)

—Cette auberge, lorsque vous êtes passé, n'était-elle pas éclairée?

—Peut-être que oui!

—Vous faites souvent la route?

—Deux fois par semaine.

—L'idée ne vous est pas venue de téléphoner à l'auberge?

—Non! J'ai pensé que Montargis n'était pas loin et j'y suis allé...

—Personne, pendant que vous cherchiez au bord de la rivière, n'a pu se cacher dans votre camion?

—Je ne pense pas.

—Je vous remercie. Bien entendu, vous restez à ma disposition.

—Si cela peut vous être utile.

33. Pourquoi ne s'est-il pas arrêté à l'auberge?

34. Quelle dernière question Maigret lui pose-t-il?

# Activités

## RÉSUMÉ DE L'ACTION: PHRASES À COMPLÉTER

A. Résumez l'action en choisissant la terminaison qui convient à chacune des phrases suivantes.
   1. Maigret a passé la nuit
      a. dans la chambre d'amis chez le capitaine Pillement
      b. à l'auberge
      c. au bord du Loing
   2. Il est beaucoup question dans cette histoire du temps qu'il fait, c'est-à-dire
      a. du froid
      b. de la chaleur
      c. de la pluie
   3. Un curieux accident a eu lieu
      a. au bord du Loing
      b. à l'Auberge aux Noyés
      c. devant la gendarmerie
   4. Un camion avait heurté une voiture parce que
      a. la voiture allait trop vite
      b. la voiture était sans lumières
      c. le camion s'était arrêté
   5. Quand le marinier a entendu des appels au secours il était
      a. dans sa péniche
      b. dans le camion
      c. à l'auberge

6. Celui qui est allé alerter la gendarmerie à Montargis c'est
   a. le chauffeur du camion
   b. le propriétaire de l'auberge
   c. le marinier
7. Les occupants de la voiture ne sont certainement pas coincés dans la voiture parce que:
   a. on n'a pas entendu de cris
   b. c'était une voiture découverte
   c. il n'y avait personne dans la voiture
8. Ce qui fait un grand vacarme pendant cette scène c'est
   a. tous ces curieux qui entourent la voiture
   b. les voitures qui passent sur la route nationale
   c. la grue qui retire la voiture de l'eau
9. Un anonyme a poussé un cri et reculé de deux ou trois pas quand
   a. Maigret a dit: Qu'on ne touche à rien!
   b. il a reconnu le chauffeur
   c. il a ouvert le coffre
10. La femme qu'on a trouvée dans la voiture
    a. avait passé la nuit à l'auberge
    b. a eu la gorge tranchée
    c. était la propriétaire de la voiture
11. Celui qui a dit que la mort remontait à trois jours au moins était
    a. un médecin
    b. le capitaine Pillement
    c. Maigret
12. Le propriétaire de l'auberge croit savoir le nom des occupants de la voiture parce que:
    a. ce sont des gens qui viennent souvent à l'auberge
    b. ils ont rempli leur fiche
    c. il a lu la plaque dans la voiture
13. M. Daubois, le monsieur dont le nom est sur la plaque, ne peut pas être une des victimes de l'accident parce qu'
    a. il est encore à l'auberge
    b. il s'agit d'un autre M. Daubois
    c. il a vendu la voiture
14. Le propriétaire de l'auberge s'impatiente parce que:
    a. il veut rentrer dans son auberge
    b. il trouve qu'on ne s'occupe pas assez de lui
    c. la pluie continue sans arrêt
15. De l'intérieur de la péniche le marinier
    a. a entendu un drôle de bruit
    b. a vu deux personnes qui nageaient dans la rivière
    c. a vu le camion projeter la voiture dans le Loing
16. Quand le marinier a entendu des appels au secours il avait l'impression que c'était
    a. une voix de femme

b.   une voix d'homme

c.   plusieurs voix

17. Quand il s'est dirigé dans la direction d'où venaient ces bruits
    a.   il n'a rien pu voir dans le noir
    b.   il a vu la voiture qui disparaissait sous l'eau
    c.   il a vu le chauffeur qui marchait

18. Comme le marinier et le chauffeur ne trouvaient personne
    a.   le marinier est allé téléphoner à la police
    b.   le chauffeur est allé prévenir la gendarmerie
    c.   il sont tous deux allés téléphoner à l'auberge

19. Les journalistes se faisaient répéter l'histoire et offraient à boire
    a.   au chauffeur
    b.   à Maigret
    c.   au capitaine Pillement

20. Parti de Paris à deux heures, le chauffeur
    a.   ne s'est arrêté qu'au moment de l'accident
    b.   s'est arrêté à l'auberge pour téléphoner
    c.   s'est arrêté pour dîner chez la mère Catherine

21. Quand le chauffeur a vu la voiture grise au milieu de la route il a essayé
    a.   d'éviter le choc
    b.   de continuer sa route
    c.   de trouver les occupants

22. Quand l'auto a été dans l'eau il lui a semblé
    a.   qu'elle disparaissait sous l'eau
    b.   que quelqu'un se cachait dans l'obscurité
    c.   que quelqu'un essayait de nager

23. Il ne s'est pas arrêté pour téléphoner à l'auberge parce que:
    a.   il a pensé que Montargis n'était pas loin
    b.   l'auberge n'était pas éclairée
    c.   il allait dans l'autre direction

24. A la fin de leur entretien Maigret lui demande
    a.   quelle était vraiment la cause de l'accident
    b.   pourquoi il n'a pas demandé au marinier de l'accompagner
    c.   si quelqu'un a pu se cacher dans son camion

## RÉSUMÉ DE L'ACTION: LES LIEUX

B. Résumez l'action en identifiant les endroits précisés dans les phrases suivantes.
    1. où Maigret a passé la nuit
    2. où se trouve la voiture grise après l'accident
    3. où se trouvait le marinier au moment de l'accident
    4. quelle était la destination du camion
    5. où les deux petits clients ont couché et déjeuné

6. où il y avait une plaque avec le nom R. Daubois
7. où se trouve le garage qui a revendu la voiture
8. où on peut trouver le nom des personnes qui étaient dans la voiture
9. où se trouvait la femme aux cheveux blonds platinés
10. où les journalistes pénétraient tour à tour pour entrer en contact avec leur journal
11. où le chauffeur s'est arrêté pour dîner
12. où le chauffeur est allé pour avertir les autorités qu'un accident avait eu lieu

Si vous n'avez pas trouvé la réponse vous pouvez la chercher dans la liste suivante.

a. à l'auberge
b. dans la cabine téléphonique
c. dans le coffre
d. dans la chambre d'amis du capitaine
e. sous les eaux

f. sur la fiche
g. à la gendarmerie
h. Lyon
i. chez la mère Catherine
j. à Paris
k. dans la péniche
l. dans la voiture

## SUJET DE DISCUSSION ORALE OU ÉCRITE: LES PERSONNAGES

### Le Marinier

1. Quelle sorte de vie mène-t-il?
2. Où dort-il la nuit?
3. Que faisait-il quand l'accident a eu lieu?
4. Pourquoi est-il sorti?
5. Qui a-t-il vu dans l'obscurité?
6. Qu'est-ce qu'il est allé chercher?
7. Quel était le résultat de ses recherches?
8. Son témoignage semble-t-il honnête ou suspect?

### Le Capitaine Pillement

1. Quel contraste y a-t-il entre lui et le procureur de la ville de Caen?
2. Quels sont ses rapports avec Maigret?
3. Quelles sont ses qualités personnelles?
4. Pourquoi est-ce Maigret et non lui qui fait l'enquête?

### Le Chauffeur de camion

1. Qu'est-ce qu'il fait deux fois par semaine?
2. Quel plaisir s'offre-t-il sur la route?

3. Croyez-vous qu'il a bu avant l'accident? Cela aurait-il de l'importance dans l'enquête?

4. Comment l'accident est-il arrivé au juste?

5. Quel temps faisait-il? Cela a-t-il pu jouer un rôle dans l'accident?

6. Par contre, quelle semble avoir été la cause majeure de l'accident?

7. A-t-il fait tout ce qu'on aurait pu faire pour trouver les victimes?

8. Y a-t-il dans son témoignage un élément qui vous semble suspect?

9. Semble-t-il impatient de continuer sa route vers Lyon?

10. Comment passe-t-il son temps à l'auberge?

# CHAPITRE 8
# L'AUBERGE AUX NOYÉS (II)

## Préparation à la lecture

## LEXIQUE

### MOT APPARENTÉ

Il **compte** vivre de l'argent de sa femme.        is counting on

### MOTS PARTIELLEMENT APPARENTÉS

| | | |
|---|---|---|
| Son **portefeuille** n'était pas vide. | 2. portfolio | 1. wallet |
| Il ne va pas mourir de **faim**. | cf. famine | hunger |
| Mais il n'a pas de **situation**. | 1. situation | 2. job |
| **Sa compagne** était très jeune. | his female companion | the woman with him |
| Elle portait un **manteau** de sport et une **robe** d'été. | mantle robe | coat dress |
| Ils sont sortis en **promenade**. | promenade | stroll, ride, drive |
| Son père ne voulait pas la **contrarier**, mais maintenant il commence à **s'inquiéter**. | be contrary to to be disquieted | oppose to worry |

## FAUX AMIS

| | | |
|---|---|---|
| Ma fille est très **jolie**. | not: jolly | but: pretty |
| Elle **avait envie** de partir. | not: envied | but: wanted to |
| Elle est **sans doute** partie avec ce jeune homme | not: without doubt | but: probably |
| dont j'**ignore** l'origine. | not: ignore | but: don't know |

## MOTS-CLÉS

| | |
|---|---|
| Elle serait partie **n'importe quand** | anytime (no matter when) |
| pour aller **n'importe où**, | anywhere (no matter where) |
| **pourvu que** ce fût avec lui. | provided (that . . .) |
| Elle fait toujours ce qu'elle **a envie** de faire. | wants to, feels like |
| **Si bien que**, | So that |
| **à tort ou à raison**, | rightly or wrongly |
| cet accident m'inquiète. | |
| Est-elle **toujours** en vie? | still |

## VOCABULAIRE

| | |
|---|---|
| Les journalistes **emplissent** l'auberge de leur vacarme. | fill |
| Quelle **suite** d'événements! | succession |
| Il y a **en outre** la question de la jeune fille. | in addition |
| La voiture était **vide**, donc elle peut être encore **vivante**. | empty / alive |
| Elle portait un manteau **léger**. | light |
| **Tenez**! Voici son père. | look |
| Je **parie** que c'est son père. | bet |
| Je ne crois pas **me tromper**. | am wrong |
| **Ma foi**, vous avez raison. | Well (literally: my faith) |
| Comment s'est-elle **mêlée** à cette affaire? | get mixed up |
| Elle l'a rencontré à la **piscine**. | pool |
| Il comptait sur sa **dot** pour la **faire vivre**. | dowry / support |
| Ses **propos** cyniques m'étonnaient. | remarks |
| Il a **laissé entendre** qu'elle | let it be understood (implied, suggested) |

| | |
|---|---|
| voulait **s'enfuir** avec lui. | to run off |
| Ils ont **pris la fuite**. | took flight |
| **Il y a deux jours de cela**. | It's been two days since then. |
| | |
| Qu'est-ce qui l'**a amenée** à ça? | brought |
| Les deux hommes **se turent**. | fell silent |
| Ils continuent à **se taire**. | not speaking |

# GRAMMAIRE

## CROIRE + INFINITIF

When **croire** or **penser** are followed by an infinitive the subject of the infinitive is not specified. In English it is. If you have trouble understanding the **croire** + infinitive structure, put the pronoun corresponding with the subject of **croire** in front of the infinitive. This is another example of a case where adding a word clarifies the meaning.

| | |
|---|---|
| Le père croit se souvenir que c'était à la piscine. | The father thinks *he* remembers it was at the pool. |
| Il a cru entendre des appels. | He thought *he* heard calls. |
| J'ai pensé mourir. | I thought *I* would die. |

## LES EMPLOIS DE DEVOIR

As we have seen, **devoir** can express

| | |
|---|---|
| obligation: Vous **devez** payer. | You *have to* pay. |

or

| | |
|---|---|
| supposition: Il **a dû** tomber. | He *must have* fallen. |

It can also express planned or projected action:

| | |
|---|---|
| Le couple **devait** revenir à l'hôtel. | The couple *was to* have come back to the hotel. |
| Nous **devons** passer l'été à voyager. | We *are planning to* spend the summer traveling. |

## LEQUEL

**Lequel**, **laquelle**, **lesquels**, and **lesquelles** are used as relative pronouns following a preposition. They can be translated as *which* (or *whom* when the antecedent is a person). When used as interrogative pronouns they can also be translated as *which* or as *which one* or *which ones*.

| | |
|---|---|
| Savez-vous l'heure à **laquelle** elle est sortie? | Do you know the hour at *which* she went out? |
| **Laquelle** est la chambre Régence? | *Which* (*one*) is the Regency room? |

## PRONOMS RÉFLÉCHIS

When the object, direct or indirect, of a verb is identical with the subject, the first and second person object pronouns remain **me**, **te**, **nous**, and **vous**, but the third person pronoun, direct or indirect, singular or plural, is **se**. These are the reflexive pronouns. When one appears in a sentence there are two meanings it may have, depending on the context:

    1.  It may correspond to *myself, herself, ourselves,* etc.

| | |
|---|---|
| Elle **s**'est faite sa complice. | She made *herself* his accomplice. |
| Maigret **s**'invite. | Maigret invites *himself.* |
| Vous **vous** êtes fait mal? | Did you hurt *yourself?* |

    2.  It may correspond to *each other* or *one another,* expressing reciprocal action.

| | |
|---|---|
| Ils **s**'aiment. | They love *each other.* |
| Nous ne voulons pas **nous** quitter. | We don't want to leave *one another.* |

Frequently, however, the reflexive pronoun simply forms part of the verb. In this case, to translate it separately is clumsy or misleading.

| | |
|---|---|
| Ils **s**'arrêtent à l'auberge. | They stop at the inn. |
| Vous **vous** inquiétez trop. | You worry too much. |
| Je ne peux pas **me** souvenir. | I can't remember. |
| Maigret n'aime pas **se** presser. | Maigret doesn't like to hurry. |

## POUR MIEUX COMPRENDRE

One of the best ways of developing reading comprehension is to learn to recognize word families. When you know the meaning of a noun, for example, the meaning of the verb or adjective related to it is usually quite easy to grasp.

| | |
|---|---|
| Je ne **crois** pas en cette théorie. | I don't *believe* in that theory. |
| Elle n'est pas **croyable**. | It isn't *believable.* |

| Sa **croyance** en Dieu | His *belief* in God |
| est indestructible. | is indestructible. |

The various English equivalents of a word family in French may not all belong to the same word family in English.

| Votre **témoignage** est | Your *testimony* is |
| indispensable. | indispensable. |
| Vous allez **témoigner** contre le | You are going to *testify* |
| criminel. Vous êtes le seul | against the criminal. You are |
| **témoin**. | the only *witness*. |

Sometimes the word and its relatives have more than one meaning. If you realize that **jouer** means not only *to play* but also *to gamble,* the family relationships of the word are clear.

| Maigret **joue** le rôle du policier | Maigret *plays* the role of a |
| maladroit. Maigret est un | clumsy policeman. Maigret is |
| **joueur** expert. Dans ce **jeu** | an expert *player*. In this *game* |
| c'est la vie d'un homme qui est | the life of a man is |
| **en jeu**. | *at stake*. |

# EXERCICES

## RÉSUMÉ DE LA GRAMMAIRE

1. Nous partons demain mais nous **devons** revenir dans une semaine.
2. Nous **devions** nous promener, mais il faisait trop froid.
3. **J'ai cru voir** une lumière.
4. **Il croit amuser** ses amis avec ses plaisanteries.

## FAMILLES DE MOTS

Expliquez le sens des mots en caractères gras dans chacune des phrases suivantes.

1. Elle **soigne** la malade. C'est son premier **soin**. C'est une bonne qui fait du travail **soigneux**. Son apparence est très **soignée**.
2. Elle va porter **plainte**. Elle **se plaint** de tout, cette femme. Elle a une voix **plaintive**.
3. Vos **craintes** sont des craintes de vieille dame. Vous **craignez** tout. Vous êtes trop **craintive**.
4. Vous allez **devoir** témoigner. C'est votre **devoir**.

## VOCABULAIRE ET MOTS-CLÉS

A. Lisez le passage suivant en remplaçant les mots en caractères gras par un synonyme.

a. à tort ou à raison
b. en outre
c. encore
d. laisser entendre

e. n'importe quand
f. pourvu
g. si bien que
h. vouloir

J'avais la valise **et donc** (1) je ne m'inquiétais pas quand ils ont quitté l'hôtel. **De plus** (2) ils avaient dit qu'ils rentreraient dîner. Je leur ai dit: «Vous pouvez sortir **à condition** (3) que vous laissiez la valise. Puisque la porte reste ouverte vous pouvez rentrer **à l'heure que vous voudrez** (4) ».

Avoir envie de (5) sortir de temps en temps c'est tout naturel. Rien ne pouvait **suggérer** (6) que c'étaient des criminels. **Correctement ou non** (7) j'ai cru qu'ils étaient honnêtes. Leur valise est **toujours** (8) là.

B. Même exercice.

a. amener à
b. s'enfuir
c. se mêler
d. propos

e. suite
f. se taire
g. se tromper
h. vêtir

C'est l'affaire du capitaine Pillement. Maigret hésite à **s'y engager** (1) . Mais le capitaine a besoin de son aide. Maigret essaie donc de comprendre la **succession** (2) des événements. Que veulent dire les **paroles** (3) du chauffeur et du marinier? Maigret avance lentement. Il vaut mieux **ne rien dire** (4) que de **faire une erreur** (5) .

Et que dire de cette jeune fille qui a décidé de **prendre la fuite** (6) avec son amant? Elle n'a même pas pris le temps de s'**habiller** (7) convenablement. Qu'est-ce qui a pu la **persuader de** (8) faire une chose comme ça?

C. Lisez le passage suivant en remplissant les tirets par les mots convenables.

a. cheveux
b. dot
c. s'emplir
d. faire vivre
e. franchise

f. légère
g. parier
h. piscine
i. vide
j. vivante

D'ordinaire, en hiver, il n'y a personne à l'auberge. Elle est absolument ___1___ . Mais aujourd'hui elle commence à ___2___ de journalistes.

Le père de la jeune fille arrive. C'est un vieux monsieur aux ___3___ gris. Sa fille et son amant allaient nager ensemble dans la ___4___ d'un club sportif. Ce garçon lui disait qu'il voulait l'épouser mais qu'il n'avait pas assez d'argent pour la ___5___ . Mais il ne l'aimait pas. Il voulait l'épouser seulement pour sa ___6___ . Il a dit la vérité au père de la fille. Cela montre au moins sa ___7___ .

La jeune fille est partie impulsivement, portant une robe bien trop ___8___ pour la saison. Le père craint qu'elle ne soit morte. Il se demande si elle est encore ___9___ . Mais Maigret trouvera la solution. Vous pouvez ___10___ là-dessus.

L'AUBERGE
AUX
NOYÉS (II)

## J'ai vu arriver un jeune couple

L'aubergiste avait déclaré à Maigret:

—Avant-hier, dans la soirée, j'ai vu arriver un jeune couple dans une auto grise, celle qui a été retirée de la rivière. J'ai pensé aussitôt que c'était des jeunes mariés. Voici la fiche que j'ai fait remplir.

On lisait:

«Jacques Vertbois, 20 ans, 18, rue des Acacias, à Paris.»

La réponse aux questions de la fiche était: venant de Paris, allant à Nice.

Enfin, le jeune homme avait ajouté: «Et madame».

—... Une jeune personne très jolie, de dix-sept à dix-huit ans, répondait le patron à Maigret. Elle était vêtue d'une robe trop légère pour la saison et d'un manteau de sport.

—Le couple avait des bagages?

—Une valise, elle est toujours là-haut...

1. A qui est l'auto?

2. Qu'est-ce qu'on lit sur la fiche?

3. Quelle était leur destination?

4. Comment était vêtue la jeune fille?

5. Quels bagages avaient-ils?

—Ils paraissaient nerveux?

—Pas spécialement... A vous dire vrai, ils pensaient plutôt à l'amour et ils ont passé une bonne partie de la journée d'hier dans leur chambre...

—Ils ne vous ont pas dit pourquoi, allant à Nice, ils se sont arrêtés à moins de cent kilomètres de Paris?

—Je crois qu'ils se seraient arrêtés n'importe où, pourvu qu'ils aient une chambre...

—Et l'auto?

—Elle était dans le garage... Vous l'avez vue...

—Vous n'avez pas eu la curiosité d'ouvrir le coffre?

—Je ne me permettrais jamais...

—En somme, le couple devait revenir chez vous pour coucher?

—Pour dîner et pour coucher...

—A quelle heure la voiture est-elle sortie du garage?

—Vers quatre heures et demie... J'ai supposé que nos jeunes gens avaient envie, après être restés si longtemps enfermés dans leur chambre, de sortir... la valise était toujours là, si bien que je ne m'inquiétais pas pour la note...[1]

Si bien que cela se résumait ainsi:

Le lundi, vers cinq heures de l'après-midi, un certain Jean Vertbois, vingt ans, demeurant 18 rue des Acacias, à Paris, achetait une voiture qu'il payait avec cinq billets[2] de mille francs. (Le garagiste, on venait de le téléphoner à Maigret, avait l'impression que le portefeuille de son client contenait une liasse assez importante[3] de billets.)

De la journée de mardi on ne savait encore rien.

Le mercredi, à la soirée, le même Vertbois, avec sa voiture, arrivait à l'Auberge aux Noyés, à moins de cent kilomètres de Paris, en compagnie d'une très jeune fille que le patron de l'auberge prenait pour une personne de bonne famille.

Le jeudi, le couple sortait en auto comme pour une simple promenade dans la région et quelques heures plus tard l'auto était heurtée par un camion à sept cent mètres de l'auberge et le chauffeur du camion, ainsi qu'un marinier, croyaient entendre des appels dans la nuit.

De Jean Vertbois et de la jeune fille, aucune trace. Toute la gendarmerie du pays enquêtait depuis le matin dans la région.

6. Où ont-ils passé la journée?

7. Pourquoi leur arrêt à l'auberge est-il bizarre? Comment Rozier l'explique-t-il?

8. Où devaient-ils dîner et coucher ce soir-là?

9. Selon Rozier, pourquoi sont-ils sortis?

10. Combien Vertbois a-t-il payé la voiture?

11. Qu'y avait-il dans son portefeuille quand il a payé?

12. L'auberge est à combien de kilomètres de Paris?

13. L'accident était à quelle distance de l'auberge?

---

[1] **la note?**   Utilisez le contexte. De quoi s'inquiéterait un aubergiste?
[2] **billets?**   Utilisez le contexte.
[3] **une liasse assez importante**   *a rather big wad*

Dans les gares, rien! Dans les fermes, dans les auberges, sur les routes, rien!

Par contre, dans le coffre de l'auto, on découvrait le cadavre d'une femme de quarante-cinq à cinquante ans, très soignée, très coquette.

Et le médecin légiste[4] confirmait que cette femme avait été assassinée le lundi à coups de rasoir!

Avec moins d'assurance, le médecin légiste laissait entendre en outre que le corps avait été mis dans le coffre quelques heures seulement après la mort.

La conclusion était que, quand le couple était arrivé à l'auberge, il y avait déjà un cadavre dans la voiture!

Vertbois le savait-il?

Sa jeune compagne le savait-elle?

Que faisait leur voiture à huit heures du soir, sans lumières, au bord de la route?

Qui était dans l'auto à ce moment?

Et qui avait crié dans la nuit?

Les journalistes considéraient l'auberge comme terrain conquis△ et s'installaient en maîtres,△ emplissant toutes les pièces de leur vacarme.

Le capitaine s'assit en face de Maigret.

—Je commence à croire que cet accident de la route, si banal au début, va devenir petit à petit une des affaires les plus mystérieuses qu'il soit possible d'imaginer...

—Quand nous saurons qui est cette jeune fille belle et amoureuse...

Une grosse auto, conduite par un chauffeur en livrée,△ s'arrêtait devant la porte, et un homme à cheveux gris en descendait.

—Tenez! murmura Maigret. Je parie que voici son père!

* * *

Le commissaire ne s'était pas trompé.

—Germain La Pommeraye, notaire[5] à Versailles. Vous l'avez retrouvée?

—Je vais être obligé, soupira Maigret, de vous poser un certain nombre de questions assez précises dont je m'excuse. Pouvez-vous me dire tout d'abord ce qui vous a fait penser que votre fille pouvait être mêlée à cette affaire?

14. Où cherche-t-on le couple? Avec quel résultat?

15. Décrivez la victime.

16. Quelle conclusion peut-on tirer?

17. Qui faisait du bruit dans l'auberge?

18. Un monsieur riche arrive. Comment sait-on qu'il est riche?

19. Qui est cet homme et que veut-il savoir?

---

[4] **médecin légiste**   *forensic surgeon*
[5] **notaire**   *official who draws up wills and marriage contracts and advises his clients on financial and real estate investments. **Notaires** are usually considered to be well-to-do, discreet, conservative, and dignified.*

—Vous allez comprendre. Ma fille Viviane a dix-sept ans et en paraît vingt. Je dis *a,* alors que, sans doute, je devrais déjà dire *avait...* C'est une impulsive... Et, à tort ou à raison, je me suis toujours refusé à contrarier ses instincts... J'ignore où elle a fait connaissance de ce Jean Vertbois, mais je crois me souvenir que c'est à la piscine, ou dans un club sportif...

—Vous connaissez personnellement Jean Vertbois?

—Je l'ai vu une fois. Ma fille, je le répète, est une impulsive. Un soir, elle m'a déclaré: «Papa, je me marie!»

—Continuez, monsieur!

—J'ai d'abord pris la chose en plaisantant. Puis, voyant que c'était sérieux, j'ai demandé à voir le candidat. C'est ainsi qu'un après-midi Jean Vertbois est venu à Versailles. J'ai demandé au jeune homme avec quelles ressources il comptait faire vivre une femme et il m'a répondu avec franchise qu'en attendant une situation plus brillante la dot de ma fille empêcherait en tout cas celle-ci de mourir de faim. Comme vous le voyez, le type même du petit arriviste[6] cynique dans ses propos comme dans ses attitudes... Après une heure je l'ai mis à la porte.

—Combien de temps y a-t-il de cela? questionna Maigret.

—Une semaine à peine. Lorsque j'ai vu ma fille, ensuite, elle m'a déclaré qu'elle n'épouserait pas d'autre homme que Vertbois, et, ma foi, elle m'a menacé, si je ne consentais pas au mariage, de s'enfuir avec lui... Or, depuis mardi après-midi, Viviane a disparu...△ Dès mardi soir, je me suis rendu au domicile de Vertbois, mais on m'a répondu qu'il était parti en voyage, accompagné d'une très jeune fille, c'est-à-dire de Viviane... Voilà pourquoi quand, ce midi, j'ai lu dans les journaux le récit des événements de la nuit...

Il restait calme et digne.

—Je vous demande une seule chose, commissaire, la franchise! A votre avis, ma fille est-elle vivante?

Maigret fut un bon moment sans répondre. Enfin il murmura:

—Laissez-moi d'abord vous poser une dernière question. Vous me semblez connaître très bien votre fille. Croyez-vous que votre fille, apprenant que Vertbois était un assassin, se serait fait sa complice△ par amour? Ne répondez pas trop vite. Supposez que votre fille arrive chez son amant... Je vous demande pardon, mais le mot est malheureusement exact... Elle apprend que, pour pouvoir s'enfuir avec elle et trouver l'argent nécessaire à cette fuite, il a été amené à tuer...

Les deux hommes se turent. Enfin M. La Pommeraye soupira:

20. Quelle sorte de fille Viviane est-elle?

21. Où a-t-elle rencontré Vertbois? (Sait-elle nager?)

22. Qu'a-t-elle déclaré à son père?

23. Qui le père a-t-il voulu voir?

24. Que lui a-t-il demandé?

25. Qu'est-ce qui empêcherait Viviane de mourir de faim, selon Vertbois?

26. Qu'a fait le père?

27. Que va faire Viviane?

28. Que fera-t-elle s'il n'y consent pas?

29. Qu'a-t-on dit au père quand il est allé chez Vertbois?

30. Que veut-il savoir?

31. Maigret répond par une question. Laquelle?

32. Pourquoi Vertbois aurait-il tué quelqu'un?

---

[6] **arriviste**    *unscrupulous social climber*

—Je ne sais pas...

—Je l'espère!

—Comment?

—Parce que, si Jean Vertbois n'a rien à craindre de sa compagne, il n'a aucune raison de la faire disparaître. Si, au contraire, par exemple, en découvrant le cadavre dans le coffre, votre fille a manifesté son indignation et l'a menacé...

—Je comprends ce que vous voulez dire, mais je ne comprends pas la suite des événements tels que les journaux nous les ont retracés. L'auto, au moment de la collision n'était pas vide, puisque le chauffeur du camion et un marinier ont entendu des cris. Vertbois et Viviane n'avaient aucune raison de se quitter... Il est donc probable...

—Depuis ce matin, on drague△ la rivière. Jusqu'ici on n'a obtenu aucun résultat.

—Croyez-vous qu'il me reste des chances de retrouver ma fille vivante?

Maigret n'osa pas lui répondre que, dans ce cas, Viviane La Pommeraye serait probablement inculpée[7] de complicité d'assassinat!

[7] **inculpée**    accusée

33. «faire disparaître», autrement dit, c'est quoi? Pourquoi Jean voudrait-il «faire disparaître» Viviane?

34. De quoi Viviane risque-t-elle d'être accusée si elle est encore vivante?

# Activités

## RÉSUMÉ DE L'ACTION: VRAI/FAUX

A. Résumez l'action en corrigeant les phrases fausses.
  1. L'aubergiste a tout de suite compris que le jeune couple n'était pas marié.
  2. La jeune fille avait l'air encore plus jeune que son compagnon.
  3. L'aubergiste n'a aucune idée pourquoi ils se sont arrêtés à moins de cent kilomètres de Paris.
  4. Quand ils sont sortis ils ont emporté leur valise.
  5. Vertbois venait d'acheter la voiture.
  6. La gendarmerie cherchait partout dans la région des traces du jeune couple.
  7. La femme dans le coffre avait à peu près le même âge que le jeune couple.
  8. Pendant toute cette enquête les journalistes travaillent en silence.
  9. Le monsieur qui arrive en voiture conduit lui-même.

10. La fille du monsieur s'appelle Viviane. Elle a dix-sept ans.
11. M. La Pommeraye se rend compte qu'il a été un père trop sévère.
12. Jean et Viviane se sont rencontrés soit à la piscine soit dans un club sportif.
13. M. La Pommeraye ne voulait pas rencontrer le jeune homme mais Viviane a insisté.
14. Vertbois a répondu avec franchise quand M. La Pommeraye a demandé comment il allait faire vivre Viviane.
15. Vertbois ne manifeste aucun intérêt dans la dot de Viviane.
16. M. La Pommeraye l'a mis à la porte.
17. Viviane a caché à son père le projet qu'elle avait de s'enfuir avec Jean Vertbois.
18. Quand son père se rend au domicile de Vertbois personne ne peut le renseigner.
19. C'est par le journal qu'il a appris la nouvelle de l'accident.
20. Il est certain que sa fille ne peut pas être la complice d'un assassin.
21. Si elle est sa complice Vertbois n'a aucune raison de la faire disparaître.
22. Le père sait que la voiture n'était pas vide quand elle a été projetée dans l'eau.
23. Mais puisque Viviane sait nager il est à peu près certain qu'elle est encore en vie.
24. Maigret pense qu'elle peut être accusée de complicité d'assassinat si elle est encore en vie.

## RÉSUMÉ DE L'ACTION: LA SUITE DES ÉVÉNEMENTS

B. Les phrases suivantes racontent les événements, mais dans le désordre. Mettez-les dans leur ordre chronologique. (Méthode à suivre: Sur une feuille de papier écrivez les numéros de 1 à 10 suivis d'un tiret. La première phrase c'est la phrase d. Mettez d. sur le tiret à côté du numéro 1. Ensuite cherchez la phrase qui suit logiquement la première, et mettez sa lettre sur le tiret à côté du numéro 2. Et ainsi de suite.)

    a. Dès que la grue retire la voiture de l'eau, vendredi matin, on commence à draguer la rivière.

    b. Ayant lu les journaux, M. La Pommeraye arrive à l'Auberge aux Noyés et demande à Maigret si sa fille est encore en vie.

    c. Vertbois et sa compagne, allant de Paris à Nice, arrivent à l'Auberge aux Noyés mercredi.

    d. Viviane déclare à son père: «Papa, je me marie avec Jean Vertbois.»

    e. Maigret n'ose lui répondre que dans ce cas elle serait probablement inculpée de complicité d'assassinat.

f.  M. La Pommeraye fait venir ce Jean Vertbois à Versailles, et, s'apercevant que c'est un petit arriviste cynique, le met à la porte.

g.  Les journaux de vendredi annoncent la découverte d'un cadavre dans le coffre d'une voiture appartenant à Jean Vertbois.

h.  Dès mardi soir, M. La Pommeraye se rend chez Vertbois et apprend qu'il est parti en voyage accompagné d'une très jeune fille.

i.  Le lendemain le couple sort en auto comme pour une simple promenade dans la région. On ne les a plus revus depuis.

j.  Peu après l'entretien entre M. La Pommeraye et Jean Vertbois, Viviane disparaît.

## SUJETS DE DISCUSSION ORALE OU ÉCRITE

Prenez le rôle de l'aubergiste. Imaginez que c'est un type qui parle beaucoup et faites diverses observations à Maigret.

1.  ce que vous avez pensé aussitôt quand le jeune couple est arrivé à l'auberge
2.  ce que le jeune homme a écrit sur la fiche et ce qu'il y a ajouté
3.  la jeune fille: son apparence, ses vêtements, sa fortune, son attitude envers le jeune homme
4.  pourquoi ils voulaient une chambre
5.  les choses qu'on apprend à observer quand on est aubergiste
6.  le type de client qui vient dans votre auberge
7.  pourquoi un aubergiste doit être discret
8.  la sorte de curiosité qu'on ne doit pas se permettre
9.  pourquoi on appelle votre auberge ce qu'on l'appelle
10.  pourquoi le jeune couple est sorti en promenade
11.  pourquoi vous n'étiez pas inquiet

Prenez le rôle du père de Viviane. Expliquez à Maigret ce qui s'est passé. Si le conte ne dit rien sur certains sujets inventez quelque chose vous-même.

1.  vous vous présentez
2.  l'âge, l'apparence, la personnalité de Viviane
3.  les idées que vous avez eues sur la bonne façon d'élever un enfant, et ce que vous en pensez maintenant
4.  la mère de Viviane
5.  comment Jean et Viviane se sont rencontrés
6.  pourquoi vous avez demandé à voir Jean Vertbois
7.  ce que vous lui avez demandé

8. comment il a répondu
9. votre opinion de lui
10. comment votre entretien avec lui s'est terminé
11. ce que vous refusez de faire même s'ils se marient
12. pourquoi vous espérez que ce refus va décourager Vertbois
13. ce que Viviane a menacé de faire si vous ne consentez pas au mariage
14. ce qu'on vous a dit quand vous êtes allé au domicile de Vertbois
15. ce que vous voulez surtout savoir de Maigret

# CHAPITRE 9

# L'AUBERGE AUX NOYÉS (III)

## Préparation à la lecture

## LEXIQUE

### MOT APPARENTÉ

Quelle **preuve** a-t-il de son innocence?      proof

### MOTS PARTIELLEMENT APPARENTÉS

| | | |
|---|---|---|
| Au cours du **repas** | repast | meal |
| Maigret décide de **tenter** | to attempt | to try |
| une **expérience**. Il en parle | 1. experience | 2. experiment |
| à voix **basse** au capitaine. | 2. bass | 1. low |
| Ce n'est pas une idée **banale**. | banal | ordinary, everyday |
| | | |
| Cela sera pour lui une **façon** | fashion | way |
| de découvrir la vérité, et | | |
| si les journalistes sont **sages** et | 1. sage, wise | 2. good, well-behaved |
| font ce qu'il leur dit de faire | | |
| ils auront un bon **papier**. | 1. paper | 2. newspaper article |

| Le chauffeur dit qu'il | | |
|---|---|---|
| veut bien **rendre service** | render a | do a favor |
| à Maigret, faire une | service | |
| **commission** pour lui, | 1. commission | 2. errand |
| le **déposer** chez le capitaine, | 2. to depose | 1. to drop off, |
| par exemple, | | to put down |
| s'il veut **descendre** là. | 1. to descend | 2. to get |
| Lentement, son humeur | | out |
| devient moins **franche**. | frank | open |
| Maigret lui fait des **ennuis**. | annoyances | difficulties, trouble |
| | | |
| La situation semble l'**ennuyer**. | to annoy | to bother |
| Il semble **angoissé** par cette | anguished | worried |
| **reconstitution** du crime. | reconstitution | reconstruction |
| Les choses ne **s'arrangent** pas | arrange | work out |
| pour lui. Il descend du camion | themselves | |
| pour essuyer le **pare-brise**. | cf. para- + breeze | windshield |

## MOTS-CLÉS

| Là-bas, sur la scène de l'accident, voilà | over there |
|---|---|
| Maigret qui est **en train de** | in the process of, in |
| questionner le chauffeur: «Evidemment, | the act of |
| **du moment que** vous n'avez rien | since |
| à cacher, et **comme** vous dites la vérité, | since |
| vous n'avez rien à craindre. Mais dites-moi: | |
| il pleut **tout autant** qu'hier, | just as much |
| **pourtant** aujourd'hui vous avez pu vous | yet |
| arrêter. Pourquoi?» **Chacune** de ses | each |
| questions ennuie le chauffeur. | |
| «**Si** nous allions au café», propose Maigret. | suppose |

## VOCABULAIRE

| «Reconstitution?» **lança** | called out |
|---|---|
| un reporter assez **malin**. | shrewd |
| «Je le désire **vivement**», dit Maigret. | earnestly |
| Il se met sur le **siège** avant. | seat |
| Il **cause** avec le chauffeur. | chats |
| Juste à l'**endroit** de l'accident | place |
| celui-ci lance un **juron**. | oath |

| | |
|---|---|
| Le camion a de bons **freins**. | brakes |
| Il **s'empresse** de freiner. | hastens |
| Mais il **a failli** heurter l'auto. | almost |
| «**Par exemple...!** Oui, cette fois | Well, I'll be... |
| je me suis arrêté à temps. **Et après?**» | So what? |
| Lecoin **hausse les épaules**. | shrugs his shoulders |
| Il faut avoir l'attention **en éveil** quand on conduit. | on the alert |
| Mais voilà un **nouveau venu**. | newcomer |
| Lecoin a failli **s'en prendre à** lui. | to attack, blame, get angry at |
| Il le regarde avec **méfiance**. | distrust |
| Maigret s'arrête au **coin** | corner |
| et se dirige vers le **seuil**. | doorstep |
| Il regarde par la **fenêtre**. Il entend | window |
| **nettement** ce que Lecoin dit au garagiste. | clearly |

# GRAMMAIRE

## LES PRÉPOSITIONS

Prepositions are key words. It is essential to know such elementary meanings as **sur**–*on,* **dans**–*in,* etc. In many phrases, however, a literal translation of the preposition can lead to confusion. As usual, to grasp the meaning of any phrase it is best to consider the context rather than the word in isolation, and use common sense. Here is a truck driver talking:

Les gens crient **sur** nous parce que nous tenons le milieu de la route.

It should be obvious from the context that he is saying "people yell *at* us." Other prepositions could be used—**on crie *après* nous**, **on crie *contre* nous**—and the meaning would remain the same.

The preposition **à** is used in many different idioms with varying equivalents in English. The context usually makes the meaning clear.

| | |
|---|---|
| Le camion s'est arrêté **à** temps. | The truck stopped *on* time. |
| Il pousse la voiture **à** la main. | He pushes the car *by* hand. |
| Il retire sa pipe de la bouche **à** regret. | He takes his pipe out of his mouth *with* regret. |

Certain expressions require a preposition in French where none appears in English. For example, **rien, quoi, personne, quelqu'un,** and other expressions take the preposition **de** when followed by an adjective.

| | |
|---|---|
| Donnez-nous quelque chose **de** bon. | Give us something good. |
| Il n'y a personne **de** plus bête. | There is nobody dumber. |

## **EN** COMME PRONOM COMPLÉMENT

**En** replaces **de** + noun. Because of the many uses of **de**, as a preposition, as a partitive, following certain verbs, and in various idioms, **en** as an object pronoun is expressed in many different ways in English.

### DE IN AN IDIOM: AVOIR BESOIN DE

| | |
|---|---|
| Prends tes livres. Tu **en** auras besoin. | Take your books. You will need *them*. |

### DE FOLLOWING THE VERB: SE SERVIR DE

| | |
|---|---|
| Il avait un rasoir et il s'**en** est servi. | He had a razor and he used *it*. |

### DE AS A PREPOSITION

| | |
|---|---|
| Elle s'appelle Cécile. Vous **en** avez entendu parler? | Her name is Cécile. Have you heard *of her?* |
| Quant à l'accident, il prétendait n'**en** rien savoir. | As for the accident, he claimed he knew nothing *about it.* |
| Mais il **en** connaît la raison. | But he knows the reason *for it.* |

### DE AS A PARTITIVE

| | |
|---|---|
| Il voulait de l'argent, mais il n'**en** avait pas. | He wanted money, but he didn't have *any*. |
| Sa tante **en** avait beaucoup. | His aunt had a lot (*of it* ). |

## POUR MIEUX COMPRENDRE

**Coup** is a word used in so many different idioms that it deserves special attention. The basic meaning is a *knock,* a *blow,* or a *stroke.* Some of the phrases in which it appears should be easy to figure out:

| | | |
|---|---|---|
| un **coup** de couteau | a *blow* of the knife | i.e., a _____. |
| un **coup** de pied | a *blow* of the foot | i.e., a _____. |

Others may not be so obvious:

| | | |
|---|---|---|
| le **coup** de grâce | the *stroke* of mercy | the death blow |
| un **coup** d'œil | a *stroke* of the eye | a glance |

The basic rules of reading comprehension apply to these idioms, as they do elsewhere.

1. Use context and common sense. For example:

Je vais vous donner un **coup** de téléphone.

You do not usually hit people with a telephone. The meaning is clearly something simpler than that and should be obvious.

2. It is the meaning of the phrase that counts, rather than the isolated word. Without translating the word **coup** itself, state or imitate with a gesture (or sound effects, if you choose) the action conveyed by these sentences:

Quand il a vu l'auto il a donné un **coup** de frein.
La femme a été tuée à **coups** de rasoir.

It must be admitted, however, that now and then an idiom does not mean what it appears to mean and the reasonable assumption proves false. If a **coup de pied** is a *kick,* a **coup de main** ought to mean a *slap.* But it doesn't. It's quite the other way around. A **coup de main** is a *helping hand.*

# EXERCICES

## RÉSUMÉ DE LA GRAMMAIRE

1. Ne tirez pas **sur** le pianiste, il fait **de** son mieux.
2. Je vais vous servir quelque chose **de** délicieux.
3. Il s'est jeté **à** l'eau.
4. Nous avons faim. Qu'est-ce que vous avez **de** bon aujourd'hui?
5. Est-elle encore vivante? J'**en** doute.
6. Vous voulez aller à l'auberge? Mais j'**en** reviens!
7. L'auto s'arrête et un monsieur **en** descend.
8. Je ne comprends rien **à** cela.

## VOCABULAIRE ET MOTS-CLÉS

A. Lisez le passage suivant en remplaçant les mots en caractères gras par un synonyme. Faites les changements de genre nécessaires.
   a. causer
   b. copains
   c. empresser
   d. endroit
   e. lancer

f.   les nouveaux venus

g.   je propose que

h.   seuil

«**Si** (1) nous allions dîner», dit Maigret. Ils entrent dans un restaurant où mangent les **amis** (2) du chauffeur. Les clients se retournent pour regarder **ceux qui viennent d'arriver** (3) .

Ils s'arrêtent un moment à l'**entrée** (4) . On entend Maigret **crier** (5) un bonjour cordial à tout le monde. On voit la serveuse se **hâter** (6) de leur offrir une table.

Pendant le repas ils vont **parler** (7) . Puis ils iront visiter le **lieu** (8) où l'accident a eu lieu.

B.  Lisez le passage suivant en remplissant les tirets par le mot convenable.

a.   autant

b.   épaules

c.   en éveil

d.   fenêtre

e.   frein

f.   juron

g.   malin

h.   pourtant

i.   siège

En regardant par la __1__ on voit qu'il pleut toujours. Maigret s'installe à côté du chauffeur sur le __2__ avant. Aujourd'hui il pleut tout __3__ qu'hier. Pour éviter un accident le chauffeur a toute son attention __4__ . Il donne un coup de __5__ quand c'est nécessaire.

Le chauffeur dit qu'il n'a rien à cacher. __6__ il a l'air nerveux. D'abord il exprime son indifférence en haussant les __7__ . Ensuite il exprime sa surprise et sa mauvaise humeur en prononçant un __8__ . Enfin il se rend compte que Maigret est plus __9__ que lui.

C.  Lisez le passage suivant en remplaçant les mots en caractères gras par un synonyme.

a.   cacher

b.   comme

c.   et après?

d.   méfiance

e.   nettement

f.   s'en prendre à

Le chauffeur regarde Maigret avec **suspicion** (1) . Maigret semble penser qu'il a quelque chose à **dissimuler** (2) . Il voudrait **blâmer** (3) Maigret pour tous ses ennuis. «Oui, dit-il, c'est comme hier. **Mais quelle différence est-ce que ça fait?** (4) **Du moment que** (5) je n'ai rien à cacher je me sens à l'aise.» Il a **distinctement** (6) l'impression que Maigret a des soupçons.

## Vous avez fait ma commission à Benoît?

### L'AUBERGE AUX NOYÉS (III)

Il avait fallu insister pour décider le notaire à rentrer à Versailles et, la pluie continuant, l'Auberge aux Noyés ressemblait de plus en plus à un quartier général.[1]△

Il était six heures quand un reporter appela le patron et lui lança:

—Qu'allez-vous nous faire de bon à dîner?

Et on entendit une voix répondre:

—Rien du tout!

C'était Maigret.

—Je vais vous demander en effet, messieurs, de ne pas dîner ici ce soir. De sept heures à neuf heures, je désire vivement que les lieux ne soient occupés que par les personnes qui s'y trouvaient hier au soir...

—Reconstitution? lança un malin.

—Même pas! Si vous êtes sages vous aurez sans doute un beau papier pour vos éditions de demain matin... Il est essentiel que, de sept heures à dix heures, chacun à l'auberge soit à la place qu'il occupait hier, que les lumières soient les mêmes...

Il restait quelqu'un qu'on semblait avoir oublié, Joseph Le-

1. Qu'est-ce que le notaire ne voulait pas faire?

2. Qui seront les seuls occupants de l'auberge ce soir-là?
3. Que promet Maigret aux journalistes?

---

[1] **quartier général**?    C'est une comparaison militaire.

coin, le chauffeur du camion. Il observait Maigret avec étonnement, ouvrait enfin la bouche.

—Et moi?

—Toi, tu vas me conduire à Nemours.

—En camion?

—Ma foi, pourquoi pas?

—Comme vous voudrez. Si cela peut vous rendre service...

Et c'est ainsi que le commissaire Maigret quitta l'Auberge aux
Noyés sur le siège d'un camion de dix tonnes qui faisait un vacarme infernal.

4. Que va faire
Joseph Lecoin?

\* \* \*

—Où est-ce que je vous dépose?

—Tu ne me déposes pas, mon vieux!

Le chauffeur regarda son compagnon avec étonnement,
croyant que celui-ci plaisantait:

—Alors quoi? On retourne à Paris?

—Non! Attends que je regarde l'heure...

Il consulta sa montre.[2]

—Où va-t-on?

—D'abord dîner chez la mère Catherine, comme tu l'as fait
hier au soir. Tu vois? Il pleut tout autant. Nous sommes juste à la
même heure...

N'y avait-il pas, pendant le repas, un certain changement
dans le chauffeur? Son humeur était moins franche.

De temps en temps Maigret tirait sa montre de sa poche.

—C'est bien ainsi que cela s'est passé hier, n'est-ce pas?

—Ma foi, oui... Ce serait le moment de partir...

—Partons!

—On retourne là-bas?

—Exactement comme hier... Cela t'ennuie?

—Moi? Pourquoi est-ce que ça m'ennuierait? Du moment
que je n'ai rien à cacher...

Or, à cet instant, Catherine s'approcha, demanda au chauffeur:

—Dites donc! Vous avez fait ma commission à Benoît?

—Mais oui!

Une fois sur le siège, Maigret questionna:

—Qui est ce Benoît?

5. Où vont-ils
d'abord?

6. Qu'est-ce qui est
le même qu'hier?
Qu'est-ce qui est
différent?

7. Pourquoi la
reconstitution
n'ennuie-t-elle pas
Lecoin, d'après ce
qu'il dit? (Mais
semble-t-il
sincère?)

[2] **montre?**   Que regarde-t-on pour savoir l'heure qu'il est?

—Il tient une pompe△ à essence[3] à Montargis. C'est un copain. La mère Catherine voudrait une pompe aussi, et je devais
dire à Benoît...

—Il pleut fort, hein!

—Même un peu plus fort qu'hier...

—Nous n'allons pas trop vite?

—Tout juste comme hier...

Maigret alluma[4] sa pipe.

—Nous, murmurait Lecoin, c'est toujours sur nous qu'on
crie, parce qu'on tient le milieu de la route. Mais si les gens qui
conduisent les petites voitures avaient à piloter△ des monuments
comme les nôtres...

Soudain, un juron, un coup de frein violent, si violent que
Maigret faillit entrer tête première dans le pare-brise.

—Par exemple!... s'écria Joseph Lecoin. C'est vous qui l'avez
fait mettre là?

Il y avait une voiture, en effet, à l'endroit exact où était celle
de Jean Vertbois la veille. Une voiture grise, comme l'autre! Il
pleuvait! La nuit était noire! L'auto n'était pas éclairée!

Et pourtant le camion s'était arrêté à plus de trois mètres du
roadster!

—Vous auriez pu me prévenir! A supposer que je ne l'aie pas
vu à temps...

—Et pourtant, nous étions en train de causer...

—Et après?

—Hier tu étais seul... Tu avais donc toute ton attention en
éveil...

Et Lecoin questionnait en haussant les épaules:

—Qu'est-ce que vous voulez maintenant?

—Nous allons descendre... Par ici... Attends... Je veux tenter
une expérience... Appelle au secours...

—Moi?

—Comme ceux qui criaient hier ne sont pas là, il faut bien
que quelqu'un les remplace...

Et Lecoin cria.

Où il fut le plus angoissé, c'est quand il entendit des pas et
quand une silhouette bougea dans le noir.

—Approche! cria Maigret au nouveau venu.

C'était le marinier de la *Belle-Thérèse,* que sans rien en dire à
personne, le commissaire avait fait rappeler par la gendarmerie.

8. Que fait Benoît?

9. De qui se plaint Lecoin?

10. Décrivez—ou montrez—ce qui se passe soudain.

11. Comment la situation ressemble-t-elle à celle qui a produit un accident?

12. En quoi est-elle différente?

13. Qu'est-ce que Maigret demande à Lecoin de faire?

14. Qu'est-ce qui l'ennuie le plus?

15. Qui sort du noir?

[3] **essence**?　Utilisez le contexte. Qu'est-ce qu'il y a normalement dans une pompe au
bord de la route qui serait tenue par un copain d'un chauffeur de camion?

[4] **alluma**?　Que faut-il faire si on veut fumer sa pipe?

—Eh bien?

—C'est difficile à affirmer de façon catégorique... Pour moi, c'était à peu près la même chose...

—Quoi? dit Lecoin.

—Je ne sais pas qui a crié, mais je dis que c'était à peu près le même son△ qu'hier.

Cette fois le chauffeur faillit perdre son calme et s'en prendre au marinier qui ne savait pas lui-même quel rôle il jouait dans cette comédie.

—Remonte dans le camion!

Quelqu'un qui n'avait pas bougé jusque-là s'approcha, le capitaine Pillement.

—Tout va bien, lui annonça Maigret à voix basse. Pour le reste, nous allons voir...

Et il reprit sa place auprès de Lecoin, qui n'essayait plus de paraître aimable.

—Qu'est-ce que je fais?

—Comme hier!

—Je vais à Montargis?

—Comme hier!

—Si vous voulez! Je ne sais pas quelle idée vous avez dans la tête, mais si vous croyez que je suis mêlé à cette histoire-là...

On passait déjà en face de l'Auberge aux Noyés, dont quatre fenêtres étaient éclairées et l'une de ces fenêtres portaient en lettres d'émail[5] le numéro de téléphone.

—Ainsi tu n'as pas eu l'idée de t'arrêter pour téléphoner?

—Puisque je vous l'ai déjà dit...

—Continue!

Un silence!

On arriva ainsi à Montargis, et soudain le commissaire remarqua:

—Tu l'as dépassée...

—Quoi?

—La gendarmerie...

—C'est vous avec toutes vos histoires...[6]

—Continue!

—Continuer quoi?

—De faire exactement ce que tu as fait hier...

—Mais je suis allé...

—Tu n'es pas allé tout de suite à la gendarmerie... La preuve,

16. Qu'est-ce que Maigret a dû demander au marinier d'identifier?
17. A qui Lecoin a-t-il envie de s'en prendre?
18. Qui d'autre est caché dans le noir?

19. Comment Lecoin a-t-il changé?

20. Qui réaffirme son innocence? (Insiste-t-il trop?)

21. Qu'y-a-t-il sur une des fenêtres de l'auberge? Qu'est-ce que Lecoin aurait pu y faire?

22. Qu'est-ce que Lecoin a oublié de faire? Quelle est son excuse?

---

[5] **émail** *enamel* Les hôtels et les restaurants en France mettent souvent leur numéro de téléphone en lettres d'émail sur une fenêtre ou sur une porte en verre.

[6] **avec toutes vos histoires** *with all your shenanigans*

c'est que l'heure ne correspond pas... Où est-ce, la pompe de Benoît?

—Au second coin de la rue...

—Allons-y!

—Pour quoi faire?

—Rien... Fais ce que je te dis...

C'était une pompe banale devant une maison où on vendait des bicyclettes. Le camion était à peine arrêté qu'un homme sortait.

—Combien de litres? demanda-t-il sans regarder le camion.

L'instant d'après, il le reconnaissait, levait les yeux vers Lecoin, questionnait:

—Qu'est-ce que tu fais ici? Je croyais...

—Mets-moi cinquante litres!

Maigret restait dans son coin, invisible aux yeux du garagiste. Benoît, se croyant seul avec son camarade, allait peut-être parler, mais Lecoin sentit le danger, s'empressa de prononcer:

—Alors, monsieur le commissaire, c'est tout ce que vous désirez?

—Ah! Tu es accompagné?

—Quelqu'un de la police qui fait une reconstitution, comme il dit... Je n'y comprends rien de rien...

Maigret avait sauté à terre et était entré dans le magasin, au grand étonnement de Benoît. C'est qu'il avait aperçu la femme de celui-ci à l'intérieur.

—Lecoin demande comment ça s'arrange... lança-t-il à tout hasard.[7]

Elle le regarda avec méfiance, questionna:

—Il est là, Lecoin?

—Il prend de l'essence.

—On ne lui a pas fait d'ennuis?

Et, inquiète, ne comprenant rien à l'intrusion de cet homme, elle se dirigea vers le seuil.

—Dis donc, Paul... C'est Lecoin qui est là?

Alors le commissaire entendit nettement l'un des deux hommes qui demandait à l'autre:

—Qu'est-ce qu'on fait?

—Qu'est-ce que tu ferais, toi?

—Si nous allions nous expliquer à l'intérieur? proposa Maigret.

[7] **à tout hasard**     *on the off chance* (*of finding something out*)

23. Quelle est la preuve qu'il ne s'est pas arrêté à la gendarmerie cette nuit-là?

24. Où vont-ils ensuite? Quelle sorte de maison est-ce?

25. Pourquoi Lecoin s'empresse-t-il de parler?

26. Que fait Maigret ensuite et pourquoi?

27. Quelle est l'attitude de la femme envers Maigret?

28. Quels mots Maigret entend-il et qu'est-ce que cela montre?

# *Activités*

## RÉSUMÉ DE L'ACTION: PHRASES À COMPLÉTER

A. Résumez l'action en complétant les phrases suivantes.

1. L'heure du dîner approchant, un reporter lança au patron de l'auberge: «Qu'allez-vous nous faire...
2. Mais c'était Maigret qui répondait: «...
3. «Je veux que les lieux ne soient occupés ce soir que par les personnes qui...
4. Il promet un beau papier pour leurs éditions du lendemain matin aux...
5. «Toi, tu vas me conduire à Nemours, dit-il à...
6. Et c'est ainsi que Maigret quitta l'auberge sur...
7. Au chauffeur étonné il annonça: «Nous allons d'abord chez...
8. De temps en temps Maigret tirait de sa poche...
9. «Nous retournons là-bas, dit-il. Est-ce que cela...?
10. «Pourquoi ça m'ennuierait? répond Lecoin. Du moment que je n'ai rien...
11. Catherine demanda: «Vous avez fait ma commission à...
12. «On crie toujours sur nous, grommelait Lecoin, parce que nous tenons...
13. Soudain un juron, un violent...
14. Maigret faillit entrer tête première...
15. A l'endroit exact de l'accident de la veille il y avait...
16. Et pourtant le camion...
17. «Et hier tu étais seul, dit Maigret. Tu avais donc ton attention...
18. «Je vais tenter une expérience. Appelle...
19. Une silhouette bougea dans le noir. C'était...
20. «Je ne sais pas qui a crié, dit-il, mais je dis que c'était à peu près...
21. Ils remontent dans le camion, et passent devant l'auberge dont les quatre fenêtres sont...
22. «Ainsi, dit Maigret, tu n'as pas eu l'idée de t'arrêter pour...
23. Soudain il remarque: «Tu as dépassé la...
24. Ils arrivent devant la pompe de Benoît. Celui-ci leur demande:...
25. Il allait peut-être parler. Alors Lecoin s'empresse de prononcer: «Il y a quelqu'un de la police qui fait...
26. Maigret entend ce que disent les deux hommes et fait une proposition: «Si nous allions...

Si vous ne trouvez pas la réponse vous pouvez la chercher dans la liste suivante.

| | |
|---|---|
| a. s'est arrêté à plus de trois mètres de la voiture | b. au secours |
| | c. Benoît |
| | d. de bon à dîner |

e. à cacher
f. combien de litres?
g. coup de frein
h. éclairées
i. t'ennuie
j. en éveil
k. nous expliquer à l'intérieur
l. gendarmerie
m. journalistes
n. le marinier de la *Belle Thérèse*
o. le même son, la même chose
p. le milieu de la route
q. Lecoin, le chauffeur du camion
r. la mère Catherine
s. sa montre
t. dans le pare-brise
u. une reconstitution
v. rien du tout
w. le siège d'un camion de dix tonnes
x. téléphoner
y. s'y trouvaient hier au soir
z. une voiture grise

## RÉSUMÉ DE L'ACTION: LES PERSONNAGES

B. Résumez l'action en spécifiant le personnage qui prononce ou pourrait prononcer les phrases suivantes.
   1. Dites donc, monsieur Rozier, qu'est-ce que vous allez nous faire de bon à dîner?
   2. Mais votre reconstitution m'ennuie sérieusement! Pensez au nombre de clients que j'aurais eu pour le dîner ce soir!
   3. Eh bien, te revoilà, toi qui as mangé ici hier soir! C'est que tu sais ce que c'est que la bonne cuisine, toi.
   4. Vous auriez pu me prévenir! A supposer que je ne l'aie pas vue à temps...
   5. Difficile à affirmer de façon catégorique, mais pour moi c'était à peu près le même son qu'hier.
   6. La reconstitution marche bien? Est-ce qu'il continue à prétendre qu'il n'est pas mêlé à l'affaire?
   7. Combien de litres je vous mets?
   8. On n'a pas fait d'ennuis à Lecoin? J'avoue que je suis inquiète.
   9. Si nous allions nous expliquer à l'intérieur.

Si vous n'avez pas trouvé la réponse vous pouvez la chercher dans la liste suivante.
   a. l'aubergiste Justin Rozier
   b. le capitaine Pillement
   c. le chauffeur de camion Joseph Lecoin
   d. le commissaire Maigret
   e. la femme du garagiste Benoît
   f. le garagiste Benoît
   g. un des journalistes
   h. le marinier
   i. la mère Catherine

# SUJETS DE DISCUSSION ORALE OU ÉCRITE

## La Reconstitution

Qu'est-ce qui est le même que la veille, et qu'est-ce qui est différent?

1. l'auberge, ses occupants, ses lumières
2. le camion. Quelle différence?
3. l'heure
4. chez la mère Catherine. Y a-t-on dit quelque chose qu'on n'avait pas dit la veille? Quelle importance cela a-t-il pour l'enquête de Maigret?
5. l'humeur de Joseph Lecoin pendant le repas
6. le temps qu'il fait
7. la voiture grise
8. «l'accident»
9. les personnes présentes à l'endroit où «l'accident» a eu lieu
10. la gendarmerie
11. la pompe à essence de Benoît

## Les Propos de Maigret

Imaginez ce qu'il a dit avant la reconstitution pour la préparer.

1. au père de Viviane
2. aux journalistes
3. à l'aubergiste
4. au capitaine Pillement (à propos du roadster)
5. au marinier (où il doit être, pour quoi faire)
6. à Joseph Lecoin

Imaginez ce qu'il a dit à Joseph Lecoin pendant la reconstitution.

1. où ils vont dîner
2. quand ils doivent quitter le restaurant
3. sur le temps qu'il fait
4. après l'arrêt soudain du camion
5. ce qu'il doit crier
6. ce qu'il doit faire ensuite
7. quand ils passent devant l'auberge
8. quand ils passent devant la gendarmerie
9. où ils doivent aller ensuite

# CHAPITRE 10
# L'AUBERGE AUX NOYÉS (IV)

## Préparation à la lecture

## LEXIQUE

### MOTS APPARENTÉS

| | |
|---|---|
| Viviane s'est **échappée** de la maison. | escaped |
| Elle a le sentiment d'avoir été **trahie**. | betrayed |
| Elle est désespérée, brisée, **pantelante**. | panting |

### MOTS PARTIELLEMENT APPARENTÉS

| | | |
|---|---|---|
| Posant son **sac** à main sur le | sack | bag, handbag |
| **buffet** et regardant | 2. buffet | 1. sideboard |
| **machinalement** par la fenêtre | mechanically | automatically, |
| elle a aperçu | | unconsciously |
| une forme **étendue** dans la rue. | extended | stretched out, sprawling |
| | | |
| Un accident de ce **genre** est rare. | gender | type, sort |
| C'était peut-être un **simulacre**. | simulacrum | imitation, pretense |

## MOTS-CLÉS

| | |
|---|---|
| **Etant donné qu**'elle était | since (given that) |
| **à côté de** lui dans l'auto, | beside |
| elle doit être **quelque part** ici, | somewhere |
| **soit** seule, **soit** avec lui. | either . . . or . . . |

## VOCABULAIRE

| | |
|---|---|
| **A la rigueur**, s'il décidait de | in a pinch (just possibly) |
| **voler** une voiture elle pourrait | to steal |
| lui donner **un coup de main**, | a helping hand |
| mais devait-il **courir** ce risque? | run |
| S'il devait **tirer** | shoot |
| aurait-elle le **sang-froid** | nerve |
| (ou plutôt la **bêtise**) | stupidity |
| de vouloir **partager** | share |
| le **sort** d'un criminel? | fate |
| **Arrivera**-t-il à la persuader? | succeed |
| Il ne pouvait **en jurer**. | swear to it |
| **Ils sont en panne**. | They have a breakdown. |
| Il y a quelque chose de **cassé**. | broken |
| Il **saute** de la voiture. | jumps |
| Il marche **le long du trottoir**. | along the sidewalk |
| Il s'**essuie** le front. | wipes |
| Il a les **jambes** fatiguées. | legs |
| Pourquoi l'a-t-il **enlevée**? | abduct, take away |
| Comment **se débarrasser** d'elle? | to get rid |
| Son projet va **rater**. | fail |
| Son crime ne va pas **rapporter**. | pay, bring anything in |
| Il **s'en arrache les cheveux**. | tears his hair out over it |
| Mais elle a le cœur **brisé**. | broken |
| Quelle **lune de miel** horrible! | honeymoon |
| Qu'il est **méchant**! | mean |

# GRAMMAIRE

### REPRISE: PRONOMS RÉFLÉCHIS ET VERBES PRONOMINAUX

As we have seen, when you come to a pronominal verb in your reading, that is a verb preceded by a reflexive pronoun, you should use the context to determine what the reflexive pronoun adds to the meaning. The possibilities are:

1. The reflexive pronoun has a meaning of its own, either reflexive:

| | |
|---|---|
| Il **s'**invite. | He invites *himself.* |
| Je **me** fais entendre. | I make *myself* heard. |

or reciprocal:

| | |
|---|---|
| Il **s'**aimaient, mais maintenant ils **se** détestent. | They loved *one another,* but now they detest *each another.* |

2. The reflexive pronoun does not have a meaning of its own. The verb is either one that exists only in the pronominal form:

| | |
|---|---|
| Le garagiste **s'**empresse de répondre. | The garageman hastens to answer. |
| Je crois **me** souvenir. | I think I remember. |

or one that changes meaning, to a greater or lesser extent, when it becomes pronominal. Note the way the verb changes meaning when it becomes pronominal in the following sentences:

| | |
|---|---|
| **Passe**-moi la bouteille et dis-moi ce qui **se passe**. | *Pass* me the bottle and tell me what *is going on.* |
| Il croit qu'il peut **tromper** Maigret, mais il **se trompe**. | He thinks he can *fool* Maigret, but he *is wrong.* |
| Je **doute** qu'il puisse le faire. | I *doubt* that he can do it. |
| Maigret **se doute** de quelque chose. | Maigret *suspects* something. |

## EMPLOI DU PRONOM COMPLÉMENT

The object pronoun is often used in French where it would not be used, or at least would not be necessary, in English. Do not let its presence in the sentence confuse you. As always, look for the meaning of the phrase rather than the individual words. Generally speaking, if a phrase has meaning and fits the context when some part of it is omitted, the apparent meaning is the correct one.

| | |
|---|---|
| Vous **y** êtes entré sans frapper. | You entered without knocking. |
| Je vous **en** demande pardon. | I beg your pardon. |
| Si vous **le** voulez bien, je vais essayer de **m'en** expliquer aussi bien que je **le** pourrai. | If you are willing, I will try to explain as well as I can. |

## REPRISE: **FAIRE** + INFINITIF

As we have seen, **faire** + infinitive means *to have, get,* or *make* some-one do something, namely the action expressed by the infinitive. The person who is to perform the action—the agent—is not necessarily specified.

Maigret se **fait conduire** à Montargis.

Maigret *has* himself *driven* to Montargis.

In some cases where the agent is not specified in French it is expressed in English by a word such as *people, you,* or *one.*

Il veut faire croire à son innocence.

He wants to make *people* believe in his innocence.

Ce médicament fait dormir.

That medicine makes *you* sleep.

## POUR MIEUX COMPRENDRE

As you read, your eye should travel along the line, grasping the mean-ing as it unfolds and not stopping at every word. Yet every now and then as you move along something goes wrong and confusion sets in. Words that are spelled alike but have different meanings can be one of the sources of difficulty. These are homonyms. It is helpful to be aware of them as you read.

When homonyms are the same part of speech, only the context can tell you which meaning is the correct one. The context usually makes matters clear, however:

Je **suis** l'inspecteur Maigret.

I *am* Inspector Maigret.

Je **suis** la trace du criminel.

I *am following* the track of the criminal.

The pronominal verbs mentioned above are also homonyms in a sense, since their meaning changes when they are preceded by a reflexive pronoun. The meanings often remain related, however. If **tromper** is *to deceive,* then **se tromper**—literally, "to deceive one-self"—is not very distant from *to make a mistake, to be wrong.*

Often homonyms are different parts of speech and therefore struc-ture as well as context helps the reader keep the meanings distinct from one another.

Ayant débuté comme sa **bonne**, Cécile est devenue une **bonne** amie de la vieille dame.

Having begun as her *maid,* Cécile became a *good* friend of the old lady.

Words that are not really homonyms at all, but happen to look like one another, can sometimes cause trouble. Individual readers vary as to which words they confuse with others, but observing which words tend to get mixed up in your mind and paying special attention to them should limit the confusion. One accent or one letter more or less can make a big difference.

Je l'ai vue, la **vieille**.     I saw her, the *old woman*.

Je l'ai vue la **veille**.     I saw her the *day before*.

# EXERCICES

## RÉSUMÉ DE LA GRAMMAIRE

1. Madame Arthur était une femme qui **faisait parler** d'elle.
2. Son expérience **fait croire** que le crime ne rapporte pas.
3. Où **vous trouviez**-vous au moment de l'accident?
4. Moi, je **me dirigeais** vers Montargis.
5. Je ne **me doutais de** rien.
6. J'espère que tout va **s'arranger**.

## LES HOMONYMES ET LES MOTS QUI SE RESSEMBLENT

Expliquez la différence entre les mots en caractères gras dans chacune des phrases suivantes.

1. Maigret lui demande l'heure qu'il est. Elle lui **montre** sa **montre**.
2. L'homme qu'elle accuse d'assassinat est une vraie **bête** humaine. Il n'est pas **bête**, et cela le rend encore plus dangereux.
3. Mais le **fait** que Maigret a déjà **fait** une première enquête la rassure.
4. Je **souris** quand je vois Maigret jouer au chat et à la **souris** avec Phillipe.
5. Lecoin **cause** en conduisant, ce qui **cause** un accident.
6. Quand il a demandé à Cécile si la dame **s'est tuée**, elle **s'est tue**.

## VOCABULAIRE ET MOTS-CLÉS

A. Lisez les passages suivants en remplaçant les mots en caractères gras par un synonyme.

| | |
|---|---|
| a. à la rigueur | e. étant donné que |
| b. arriver | f. est en panne |
| c. briser | g. jure |
| d. donner un coup de main | h. sang-froid |

Je dois réparer le moteur. Il **ne fonctionne pas** (1) . Pouvez-vous m'**aider** (2) ? **Si c'est absolument nécessaire** (3) je pourrais le faire tout seul, mais je suis maladroit et risque de **casser** (4) quelque chose.

Devant Maigret, Vertbois **affirme solennellement** (5) qu'il est innocent. Il dit qu'il n'aurait pas le **calme impassible** (6) qu'il faut pour commettre ce crime. Mais **puisque** (7) Maigret est plus malin que Vertbois, celui-ci ne va pas **parvenir** (8) à prouver son innocence.

B. Contredisez chacun des propos suivants en utilisant un des mots ci-dessous. Suivez le modèle.

Il faut l'**empêcher**.
Au contraire! Il faut l'**encourager**.

| | |
|---|---|
| a. gentil | d. partager |
| b. intelligence | e. un succès |
| c. lucrative | f. encourager |

1. Quelle **bêtise**!
   Au contraire! Quelle _____.
2. Son projet est **raté**.
   Au contraire! Son projet est _____.
3. C'est une affaire **qui ne rapporte pas**.
   Au contraire! C'est une affaire _____.
4. Il va tout **garder pour lui-même**.
   Au contraire! Il va tout _____.
5. Il est vraiment **méchant**.
   Au contraire! Il est vraiment _____.

C. Racontez l'incident suivant en remplissant les tirets par le mot convenable.

| | |
|---|---|
| a. à côté de | i. jeter |
| b. arracher | j. lune de miel |
| c. courir | k. quelque part |
| d. débarrasser | l. sauter |
| e. échapper | m. sort |
| f. enlever | n. tirer |
| g. essuyer | o. trottoir |
| h. jambes | p. voler |

Cécile et Robert se marient. Ils vont vivre ensemble et partager le même ___1___ . Ils veulent partir en voyage pendant leur ___2___ , al-ler ___3___ , n'importe où mais ensemble.

Les voilà à Paris. Ils se promènent l'un ___4___ l'autre pendant des heures. Il fait chaud et ils ont les ___5___ fatiguées. Ils s'arrêtent pour s' ___6___ le front et pour ___7___ leurs manteaux.

Quand ils rentrent dans leur chambre d'hôtel, ils trouvent un individu qui est en train de __8__ leur valise! Robert veut __9__ la valise des mains de ce misérable. Il veut se __10__ sur lui. Mais celui-ci a la présence d'esprit de __11__ par la fenêtre.

Robert le poursuit en s'écriant: «Laisse tomber la valise ou je vais __12__ ». Affolé, le voleur décide de se __13__ de la valise pour pouvoir __14__ plus vite. Il la laisse tomber sur le __15__ . Tout ce que le voleur veut faire maintenant c'est de s' __16__ .

du calme,
maintenant

## L'AUBERGE AUX NOYÉS (IV)

—Asseyez-vous, murmura la femme en essuyant machinalement la table devant Maigret.

Et Benoît prit une bouteille dans le buffet et quatre petits verres qu'il remplit sans mot dire, cependant que Lecoin se laissait tomber sur une chaise.△

—Vous vous doutiez de quelque chose? lançait-il en regardant Maigret dans les yeux.

—Pour deux raisons. D'abord parce qu'on n'a entendu que des cris d'homme, ce qui était assez étrange, étant donné qu'il y avait une jeune fille sur les lieux et qu'elle était assez bonne nageuse pour se maintenir un certain temps à la surface et appeler au secours... Ensuite, après un accident de ce genre, on ne fait pas vingt kilomètres pour prévenir la gendarmerie, alors

1. Que font-ils avant de commencer leur discussion?

2. Qu'aurait fait Viviane si elle avait été dans la voiture?

qu'il y a le téléphone tout à côté... Les fenêtres de l'auberge étaient éclairées... Il était impossible de ne pas penser à...

—Bien sûr, admit Lecoin. C'est lui qui a voulu...

—Il avait pris place dans le camion, évidemment?

Il était trop tard pour reculer. C'est la femme qui conseilla.△

—Vaut mieux tout raconter. Ce n'est pas pour deux méchants billets de mille qu'on doit...

—Joseph va le dire, intervint son mari.

—Ça s'est passé juste comme ce soir... Vous avez eu raison... Malgré la pluie j'ai d'assez bons yeux et d'assez bons freins pour ne pas heurter une voiture arrêtée sur la route... J'ai donc stoppé à un mètre cinquante... J'ai cru qu'il s'agissait d'une panne, et je suis descendu de mon siège pour donner un coup de main... C'est alors que j'ai aperçu un jeune homme agité, qui m'a demandé si je voulais gagner deux mille francs...

—En l'aidant à pousser△ l'auto à l'eau? intervint Maigret.

—A la rigueur, il aurait pu la pousser à la main. C'est ce qu'il essayait de faire quand je suis arrivé. Mais ce qu'il voulait surtout c'était être conduit quelque part sans qu'on le sache jamais. Je crois bien que, si cela n'avait été que lui, je ne l'aurais pas fait. Mais il y avait la petite...

—Elle était encore vivante?

—Bien sûr! Pour me décider il m'a expliqué qu'on ne voulait pas les laisser se marier, qu'ils s'aimaient, qu'ils voulaient faire croire à un suicide, afin qu'on n'essaie pas de les retrouver et de les séparer... Je n'aime pas beaucoup ces manigances-là,[1] mais si vous aviez vu la petite sous la pluie... Bref, j'ai aidé à pousser l'auto dans le Loing... Les jeunes gens se sont cachés dans mon camion... On m'a demandé, pour la vraisemblance,[2] d'appeler au secours et je l'ai fait... Comme ça, on les croirait morts tous les deux... Après, il me suffisait de les conduire à Montargis...

«Par exemple, je me suis aperçu, en chemin, que le jeune homme n'était pas un imbécile... Il savait qu'il ne pouvait pas descendre à l'hôtel... Il n'avait pas davantage envie de prendre le train... Il m'a demandé si je ne connaissais personne qui, moyennant[3] deux autres mille francs, les garderait pendant quelques jours, le temps de laisser l'enquête se terminer... J'ai pensé à Benoît...

La femme affirma:

—On croyait, nous aussi, que c'étaient des amoureux...

3. Où est-ce que Lecoin aurait pu téléphoner?
4. Qui est cet «il» dont ils parlent?

5. Pourquoi Lecoin serait-il incapable d'avoir un tel accident?

6. Que faisait le jeune homme quand Lecoin est arrivé?

7. A quoi voulaient-ils faire croire et pourquoi?
8. Pourquoi Lecoin a-t-il décidé de les aider?

9. Où le jeune homme ne voulait-il pas aller? (Pourquoi pas?)

[1] **manigances**     *tricks, schemes*
[2] **pour la vraisemblance**     pour que cela semble vrai
[3] **moyennant**     pour la somme de

—Ils sont toujours dans la maison?

—Pas elle...

—Comment?

Et Maigret regardait autour de lui avec inquiétude.

—Après midi, commença le garagiste, quand j'ai vu le journal, je suis monté et j'ai demandé si l'histoire du cadavre était vraie. La jeune fille m'a arraché le journal des mains, l'a parcouru des yeux,[4] et elle est partie en courant...

—Sans manteau?

—Sans manteau ni chapeau...[5]

—Et le jeune homme?

—Il m'a juré qu'il n'y comprenait rien, qu'il venait d'acheter la voiture et qu'il n'avait pas eu la curiosité d'ouvrir le coffre...

—Votre maison n'a pas d'autre porte que celle-ci?

A l'instant même, comme le garagiste répondait par un signe négatif, on entendit un fracas△ dans la rue. Maigret courut vers le trottoir et y trouva une forme étendue, un jeune homme qui essayait en vain de s'enfuir, malgré la jambe qu'il s'était cassée en sautant du premier étage.

C'était à la fois dramatique et pitoyable△ car Vertbois était fou de rage et n'admettait pas encore sa défaite.△

—Si vous approchez, je tire...

Maigret préféra se jeter sur lui, et l'autre ne tira pas, soit qu'il eût peur, soit que le sang-froid lui manquât.

—Du calme, maintenant...

Le jeune homme s'en prenait au chauffeur, au garagiste, à la femme de celui-ci, les accusait de l'avoir trahi.

—Où est Viviane? lui demanda Maigret en lui passant les menottes.[6]

—Je ne sais pas.

—Ainsi tu étais arrivé à la persuader que tu envoyais la voiture à l'eau seulement pour faire croire à un suicide d'amoureux?

—Elle ne me quittait pas...

—Et c'est ennuyeux, n'est-ce pas? d'être en possession d'un cadavre dont on n'arrive pas à se débarrasser!

Le crime crapuleux[7] dans toute sa bêtise, dans toute son horreur, celui qui ne rapporte jamais!

Jean Vertbois, voyant que son projet de mariage était raté, et que l'argent des La Pommeraye lui échappait, même s'il enlevait

10. Qu'a-t-elle fait quand elle a vu le journal?

11. Et qu'a dit le jeune homme?

12. Quelle est la cause du fracas dans la rue?

13. Pourquoi Vertbois ne peut-il pas s'enfuir?

14. Que fait Maigret devant la menace de Vertbois?

15. A qui s'en prenait Vertbois?

16. De quoi voulait-il se débarrasser?

---

[4] **parcouru des yeux**?     Que fait-on quand on lit un journal rapidement?
[5] **chapeau**?     Quand on sort on porte un manteau et un...
[6] **les menottes**?     Qu'est-ce qu'on met à un criminel dangereux quand on l'arrête?
[7] **crime crapuleux**     *foul crime*

Viviane, s'en prenait à une maîtresse△ qu'il avait depuis long-temps, la tuait, lui volait son argent, et, achetant avec une partie de cet argent une auto, projetait de se débarrasser du cadavre dans un lieu désert.

Or, voilà que Viviane arrivait, avec son jeune amour, avec sa passion, Viviane décidée à ne plus retourner chez elle, et à par-tager le sort de son amant.

Elle ne le quittait plus! Les heures passaient, l'auto roulait,△ emportant toujours le cadavre.

Viviane croyait vivre une véritable lune de miel, et elle était en plein cœur d'un drame immonde![8]

Elle embrassait△ l'homme qu'elle aimait, et celui-ci ne pen-sait qu'au cadavre dont il lui fallait se débarrasser!

C'est alors qu'il inventait ce simulacre d'un suicide, que com-pliquait, tout en le facilitant, l'arrivée fortuite△ d'un camion...

\* \* \* \*

—Les renseignements promis, commissaire? demandaient les journalistes.

—L'assassin de Marthe Dorval est à l'hôpital...

—Marthe Dorval?

—Une ancienne chanteuse△ d'opérette, qui était maîtresse de Jean Vertbois...

—Il est à l'hôpital?

—A l'hôpital de Montargis avec une patte[9] cassée... Je vous autorise à aller le photographier et à lui poser toutes les ques-tions qu'il vous plaira...

—Mais la jeune fille?

Maigret baissa la tête. D'elle, il ne savait rien, et on pouvait craindre un acte de désespoir.

Il était plus de minuit, et le commissaire avait rejoint, dans la maison de Nemours, le capitaine Pillement avec qui il parlait des événements quand la sonnerie du téléphone se fit entendre.

Le capitaine, au téléphone, manifesta une surprise heureuse, posa quelques questions: «Vous êtes sûr de l'adresse? Ecoutez! Pour plus de précautions, amenez-moi le chauffeur...»

Et il expliqua à Maigret:

—Mes hommes viennent de découvrir un chauffeur de taxi qui a chargé une jeune fille sans manteau... Elle s'est fait con-duire dans la campagne, près de Bourges, où elle est entrée dans

---

Questions (marges):

17. Qui avait-il tué et pourquoi?

18. Qu'est-ce que Viviane a décidé de faire?

19. Quand ils étaient ensemble à quoi pensait Viviane? A quoi pensait Vertbois?
20. Quelle solution Vertbois a-t-il trouvée?

21. Qui est Marthe Dorval?
22. Où est Vertbois?

23. Et Viviane?

24. Qu'est-ce qui interrompt la conversation de Maigret et du capitaine? Qu'est-ce qu'ils apprennent?

25. Quels détails montrent que la jeune fille est Viviane?

---

[8] **immonde**    *base, vile*
[9] **patte**?    Nous savons ce qui est cassé. Donc, qu'est-ce que **patte** doit signifier ici?

une gentilhommière [10] isolée... Comme, en chemin, le chauffeur s'inquiétait de son argent, ne voyant même pas à sa cliente de sac à main, elle lui a répété plusieurs fois:

—Ma tante paiera...

Viviane La Pommeraye, en effet, brisée, pantelante, s'était réfugiée chez une de ses tantes chez qui, depuis son enfance,△ elle passait ses vacances.

26. De quoi s'inquiétait le chauffeur, et pourquoi?
27. Où Viviane a-t-elle trouvé refuge?

[10] **gentilhommière** *manor house*

# *Activités*

## RÉSUMÉ DE L'ACTION: PHRASES À COMPLÉTER

A. Résumez l'action en choisissant la terminaison qui convient à chacune des phrases suivantes.

1. «Oui, nous sommes mêlés à l'affaire, dit le chauffeur à Maigret. Il est évident que vous vous
   a. en doutiez
   b. ennuyiez
   c. trompiez
2. «En effet, répondit Maigret. D'abord, parce que quand la voiture est allée dans l'eau
   a. la jeune fille n'y était pas
   b. on n'a entendu que des cris d'homme
   c. on n'a rien entendu
3. «Et puis, ajouta-t-il, la jeune fille se serait maintenue à la surface de l'eau. Elle
   a. l'avait déjà quitté
   b. est assez bonne nageuse
   c. ne savait pas ce qu'elle faisait
4. «Ensuite, après un accident de ce genre, on ne fait pas vingt kilomètres pour
   a. prévenir la gendarmerie
   b. remarquer les lettres en émail
   c. trouver une auberge
5. Ils décident tous les trois de tout raconter, se disant qu'il est trop tard pour
   a. dire la vérité
   b. reculer
   c. rester debout
6. «Oui, dit Lecoin, je me suis arrêté à temps. Mon camion
   a. a un excellent pare-brise

    b.   roulait très vite
    c.   a de bons freins
 7. Il y avait un jeune homme qui était descendu de son roadster et
    essayait
    a.   de le pousser
    b.   de le réparer
    c.   de l'allumer
 8. Il m'a offert deux mille francs pour que je le conduise quelque
    part sans
    a.   qu'on le sache jamais
    b.   que la jeune fille l'accompagne
    c.   qu'on trouve la voiture
 9. J'ai décidé de le faire parce que
    a.   j'avais besoin de l'argent
    b.   je craignais un acte de violence
    c.   la petite était si émue et jolie
10. Les jeunes gens se sont cachés
    a.   dans mon camion
    b.   dans le roadster
    c.   au bord du Loing
11. Moyennant deux autres mille francs, il voulait que je trouve
    quelqu'un qui
    a.   aurait un téléphone
    b.   pourrait les garder
    c.   cacherait la voiture
12. «Quand je suis monté avec le journal, a dit Benoît, elle
    a.   pleurait dans sa chambre
    b.   était déjà partie
    c.   me l'a arraché des mains
13. Elle l'a parcouru des yeux, puis elle
    a.   est partie en courant
    b.   s'est attaquée au jeune homme
    c.   a appelé un taxi
14. Le jeune homme a juré qu'il venait d'acheter la voiture et qu'il
    n'avait jamais
    a.   enlevé la jeune fille
    b.   fait une telle chose auparavant
    c.   pensé à ouvrir le coffre
15. Entendant un fracas dans la rue, Maigret courut vers
    a.   la pompe à essence
    b.   le rez-de-chaussée
    c.   le trottoir
16. Il trouva dans la rue une forme
    a.   étendue
    b.   entendue
    c.   attendue

17. C'était le jeune homme. Il essayait en vain de
    a. parler
    b. rester calme
    c. s'enfuir
18. C'était un spectacle dramatique et pitoyable, car il s'était cassé
    a. la tête
    b. le nez
    c. la jambe
19. Cela lui est arrivé quand il a voulu s'échapper
    a. en sautant du premier
    b. en volant le camion de Lecoin
    c. en offrant deux mille francs au garagiste
20. Il s'écria: «Ne vous approchez pas ou je
    a. meurs
    b. tire
    c. cours
21. Mais rien de tel ne se passa car
    a. Maigret se jeta sur lui
    b. le jeune homme avait du sang-froid
    c. il a préféré tirer en l'air
22. Confrontant le chauffeur, le garagiste, et sa femme, Vertbois
    a. leur reprenait son argent
    b. prenait la peine de les inculper
    c. s'en prenait à eux tous
23. C'était pour faire croire à un suicide d'amoureux qu'il
    a. s'était jeté de la fenêtre
    b. avait envoyé la voiture à l'eau
    c. avait tué la femme dans le coffre
24. C'est ennuyeux d'être en possession d'un cadavre
    a. dont on ne peut pas se débarrasser
    b. sans avoir commis aucun crime
    c. quand on attend votre retour à l'auberge
25. L'argent des La Pommeraye lui échappait. Son projet de mariage était
    a. donné
    b. volé
    c. raté
26. L'argent qu'il avait sur lui, il l'avait obtenu
    a. en vendant sa voiture au garagiste de la porte Maillot
    b. d'une femme qui le lui avait prêté
    c. en le volant d'une ancienne maîtresse qu'il avait tuée
27. Quand les deux jeunes gens sont partis ensemble Viviane croyait vivre
    a. un drame immonde
    b. une lune de miel
    c. un acte de désespoir

28. Brisée, pantelante, Viviane avait enfin trouvé un taxi, et le chauffeur
    a. s'est échappé avec elle
    b. l'avait conduite où elle voulait aller
    c. avait refusé de l'emmener avec lui
29. En chemin le chauffeur s'inquiétait pour son argent, car elle
    a. n'avait pas de sac à main
    b. s'est mise à le menacer
    c. a voulu appeler la police
30. Le chauffeur de taxi dit qu'il a déposé Viviane
    a. devant la gendarmerie de Montargis
    b. chez son père à Versailles
    c. dans la gentilhommière de sa tante

## RÉSUMÉ DE L'ACTION: LES IDENTIFICATIONS

B. Résumez l'action en spécifiant ce qui est désigné par chacune des phrases suivantes.
    1. où Benoît alla prendre une bouteille et quatre verres
    2. ce à quoi Viviane et Jean voulaient faire croire en poussant la voiture à l'eau
    3. ce que Lecoin a appelé, pour la vraisemblance, après avoir poussé la voiture à l'eau
    4. ce que Jean et Viviane semblaient être, aux yeux de Lecoin, de Benoît et de sa femme
    5. comment le garagiste a appris qu'il y avait un cadavre dans le coffre
    6. ce que Jean prétendait ne pas avoir eu la curiosité d'ouvrir
    7. ce que Jean s'était cassé en sautant du premier étage
    8. ce que Jean menace de faire si Maigret s'approche
    9. ce qui semble manquer à Jean quand il finit par ne pas tirer
    10. ce que Marthe Dorval avait été pour Jean dans le passé
    11. l'activité professionnelle de Marthe Dorval
    12. ce à quoi Jean pensait quand Viviane l'embrassait
    13. ce que Viviane pensait vivre au milieu de ce drame immonde
    14. la personne chez qui Viviane a trouvé refuge à la fin

Si vous n'avez pas trouvé la réponse vous pouvez la chercher dans la liste suivante.

| | |
|---|---|
| a. des amoureux | f. le coffre |
| b. au secours | g. la jambe |
| c. dans le buffet | h. par le journal |
| d. au cadavre | i. une lune de miel |
| e. chanteuse d'opérette | j. une maîtresse |

k. le sang-froid
l. à un suicide

m. sa tante
n. tirer

## SUJETS DE DISCUSSION ORALE ET ÉCRITE

### Viviane La Pommeraye

Prenez son rôle et racontez son histoire. S'il s'agit d'un travail écrit imaginez que c'est une lettre qu'elle écrit a une amie intime. Vous pouvez suivre le plan suivant en ajoutant ou en éliminant des détails.

1. où elle a rencontré son jeune homme
2. pourquoi elle aimait être avec lui
3. leurs projets de mariage
4. ce qu'elle a dit à son père
5. la première réaction de son père. Et ensuite?
6. comment l'entretien qu'il a eu avec Jean Vertbois s'est passé
7. ce qu'elle pense de l'attitude de son père
8. ce qu'elle a décidé de faire
9. où elle est allée trouver Jean. (Semblait-il content de la voir?)
10. comment ils sont partis
11. ce qu'elle pensait de la voiture qu'il venait d'acheter
12. où ils se sont arrêtés et ce qu'ils ont fait
13. comment ils se sont débarrassés de la voiture
14. pourquoi ils ont inventé ce simulacre
15. où ils sont allés ensuite et comment
16. ce qu'elle a lu dans le journal
17. ce qu'elle a fait tout de suite
18. comment elle est arrivée chez sa tante
19. ce que son aventure lui a appris

### Jean Vertbois

Suivez le même procédé pour lui.

1. où il a rencontré Viviane
2. ce qui l'intéressait en elle
3. sa conduite pendant son entretien avec M. La Pommeraye. (La regrette-t-il?)
4. pourquoi il a décidé d'abandonner Viviane
5. ce qu'il a décidé de faire pour se procurer de l'argent
6. ce qu'il allait faire du cadavre
7. ce qu'il a acheté

8. pourquoi l'arrivée de Viviane a compliqué les choses
9. ce à quoi il pensait pendant toute leur «lune de miel»
10. la solution qu'il a trouvée
11. pourquoi l'arrivée fortuite du camion ne semblait pas être un désastre
12. où ils se sont cachés
13. ce qu'il a dit au garagiste à propos de ce qu'il y avait dans le coffre
14. ce qu'il fait quand il s'est rendu compte que la police était sur les lieux
15. comment il espère sortir de sa situation difficile...?

# L'AUBERGE AUX NOYÉS (I–IV)

Lisez le passage suivant en remplissant les tirets par le mot convenable.

**A**

a. à part
b. bord
c. coffre
d. couramment
e. effectuant
f. lumières
g. négliger

h. s'occuper
i. projeté
j. rasoir
k. recherches
l. reculé
m. secours

Le choc de la collision a __1__ la voiture dans la rivière. Le chauffeur ne l'a pas vue parce qu'elle était sans __2__ . Il paraît qu'il a entendu crier au __3__ , et qu'il a fait de vagues __4__ au __5__ de la rivière, mais sans résultat.

__6__ les ordres de la police on a retiré la voiture de l'eau. Mais quand un anonyme a ouvert le __7__ il s'est __8__ avec horreur. Il s'y trouvait un cadavre! C'était une femme à qui on avait coupé la gorge avec un coup de __9__ .

Les témoins sont le chauffeur et le marinier. Il y a aussi le patron de l'Auberge des Pêcheurs, appelée __10__ l'Auberge aux Noyés. Il est vexé parce qu'on semble __11__ son témoignage. Il trouve qu'on devrait __12__ de lui. Il voudrait prendre Maigret __13__ et lui expliquer l'affaire.

Lisez les passages suivants en remplaçant les mots en caractères gras par un synonyme.

## B

a. compagne  
b. complice  
c. compte  
d. contrarier  

e. s'inquiétait  
f. la note  
g. sans doute  
h. situation  

Selon Justin Rozier, Jean Vertbois et sa **petite amie** (1) sont sortis en voiture, **probablement** (2) parce qu'ils voulaient faire une promenade. Il ne **se tourmentait** (3) pas pour **l'argent qu'ils lui devaient** (4) car ils avaient laissé leur valise.

Selon le père de Viviane, Jean Vertbois est un petit arriviste qui **a l'intention de** (5) vivre de l'argent de sa femme. Il est sans **emploi** (6) et n'en cherche pas un. Le père de Viviane n'a jamais voulu la **vexer** (7) . Mais elle a pris la fuite avec Vertbois. Maigret se demande si, en cachant le crime de Vertbois, elle n'est pas devenue une **participante au crime** (8) .

## C

a. angoissé  
b. commission  
c. dépose  
d. descend  
e. se dirige  
f. ennuis  

g. ennuyer  
h. franche  
i. papier  
j. rendre service  
k. sages  
l. tente  

Maigret parle aux journalistes comme à des petits enfants. Il leur dit: «Si vous êtes **obéissants** (1) vous aurez demain un **article** (2) pour vos journaux.» Puis il dit au chauffeur qu'il voudrait l'accompagner dans son camion.

«Si ça peut vous **être utile** (3) , répond celui-ci. Où est-ce que je vous **fais descendre** (4) ?» Mais Maigret n'a pas l'intention de quitter le chauffeur, et il est visible que sa présence commence à le **vexer** (5) . Ils vont d'abord chez la mère Catherine, et ensuite sur la scène de l'accident. Lecoin **essaie** (6) de rester calme mais son humeur n'est plus si **ouverte** (7) .

Quand il mentionne qu'il avait une **course** (8) à faire la veille auprès de son copain Benoît, Maigret lui dit d'y aller. Le chauffeur oublie de s'arrêter à la gendarmerie. Mais où il est le plus **inquiet** (9) c'est quand, arrivé chez Benoît, Maigret **sort** (10) de la voiture et **va** (11) vers la porte. Quand la femme demande si on a fait des **difficultés** (12) pour Lecoin, Maigret est confirmé dans ses soupçons. Ces gens savent quelque chose qu'ils essaient de cacher.

Lisez le passage suivant en remplissant les tirets par le mot convenable.

D

a. aperçoit
b. bouteille
c. conseiller
d. désespoir
e. étendue
f. fracas
g. genre

h. machinalement
i. maîtresse
j. pantelante
k. pitoyable
l. quitter
m. sac

La femme essuie __1__ la table, tandis que Benoît prend une __2__ et quatre verres. Au cours de leur discussion on entend un grand __3__ dehors. Maigret court vers le trottoir où il __4__ une forme __5__ dans la rue. C'est Vertbois. Il s'est cassé la jambe en sautant de la fenêtre. Un spectacle de ce __6__ est à la fois dramatique et __7__ .

Enfin Maigret comprend. Vertbois avait tué sa __8__ . Mais Viviane est arrivée inopportunément et ne veut plus le __9__ . Quand elle apprend que Vertbois est un criminel, elle part en courant sans emporter son __10__ à main. Elle court, elle court, et arrive __11__ à une station de taxi. Le taxi l'emmène chez sa tante et tout finit bien. Heureusement, car, seule, brisée, sans personne pour la __12__ on pouvait craindre un acte de __13__ .

# CHAPITRE 11
# L'AVENTURE DE WALTER SCHNAFFS (I)

## *Préparation à la lecture*

## LEXIQUE

### MOTS PARTIELLEMENT APPARENTÉS

| | | |
|---|---|---|
| Ce n'est pas un soldat **hardi**, un troupier **enragé**, mais un | hardy 1. enraged | bold 2. fanatic, crazy |
| homme simple et **bienveillant** qui **rêve** à sa famille et mesure la **profondeur** de sa détresse. | benevolent cf. reverie profoundness | kindly dreams depth |
| Il **regrette** la vie de famille. | 1. regrets | 2. misses |
| Son **faible** détachement s'avance sous le **soleil**. Il a chaud dans son manteau trop lourd. | 1. feeble cf. solar, Old Sol | 2. small sun |
| Un **pont** traverse la rivière. Il voudrait y sauter à pieds **joints**. | cf. pontoon joined | bridge together |
| **Brusquement** le soir descend et une faim **aiguë** le possède. | 2. brusquely acute | 1. suddenly sharp |

## FAUX AMIS

| | | |
|---|---|---|
| Il porte un **casque** sur la tête. | not: cask | but: helmet |
| Il se **traîne** à travers une forêt | not: trains | but: drags |
| qui semble sans **issue**. | not: issue | but: exit, way out |

## MOTS-CLÉS

| | |
|---|---|
| Avançant **à travers** la forêt, | through (across) |
| **de nouveau** seul | again (cf. anew) |
| et **loin** de sa famille, | far |
| il **se met à** pleurer. | starts |

## VOCABULAIRE

| | |
|---|---|
| Il **songe** à sa famille | thinks (dreams) |
| et aux **baisers** de sa femme. | kisses |
| La vie de famille est **douce**. | sweet |
| Mais maintenant **les siens** sont si loin! | his family |
| Il aurait voulu **demeurer** chez lui, | stay |
| **élever** ses enfants, et ne pas | bring up, raise |
| être **envoyé** en France | sent |
| dans cette **guerre** | war |
| qui est si **affreuse**. | awful |
| Ce rêve possède son **âme**. | soul |
| Il a une **haine** instinctive | hatred |
| pour les canons et les **fusils**. | rifles |
| Il déteste la vie qu'il **mène**. | leads |
| Il trouve la vie militaire **fâcheuse**. | deplorable |
| Walter est un homme **lourd**. | heavy |
| Ce n'est pas un homme **vif**. | lively |
| Il a un gros **ventre** | belly |
| et il **souffle** quand il marche. | puffs, breathes heavily |
| Pour se reposer il s'**appuie** | leans |
| contre le **mur**. | wall |
| Ils sont partis **tôt**. Mais maintenant | early |
| il est **midi**. Il voudrait bien trouver | noon |
| un peu d'**ombre**. Soudain, il croit | shade |
| entendre la clameur d'une **lutte**. | struggle, fight |
| Quelle **épouvante** affreuse! | fright |
| Il s'arrête **net**. Que faire? | abruptly (i.e., He stops short.) |

| | |
|---|---|
| Il saute dans un **trou** | hole |
| plein de **pierres**, puis | stones |
| **s'éloigne** dans la direction d'un | moves off |
| petit **bois** où il veut se cacher. | wood |

# GRAMMAIRE

## LES PRONOMS POSSESSIFS

The masculine singular forms of the possessive pronouns are **le mien**, **le tien**, **le sien**, **le nôtre**, **le vôtre**, **le leur**. Their English equivalents are *mine, his* or *hers, ours, yours, theirs.* Since possessive pronouns agree with the thing possessed, not with the possessor, **le sien**, **les siens**, **la sienne**, **les siennes** may mean *his, hers,* or *its,* depending on who the possessor is.

| | |
|---|---|
| Le sac est à Viviane. C'est **le sien**. | The bag is Viviane's. It's *hers.* |
| Walter a une baïonnette. C'est **la sienne**. | Walter has a bayonet. It's *his.* |

In the masculine plural the possessive pronoun may also refer to one's family, friends, or followers.

| | |
|---|---|
| Il pleure quand il pense **aux siens**. | He weeps when he thinks *about his family.* |
| Etes-vous **des nôtres**? | Are you *one of us (on our side)?* |

## EMPLOI DU PARTICIPE PASSÉ

French often uses a past participial phrase where English tends to use a dependent clause. This is a case where French uses fewer words—is more elliptical—than English. In other instances it is the other way around. In any case, the reading technique remains the same: look for meaning, not word-for-word equivalences.

| | |
|---|---|
| **La nuit venue**, il se couchait. | *When night came,* he lay down. |
| **Cette décision prise**, il se sentit rassuré. | *Once that decision was taken,* he felt reassured. |

## EMPLOI DE **FALLOIR**

**Falloir** is the infinitive form of **il faut**. Do not think of it primarily as the equivalent of *to be necessary,* but rather as a verb expressing necessity or obligation. These are concepts that are expressed in various ways in English.

| | |
|---|---|
| Il ne pouvait pas rester là. | He couldn't stay there. |
| **Il fallait** manger, manger tous les jours. | *He had to* eat, eat every day. |

*It was necessary to eat* would be a clumsy way of expressing the thought. The same is true when **falloir** is preceded by an object pronoun.

| | |
|---|---|
| **Il lui faudrait** recommencer l'horrible vie d'un soldat. | *He would have to* go back to the dreadful life of a soldier. |
| **Il vous faut** du temps. | *You need* time. |

## POUR MIEUX COMPRENDRE

The prefix **re-** usually conveys repetition, as it does in English.

| | |
|---|---|
| Il pouvait **rejoindre** ses amis. | He could *rejoin* his friends. |

It does not always correspond to the English prefix, however. It normally expresses repetition or return, ideas which are expressed variously in English.

| | |
|---|---|
| Il ne veut pas **recommencer** la vie de soldat. | He does not want *to go back to* the soldier's life. |
| Il se leva, puis **se rassit**. | He got up, then *sat down again*. |
| Tout **redevint** muet. | Everything *became* quiet *again*. |
| Il voulait **rentrer** dans sa famille. | He wanted *to go home* to his family. |

There are verbs, however, in which the idea of repetition or return is attenuated. When it is clear from the context that the action is not one that is happening again, do not be misled by the prefix.

| | |
|---|---|
| Je me **remets** en vos mains. | I *put* myself in your hands. |
| L'ennemi **se rapproche**. | The enemy *approaches*. |

# EXERCICES

## RÉSUMÉ DE LA GRAMMAIRE

1. Viviane était avec lui, c'est certain. Mais ces cris étaient-ils **les siens**?
2. Après cette aventure, Viviane était contente de se retrouver auprès **des siens**.

3. Viviane est désolée. **Il lui faut** refaire sa vie.
4. **Il nous faut** du repos maintenant.
5. Il s'avança vers une maison **restée intacte** malgré les bombardements.

## VOCABULAIRE ET MOTS-CLÉS

A. Lisez le passage suivant en remplaçant les mots en caractères gras par un synonyme.

|   |   |   |   |
|---|---|---|---|
| a. | demeurer | e. | lutte |
| b. | envoyé | f. | se met |
| c. | épouvante | g. | songe |
| d. | fâcheuse | | |

La nuit, le pauvre malheureux **pense** (1) à sa famille. Il se demande pourquoi on l'a **fait partir** (2) en France. Quand il pense à sa famille il **commence** (3) à pleurer. Il aurait voulu **rester** (4) dans son pays natal. Il pourrait mourir de faim. C'est une idée **mauvaise** (5) qui le trouble. Il imagine une **bataille** (6) féroce entre les deux adversaires. L'idée d'une attaque le remplit d'une **peur** (7) affreuse.

B. Transformez la situation et le personnage dont il s'agit dans les phrases ci-dessous en remplaçant les mots en caractères gras par un mot qui signifie le contraire.

|   |   |   |   |
|---|---|---|---|
| a. | affreux | e. | midi |
| b. | haine | f. | au soleil |
| c. | loin | g. | tard |
| d. | lourd | h. | vif |

L'attaque doit avoir lieu à **minuit** (1) . L'action va se passer **à l'ombre** (2) . Rien ne peut exprimer l'**amour** (3) qu'il a pour la vie militaire. Pour lui, les canons, les fusils et les sabres sont vraiment des objets **admirables** (4) . Il est heureux quand il est **à quelques pas** (5) de l'ennemi. Il avance vers l'ennemi d'un pas **léger** (6) . Il veut joindre le combat aussi **tôt** (7) que possible. Il s'éloigne du champ de bataille d'un pas **lent** (8) .

C. Lisez le passage suivant en remplissant les tirets par le mot convenable.

|   |   |   |   |
|---|---|---|---|
| a. | âme | g. | fusil |
| b. | s'appuyer | h. | murs |
| c. | baiser | i. | pierres |
| d. | bois | j. | souffler |
| e. | élever | k. | trou |
| f. | s'éloigner | l. | ventre |

C'est un bon père de famille. Il est dévoué corps et ___1___ au bonheur des siens. Il donne à ses enfants un tendre ___2___ et leur dit au revoir. Il s'inquiète pour eux. S'il meurt, qui va les nourrir, qui va les __3__ ? Il voudrait être chez lui, entre les quatre __4__ de sa chambre.

Il lui est difficile de marcher parce qu'il a beaucoup mangé. Il a le __5__ plein. Il respire avec difficulté. Il s'arrête pour __6__ un peu. Son __7__ est lourd à porter. Il voudrait s'en débarrasser. Il est si fatigué qu'il doit __8__ sur son fusil pour ne pas tomber.

Soudain les Français, qui étaient cachés dans un petit __9__ , attaquent. Il décide de __10__ de ce petit bois aussi vite que possible. Il saute dans un fossé rempli de __11__ . En tombant sur les pierres il fait un __12__ dans son uniforme.

# GUY DE MAUPASSANT

The next four stories are by Guy de Maupassant. They form a bridge between the *Première Partie* and *Deuxième Partie* of this book. In the first two—*"L'Aventure de Walter Schnaffs"* and *"Le Protecteur"*—minor cuts have been made in order to keep the number of notes explaining difficult passages at a minimum. In the *Deuxième Partie,* however, which opens with two other Maupassant stories—*"Les Bijoux"* and *"Deux Amis"*—the full text of all the stories is presented. For readers who have acquired the skills that are built up successively in the *Première Partie,* the transition should not be a difficult one.

Guy de Maupassant (1850–1893) is a master of the short story. He conveys the atmosphere of his story, the feel of the weather, and the quality of the light with swift and evocative precision. With a few incisive strokes he shows how his characters think and talk and move as they live through some chance encounter or shattering adventure that life has thrust upon them. But what has made his stories an especially good choice for readers who are seeking to develop reading skills is the pacing and energy of the narrative, and the economy and clarity with which he builds suspense. Maupassant's stories move at a lively pace towards a rapid and usually astringent, ironic conclusion. They are stories with a plot, stories that go somewhere. Generations of readers have enjoyed reading them.

A number of Maupassant's stories are based on his experience as a volunteer in the Franco-Prussian War (1870–1871), a war in which France was defeated by Prussia. As a result of the defeat, the modern German state was created, and the Second Empire ruled by Napoléon III came to an end, to be replaced by the Third Republic, a regime that lasted until France was again defeated by Germany in 1940.

Maupassant's war stories vividly illustrate the stupidity and violence of war, and its way of bringing out the best and the worst in human behavior. They are inhabited by a variety of characters: complacent civilians whose overriding concern is to look out for their own welfare in a time of national catastrophe; shopkeepers called up from the reserves who are delighted to take on military airs; humble folk, peasants, and prostitutes whose stubborn and unconsciously heroic resistance to the enemy usually brings on their own destruction.

The enemy often appears as an arrogant and brutal Prussian officer who sees the sufferings war imposes on its victims with indifference or sadistic pleasure. In *"L'Aventure de Walter Schnaffs,"* however, a very different and actually older, more traditional caricature of the "typical German" appears. Walter Schnaffs is a peace-loving, beer-drinking, sausage-eating family man who is horrified to find himself bearing arms, and who desperately wishes to lay them down. Unlike the peaceable Walter Schnaffs, the French reservists he meets up with love to play soldier—provided they can do so at no risk. When such opponents meet, no one is likely to get hurt. Maupassant presents the encounter with an appropriately sardonic humor. Cruelty and heroism are conspicuously absent. War brings more familiar traits to the surface in this story: cowardice and vanity.

il y sauta à pieds joints

# L'AVENTURE DE WALTER SCHNAFFS (I)

Depuis son entrée en France avec l'armée d'invasion, Walter Schnaffs se jugeait△ le plus malheureux des hommes. Il était gros, marchait avec peine, soufflait beaucoup, et souffrait△ affreusement des pieds. Il était en outre pacifique△ et bienveillant, nullement magnanime△ ou sanguinaire,△ père de quatre enfants qu'il adorait et marié avec une jeune femme blonde, dont il regrettait désespérément les tendresses△ et les baisers. Il aimait se lever tard et se coucher tôt, manger lentement de bonnes choses et boire de la bière△ dans les brasseries.[1] Il songeait en outre que tout ce qui est doux dans l'existence disparaît△ avec la vie; et il gardait au cœur une haine épouvantable, instinctive et raisonnée△ en même temps, pour les canons, les fusils, les revolvers, et les sabres, mais surtout pour les baïonnettes, se sentant inca-

1. De quoi souffre Walter quand il marche?

2. Que regrette-t-il?

3. Qu'est-ce qu'il aime dans la vie?

4. Qu'est-ce qu'il déteste?

[1] **brasseries?** Où va-t-on pour boire?

pable de manœuvrer assez vivement cette arme rapide pour défendre son gros ventre.

Et, quand il se couchait sur la terre, la nuit venue, roulé△
dans son manteau à côté des camarades,△ il pensait longuement
aux siens laissés là-bas, et aux dangers semés[2] sur sa route. «S'il
était tué, que deviendraient les petits? Qui donc les nourrirait et
les élèverait? A l'heure même, ils n'étaient pas riches, malgré les
dettes qu'il avait contractées en partant pour leur laisser quelque
argent.» Et Walter Schnaffs pleurait quelquefois.

Au commencement des batailles, il se sentait dans les jambes de telles faiblesses△ qu'il se serait laissé tomber, s'il n'avait
songé que toute l'armée lui passerait sur le corps.

Depuis des mois il vivait ainsi dans la terreur et dans
l'angoisse.

Son corps△ d'armée s'avançait vers la Normandie; et il fut un
jour envoyé en reconnaissance△ avec un faible détachement△
qui devait simplement explorer une partie du pays et se replier[3]
ensuite. Tout semblait calme dans la campagne; rien n'indiquait
une résistance préparée. Or, les Prussiens descendaient avec
tranquillité dans une petite vallée quand une fusillade△ violente
les arrêta net, jetant bas[4] une vingtaine des leurs; et une troupe
de francs-tireurs,[5] sortant brusquement d'un petit bois grand
comme la main, s'élança[6] en avant, la baïonnette au fusil.

Walter Schnaffs demeura d'abord immobile, tellement surpris qu'il ne pensait même pas à fuir. Puis, apercevant à six pas
devant lui un large fossé plein de broussailles,[7] il y sauta à pieds
joints, sans songer même à la profondeur, comme on saute d'un
pont dans une rivière.

Il passa à travers une couche épaisse de lianes et de ronces
aiguës,[8] et il tomba lourdement assis sur un lit de pierres.

Levant aussitôt les yeux, il vit le ciel par le trou qu'il avait fait.
Ce trou révélateur△ le pouvait dénoncer, et il se traîna avec précaution, à quatre pattes,[9] au fond de cette ornière,[10] allant le plus
vite possible, en s'éloignant du combat. Puis il s'arrêta et s'assit
de nouveau.

5. A quoi et à qui pense-t-il la nuit?

6. De quoi s'inquiète-t-il?

7. Pourquoi ne se laisse-t-il pas tomber?

8. Qu'est-ce que son détachement est envoyé faire?

9. Qu'est-ce qui leur arrive?

10. Quelle est la première réaction de Walter?

11. Que fait-il ensuite?

12. Que voit-il par le trou qu'il a fait?

13. Pourquoi le trou l'inquiète-t-il, et quelle précaution cela lui fait-il prendre?

[2] **semés**     *sown*
[3] **se replier?**     Que fait-on après avoir avancé?
[4] **jetant bas**     *bringing down*
[5] **francs-tireurs**     *irregulars, partisans; literally: free-shooters*
[6] **s'élança**     courut rapidement en avant
[7] **un fossé plein de broussailles**     *a ditch full of undergrowth*
[8] **une couche épaisse de lianes et de ronces aiguës**     *a thick layer of creepers and sharp brambles*
[9] **à quatre pattes**     *on all fours;* (**patte**—*paw*)
[10] **ornière**     *rut, ditch*

158     GUY DE MAUPASSANT

Il entendit pendant quelque temps des détonations, des cris et des plaintes.△ Puis les clameurs△ de la lutte s'affaiblirent, cessèrent. Tout redevint muet△ et calme.

La nuit venait, emplissant d'ombre le ravin. Et le soldat△ se mit à songer. Qu'allait-il faire? Qu'allait-il devenir? Rejoindre son armée?... Mais comment? Mais par où? Et il lui faudrait recommencer l'horrible vie d'angoisses, d'épouvantes, de fatigues, et de souffrances△ qu'il menait depuis le commencement de la guerre! Non! Il ne se sentait plus ce courage! Il n'aurait plus l'énergie qu'il fallait pour supporter les marches et affronter les dangers de toutes les minutes.

Mais que faire? Il ne pouvait rester dans ce ravin et s'y cacher jusqu'à la fin des hostilités. Non, certes.△ S'il n'avait pas fallu manger, cette perspective ne l'aurait pas trop atterré;[11] mais il fallait manger, manger tous les jours.

Et il se trouvait ainsi tout seul, en armes, en uniforme, sur le territoire ennemi, loin de ceux qui le pouvaient défendre.

Soudain il pensa: «Si seulement j'étais prisonnier!» Et son cœur frémit[12] de désir, d'un désir violent, immodéré,△ d'être prisonnier des Français. Prisonnier! Il serait sauvé, nourri, logé,△ sans appréhension possible, dans une prison bien gardée. Prisonnier! Quel rêve!

Et sa résolution fut prise immédiatement.

«Je vais me constituer prisonnier.»

Il se leva, résolu△ à exécuter ce projet sans tarder d'une minute. Mais il demeura immobile, assailli△ soudain par des réflexions fâcheuses et par des terreurs nouvelles.

Où allait-il se constituer prisonnier? Comment? Et des images affreuses, des images de mort, se précipitèrent dans son âme.

Il allait courir des dangers terribles en s'aventurant△ seul avec son casque à pointe,[13] par la campagne.

S'il rencontrait des paysans?△ Ces paysans, voyant un Prussien perdu, un Prussien sans défense le tueraient comme un chien errant![14] Ils le massacreraient avec l'acharnement[15] des vaincus△ exaspérés!

S'il rencontrait des francs-tireurs? Ces francs-tireurs, des enragés sans loi[16] ni discipline, le fusilleraient pour s'amuser, pour passer une heure. Et il se croyait déjà appuyé contre un mur en

14. Que ne peut-il plus supporter?

15. Pourquoi ne pas rester dans le ravin?

16. Quelle idée a-t-il soudain?

17. Pourquoi est-ce une idée irrésistible?

18. Pourquoi hésite-t-il?

19. Qu'est-ce qui le trahirait?

20. Que feraient les paysans?

21. Et les francs-tireurs?

[11] **atterré**  *dismayed; literally: brought to the ground, the earth*
[12] **frémit**  *trembla*
[13] **à pointe?**  *De quelle forme un casque prussien est-il?*
[14] **un chien errant**  *a stray dog*
[15] **acharnement**  *fury, determination*
[16] **loi**  *law*

face de douze canons de fusils, dont les petits trous ronds et noirs semblaient le regarder.

S'il rencontrait l'armée française elle-même? Les hommes d'avant-garde△ le prendraient pour quelque hardi et malin troupier△ parti seul en reconnaissance, et ils lui tireraient dessus. Et il entendait déjà les détonations irrégulières des soldats couchés dans les broussailles.

Il se rassit, désespéré. Sa situation lui paraissait sans issue.

La nuit était tout à fait venue, la nuit muette et noire. Il ne bougeait plus. Il s'imaginait à tout moment entendre marcher près de lui.

Après d'interminables heures et des angoisses de damné, il aperçut, à travers les branchages,△ le ciel qui devenait clair.△ Alors un soulagement[17] immense le pénétra; ses yeux se fermèrent. Il s'endormit.

Quand il se réveilla, le soleil lui parut arrivé à peu près au milieu du ciel; il devait être midi. Walter Schnaffs s'aperçut qu'il était atteint△ d'une faim aiguë.

Il se leva, fit quelques pas, sentit que ses jambes étaient faibles, et se rassit pour réfléchir. Pendant deux ou trois heures encore il établit le pour et le contre,[18] changeant à tout moment de résolution.

Une idée lui parut enfin logique△ et pratique,△ c'était de guetter[19] le passage d'un villageois△ seul, sans armes, de courir audevant de lui et de se remettre en ses mains en lui faisant bien comprendre qu'il se rendait.

22. Que voyait-il déjà dans son imagination?

23. Et que ferait l'armée?

24. Que croit-il entendre la nuit?

25. Que sent-il quand le jour revient?

26. Que sent-il quand il se réveille?

27. Qu'est-ce qu'il va attendre?

28. Que dira-t-il?

[17] **soulagement**?  Quel sentiment a-t-on quand la peur ou la douleur disparaît enfin?
[18] **le pour et le contre**  *the pros and the cons, the alternatives*
[19] **guetter**  *watch for*

# Activités

## RÉSUMÉ DE L'ACTION: PHRASES À COMPLÉTER

A. Résumez l'action en complétant les phrases suivantes.
  1. Walter marche avec peine. Il souffre affreusement des...
  2. Il regrette désespérément les tendresses et les baisers de...
  3. Chez lui, il aimait manger de bonnes choses et boire...
  4. Pour les canons, les fusils et les revolvers il gardait au cœur...

5. Il se sentait incapable de manœuvrer la baïonnette assez vivement pour défendre...
6. Quand il se couchait sur la terre il pensait...
7. Qui élèverait les enfants s'il...?
8. Pour leur laisser de l'argent il avait contracté...
9. Il sentait de terribles faiblesses dans...
10. Tout à coup une troupe de francs-tireurs sortit d'un...
11. Apercevant un large fossé, Walter y...
12. Levant aussitôt les yeux, il vit le ciel par...
13. A quatre pattes, avec précaution, il...
14. Il entendit pendant quelque temps des cris et des plaintes, puis tout...
15. Il songeait que s'il rejoignait l'armée il lui faudrait...
16. Il ne pouvait pas rester dans ce ravin jusqu'à la fin des hostilités parce qu'...
17. Soudain il pensa: «Si seulement...
18. Il serait sauvé, nourri, logé dans...
19. Sa résolution fut prise. Mais soudain il demeura immobile, assailli par...
20. S'il rencontrait des paysans, ils le...
21. Et les francs-tireurs? Ils le fusilleraient simplement pour...
22. La situation lui paraissait donc...
23. Il passa une nuit d'angoisses. Mais un immense soulagement le pénétra quand il aperçut...
24. Il dormit jusqu'à midi. Mais en se réveillant il s'aperçut d'une nouvelle souffrance: il avait...
25. Il eut enfin l'idée de trouver un villageois seul, sans armes, et de...

Si vous n'avez pas trouvé la réponse vous pouvez la chercher dans la liste suivante.

| | | | |
|---|---|---|---|
| a. | s'amuser, pour passer une heure | o. | pieds |
| b. | de la bière | p. | une prison |
| c. | le ciel qui devenait clair | q. | recommencer l'horrible vie d'angoisses, de fatigues |
| d. | des dettes | | |
| e. | j'étais prisonnier | r. | redevint muet et calme |
| f. | était tué | s. | des réflexions fâcheuses |
| g. | s'éloigna du combat | t. | se rendre |
| h. | faim | u. | sans issue |
| i. | sa femme | v. | sauta à pieds joints |
| j. | il fallait manger | w. | son gros ventre |
| k. | à sa famille, aux siens | x. | le trou qu'il avait fait |
| l. | une haine épouvantable | y. | tueraient comme un chien errant |
| m. | les jambes | | |
| n. | petit bois | | |

# RÉSUMÉ DE L'ACTION: IDENTIFICATIONS

B. Résumez l'action en spécifiant ce qui est désigné par chacune des phrases suivantes.
1. ce dont Walter souffrait quand il devait marcher
2. ce que Walter aimait boire dans les brasseries
3. le sentiment qu'il avait envers les sabres et les fusils
4. ce qu'il se sentait incapable de défendre avec sa baïonnette
5. ce dans quoi il se roulait quand il se couchait par terre
6. ceux qui lui passeraient sur le corps s'il se laissait tomber
7. comment la campagne semblait, juste avant l'attaque des francs-tireurs
8. ce que chaque franc-tireur avait attaché à son fusil
9. ce dans quoi Walter saute à pieds joints pour s'échapper
10. ce qu'il y avait dans le fossé où il est tombé assis
11. comment il a pu voir le ciel du fossé où il avait sauté
12. comment il a avancé pour s'éloigner du lieu du combat
13. ce qu'il faut faire tous les jours si on veut vivre (d'après Walter)
14. l'endroit où Walter serait sauvé, nourri, logé
15. ceux qui le tueraient comme un chien errant s'ils le trouvaient
16. ceux qui le fusilleraient pour s'amuser
17. ce qu'il fit enfin, après des angoisses de damné, quand le ciel devenait clair
18. ce qu'il vit au milieu du ciel en se réveillant à midi
19. ce dont il s'aperçut bientôt qu'il était atteint
20. ce qu'il va faire s'il trouve un villageois seul et sans armes

Si vous n'avez pas trouvé la réponse vous pouvez la chercher dans la liste suivante.

| | | | |
|---|---|---|---|
| a. | l'armée entière | k. | son manteau |
| b. | la bière | l. | les paysans |
| c. | une baïonnette | m. | des pieds |
| d. | calme | n. | des pierres |
| e. | il s'endormit | o. | la prison |
| f. | la faim | p. | à quatre pattes |
| g. | un fossé | q. | se rendre |
| h. | les francs-tireurs | r. | le soleil |
| i. | la haine | s. | par le trou |
| j. | manger | t. | son gros ventre |

# SUJET DE DISCUSSION ORALE OU ÉCRITE

**Walter Schnaffs et la vie de soldat**

1. A quoi pense-t-il depuis son entrée en France?
2. Quelles sont les qualités morales et physiques qui font de lui un soldat médiocre?

3. Quelles sont ses bonnes qualités?

4. Quelle valeur semble-t-il attacher
   à l'honneur?
   au devoir?
   au patriotisme?
   à ses responsabilités envers ses camarades?
   à ses responsabilités envers sa famille?
   à la vie?

5. Quel ton Maupassant prend-il pour parler de Walter? Montrez avec des exemples dans quelle mesure il présente Walter comme étant ridicule?
   gentil?
   bête?
   craintif?
   prudent?
   raisonnable?
   imaginatif?
   capable de comprendre la mentalité des personnes qui ne lui ressemblent pas?

6. Maupassant exprime-t-il un jugement sur la guerre en général dans cette première moitié de son conte? Peut-on discerner quelle est son attitude? Comparez «L'Aventure de Walter Schnaffs» à d'autres histoires de guerre.

# CHAPITRE 12
# L'AVENTURE DE WALTER SCHNAFFS (II)

## Préparation à la lecture

## LEXIQUE

### MOTS APPARENTÉS

| | |
|---|---|
| Parmi le **flot** de soldats prussiens | flood |
| qui ont **envahi** la France, | invaded |
| le plus timide, le plus **fiévreux** c'est Walter. | feverish |
| Séparé de sa **colonne**, il est tout seul. Il voit | column |
| un **château**. Il n'ose pas y entrer. Mais il a faim, | castle |
| et la bonne odeur qui pénètre son **nez** vient de la | nose |
| cuisine. Alors, le cœur **battant**, il avance. | beating |

### MOTS PARTIELLEMENT APPARENTÉS

| | | |
|---|---|---|
| Walter ne va certes pas **bondir** en | bound | rush |
| avant, sous la lune qui **brille**, | cf. brilliant | shines |
| en **vociférant** «En avant!». | vociferating | yelling |
| Il préférerait manger tous les **plats** | 2. plates | 1. dishes, courses |

| | | |
|---|---|---|
| d'un énorme repas, puis **poser** sa tête | pose, depose | put down |
| sur ses bras **croisés** et dormir. | crossed | folded |
| Ce qu'il veut, c'est la **sûreté**, | surety | safety |
| être **hors de combat**. | *hors de combat* | out of action |
| Il entend une **rumeur**. | 1. rumor | 2. murmur |

## FAUX AMIS

| | | |
|---|---|---|
| Walter n'ose pas **dresser** la tête. | not: to dress | but: to lift up, raise |
| Qui sont ces gens qui **hurlent**? | not: hurl | but: yell |
| Il a peur d'être **blessé**. | not: blessed | but: wounded |
| Sera-t-il **garrotté**? | not: garroted (i.e. strangled) | but: tied up |

## MOTS-CLÉS

| | |
|---|---|
| Il s'approche. Y a-t-il des gens **au-dedans**? | inside |
| **Parfois** il entend des bruits | now and then |
| à l'étage **au-dessus**. | above |

## VOCABULAIRE

| | |
|---|---|
| Walter est un **être** timide, | being |
| un homme **pesant**, | heavy |
| une personne **molle**, sans courage. | soft |
| Il est très **lié** à sa famille. Pour lui | tied |
| les **liens** de famille comptent beaucoup. | ties |
| Et sa famille est **lointaine**. | distant, far away |
| Il **gémit** quand il pense au danger. | moans |
| Il **frémit** quand il pense au danger. | trembles |
| Il voudrait **veiller sur** ses enfants, | to watch over |
| les prendre dans ses **bras**. | arms |
| Il déteste la voix **tonnante** du sergent, | thundering |
| les baïonnettes qui **reluisent** dans la nuit, | gleam, shine |
| l'ennemi qui **se glisse** dans l'ombre | creeps up, slides |
| sous les **arbres**, | trees |
| et les bombes qui **éclatent** | burst |

| | |
|---|---|
| et **renversent** tout. | knock over |
| Il voudrait **ôter** son uniforme | to take off |
| et **jeter** sa baïonnette. | to throw away |
| Il veut **éviter** toute violence. | to avoid |
| Le cœur lui bat dans sa **poitrine**. | chest |
| Il est **éperdu** de terreur. | frantic, crazed |
| Mais il sort de ce **bâtiment** | building |
| une odeur de **viande cuite** | cooked meat |
| qui l'**attire** irrésistiblement. | attracts |
| **Seigneur**! Qu'il a faim! | Lord |
| Il est **debout** à la fenêtre | standing |
| et il regarde les **assiettes**. | plates |
| Il voudrait les **vider** toutes | to empty |
| ou manger ce qu'il peut et **emporter** le reste. | to take away |
| Mais quel est ce bruit? Il **tend l'oreille**. | pricks up his ears |

# GRAMMAIRE

### REPRISE: L'EMPLOI DE L'IMPARFAIT

The **imparfait** is a past tense used

    1. to express a condition or state of being that is not localized in past time.

| | |
|---|---|
| Walter Schnaffs **avait** peur. | Walter Schnaffs *was* afraid. |
| Il **voulait** se rendre. | He *wanted* to surrender. |

If these verbs were in the **passé composé** or the **passé simple** they would express an event, something that happened, rather than a condition or state of being. They would be localized in past time.

| | |
|---|---|
| Walter Schnaffs **a eu** peur. <br> or: Walter **eut** peur. | At a given moment he felt afraid, or something happened that made him afraid. |
| Il **a voulu** se rendre. <br> or: Il **voulut** se rendre. | At a given moment he tried to surrender, or he decided to surrender. |

    2. to express habitual action.

| | |
|---|---|
| Quand il **se couchait** sur la terre <br> il **pensait** aux siens. | When he *would lie down* on the ground, he *would think* of his family. |

English has various ways of expressing habitual past action: *lay down, would lie down, used to lie down.*

3. to express action in progress or interrupted action.

| | |
|---|---|
| Les domestiques **dînaient** autour d'une table. | The servants *were dining* around a table. |
| Les Prussiens **attaquaient** le château. | The Prussians *were attacking* the castle. |

This use of the **imparfait** can be rendered in English only by the progressive form: *was* or *were* _____*-ing. Dined* and *attacked* express completed action and thus change the meaning. The **imparfait** makes it clear that the action is in progress and not yet over.

4. with **depuis** or **il y avait** followed by an expression of time to express continuous action up to a given moment in the past.

| | |
|---|---|
| Depuis des mois il **vivait** dans la terreur. | For months he *had been living* in terror. |
| Maigret **attendait** Cécile depuis une demi-heure. | Maigret *had been waiting* for Cécile for half an hour. |

## L'EMPLOI DE L'ARTICLE DÉFINI

The definite article is used to particularize in French as it is in English. It has a number of other uses, however, which it does not have in English. These are common and unproblematic if you remember to read for meaning and not word-for-word.

| | |
|---|---|
| before a noun used in a general sense: | Walter aime la bière. |
| before geographic names: | La France est en guerre. |
| before proper names modified by a title or an adjective: | le capitaine Pillement le gros Walter |

The definite article is also used quite frequently with parts of the body, clothing worn, or objects carried, where English uses a possessive adjective, sometimes preceded by *with*.

| | |
|---|---|
| **Le** cœur battant, il avance lentement. | *With his* heart beating hard, he slowly advances. |
| Il n'ose pas se montrer **le** casque sur **la** tête et **le** revolver à **la** main. | He doesn't dare show himself *with his* helmet on *his* head and *his* revolver in *his* hand. |

## POUR MIEUX COMPRENDRE

Continue to practice recognizing word families.

| | |
|---|---|
| L'assiette de Walter est **vide**. | Walter's plate is *empty*. |
| Il l'a **vidée**. | He *emptied* it. |

Sometimes the words may be identical. This is what happens when an infinitive is used as a noun. Their equivalents may or may not be identical words in English.

Il aimait voir **sourire** sa femme.    He liked to see his wife *smile*.

Elle avait un joli **sourire**.    She had a pretty *smile*.

# EXERCICES

## RÉSUMÉ DE LA GRAMMAIRE

1. Quelle joie quand la lettre de sa femme est enfin arrivée! Il y avait deux mois qu'il l'**attendait**.
2. Il **errait** dans la forêt depuis dix heures quand il aperçut le château.
3. Ils ne **savaient** pas qu'un soldat **s'avançait** vers le château.
4. Il aperçut des domestiques qui **mangeaient** autour de la table.
5. **Les** yeux grand ouverts, il les regardait manger.

## FAMILLES DE MOTS

Expliquez le sens des mots en caractères gras dans chacune des phrases suivantes.

1. Ils sont **liés** par des **liens** d'amitié qui ne se **délieront** jamais.
2. Il voudrait lui donner un **baiser**, il voudrait **baiser** son joli visage.
3. Elle préparait son **manger**, et il aimait tellement **manger**!
4. Mais il va **devoir** quitter sa famille. C'est son **devoir**.
5. C'est un **être** timide. Il veut **être** prisonnier.
6. Il s'**éloigne** des autres. Il se croit **loin** de toute habitation. Puis il aperçoit un château **lointain**.

## VOCABULAIRE ET MOTS-CLÉS

A. Changez le sens des phrases suivantes en remplaçant les mots en caractères gras par un mot qui signifie le contraire.
   a. debout
   b. dedans
   c. lier
   d. molle
   e. ôter
   f. pesant
   g. recherche

1. Le fusil moderne est assez **léger**.
2. La terre est **dure** autour du château.
3. Il **évite** la compagnie des autres.
4. C'est celui que vous voyez **assis** là-bas.
5. Il a oublié de **mettre** son casque.
6. On a décidé de **détacher** le prisonnier.
7. Au **dehors** il y avait huit domestiques.

B. Lisez le passage suivant en remplaçant les mots en caractères gras par un synonyme.

    a. briller
    b. éperdue
    c. frémir
    d. parfois
    e. seigneur
    f. tend l'oreille
    g. veiller sur

Le **maître** (1) du château est parti. C'est à ses domestiques de **protéger** (2) sa propriété. Mais quand ils croient voir des baïonnettes que la lune fait **reluire** (3) , ils se précipitent vers la porte dans une fuite **frénétique** (4) .

Tout cela fait **trembler** (5) le pauvre Walter. Walter **écoute attentivement** (6) . **De temps en temps** (7) il croit entendre quelque chose, puis c'est le silence total.

C. Lisez le passage suivant en remplissant les tirets par le mot convenable.

    a. arbre
    b. assiettes
    c. bâtiment
    d. bras
    e. éclater
    f. emporté
    g. gémir
    h. glissant
    i. jeter
    j. poitrine
    k. renversé
    l. viande

Walter voudrait __1__ son fusil, rentrer chez lui, tenir ses enfants dans ses __2__ , les serrer contre sa __3__ . Il ne veut plus entendre __4__ les bombes et __5__ les pauvres blessés.

En se __6__ comme une ombre dans la forêt, se cachant sous un __7__ quand il entend un bruit, il s'approche du château. C'est un __8__ immense. De la cuisine vient une odeur de __9__ cuite.

Mais quel désordre! On a __10__ la table, Toutes les __11__ sont par terre! Les gens sont partis bien vite, ils n'ont rien __12__ avec eux.

*il apparut casqué*

## L'AVENTURE DE WALTER SCHNAFFS (II)

Alors il ôta son casque, dont la pointe pouvait le trahir, et il sortit sa tête au bord de son trou, avec des précautions infinies.

Aucun être isolé ne se montrait à l'horizon. Là-bas à gauche, il apercevait un grand château. Il attendit jusqu'au soir. Mais dès que le soir obscurcit△ la plaine, il sortit lentement du fossé, et se mit en route, le cœur battant, vers le château lointain.

Les fenêtres d'en bas brillaient. Une d'elles était même ouverte; et une forte odeur de viande cuite s'en échappait, une odeur qui pénétra brusquement dans le nez et jusqu'au fond du ventre de Walter Schnaffs, l'attirant irrésistiblement, lui jetant au cœur une audace△ désespérée.

Et brusquement, sans réfléchir, il apparut, casqué, dans le cadre[1] de la fenêtre.

Huit domestiques dînaient autour d'une grande table. Mais soudain une bonne demeura béante,[2] laissant tomber son verre, les yeux fixes. Tous les regards suivirent le sien!

On aperçut l'ennemi!

Seigneur! Les Prussiens attaquaient le château!...

Ce fut d'abord un cri, un seul cri, fait de huit cris poussés sur

1. Quelle précaution Walter prend-il avant de sortir sa tête?
2. Que voit-il?

3. Que fait-il dès qu'il fait noir?

4. Qu'est-ce qui l'attire?

5. Où apparaît-il?
6. Que voit-il?

7. Que pensent-ils quand ils voient Walter?

[1] **cadre**   *frame*
[2] **béante**?   Quelle expression a-t-on quand on est totalement surpris?

huit tons différents, un cri d'épouvante horrible, puis une fuite éperdue vers la porte du fond. Les chaises tombaient, les hommes renversaient les femmes et passaient dessus. En deux secondes la pièce fut vide, abandonnée, avec la table couverte de mangeaille[3] en face de Walter Schnaffs stupéfait,△ toujours debout dans sa fenêtre.

8. Que font-ils?

Après quelques instants d'hésitation, il enjamba le mur d'appui[4] et s'avança vers les assiettes. Sa faim exaspérée le faisait trembler comme un fiévreux: mais une terreur le retenait, le paralysait encore. Il écouta. Toute la maison semblait frémir; des portes se fermaient, des pas rapides couraient sur le plancher[5] du dessus. Le Prussien, inquiet, tendait l'oreille à ces rumeurs confuses; puis il entendit des bruits sourds[6] comme si des corps fussent tombés dans la terre molle, au pied des murs, des corps humains sautant du premier étage.

9. Que fait Walter?

10. Qu'est-ce qu'il entend?

Puis tout mouvement, toute agitation cessèrent, et le grand château devint silencieux comme un tombeau.△

Walter Schnaffs s'assit devant une assiette restée intacte, et il se mit à manger. Il mangeait comme s'il eût craint d'être interrompu trop tôt. Il jetait à deux mains les morceaux dans sa bouche ouverte comme dans une trappe.△ Il vida toutes les assiettes, tous les plats et toutes les bouteilles; puis, saoul[7] de liquide et de mangeaille, il déboutonna son uniforme, incapable d'ailleurs de faire un pas. Ses yeux se fermaient; il posa son front pesant dans ses bras croisés sur la table, et il perdit doucement la notion des choses et des faits.

11. Que fait Walter quand le silence se rétablit?

Le dernier croissant éclairait vaguement l'horizon au-dessus des arbres du parc. C'était l'heure froide qui précède le jour.

Des ombres glissaient, nombreuses et muettes: et parfois un rayon△ de lune faisait reluire dans l'ombre une pointe d'acier.[9]

12. Que fait-il ensuite? (Montrez son geste.)

Le château tranquille dressait sa grande silhouette noire. Deux fenêtres seules brillaient encore au rez-de-chaussée.

Soudain, une voix tonnante hurla:

«En avant! nom de nom![10] à l'assaut!△ mes enfants!»

Alors, en un instant, un flot d'hommes qui s'élança, brisa, creva[11] tout, envahit la maison. En un instant, cinquante soldats

13. Que voit-on dans le noir?

14. Qu'est-ce qu'on entend soudain?

15. Qui envahit la maison?

[3] **mangeaille?**   Qu'y a-t-il sur la table quand on mange?
[4] **il enjamba le mur d'appui**   *he stepped over the parapet*
[5] **plancher**   *floor*
[6] **des bruits sourds**   *dull, muffled noises.* **Sourd** *usually means deaf.*
[7] **saoul**   *satiated;* **Saoul** *usually means drunk.*
[8] **croissant?**   Qu'est-ce qui a parfois la forme d'un croissant et brille la nuit?
[9] **acier**   *steel*
[10] **nom de nom!**   *by God!*
[11] **creva**   *burst open*

armés jusqu'aux cheveux, bondirent dans la cuisine où reposait pacifiquement Walter Schnaffs, et, lui posant sur la poitrine cinquante fusils chargés, le roulèrent, le saisirent, le lièrent des pieds à la tête.

Et tout d'un coup, un gros militaire lui planta son pied sur le ventre en vociférant:

«Vous êtes mon prisonnier, rendez-vous!»

Le Prussien n'entendit que ce mot seul «prisonnier», et il gémit: *«ya, ya, ya».*

Il fut examiné avec une vive curiosité par ses vainqueurs△ qui soufflaient comme des baleines.[12] Plusieurs s'assirent n'en pouvant plus[13] d'émotion et de fatigue.

Il souriait, lui, il souriait maintenant, sûr d'être enfin prisonnier!

Un autre officier entra et prononça:

«Mon colonel, les ennemis se sont enfuis; plusieurs semblent avoir été blessés. Nous restons maîtres de la place.»

Le gros militaire qui s'essuyait le front vociféra: «Victoire!»

Et il écrivit sur un petit agenda de commerce[14] tiré de sa poche:

«Après une lutte acharnée,[15] les Prussiens ont dû battre en retraite, emportant leurs morts et leurs blessés, qu'on évalue△ à cinquante hommes hors de combat. Plusieurs sont restés entre nos mains.»

Le jeune officier reprit:

«Quelles dispositions dois-je prendre, mon colonel?»

Le colonel répondit:

«Nous allons nous replier pour éviter un retour offensif avec de l'artillerie et des forces supérieures.»

Et il donna l'ordre de repartir.

La colonne△ se reforma dans l'ombre, sous les murs du château, et se mit en mouvement, enveloppant△ de partout Walter Schnaffs garrotté, tenu par six guerriers le revolver au poing.[16]

Des reconnaissances furent envoyées pour éclairer[17] la route. On avançait avec prudence, faisant halte de temps en temps.

Au jour levant, on arrivait à la sous-préfecture[18] de La Roche-Oysel, dont la garde nationale avait accompli ce fait d'armes.

La population anxieuse et surexcitée△ attendait. Quand on aperçut le casque du prisonnier, des clameurs formidables écla-

16. Que fait le gros militaire?
17. Que dit-il?

18. Pourquoi Walter sourit-il?

19. Corrigez les petites exagérations de ce communiqué de guerre.

20. Pourquoi vont-ils se replier?

21. Quelle autre mesure de prudence ces braves militaires prennent-ils?

22. Qui les attend?

[12] **baleines**   *whales*
[13] **n'en pouvant plus**   *worn out*
[14] **agenda de commerce**   *account book*
[15] **une lutte acharnée**   *a fierce battle*
[16] **six guerriers le revolver au poing**   *six warriors with revolvers in their fists*
[17] **éclairer**   *in a military context; to reconnoitre*
[18] **la sous-préfecture**   *the equivalent of a county seat*

172   GUY DE MAUPASSANT

tèrent. Les femmes levaient les bras: des vieilles pleuraient; un aïeul lança sa béquille[19] au Prussien et blessa le nez d'un de ses gardiens.△

*yelled*

Le colonel hurlait: «Veillez à la sûreté du captif!»

*safety*

*arrived*

On parvint enfin à la maison de ville.[20] La prison fut ouverte, et Walter Schnaffs jeté dedans, libre de ses liens. Deux cents hommes en armes montèrent la garde autour du bâtiment.

*went up*

Alors, malgré des symptômes d'indigestion qui le tourmentaient depuis quelque temps, le Prussien, fou de joie, se mit à danser, éperdument, en levant les bras et les jambes, à danser en poussant des cris frénétiques,△ jusqu'au moment où il tomba, épuisé[21] au pied d'un mur.

*fanatical*

Il était prisonnier! Sauvé!

C'est ainsi que le château de Champignet fut repris à l'ennemi après six heures seulement d'occupation.

Le colonel Ratier, marchand de drap,[22] qui enleva cette affaire à la tête des gardes nationaux de La Roche-Oysel, fut décoré.

[19] **un aïeul lança sa béquille**     *a venerable grandfather threw his crutch*
[20] **maison de ville**     *town hall. Usually called* **hôtel de ville***.*
[21] **épuisé**     *exhausted*
[22] **marchand de drap**     *draper (* **marchand***—merchant)*

23. Qui est le seul blessé dans ce «fait d'armes»?

24. Combien de gardiens Walter a-t-il? (Combien lui en aurait-il fallu?)

25. Que fait Walter en prison?

26. Qu'est-ce qui consacre la gloire de cette victoire?

# Activités

### RÉSUMÉ DE L'ACTION: VRAI/FAUX

A. Résumez l'action en corrigeant les phrases fausses.
 1. Walter se mit en route vers le château lointain.
 2. Le château n'était pas éclairé.
 3. L'odeur de viande cuite l'attirait irrésistiblement.
 4. Il ôta son casque avant d'apparaître dans le cadre de la fenêtre.
 5. Il n'y avait personne dans le château.
 6. Les femmes sont parties, puis les hommes.
 7. Le Prussien entendait des rumeurs confuses dans le château.
 8. Il vida toutes les assiettes.
 9. Après son repas, il inspecta le château.
 10. Les Français firent un grand vacarme en s'approchant du château.
 11. Cinquante soldats armés bondirent dans la cuisine.
 12. Walter souriait maintenant, sûr d'être enfin prisonnier.
 13. Un officier annonça que les Prussiens restaient maîtres de la place.
 14. Le colonel écrivit dans son agenda qu'ils avaient fait un seul prisonnier.

15. La colonne se reforma et ils partirent.
16. Ils rentrèrent à La Roche-Oysel aussi vite que possible.
17. Walter eut le nez blessé par un des curieux qui attendait le retour de la garde nationale.
18. On ne prit pas la peine de monter la garde autour de la prison.
19. Quand il fut dans la prison, Walter se mit à danser éperdument.
20. Le fait d'armes de la garde nationale ne fut reconnu par personne.

## RÉSUMÉ DE L'ACTION: LA SUITE DES ÉVÉNEMENTS

B. Les phrases suivantes résument l'action, mais dans le désordre. Mettez-les dans leur ordre logique. (Méthode à suivre: Sur une feuille de papier écrivez les numéros de 1 à 12 suivis d'un tiret. La première phrase c'est la phrase c. Mettez c sur le tiret à coté du numéro 1. Ensuite cherchez la phrase qui suit logiquement et mettez sa lettre sur le tiret à côté du numéro 2. Et ainsi de suite.)

a. Enfin, plein de liquide et de mangeaille, il déboutonna son uniforme pour souffler, puis perdit doucement la notion des choses et des faits.

b. La population, anxieuse et surexcitée, attendait.

c. Le cœur battant, il se mit en route vers le château lointain.

d. Soudain, une voix tonnante hurla: «En avant! nom de nom! à l'assaut!»

e. Le gros militaire vociféra: «Victoire! puis annonça: Nous allons nous replier pour éviter un retour offensif.»

f. Puis tout mouvement cessa. Alors Walter entra, s'assit devant une assiette restée intacte, et se mit à manger.

g. Quand il fut tout près du château, il sentit une forte odeur de viande cuite qui s'échappait de la cuisine.

h. Walter se réveilla soudain. Cinquante soldats armés lui posaient sur la poitrine leurs fusils, et un gros militaire lui plantait le pied sur le ventre.

i. Pendant que Walter dormait, les gardes nationaux s'approchaient en silence.

j. Walter fut jeté en prison. Enfin sauvé, il se mit à danser éperdument, en levant les bras et les jambes.

k. Attiré par l'odeur, il apparut casqué dans le cadre de la fenêtre.

l. Quand les domestiques virent le Prussien à la fenêtre, ce fut d'abord un cri, puis une fuite éperdue.

## SUJETS DE DISCUSSION ORALE OU ÉCRITE

«L'Aventure de Walter Schnaffs» comme commentaire sur la guerre

1. Qu'ont fait les domestiques quand ils ont vu le Prussien?
2. Est-ce qu'on a respecté le principe «femmes et enfants d'abord»?

3. Quel autre aspect de l'attitude de la population civile se manifeste quand la garde nationale rentre à La Roche-Oysel?
4. Quelles sont les exagérations dans le rapport du colonel?
5. En quoi le rapport du colonel est-il une parodie des communiqués de guerre en général?
6. Quel contraste y a-t-il entre l'idée que Walter se fait de la guerre et celle du colonel Ratier?
7. Lequel des deux semble le plus raisonnable ou le moins ridicule?
8. Quels sont les éléments comiques dans cette représentation de la guerre?
9. L'angoisse de la guerre, les morts et les blessés, sont-ils entièrement absents dans cette aventure?
10. Quel contraste y a-t-il entre l'attaque que font les francs-tireurs et l'attaque menée par le colonel Ratier?
11. Quelle ironie y a-t-il dans la dernière ligne du conte?
12. Y a-t-il quelqu'un dans toute cette histoire qui aurait peut-être mérité une décoration?

### Walter Schnaffs et la vie de soldat

Dressons une liste des malheurs et des inconforts dont les soldats de toutes les armées se sont toujours plaints. Auxquels Walter est-il exposé, et lesquels déteste-t-il le plus? Trouvez des exemples. Auxquels demeure-t-il indifférent? Qu'est-ce que cela montre sur sa personnalité et ses attitudes?

1. les longues marches
2. la mauvaise nourriture
3. la discipline
4. l'ennui
5. l'inconfort et la fatigue
6. la privation sexuelle
7. l'inquiétude quant à la famille qu'on a dû quitter
8. l'hostilité des civils dans un pays étranger
9. le danger
10. la nécessité de manier des armes à feu
11. l'imbécillité des généraux

# LE PROTECTEUR

## *Préparation à la lecture*

## LEXIQUE

### MOTS PARTIELLEMENT APPARENTÉS

| | | |
|---|---|---|
| Puisqu'il connaît un **député**, | deputy | member of parliament |
| Marin a fait un **bond** en avant. | bound | leap |
| Il est devenu **fonctionnaire**. | functionary | civil servant |
| Pas un simple **juge de paix**, | judge of peace | justice of the peace |
| mais **conseiller d'Etat**! | counsellor of state | member of the Council of State |
| Il se **vante** de son influence | vaunts | boasts |
| aux **marchands**, aux garçons de café, à tout le monde. | merchants | storekeepers |
| Il **règle** les disputes. | 1. regulates | 2. settles |
| Il peut vous être **utile**. | cf. utility | useful |
| Il **plaide** votre cause. | pleads | argues |
| Il **s'incline** devant vous. | inclines | bows, leans down |

| | | |
|---|---|---|
| Il s'informe de votre **santé**. | cf. sanitary | health |
| Il **se confond** en compliments. | confounds | gets confused, mixed up |
| Il demande ce que vous faites pour vous **distraire**. | to distract | to seek distraction, amusement |
| Il est **ravi** de vous aider. | ravished | delighted |
| C'est un ami **fidèle**. | cf. fidelity | faithful |
| Il prend une **plume** et vous fait une lettre de recommandation. | 1. plume | 2. feather pen |
| C'est un **type** plein de vanité, mais ce n'est pas un **malfaiteur**. | 1. type malefactor | 2. fellow lawbreaker |

## FAUX AMIS

| | | |
|---|---|---|
| Cette accusation est **inqualifiable**. | not: unqualifiable | but: unspeakable |
| Ce n'est pas un homme **indigne**. | not: undignified | but: unworthy |
| C'est un **brave** homme. | not: brave | but: nice, decent |

But when **brave** comes after the noun it does mean *brave*.

## MOTS-CLÉS

| | |
|---|---|
| Je l'ai rencontré **du côté du** Palais Royal et | over by |
| je lui ai parlé **à propos de** mon problème. | about |
| **Grâce à** lui mon problème sera résolu. | thanks to |
| **Rien que de** lui parler m'a rassuré. | just |

## VOCABULAIRE

| | |
|---|---|
| Je promenais mon **chien** quand il s'est mis | dog |
| à pleuvoir. Craignant d'être **trempé** | soaked |
| et cherchant un **abri**, | shelter |
| car je n'étais pas **habillé** pour la pluie, | dressed |
| j'entrai dans une **brasserie** | café-restaurant |
| et m'installai devant le **feu**. | fire, fireplace |

| | |
|---|---|
| Le **garçon** m'apporta une bière. | waiter |
| Une vieille **connaissance** me salua, | acquaintance |
| un **bonhomme** que j'avais connu à l'école. | guy, fellow |
| Je savais qu'il était devenu | |
| conseiller et **devinai** | guessed, sensed |
| qu'il **éprouvait** un besoin pressant | was experiencing |
| de m'en parler. Il n'y avait pas **moyen** | means, way |
| d'échapper à la compagnie de ce **bavard**. | talkative fellow |
| **Entraîné** par le désir évident de | swept along |
| m'impressionner, et plein d'**orgueil**, il | pride |
| m'offrit tout de suite son **appui**. | support |
| «Ma **besogne** dans la vie, c'est d'aider mes | task |
| amis,» dit-il. Use de moi sans te **gêner**. | standing on |
| | ceremony |
| Je connais des gens **puissants**. On dénonce | powerful |
| les **méfaits** des fonctionnaires, mais nous | misdeeds |
| sommes des gens utiles. Si tu as un besoin, | |
| tu n'as qu'à l'apporter à ma **connaissance**. | attention |
| Ce ne sont pas des **mensonges** que je te dis.» | lies |
| Il a demandé une **feuille** de papier pour | sheet (lit. leaf) |
| me faire une lettre de recommandation. | |
| Le bonhomme était **inépuisable**. | inexhausible |

# GRAMMAIRE

## LE PLUS-QUE-PARFAIT ET LE PASSÉ ANTÉRIEUR

The **plus-que-parfait** is a compound tense formed by the **imparfait** of the auxiliary and the past participle. The **passé antérieur** is formed by the **passé simple** of the auxiliary and the past participle. Both tenses express action that took place before another action in the past. Both are translated by the pluperfect in English. Thus the **plus-que-parfait** is often used to express things that happened before the story begins.

| | |
|---|---|
| Jean Marin **était venu** à Paris. | Jean Marin *had come* to Paris. |
| Il **était devenu** l'ami de | He *had become* the friend of |
| plusieurs étudiants. | several students. |

The **passé antérieur** is used only in conjunction with the **passé simple** in clauses introduced by **quand** or other expressions of time.

| | |
|---|---|
| Quand il **eut signé** la lettre | When he *had signed* the letter, |
| il la mit à la poste. | he mailed it. |

## DU, DE LA, DES

Do not think of the partitive articles **du**, **de la**, **des** and the plural indefinite article **des** as necessarily the equivalent of *some*. More often than not they remain untranslated.

| | |
|---|---|
| Il plaida **des** causes. | He argued cases. |
| Il écrit toujours **des** lettres. | He's always writing letters. |
| Il demanda **du** papier à lettres. | He asked for (*some*) writing paper. |

## REPRISE: EXPRESSIONS NÉGATIVES

Note the meaning of the double negative **rien que**.

| | |
|---|---|
| la vérité, **rien que** la vérité | the truth, *nothing but* the truth |
| On voit ça **rien qu**'à le regarder. | You can see that *just* by looking at him. |

**Ne... point** has the same meaning as **ne... pas** but is less conversational and more strongly negative.

| | |
|---|---|
| Il n'y a **point** d'excuse pour cela. | There is *no* excuse (or *no* excuse *at all*) for that. |

## POUR MIEUX COMPRENDRE

If you remember to look for the meaning and not translate word-for-word, expressions in which French is more elliptical than English or vice versa should not be hard to understand. In the following sentences, from the reading, French uses fewer words than English:

| | |
|---|---|
| Il n'aurait jamais rêvé une fortune si haute. | He never would have dreamed *of* such great luck. |
| Il payait les consommations. | He paid *for* the drinks. |
| Il eut une crise d'orgueil à en perdre la tête. | He had an attack of pride *that was enough to make him* lose his head. |
| un nommé Marin | a *man* named Martin |

In these sentences it is English that is more elliptical:

| | |
|---|---|
| On a envoyé **chercher** Marin. | They sent for Marin. not: They sent to look for Marin. |
| nous **autres** fonctionnaires | we civil servants. not: we other civil servants |

# EXERCICES

## RÉSUMÉ DE LA GRAMMAIRE

1. Il **partait** quand je suis arrivé, mais j'ai pu lui parler.
2. Il **était parti** quand je suis arrivé. Donc je n'ai pas pu lui parler.
3. Quand il **eut terminé** son repas, il partit.
4. Il a peu de connaissances et **point** d'amis.
5. Il n'y a **rien que** des touristes à Paris en été!
6. **Rien que** d'y penser me fait frémir!
7. Mes parents m'ont **payé** le voyage.
8. Il nous a offert **des** excuses.
9. Ça c'est **de la** bêtise toute pure.

## VOCABULAIRE ET MOTS-CLÉS

A. Lisez les phrases suivantes en remplissant les tirets par le mot convenable.

    a. abri
    b. brasserie
    c. deviner
    d. garçon
    e. vous gêner
    f. trempé

1. Si vous êtes dehors dans la pluie vous serez _____.
2. Si vous ne voulez pas être trempé cherchez un _____.
3. Si vous voulez un verre de bière cherchez abri dans une _____.
4. Pour commander une bière dans la brasserie appelez le _____.
5. Les garçons de café sont des gens sympathiques avec qui vous n'êtes pas obligé de _____.
6. Si vous ne trouvez pas la réponse dans cet exercice, vous n'avez pas à vous gêner. Vous pouvez toujours _____ ou bien regarder la phrase suivante.

B. Changez le caractère du personnage dans le passage suivant en substituant aux mots en caractères gras un mot qui signifie le contraire.

    a. appuie        e. fomenter
    b. bavard        f. malgré
    c. s'empresse de    g. orgueilleux
    d. se faire remarquer    h. la vérité

Il **hésite à** (1) entrer dans les discussions, et veut toujours **passer inaperçu** (2) . Il **s'oppose à** (3) ceux qui aiment se quereller, et il essaie toujours de **régler** (4) les conflits.

C'est un homme **silencieux** (5) et **modeste** (6) qui a une sorte

d'antipathie pour **le mensonge** (7) . **Grâce à** (8) ces traits de caractère, il a beaucoup d'admirateurs.

C. Lisez le passage suivant en remplaçant les mots en caractères gras
par un synonyme. Faites les changements de genre nécessaires.

| | | | |
|---|---|---|---|
| a. | à propos de | f. | feuille |
| b. | à la besogne | g. | habillé |
| c. | bonhomme | h. | méfaits |
| d. | du côté du | i. | le moyen |
| e. | entraîner | j. | rien que |

J'ai rencontré Marin **près du** (1) Palais Royal l'autre jour. C'est un
**type** (2) que j'ai connu au quartier latin. Il était bien **vêtu** (3) et
semblait prospère. En effet, il a trouvé **la façon** (4) de s'avancer
dans la vie. Le député Dupont l'a nommé conseiller. On dit toutes
sortes de choses **sur** (5) ce Dupont. A mon avis, nommer une personne comme Marin conseiller n'est pas la moindre de ses **mauvaises actions** (6) .

Marin m'a invité à prendre un verre, et je me suis laissé **emmener** (7) dans un café. Il a demandé un **morceau** (8) de papier au
garçon. «**Seulement** (9) une feuille, a-t-il dit. J'ai à écrire une lettre
de recommandation.» Il s'est mis **au travail** (10) , et moi je l'ai quitté.

# THE PERILS OF POWER

In France, if you are in trouble and need
help getting out of it, a visit to a government
office in Paris is often a necessary step.
That was true in the 1880s, when this story
takes place, and it remains true today.

In *"Le Protecteur"* the person in trouble
is a priest. The anti-clerical policies of the
Third French Republic, its determination to
keep prayer out of the public schools (as we
might call it today) stirred the hostility of
many Catholics, many of whom were already suspicious of democratic government
and would have preferred a return to the
monarchy. The radical press, in turn, sup-
ported government policies and looked
upon these clerics and their royalist lean-
ings with dark suspicion.

With this background information you
will be able to understand the action in *"Le
Protecteur."* It is not a story about political
conflict and conspiracy, however, and the
priest who finds himself in trouble is not a
central character. The spotlight falls on M.
Marin, the "protecteur" of the title. In him
Maupassant presents a type that can be
found in any country and at any time, wher-
ever power and influence exist. Ever since
he achieved that measure of success that is
often the reward of true mediocrity, Marin's
joy in life has been to dispense favors left
and right. He offers his protection to lesser
folk not out of generosity of spirit, but out
of a consuming need to impress others with
his own importance and influence. It is grati-
fying to see a misadventure throw him into
a panic and put a momentary dent in his
self-satisfaction. But he will soon recover.
Only removal from office could destroy his
bliss, and bureaucrats, like licensed doctors
and tenured college professors, are notori-
ously irremovable.

l'abri de mon parapluie

Il n'aurait jamais rêvé une fortune si haute! Fils d'un huissier[1] de province, Jean Marin était venu, comme tant d'autres, faire son droit au quartier latin.[2] Dans les différentes brasseries qu'il avait successivement fréquentées, il était devenu l'ami de plusieurs étudiants bavards qui crachaient de la politique[3] en buvant des bocks.[4] Il s'éprit d'admiration[5] pour eux et les suivit avec obstination, de café en café, payant même leurs consommations[6] quand il avait de l'argent.

Puis il se fit avocat et plaida des causes qu'il perdit. Or, voilà qu'un matin, il apprit qu'un de ses anciens camarades du quartier venait d'être nommé député.

Il fut de nouveau son chien fidèle, l'ami qu'on envoie chercher quand on a besoin de lui et avec qui on ne se gêne point. Mais il arriva par aventure parlementaire que le député devint ministre; six mois après Jean Marin était nommé conseiller d'Etat.

1. Pourquoi Marin est-il venu à Paris?

2. Qui admirait-il?

3. Quelle était sa profession?

4. Qu'est-ce qu'il était pour son ami le député?

5. Qu'est-ce qu'il a été nommé?

---

[1] **huissier**   bailiff
[2] **faire son droit au quartier latin**   to study law in the Latin Quarter. (Student quarter of Paris, so called because in the Middle Ages Latin was the language of instruction.)
[3] **qui crachaient de la politique**   who spouted politics
[4] **bock**   a glass of beer
[5] **épris d'admiration**   smitten with admiration
[6] **consommations**   drinks

***

Il eut d'abord une crise d'orgueil à en perdre la tête. Il allait dans les rues pour le plaisir de se montrer comme si on eût pu deviner[7] sa position rien qu'à le voir. Il trouvait moyen de dire aux marchands△ chez qui il entrait, aux vendeurs△ de journal, même aux cochers de fiacre,[8] à propos des choses les plus insignifiantes:

«Moi qui suis conseiller d'Etat...»

Puis il éprouva, naturellement, comme par suite de sa dignité, par nécessité professionnelle, par devoir d'homme puissant et généreux, un impérieux△ besoin de protéger.△ Il offrait son appui à tout le monde, en toute occasion, avec une inépuisable générosité.

Quand il rencontrait sur les boulevards une figure de connaissance, il s'avançait d'un air ravi, prenait les mains, s'informait de la santé, puis, sans attendre les questions, déclarait:

«Vous savez, moi, je suis conseiller d'Etat et tout à votre service. Si je puis vous être utile à quelque chose, usez△ de moi sans vous gêner. Dans ma position on a le bras long.[9]»

Et alors il entrait dans le café avec l'ami rencontré pour demander une plume, de l'encre[10] et une feuille de papier à lettre—«une seule, garçon, c'est pour écrire une lettre de recommandation.»

Et il en écrivait des lettres de recommandation, dix, vingt, cinquante par jour. Il en écrivait au café Américain, chez Bignon, chez Tortoni, à la Maison-Dorée, au café Riche, au Helder, au café Anglais, au Napolitain, partout, partout. Il en écrivait à tous les fonctionnaires de la République, depuis les juges de paix jusqu'aux ministres. Et il était heureux, tout à fait heureux.

***

Un matin comme il sortait de chez lui pour se rendre au conseil, la pluie se mit à tomber. Il hésita à prendre un fiacre, mais il n'en prit pas, et s'en fut[11] à pied, par les rues.

L'averse[12] devenait terrible, noyait les trottoirs, inondait△ la chaussée.[13] M. Marin fut contraint△ de se réfugier sous une porte.

6. Quelle a été sa réaction?

7. Que disait-il à tout propos?

8. Quelle offre faisait-il à tout le monde?

9. Que demandait-il dans les cafés?

10. Pour quoi faire?

11. A qui écrivait-il?

12. Quel temps fait-il?

13. Qu'est-ce qu'il est obligé de faire?

[7] **comme si on eût pu deviner**    *as if one could have guessed*
[8] **cocher de fiacre**    *coachman* (**fiacre** *horsedrawn carriage*)
[9] **bras long**?    Le contexte indique le sens de cette métaphore.
[10] **encre**    Utilisez le contexte.
[11] **s'en fut**    s'en alla
[12] **averse**?    Utilisez le contexte. Quel temps fait-il?
[13] **chaussée**    *pavement*

Un vieux prêtre△ était déjà là, un vieux prêtre à cheveux blancs. Avant d'être conseiller d'Etat, M. Marin n'aimait point le clergé. Maintenant il le traitait avec considération depuis qu'un cardinal l'avait consulté poliment sur une affaire difficile. M. Marin, qui éprouvait toujours la démangeaison de parler pour se faire valoir,[14] déclara:

«Voici un bien vilain temps, monsieur l'Abbé.»

Le vieux prêtre s'inclina:

«Oh! oui, Monsieur, c'est bien désagréable lorsqu'on ne vient à Paris que pour quelques jours.

—Ah! vous êtes de province?

—Oui, Monsieur, je ne suis ici qu'en passant.

—En effet, c'est très désagréable d'avoir de la pluie pour quelques jours passés dans la capitale. Nous autres, fonctionnaires, qui demeurons ici toute l'année, nous n'y songeons guère.»

L'abbé ne répondait pas. Il regardait la rue où l'averse tombait moins pressée. Et soudain, prenant une résolution, il releva sa soutane[15] comme les femmes relèvent leurs robes pour passer les ruisseaux.[16]

M. Marin le voyant partir, s'écria:

«Vous allez vous faire tremper, monsieur l'Abbé. Attendez encore quelques instants, ça va cesser.»

Le bonhomme indécis△ s'arrêta, puis il reprit:

«C'est que je suis très pressé.△ J'ai un rendez-vous urgent.

M. Marin semblait désolé.

«Peut-on vous demander dans quel quartier vous allez?»

Le curé△[17] paraissait hésiter, puis il prononça:

«Je vais du côté du Palais Royal.

—Dans ce cas, si vous le permettez, monsieur l'Abbé, je vais vous offrir l'abri de mon parapluie. Moi, je vais au conseil△ d'Etat. Je suis conseiller d'Etat.»

Le vieux prêtre leva le nez et regarda son voisin, puis déclara:

«Je vous remercie beaucoup, Monsieur, j'accepte avec plaisir.»

Alors M. Marin prit son bras et l'entraîna.

«C'est pour vous distraire un peu que vous venez à Paris, sans doute?»

Le bonhomme répondit:

«Non, j'ai une affaire.

14. Pourquoi parle-t-il au vieux prêtre?

15. D'où vient le prêtre?

16. Que dit Marin pour montrer son importance?

17. Qu'est-ce que Marin dit au prêtre de faire?

18. Pourquoi le prêtre ne veut-il pas attendre?

19. Quelle offre Marin lui fait-il?

20. Quelle question lui pose-t-il?

[14] **la démangeaison de parler pour se faire valoir** *the itch to talk in order to show off*

[15] **soutane?** Que porte un prêtre? (Au lieu de chercher le mot anglais, imaginez le vêtement, ou regardez le dessin.)

[16] **ruisseaux** *gutters*

[17] **curé, abbé, prêtre** ces trois mots ont la même signification

—Ah? Est-ce une affaire importante? Oserais-je vous demander de quoi il s'agit? Si je puis vous être utile, je me mets à votre
disposition.

—Oh! c'est une petite affaire personnelle. Une petite difficulté avec... avec mon évêque.[18] Cela ne vous intéresserait pas.
C'est une... une affaire d'ordre intérieur... de... de... matière△
ecclésiastique.△»

M. Marin s'empressa.

«Mais c'est justement le conseil d'Etat qui règle ces choses-là.
Dans ce cas, usez de moi.

—Oui, Monsieur. C'est aussi au conseil d'Etat que je vais.
Vous êtes mille fois[19] trop bon. J'ai à voir M. Lerepère et M. Sa-
von, et aussi peut-être M. Petitpas.»

M. Marin s'arrêta net.

«Mais ce sont mes amis, monsieur l'Abbé, mes meilleurs
amis, d'excellents collègues,△ des gens charmants. Je vais vous
recommander à tous les trois, et chaudement. Comptez△ sur
moi.»

Le curé remercia, se confondit en excuses.

M. Marin était ravi.

«Ah, vous pouvez vous vanter d'avoir une fière chance, monsieur l'Abbé. Vous allez voir, vous allez voir que, grâce à moi,
votre affaire ira comme sur des roulettes.[20]»

Ils arrivaient au conseil d'Etat. M. Marin fit monter le prêtre
dans son cabinet, lui offrit un siège, l'installa devant le feu, puis
prit place lui-même devant la table, et se mit à écrire:

«Mon cher collègue, permettez-moi de vous recommander
de la façon la plus chaude un vénérable ecclésiastique des plus
dignes et des plus méritants,△ M. l'abbé...»

Il s'interrompit et demanda:

«Votre nom, s'il vous plaît?

—L'abbé Ceinture.»

M. Marin se remit à écrire.

«M. l'abbé Ceinture, qui a besoin de vos bons offices△ pour
une petite affaire dont il vous parlera.

«Je suis heureux de cette circonstance, qui me permet, mon
cher collègue...»

Et il termina par les compliments d'usage.

Quand il eut écrit les trois lettres, il les remit à son protégé
qui s'en alla après un nombre infini de protestations.

21. Que veut-il savoir?

22. Pourquoi Marin peut-il être utile au curé?

23. Quelle prédiction Marin fait-il?

24. Où vont-ils?

25. Que fait Marin?

26. Pourquoi Marin doit-il interrompre sa lettre?

---

[18] **évêque**   *bishop*
[19] **mille fois**   **beaucoup**; *literally: a thousand times*
[20] **comme sur des roulettes**   *like clockwork; literally: as if on wheels.*

M. Marin accomplit sa besogne, rentra chez lui, passa la journée tranquillement, dormit en paix, se réveilla enchanté et se fit apporter les journaux.

Le premier qu'il ouvrit était une feuille radicale.[21] Il lut:

«Notre clergé△ et nos fonctionnaires.

«Nous n'en finirons pas d'enregistrer△ les méfaits du clergé. Un certain prêtre, nommé Ceinture, convaincu d'avoir conspiré contre le gouvernement existant, accusé d'actes indignes que nous n'indiquerons même pas, a trouvé un ardent défenseur△ dans le nommé Marin, conseiller d'Etat, qui n'a pas craint de donner à ce malfaiteur en soutane les lettres de recommandation les plus pressantes pour tous les fonctionnaires républicains ses collègues.

«Nous signalons l'attitude inqualifiable de ce conseiller d'Etat à l'attention du ministre.»

M. Marin se dressa d'un bond, s'habilla, courut chez son collègue Petitpas qui lui dit:

«Ah ça, vous êtes fou de me recommander ce vieux conspirateur.»

Et M. Marin, éperdu, bégaya:[22]

«Mais non, voyez-vous, j'ai été trompé... Il avait l'air si brave homme... il m'a joué...,[23] il m'a indignement joué... Je vous en prie, faites-le condamner sévèrement, très sévèrement. Je vais écrire. Dites-moi à qui il faut écrire pour le faire condamner. Je vais trouver le procureur général et l'archevêque de Paris, oui l'archevêque...»

Et s'asseyant brusquement devant le bureau de M. Petitpas, il écrivit:

«Monseigneur, j'ai l'honneur d'apporter à la connaissance de Votre Grandeur[24] que je viens d'être victime des intrigues et des mensonges d'un certain abbé Ceinture, qui a surpris ma bonne foi.[25]

27. Comment passe-t-il les vingt-quatre heures qui suivent?
28. Qu'est-ce qu'il lit?
29. Qu'est-ce qu'il apprend sur l'identité du prêtre?

30. Que fait-il tout de suite?
31. Que lui dit son collègue?

32. De quoi Marin accuse-t-il le prêtre?
33. Que veut-il qu'on fasse au prêtre?
34. A qui écrit-il?

35. Qui accuse-t-il de mensonge? (Qui est le vrai menteur?)

---

[21] **une feuille radicale**    a paper supporting the Troisième République Française and its adherents, the républicains, and denouncing the clergy for its opposition to the republic and its democratic principles. The clergy was accused of seeking a return to the monarchy. Some of its members, like l'abbé Ceinture in this story, were convicted of plotting against the government. The editorialist is outraged because Marin, a civil servant, has written warm letters of support for a priest who has conspired against the government Marin is supposed to serve.

[22] **bégaya**    stammered

[23] **il m'a joué**    he deceived me

[24] **Votre Grandeur, Monseigneur**    terms used when addressing an archbishop

[25] **a surpris ma bonne foi**    betrayed my good faith, took advantage of my unsuspecting nature

«Trompé par les protestations de cet ecclésiastique, j'ai pu. .

. . . . . . . . . . . . . . . . . . . . . . . . . . . . . . . . . . . . . . . . . . . . . . . . . . .

Puis, quand il eut signé et cacheté[26] sa lettre, il se tourna vers son collègue et déclara:

—Voyez-vous, mon cher ami, que cela vous soit un enseignement, ne recommandez jamais personne.

[26] **cacheté**?    Que fait-on après avoir signé une lettre?

36. Quel enseignement voit-il pour son ami dans cette affaire? (A qui cette leçon aurait-elle dû être adressée?)

# Activités

### RÉSUMÉ DE L'ACTION: PHRASES À COMPLÉTER

A.  Résumez l'action en complétant les phrases suivantes.
1. Marin n'est pas né à Paris. C'est le fils d'un huissier de...
2. Il est venu au quartier latin pour faire...
3. Ses amis étaient des étudiants bavards qui parlaient de...
4. Quand il avait de l'argent, il leur payait leurs...
5. Ses études finies, il devint...
6. Les causes qu'il plaidait, il les...
7. Un de ses anciens camarades devint député, et ensuite fut nommé...
8. Marin avait été son chien fidèle, l'ami avec qui on ne...
9. Devinez qui fut nommé conseiller d'Etat. Ce fut...
10. Il fut aussitôt possédé par une crise d'...
11. Il disait à tout le monde: «Moi, qui suis...
12. Il entrait dans les cafés, et demandait une plume pour...
13. Un matin en se rendant au bureau, il se réfugie sous une porte parce que...
14. C'est là qu'il rencontre...
15. «Ne partez pas sous la pluie, lui dit Marin, vous allez vous...
16. Et il lui offre l'abri de son...
17. Quand le curé explique pourquoi il est venu à Paris, Marin s'écrie: «Mais c'est justement le conseil d'Etat qui...
18. «Les personnes que vous devez voir sont justement mes...
19. Marin lui écrit trois lettres de recommandation, mais s'interrompt pour lui demander son...
20. Le lendemain matin il se fait apporter...
21. Ainsi il apprend que cet abbé Ceinture a été convaincu d'avoir...
22. Il court chez son collègue et lui explique que ce prêtre l'a...
23. Il prétend qu'il a été victime de ses intrigues et de ses...
24. Et il écrit aussitôt au supérieur de l'abbé pour le...
25. «Voyez-vous, dit-il à son collègue, ne recommandez jamais personne. Que cela vous soit un...

Si vous n'avez pas trouvé la réponse vous pouvez la chercher dans la liste suivante:

a. avocat
b. collègues
c. conseiller d'Etat
d. consommations
e. conspiré contre le gouvernement
f. son droit
g. écrire une lettre de
   recommandation
h. enseignement
i. faire condamner
j. faire tremper
k. se gêne point
l. les journaux
m. Marin

n. mensonges
o. ministre
p. nom
q. orgueil
r. parapluie
s. perdait
t. il pleuvait, la pluie
   tombait
u. politique
v. un prêtre, abbé, curé
w. province
x. règle ces affaires, s'occupe de ces affaires
y. trompé, indignement
   joué

## RÉSUMÉ DE L'ACTION: LES PERSONNAGES

B. Résumez l'action en identifiant le personnage qui prononce ou pourrait prononcer les phrases suivantes.

1. Moi, je ne suis qu' huissier, mais quand il aura fait ses études il sera avocat, lui.
2. Nous, on le tolère parce que de temps en temps il nous paie nos consommations à tous.
3. Quel mauvais avocat! Il m'a fait perdre ma cause!
4. Oui, il est bête, mais c'est un ancien camarade qui m'a rendu des services, et dans la politique il faut toujours récompenser ces gens-là.
5. C'est bien gentil de votre part, mais je ne vois pas en quoi vous pourriez m'être utile.
6. Celui-là, je le connais. Je te parie qu'il va encore demander une plume et du papier à lettres.
7. Ah! ces imbéciles qui marchent sous la pluie quand ils pour-raient prendre mon fiacre!
8. C'est une affaire personnelle... une petite difficulté avec mon évêque.
9. Vous allez voir que, grâce à moi, votre affaire ira comme sur des roulettes.
10. Mais je vous remercie beaucoup de ce renseignement. Cela sera dans le journal de demain matin, vous pouvez compter là-dessus.
11. Ah ça, vous êtes fou de me recommander ce vieux conspirateur.
12. Je me demande pourquoi ce conseiller d'Etat s'est adressé à moi avec tant de véhémence pour faire condamner cet abbé.

Si vous n'avez pas trouvé la réponse vous pouvez la chercher dans la liste suivante.

a. un ami de Marin
b. l'archevêque de Paris
c. l'abbé Ceinture
d. un client de l'avocat Marin
e. un cocher
f. un collègue de Marin
g. les autres étudiants
h. un garçon de café
i. Jean Marin
j. son ami le ministre
k. le père de Marin
l. un journaliste

## SUJETS DE DISCUSSION ORALE OU ÉCRITE

### Paris et province

1. D'où arrive Jean Marin quand il fait ses débuts au quartier latin?
2. Quelle est l'attitude des autres étudiants envers lui?
3. Qu'est devenu Jean Marin avec le passage du temps?
4. D'où vient l'abbé Ceinture?
5. Quelle est l'attitude de Marin envers lui?
6. Pourquoi trouve-t-il moyen de mentionner «nous autres fonctionnaires qui restons ici toute l'année»?
7. Que pouvez-vous deviner sur les rapports entre parisiens et provinciaux en général?

### La Carrière et le caractère de Jean Marin

1. Quelles sont ses capacités intellectuelles?
2. Quel succès a-t-il dans sa profession?
3. Pourquoi le ministre le nomme-t-il conseiller d'Etat?
4. Le succès de Marin vous paraît-il vraisemblable? Les choses arrivent-elles comme ça dans la vie? quelquefois? souvent?
5. Par quoi Marin est-il surtout impressionné?
6. Pourquoi aime-t-il protéger les gens?
7. Si Marin a un vice, lequel est-ce?
8. Qui est-ce qui vaut mieux, Marin ou un conseiller qui profite de son influence pour vendre ses services?
9. La question de l'abbé Ceinture mise à part, quelle opinion ceux qui reçoivent les lettres de recommandation de Jean Marin doivent-ils en avoir, et pourquoi?
10. Connaissez-vous des gens qui lui ressemblent?

# L'AVENTURE DE WALTER SCHNAFFS (I–II) ET LE PROTECTEUR

Lisez le passage suivant en remplissant les tirets par le mot convenable.

## L'AVENTURE DE WALTER SCHNAFFS

### A

| | | | |
|---|---|---|---|
| a. | audace | f. | hardi |
| b. | battant | g. | paix |
| c. | blessé | h. | plaintes |
| d. | brille | i. | soldat |
| e. | faiblesses | j. | traîne |

Walter Schnaffs n'est pas officier. Au contraire, c'est un simple __1__ . C'est un homme pacifique, c'est à dire un homme qui aime la __2__ . Il craint les risques de la bataille: être __3__ ou même tué. Il entre en combat tremblant, le cœur __4__ . C'est le contraire d'un troupier __5__ . Il manque totalement d' __6__ .

Quand il marche, il sent des __7__ dans ses jambes. Il marche lentement. Il __8__ derrière les autres. Il a chaud car le soleil __9__ . Mais il n'y a personne pour entendre ses __10__ .

Lisez le passage suivant en remplaçant les mots en caractères gras par un synonyme.

### B

| | | | |
|---|---|---|---|
| a. | bienveillants | f. | hurlant |
| b. | dresse | g. | pose |
| c. | enragés | h. | rendre |
| d. | faible | i. | résolus |
| e. | fiévreuse | j. | saisi |

Walter est **pris** (1) par une sorte de panique, une angoisse **frénétique** (2), quand les francs-tireurs attaquent son **petit** (3) détachement.

Il s'est séparé des autres soldats. Il s'imagine attaqué par des francs-tireurs **déterminés** (4) et **fanatiques** (5) qui avanceraient sur lui en **vociférant** (6) .

Finalement il prend une décision. Il **met par terre** (7) sa baïonnette et s'avance vers un grand château qui s'**élève** (8) là-bas sur la plaine. Il a l'intention de se **soumettre** (9) à l'ennemi. Il espère qu'ils seront **favorablement disposés** (10) , et qu'il sera leur prisonnier.

Lisez les passages suivants en remplissant les tirets par le mot convenable.

### C

| | | | |
|---|---|---|---|
| a. | aiguë | g. | maîtres |
| b. | brusquement | h. | nez |
| c. | casque | i. | plats |
| d. | croisés | j. | rêve |
| e. | domestiques | k. | réveiller |
| f. | issues | | |

Quand Walter s'approche du château, une forte odeur de viande cuite pénètre dans son __1__ . Il se présente à la fenêtre, le __2__ sur la tête. Les __3__ sont absents, mais il reste huit __4__ qui dînent autour d'une grande table.

Quand ils le voient, ils s'imaginent que les Prussiens attaquent. Parmi de grands cris d'épouvante, chacun se précipite __5__ vers une des __6__ du château.

Quand le silence se rétablit, Walter s'avance vers la table. Elle est couverte d'une énorme quantité de __7__ . Pour Walter, qui est possédé d'une faim __8__ , c'est comme la réalisation d'un __9__ . Il se précipite sur toute cette mangeaille et vide toutes les assiettes. Puis, posant son front dans ses bras __10__ sur la table, il s'endort profondément. On dirait que rien ne pourrait le __11__ .

### D

| | | | |
|---|---|---|---|
| a. | assaut | e. | muettes |
| b. | clameur | f. | sûreté |
| c. | flot | g. | vainqueur |
| d. | garrotté | | |

Le silence règne. Mais, dans le parc, des ombres glissent, nombreuses et __1__ . Soudain, on entend une immense __2__ . C'est un __3__ d'hommes qui prend le château d' __4__ ! Walter est entouré, __5__ , et emmené prisonnier. Il est fou de joie. Finalement il est en prison, en __6__ .

Quant au colonel Ratier, le __7__ principal dans cet engagement héroïque, il fut décoré.

# LE PROTECTEUR

**E**

a. confond
b. député
c. fonctionnaire
d. s'incline
e. indigne

f. plaidait
g. ravi
h. santé
i. utile
j. se vanter

Comme avocat, Marin perdait toutes les causes qu'il __1__ . Mais un ami qui était __2__ au parlement et qui a été nommé ministre lui a trouvé un poste administratif. Il est devenu __3__ . Marin n'a pas de qualifications. Il est vraiment __4__ de ce poste qu'il occupe.

Toujours très poli, il __5__ devant vous quand vous le rencontrez et il s'informe de votre __6__ . Possédé par l'orgueil, il aime surtout __7__ discrètement du poste important qu'il occupe. Il est __8__ quand on le reconnaît, et choqué quand on le __9__ avec une personne ordinaire. Il veut toujours servir les autres, leur être __10__ , et ainsi les impressionner.

**F**

a. bond
b. brave
c. se distraire
d. inqualifiables

e. malfaiteur
f. types
g. plume

C'est ce qu'il fait quand il rencontre l'abbé Ceinture. Il lui demande s'il est venu à Paris pour __1__ . Quand il apprend que l'abbé a une affaire, il prend sa __2__ et lui écrit trois lettres de recommandation. Il ne sait pas que l'abbé est ce que la presse radicale appelle un __3__ en soutane, un homme accusé de toute sortes d'actions __4__ . Quand il lit ça dans le journal il se dresse d'un __5__ , court dans son bureau, et fait une lettre où il demande que l'abbé soit sévèrement condamné.

Ce n'est pas là l'acte d'un homme __6__ . Malheureusement, il y a toujours un certain nombre de __7__ comme lui dans la vie politique.

# DEUXIÈME PARTIE

# CHAPITRE 14
# LES BIJOUX (I)

## Préparation à la lecture

## LEXIQUE

### MOTS APPARENTÉS

| | |
|---|---|
| La dame veut **marier** sa fille. | marry off, find a spouse for |
| La fille **se marie avec** M. Lantin. | gets married to, marries |
| Sa beauté est un **reflet** de son cœur. | reflexion |
| Elle inspire **confiance**. | confidence |

### MOTS PARTIELLEMENT APPARENTÉS

| | | |
|---|---|---|
| Avant son mariage elle n'avait pas un **sou**. | sou | penny |
| Mais elle avait beaucoup de **séduction**. | 1. seduction | 2. charm |
| La **vue** de cette jolie fille enchante M. Lantin. | view | sight |
| Il devient son **mari**. | cf. married man | husband |
| Il lui **confie** son bonheur. | confides | entrusts |
| Mais elle a des goûts de **Bohémienne**. | bohemian | gypsy |

| | | |
|---|---|---|
| Elle sort un **collier** de perles | 1. collar | 2. necklace |
| fausses d'une boîte en **maroquin**. | morocco | leather |
| De quelle **boutique** viennent-elles? | boutique | shop |
| Elle **s'obstine à** les porter. | to be obstinate about | to insist on |
| Comment lui en garder **rancune**? | rancor | grudge |
| Il l'adore. Elle **apaise** | appeases | soothes |
| toutes ses **douleurs**. | dolors | sorrows |
| Sans elle la **nourriture** | nourishment | food |
| perd sa **saveur**. | savor | flavor |
| Elle aime les **divertissements**, | diversion | entertainment |
| elle aime aller au **spectacle**, | 1. spectacle | 2. show, theatre |
| aller dans les **soirées**. | soirees | evening parties |
| Il préfère être en **tête-à-tête** | tête-à-tête | twosome |
| avec elle, mais elle insiste pour sortir et il **cède**. | cedes | gives way |

## FAUX AMIS

| | | |
|---|---|---|
| Ses **appointements** sont modestes. | not: appointments | but: salary |
| Il admire la **toilette** élégante | not: toilet | but: clothes |
| de la dame dans la **loge** voisine. | not: lodge | but: box (in the theater) |
| Il a de la **complaisance** pour ses caprices. | not: complacency | but: indulgence |

## VOCABULAIRE

| | |
|---|---|
| Il tombe **invraisemblablement** amoureux d'une jeune fille dont tout le monde chante les | incredibly |
| **louanges**. Elle est très modeste. | praises |
| Ce qui n'est pas **convenable** la choque. | proper |
| Mais elle aime les **pièces** en vogue. | plays (theater) |
| Elle y **traînait** son mari | dragged |
| **autrefois**, mais maintenant elle y va seule. | in the past |
| Tout semble parfait dans le **ménage**. | household |

| | |
|---|---|
| C'est un homme de **moyens** modestes. | means |
| Cependant sa femme a un **tas** | pile, heap |
| de **bijoux**. | jewels |
| Qu'est-ce que ces **joyaux** | jewels |
| peuvent **valoir**? | be worth |
| Elle aime les sortir de leur **boîte**, | box |
| se les mettre aux **doigts**, | fingers |
| au **cou**, | neck |
| les voir **pendre** à ses oreilles. | hanging |
| Cela **fait naître** en elle | gives rise to (literally: gives birth to) |
| une **jouissance** intense. | sensuous delight |
| Elle **frissonne** de plaisir quand elle les voit. | shivers |
| Elle serait **déchirée** | torn |
| si elle devait **s'en défaire**. | to get rid of them |
| Elle ne saurait **s'y prendre**. | to go about it |
| Elle ne saurait comment **agir**. | to act |
| Tout serait **gâté**. | spoiled |

# GRAMMAIRE

### REPRISE: LE PASSÉ SIMPLE

This past tense, used in narrating stories or historical events and therefore appearing most frequently in the third person, has three sets of endings:

| | |
|---|---|
| **-er** verbs: | -ai, -as, -a, -âmes, -âtes, -èrent |
| **-ir** and most **-re** verbs: | -is, -is, -it, -îmes, -îtes, -irent |
| **-oir** and some **-re** verbs: | -us, -us, -ut, -ûmes, -ûtes, -urent |

The tense is usually easy to recognize since the stem derives either from the infinitive or the past participle. A few irregular **passé simple** forms, however, need to be learned for recognition:

| | |
|---|---|
| être: | je fus, tu fus, il fut, nous fûmes, vous fûtes, ils furent |
| faire: | je fis, tu fis, il fit, nous fîmes, vous fîtes, ils firent |
| voir: | je vis, tu vis, il vit, nous vîmes, vous vîtes, ils virent |

Also, **venir**, **tenir**, and the many verbs that derive from them:

| | |
|---|---|
| venir: | je vins, tu vins, il vint, nous vînmes, vous vîntes, ils vinrent |

# L'IMPARFAIT DU SUBJONCTIF ET LE PLUS-QUE-PARFAIT DU SUBJONCTIF

The imperfect subjunctive is formed by adding the endings **-sse**, **-sses**, **-^t**, **-ssions**, **-ssiez**, **-ssent** to the the first person of the **passé simple** minus the last letter. For example:

| être: je fus | avoir: j'eus | tenir: je tins |
|---|---|---|
| je fusse | j'eusse | je tinsse |
| tu fusses | tu eusses | tu tinsses |
| il fût | il eût | il tînt |
| nous fussions | nous eussions | nous tinssions |
| vous fussiez | vous eussiez | vous tinssiez |
| ils fussent | ils eussent | ils tinssent |

The pluperfect subjunctive is formed by combining the imperfect of the subjunctive of the auxiliary with the past participle of the verb. In formal usage, these tenses occur when the main clause is in a past tense.

| Il voulait que nous vinssions avec lui. | He wanted us to come with him. |
|---|---|
| Il était étonné que nous fussions partis sans lui. | He was surprised that we had left without him. |

The pluperfect subjunctive is sometimes used instead of the pluperfect indicative in hypothetical phrases.

| comme si elle fût partie, | both mean: as if she had left |
|---|---|
| comme si elle était partie | |

It may also be used instead of the past conditional.

| Qui l'eût cru? Qui l'aurait cru? | both mean: Who would have believed it? |
|---|---|

# L'INVERSION DANS LA PHRASE SUBORDONNÉE

The subject often follows the verb in subordinate clauses. When such an inversion occurs the word order can lead to misunderstanding or confusion. It is important to remember that the relative pronoun **que** is the object, not the subject, of the verb.

Le mari, que choquait cet amour des faux bijoux, désapprouvait.

In the dependent clause of this sentence, the word order is

object: **que**        verb: **choquait**        subject: **amour**

Thus the meaning is

The husband, whom this love of false jewelry shocked, disapproved.

It is the relative pronoun, not the word order, that indicates which is the subject and which is the object of the clause. The difference is crucial:

| | |
|---|---|
| le vieil homme qui blessa Walter | the old man who wounded Walter |
| le vieil homme que blessa Walter | the old man whom Walter wounded |

## POUR MIEUX COMPRENDRE

In English, as in French, adjectives may occasionally be used as nouns:

| | |
|---|---|
| Il était obsédé par le souvenir de sa **bien-aimée**. | He was obsessed by the memory of his *beloved*. |
| **Les jeunes** sont optimistes. | *The young* are optimistic. |

Adjectives are used as nouns in French much more frequently than in English, however. There is ellipsis—i.e. omission—of the noun or pronoun which the adjective modifies. This ellipsis does not appear in English.

| | |
|---|---|
| On a condamné un innocent. | They condemned an innocent *person*. |
| C'est lui le coupable. | He is the guilty *one*. |
| Ça c'est du vrai! | That's the real *stuff!* |
| C'est la femme parfaite. On ne pourrait trouver mieux. | She is the perfect wife. You couldn't find a better *one*. |

In other elliptical expressions it may be a dependent clause that is omitted.

| | |
|---|---|
| On jurerait du vrai. | You would swear *it was* the real thing. |
| La pièce terminée, elle rentrait. | *When* the play *was* over, she would come home. |
| Elle a pensé tomber. | She thought *she would* fall. |
| Il regardait les bijoux restés dans la boîte. | He looked at the jewels *that had* remained in the box. |

# EXERCICES

## RÉSUMÉ DE LA GRAMMAIRE

1. Il **se souvint** de mon visage et **vint** à ma rencontre.
2. Si elle **fût née** riche, elle **eût acheté** des bijoux chers.

3. Il était choqué qu'elle **eût acheté** des bijoux faux.
4. Il épousa une femme qu'admiraient tous ceux qui la connaissaient.
5. Il épousa une femme qui admirait les bijoux rares.
6. Achetez ici. Vous ne trouverez **moins cher** nulle part.
7. Dans notre boutique nous vendons surtout à nos **fidèles**.
8. Soyez gentil avec elle. C'est une **timide**.
9. Je crois **comprendre**.

## VOCABULAIRE

A. Remplacez les mots en caractères gras dans les phrases suivantes par un mot qui signifie le contraire.

    a. agir
    b. convenable
    c. croyable
    d. gâter
    e. louange
    f. naître
    g. réparée

1. Nous voyons **mourir** une société autour de nous.
2. La **critique** qu'on a faite de ce ministre me paraît excessive.
3. Le comportement de cette femme a toujours été **choquant**.
4. L'histoire que vous racontez est tout à fait **invraisemblable**.
5. Elle ne voulait pas porter une robe si visiblement **déchirée**.
6. Ce vin va s'**améliorer** si vous le gardez.
7. Il y a des moments où il est nécessaire de **ne rien faire**.

B. Lisez le passage suivant en remplissant les tirets par le mot convenable.

    a. boîte
    b. cou
    c. défaire
    d. doigts
    e. jouissance
    f. ménage
    g. les moyens
    h. pendre
    i. pièces
    j. s'y prendre
    k. tas
    l. traîne
    m. valeur

Elle a une __1__ en maroquin où elle met ses bijoux. Le soir elle la sort et admire le grand __2__ de bijoux sur la table. Elle contemple ses bijoux avec une sorte de __3__ profonde. On voit souvent un beau collier de perles autour de son __4__ et à ses __5__ des diamants magnifiques. Elle aime aussi __6__ ses diamants à ses jolies oreilles.

Elle aime aller au théâtre voir les __7__ en vogue. Son mari n'aime pas beaucoup le théâtre. Elle l'y __8__ malgré lui. Il voudrait surtout voir sa femme se __9__ de l'habitude de porter tous ces bijoux. Il voudrait la persuader de ne plus le faire mais il ne sait pas __10__ .

Malgré ces petits désaccords, lui et sa femme forment un __11__ heureux. Il n'a pas __12__ de lui acheter beaucoup de bi-

joux, mais ça ne fait rien car les bijoux de sa femme ont peu
de ___13___ . Ils sont tous faux.

# THE PERILS OF MARRIAGE

Maupassant stories often tell how a chance encounter, a discovery, or an accident interrupts, redirects, or destroys the even flow of the lives of ordinary people. Some of these stories are poignant or even tragic, but "Les Bijoux" has a mainly sardonic flavor. The protagonist, M. Lantin, discovers through the medium of his wife's jewelry collection a new vista on his past life and on his future, bringing him new shame and new joys. Maupassant tells the story with his usual economy of means and flair for gesture, phrase, and feeling, and ends it with a characteristically ironic twist.

un collier au cou de son mari

## LES BIJOUX (I)

Monsieur Lantin ayant rencontré cette jeune fille, dans une soirée, chez son sous-chef de bureau,[1] l'amour l'enveloppa comme un filet.[2]

C'était la fille d'un percepteur[3] de province, mort depuis plusieurs années. Elle était venue ensuite à Paris avec sa mère, qui fréquentait quelques familles bourgeoises de son quartier dans

[1] **sous-chef de bureau**    *deputy chief clerk*
[2] **filet**    *net*
[3] **percepteur**    *tax-collector*

l'espoir de marier la jeune personne. Elles étaient pauvres et honorables, tranquilles et douces. La jeune fille semblait le type absolu de l'honnête femme à laquelle le jeune homme sage rêve de confier sa vie. Sa beauté modeste avait un charme de pudeur[4] angélique, et l'imperceptible sourire qui ne quittait point ses lèvres semblait un reflet de son cœur.

Tout le monde chantait ses louanges; tous ceux qui la connaissaient répétaient sans fin : «Heureux celui qui la prendra. On ne pourrait trouver mieux.»

M. Lantin, alors commis[5] principal au ministère de l'Intérieur, aux appointements annuels de trois mille cinq cents francs, la demanda en mariage et l'épousa.

Il fut avec elle invraisemblablement heureux. Elle gouverna sa maison avec une économie si adroite qu'ils semblaient vivre dans le luxe. Il n'était point d'attentions, de délicatesses, de chatteries[6] qu'elle n'eût pour son mari; et la séduction de sa personne était si grande que, six ans après leur rencontre, il l'aimait plus encore qu'aux premiers jours.

Il ne blâmait en elle que deux goûts, celui du théâtre et celui des bijouteries fausses.

Ses amies (elle connaissait quelques femmes de modestes fonctionnaires) lui procuraient à tous moments des loges pour les pièces en vogue, même pour les premières représentations; et elle traînait bon gré, mal gré,[7] son mari à ces divertissements qui le fatiguaient affreusement après sa journée de travail. Alors il la supplia de consentir à aller au spectacle avec quelque dame de sa connaissance qui la ramènerait ensuite. Elle fut longtemps à céder, trouvant peu convenable cette manière d'agir. Elle s'y décida enfin par complaisance, et il lui en sut un gré infini.[8]

Or, ce goût pour le théâtre fit bientôt naître en elle le besoin de se parer.[9] Ses toilettes demeuraient toutes simples, il est vrai, de bon goût toujours, mais modestes; et sa grâce douce, sa grâce irrésistible, humble et souriante, semblait acquérir une saveur nouvelle de la simplicité de ses robes, mais elle prit l'habitude de pendre à ses oreilles deux gros cailloux du Rhin[10] qui simulaient△ des diamants, et elle portait des colliers de perles fausses, des bracelets en similor, des peignes agrémentés de verroteries variées jouant les pierres fines.[11]

1. Quel était l'espoir de la mère de la jeune fille?

2. Quelles étaient les qualités de la jeune fille?

3. Que disait-on d'elle?

4. Comment semblaient-ils vivre?
5. Comment le traitait-elle et que sentait-il pour elle?
6. Quelles sont les deux choses qu'elle aimait?

7. Qu'est-ce que son mari pensait du théâtre?
8. Quelle solution trouvèrent-ils?

9. Comment s'habillait-elle?

⁴ **pudeur**     *modesty*
⁵ **commis**     *clerk*
⁶ **chatteries**     *caresses, kittenish ways*
⁷ **bon gré, mal gré**     *willy-nilly*
⁸ **il lui en sut un gré infini**     *he was infinitely grateful to her*
⁹ **se parer**     *to adorn herself*
¹⁰ **cailloux du Rhin**     *rhinestones*
¹¹ **des bracelets en similor, des peignes agrémentés de verroteries variées jouant les**

Son mari, que choquait un peu cet amour du clinquant,[12] répétait souvent : «Ma chère, quand on n'a pas le moyen de se payer des bijoux véritables, on ne se montre parée que de sa beauté et de sa grâce, voilà encore les plus rares joyaux.»

Mais elle souriait doucement et répétait : «Que veux-tu? J'aime ça. C'est mon vice. Je sais bien que tu as raison; mais on ne se refait pas. J'aurais adoré les bijoux, moi!»

Et elle faisait rouler dans ses doigts les colliers de perles, miroiter les facettes des cristaux taillés,[13] en répétant : «Mais regarde donc comme c'est bien fait. On jurerait du vrai.»

Il souriait en déclarant : «Tu as des goûts de Bohémienne.»

Quelquefois, le soir, quand ils demeuraient en tête-à-tête au coin du feu, elle apportait sur la table où ils prenaient le thé la boîte de maroquin où elle enfermait la «pacotille»,[14] selon le mot de M. Lantin; et elle se mettait à examiner ces bijoux imités avec une attention passionnée, comme si elle eût savouré quelque jouissance secrète et profonde; et elle s'obstinait à passer un collier au cou de son mari pour rire ensuite de tout son cœur en s'écriant : «Comme tu es drôle!» Puis elle se jetait dans ses bras et l'embrassait éperdument.

Comme elle avait été à l'Opéra, une nuit d'hiver, elle rentra toute frissonnante de froid. Le lendemain elle toussait.[15] Huit jours plus tard elle mourait d'une fluxion de poitrine.[16]

Lantin faillit la suivre dans la tombe. Son désespoir fut si terrible que ses cheveux devinrent blancs en un mois. Il pleurait du matin au soir, l'âme déchirée d'une souffrance intolérable, hanté△ par le souvenir, par le sourire, par la voix, par tout le charme de la morte.

Le temps n'apaisa point sa douleur. Souvent pendant les heures du bureau, alors que les collègues s'en venaient causer un peu des choses du jour, on voyait soudain ses joues se gonfler, son nez se plisser,[17] ses yeux s'emplir d'eau; il faisait une grimace affreuse et se mettait à sangloter.[18]

Il avait gardé intacte la chambre de sa compagne où il s'enfermait tous les jours pour penser à elle; et tous les meubles, ses

10. Que lui disait son mari à propos de ses bijoux?

11. Comment répondait-elle?

12. Qu'admirait-elle dans ses bijoux?

13. Qu'aimait-elle faire le soir?

14. Que faisait-elle quelquefois d'un de ses colliers?

15. Que lui arriva-t-il?

16. Quelle fut la réaction de son mari?

17. Que faisait-il au bureau?

pierres fines    *bracelets in imitation gold, combs decorated with various glass beads that imitated precious stones*
[12] clinquant    *imitation jewelry, from* clinquer    *to clink*
[13] Elle faisait miroiter les facettes des cristaux taillés    *she would make the facets of the cut cristal reflect the light*
[14] pacotille?    Le mot est défini dans le texte.
[15] tousser    *to cough*
[16] une fluxion de poitrine    une pneumonie
[17] on voyait soudain ses joues se gonfler, son nez se plisser    *suddenly you would see his cheeks swell up, his nose wrinkle*
[18] sangloter    utilisez le contexte. Que fait-il?

vêtements mêmes demeuraient à leur place comme ils se trouvaient au dernier jour.

Mais la vie se faisait dure pour lui. Ses appointements, qui,
entre les mains de sa femme, suffisaient à tous les besoins du
ménage, devenaient, à présent, insuffisants pour lui tout seul. Et
il se demandait avec stupeur△ comment elle avait su s'y prendre
pour lui faire boire toujours des vins excellents et manger des
nourritures délicates qu'il ne pouvait plus se procurer avec ses
modestes ressources.

Il fit quelques dettes et courut après l'argent à la façon des
gens réduits△ aux expédients. Un matin enfin, comme il se trouvait sans un sou, une semaine entière avant la fin du mois, il
songea à vendre quelque chose; et tout de suite la pensée lui
vint de se défaire de la «pacotille» de sa femme, car il avait gardé
au fond du cœur une sorte de rancune contre ces «trompe-
l'œil» [19] qui l'irritaient autrefois. Leur vue même, chaque jour, lui
gâtait un peu le souvenir de sa bien-aimée.

Il chercha longtemps dans le tas de clinquants qu'elle avait
laissés, car jusqu'aux derniers jours de sa vie elle en avait acheté
obstinément, rapportant presque chaque soir un objet nouveau,
et il se décida pour le grand collier qu'elle semblait préférer, et
qui pouvait bien valoir, pensait-il, six ou huit francs, car il était
vraiment d'un travail très soigné pour du faux.

18. Que faisait-il
chez lui?

19. Quel autre
changement y
eut-il dans sa vie?

20. Qu'est-ce qu'il
décida de faire?

21. Pourquoi prit-il
un certain plaisir à
cette décision?

22. Pourquoi
choisit-il le grand
collier?

[19] **«trompe-l'œil»**   bijouteries fausses, clinquants. Le mot est formé par le verbe
**tromper** (*to deceive*) + le nom **œil** (*eye*).

# Activités

## RÉSUMÉ DE L'ACTION: PHRASES À COMPLÉTER

A. Faites un résumé de l'action en choisissant la terminaison qui
convient à chacune des phrases suivantes.
1. Monsieur Lantin a rencontré cette jeune fille
   a.  dans la rue
   b.  au théâtre
   c.  dans une soirée
2. Ce qui l'attirait en elle c'était
   a.  sa beauté modeste
   b.  son argent
   c.  sa famille

3. Elle avait toujours aux lèvres
   a.  une cigarette russe
   b.  un bijou magnifique
   c.  un sourire imperceptible
4. Il n'aimait pas aller au théâtre avec sa femme parce que
   a.  ça coûtait trop cher et il avait des dettes
   b.  ça le fatiguait affreusement après sa journée de travail
   c.  tous les hommes tournaient autour d'elle et il était jaloux
5. Quand elle sortait le soir, on admirait en elle la simplicité
   a.  de son mari
   b.  de ses toilettes
   c.  de ses pièces
6. Quand elle dit «On jurerait du vrai», elle parle
   a.  de son mari
   b.  des pièces en vogue
   c.  de ses bijouteries
7. Elle semble savourer quelque jouissance secrète et profonde quand elle
   a.  se jette dans les bras de son mari
   b.  examine ses bijoux imités
   c.  rentre toute frissonnante de froid
8. D'après M. Lantin, puisqu'ils n'ont pas le moyen de se payer des bijoux véritables, elle devrait
   a.  ne se montrer parée que de sa beauté et de sa grâce
   b.  en obtenir de ses amies qui lui procurent des loges
   c.  porter des colliers de perles fausses et des cailloux du Rhin
9. Elle répond à ses reproches en lui disant «on ne se refait pas». Autrement dit elle
   a.  lui demande s'il regrette de l'avoir épousée
   b.  promet de ne plus recommencer
   c.  prétend qu'elle ne peut pas s'en empêcher
10. Quand sa femme mourut Lantin faillit
    a.  apaiser sa douleur
    b.  gagner de l'argent
    c.  la suivre dans la tombe
11. Un collègue voit soudain ses joues se gonfler, son nez se plisser, ses yeux s'emplir d'eau. Que se passe-t-il?
    a.  Il s'agit d'une fluxion de poitrine.
    b.  Lantin pleure encore la mort de sa femme.
    c.  Lantin se moque de son collègue.
12. Ce qui restait absolument le même qu'au dernier jour c'était
    a.  les meubles et les vêtements dans la chambre de sa femme
    b.  les vins excellents et les nourritures délicates dont il avait pris l'habitude
    c.  sa décision de garder intact tout ce qui avait appartenu à sa femme, y compris les bijoux

13. Ce qui a changé après la mort de sa femme c'est
    a. l'attitude de Lantin envers ce qu'il appelait la «pacotille» de sa femme
    b. la qualité et la quantité de ce qu'il mangeait et buvait
    c. les appointements qu'il recevait
14. Son attitude envers les bijouteries fausses de sa femme était devenue après sa mort une sorte
    a. de nostalgie
    b. d'affection
    c. de rancune
15. Il chercha longtemps dans le tas de clinquants parce que:
    a. ça lui rappelait les jours heureux
    b. cela lui faisait oublier sa peine
    c. il avait décidé de vendre quelque chose
16. Il se décida pour le grand collier qu'elle semblait préférer parce que
    a. c'était d'un travail très soigné pour du faux
    b. c'était le collier qu'elle lui avait passé autour du cou
    c. c'était le bijou qui l'irritait le plus

## RÉSUMÉ DE L'ACTION: LES PERSONNAGES

B. Résumez l'action en identifiant le personnage qui prononce ou pourrait prononcer les phrases suivantes.
    1. Il sera plus facile de lui trouver un mari convenable à Paris que dans la province.
    2. Nous organisons une petite soirée et j'espère que nous aurons le plaisir de vous y voir, mon cher Lantin.
    3. Heureux celui qui la prendra. On ne pourrait trouver mieux.
    4. Cette jeune fille est adorable. Je vais demander sa main.
    5. Je t'ai procuré une loge pour une pièce qui est très en vogue.
    6. Que veux-tu? C'est mon vice. J'aurais adoré les bijoux, moi.
    7. Monsieur, vous aurez besoin de tout votre courage. Cette fluxion de poitrine de votre femme est très, très grave.
    8. Je suis passé dans son bureau l'autre jour et tout à coup il s'est mis à sangloter, le pauvre type.
    9. J'y travaillais avant la mort de sa femme, mais il m'a dit qu'il ne peut plus me garder. Il paraît qu'il a fait des dettes.
    Si vous ne trouvez pas la réponse, vous pouvez la chercher dans la liste suivante.

    a. une amie de Mme Lantin
    b. l'ancienne bonne des Lantin
    c. un des collègues de M. Lantin
    d. M. Lantin
    e. Mme Lantin
    f. le médecin que M. Lantin a fait venir
    g. la mère de la future Mme Lantin

h. le sous-chef de bureau
   de M. Lantin

i. tous ceux qui connais-
   saient cette jeune fille
   angélique

## RÉSUMÉ DE L'ACTION: LES LIEUX

C. Résumez l'action en identifiant les endroits précisés dans les phrases suivantes.
   1. où Lantin a rencontré la femme qu'il va épouser
   2. où Madame Lantin aime prendre place quand elle va voir une
      pièce en vogue
   3. où Madame Lantin enferme ses bijoux imités
   4. où elle aime mettre son collier de perles pour rire ensuite de
      tout son cœur
   5. où elle est allée le soir d'hiver où elle est rentrée toute frisson-
      nante de froid
   6. où Lantin faillit la suivre après sa mort
   7. où Lantin se trouvait quand un de ses collègues le vit soudain se
      mettre à sangloter
   8. où tous les meubles et les vêtements demeuraient intacts de-
      puis la mort de Madame Lantin

Si vous ne trouvez pas la réponse, vous pouvez la chercher dans la
liste suivante.

a. dans une boîte en
   maroquin
b. dans son bureau au
   ministère de l'Intérieur
c. dans la chambre de
   Madame Lantin

d. chez son chef de bureau
e. au cou de son mari
f. dans une loge
g. à l'Opéra
h. dans la tombe

## SUJETS DE DISCUSSION ORALE OU ÉCRITE

Le Portrait d'un mariage

Le Mari

1. A partir de la liste suivante, précisons les qualités qui l'enchantent
   dans sa femme.
   son apparence physique
   son caractère
   la manière qu'elle a avec lui quand ils sont en tête-à-tête
   sa façon de gouverner sa maison
2. Qu'est-ce qu'il blâme en elle?
3. Qu'est-ce qu'il n'aime pas faire le soir quand il rentre du travail, et
   pourquoi est-ce que cela présente un problème?

4. Quelle solution suggère-t-il et pourquoi sa femme hésite-t-elle à accepter sa suggestion? (Cette hésitation semble-t-elle caractéristique, étant donné ce que nous savons d'elle?)

5. Que lui dit-il à propos de ses bijouteries? Caractérisez le ton de ses remarques. Quelle attitude manifeste-t-il envers le goût, le jugement et l'intelligence de sa femme?

La Femme

1. Dans quel espoir la mère amène-t-elle sa fille à Paris? Quelle ambition a-t-elle pour sa fille? Est-ce que les mères ont encore la même ambition pour leurs filles aujourd'hui? Et les filles, que veulent-elles?

2. Quelle impression la jeune fille fait-elle? Quelle expression voit-on toujours sur son visage? Comment les autres interprètent-ils cette expression? Savons-nous vraiment ce qui se passe dans son cœur?

3. Qu'est-ce qu'elle aime dans la vie? Est-ce que ces deux goûts s'harmonisent parfaitement avec sa modestie et sa pudeur? (D'après les opinions reçues, quelle sorte de femme aime porter les bijouteries fausses, les clinquants?)

4. Quel contraste semble-t-il y avoir entre ses bijoux et ses toilettes?

5. Comment répond-elle quand son mari lui reproche son goût pour les bijouteries fausses? Se montre-t-elle indépendante, agressive?

6. Est-elle une femme-enfant, ou une femme qui sait organiser et gouverner un ménage, ou les deux à la fois? Discutez.

7. Qui vous intéresse le plus, le mari ou la femme? Qui semble avoir le plus de goût pour la vie? le plus de vitalité? le plus d'intelligence?

# CHAPITRE 15
# LES BIJOUX (II)

## *Préparation à la lecture*

## LEXIQUE

### MOT APPARENTÉ

Le marchand est derrière son **comptoir**.     counter

### MOTS PARTIELLEMENT APPARENTÉS

| | | |
|---|---|---|
| Il doit **réfléchir**. | to reflect | to think |
| Il fait **estimer** les bijoux. | estimate | appraise |
| Il admire ce **morceau**. | morsel | piece |
| Quelle est **leur provenance**? | provenience | origin |
| C'est d'une **succession**. | 1. succession | 2. inheritance |
| Il va trouver un **acquéreur**. | acquirer | buyer |
| Il ne vivra plus dans la **misère**. | 1. misery | 2. poverty |
| Il va **placer** son argent. | to place | to invest |
| Les **passants** vont le regarder. | passing | passers-by |
| Il aura un **équipage**. | equipage | carriage |
| Il y pense avec une certaine **coquetterie**. | 1. coquetry | 2. pride |

| Il se sent **empourprer**. | empurple | turn purple |
|---|---|---|
| Le théâtre ne l'**ennuie** plus. | 1. annoy | 2. bore |

## MOTS-CLÉS

| | |
|---|---|
| **A mesure qu**'il les examine il s'étonne de plus en plus. | gradually as |
| Il n'a jamais connu **pareille** surprise. | such a |
| Les deux bijoux sont **pareils**. | alike |
| Il les fait estimer **ailleurs**. | elsewhere |

## VOCABULAIRE

| | |
|---|---|
| Le pauvre **veuf** | widower |
| **se mouche** | blows his nose |
| dans son **mouchoir**. | handkerchief |
| Il se **mord** les lèvres. | bites |
| La solitude ne lui **convient** pas. | suit |
| Il n'a jamais fréquenté **les filles**. | prostitutes |
| Il est **honteux**. | ashamed |
| Il est **fâché** contre lui-même. | angry |
| Il ne veut pas montrer sa **honte**. | shame |
| Il sent du **mépris** pour lui-même. | scorn |
| Il ne veut pas **étaler** son chagrin. | display |
| Il a peur qu'on va **rire**. | laugh |
| Il n'est pas sorti depuis **l'avant-veille**. | the day before yesterday |
| Après quelques heures de **sommeil** il se lève. | sleep |
| Il a besoin de **se remuer**. | to move around |
| Il se promène **de long en large**. | back and forth |
| Puis il **gagne** la rue | reaches |
| pleine de **flâneurs**. | strollers |
| Il est **prêt** à vendre un des bijoux. | ready |
| Le marchand examine la **bague**. | ring |
| Il **la soupèse**. | feels the weight of it |
| Lantin est **gêné** par cette cérémonie. | embarrassed |
| Le marchand pense **flairer** un vol. | smell out |
| Il se demande si c'est vraiment un **cadeau**. | gift |
| Doit-il le prendre **au mot**? | at his word |

| | |
|---|---|
| Il ne veut pas **se méprendre**. | to make a mistake |
| D'abord Lantin **balbutiait** d'étonnement. | stammered |
| Maintenant il parle **haut**. | loud |
| Il **plie** le billet de banque et s'en va. | folds |

# GRAMMAIRE

### REPRISE: LES ADJECTIFS ET PRONOMS DÉMONSTRATIFS

The demonstrative adjectives are **ce**, **cet**, **cette**—*this* or *that*—and **ces**—*these* or *those*. Added to the noun that follows the demonstrative adjective, the particle **-ci** specifies *this* and **-là** specifies *that*.

| | |
|---|---|
| ce soir-**là** | *that* evening |
| pour cette raison-**ci** | for *this* reason |

The demonstrative pronouns without a specific antecedent are **ceci**—*this*—and **cela** or **ça**—*that* or *it*.

| | |
|---|---|
| Que veux-tu? J'aime **ça**. | What can I say? I like *it*. |
| **Ceci** ennuyait Lantin. | *This* bothered Lantin. |
| **Cela** n'a aucune valeur. | *It* has no value. |

The demonstrative pronoun **ce** followed by **être** in the third person may mean *it, he, she, this,* or *that* before the singular, or *they, these,* or *those* before the plural.

| | |
|---|---|
| Mme Lantin? **C'**est une femme charmante. | Mme Lantin? *She* is a charming woman. |
| Que veux-tu? **C'**est mon vice. | What can I say? *It'*s my vice. |
| **Ce** sont des bijoux de valeur. | *They* are jewels of value. |
| **C'**est absolument incroyable! | *That'*s absolutely incredible! |

The demonstrative pronouns with a specific antecedent are **celui**, **celle**, **ceux**, and **celles**. They are followed by **-ci**, **-là**, **de** or a relative pronoun. **Celui** and **celle** are translated by *this one, that one* or *the one*, **ceux** and **celles** by *these, those,* or *the ones*. When followed by **de** and a noun they are often translated by a noun in the possessive construction.

| | |
|---|---|
| Parmi tous ces bijoux, il a choisi **celui-ci**. Mais **ceux** qui connaissent les bijoux préfèrent **celui-là**. | Among all these jewels, he chose *this one*. But *those* who know jewelry prefer *that one*. |
| J'aime tous ces contes, mais surtout **ceux** de Maupassant. | I like all these stories but especially Maupassant's. |

The demonstrative pronoun may be translated in other ways too, depending on the context. Sometimes it is best simply to repeat the noun that the pronoun stands for.

| | |
|---|---|
| Heureux **celui** qui l'épouse. | Happy *he* who marries her. or: *Whoever* marries her is a lucky fellow. |
| Elle avait deux goûts: **celui** du théâtre, et **celui** des bijoux. | She had two likings: *one* for the theatre and *another* for jewelry. or: *a liking* for the theatre and *a liking* for jewelry. |
| Sa figure est **celle** d'un vieillard. | His face is *that* of an old man. or: His face is *the face* of an old man. |

**Celui-ci**, **celui-là** and their plural and feminine forms have another meaning: *the former* and *the latter*. **Celui-ci**, the closer one, is *the latter,* and **celui-là**, the more distant one, is *the former.* However, they are used much more frequently than are *the former* and *the latter* in English and should usually be translated by repeating the noun, or, if the reference is clear, by using the appropriate pronoun.

| | |
|---|---|
| Le commerçant et Lantin se regardèrent. **Celui-ci** finit par parler. | The shopkeeper and Lantin looked at each other. *Lantin* (or *The latter*) finally spoke. |
| Je montrai la bague à l'orfèvre. **Celui-ci** l'examina attentivement. | I showed the ring to the jeweler. *He* examined it attentively. |

## POUR MIEUX COMPRENDRE

Cognate recognition is an essential part of understanding what you read in French. Those who read relatively well use it instinctively without giving the matter much thought. It can be useful, however, to review the various kinds of cognates one is likely to encounter and to consider the various levels of difficulty they present.

In the first place, there are loan words borrowed directly from the French with few if any changes in the spelling.

| | |
|---|---|
| Several players are **hors de combat**. | *out of the fight, unable to participate, disabled* |

Of course, you may not know or may have forgotten the meaning of these loan words. In that case, learning them offers the double advantage of expanding your vocabulary both in French and in English. The same can be said for words whose English cognates are of lower frequency than their French counterparts, and which some readers may not know.

Quand il fut fait prisonnier    *to vociferate* (i.e. *to shout*, **crier**)
il se mit à **vociférer**.

# EXERCICES

## RÉSUMÉ DE LA GRAMMAIRE

1. Elle aime toutes les pièces de théâtre, mais **celles** qu'elle préfère sont les comédies.
2. L'attitude de Lantin envers le théâtre et **celle** de sa femme ne se ressemblent guère.
3. Il n'aime pas y aller. **Ça** l'ennuie.
4. Vous verrez deux portes. Entrez par **celle** de droite.
5. **Celui** qui gagne à la loterie ne manque jamais d'amis.
6. Que fait Lantin? **C'**est un fonctionnaire.

## LES MOTS APPARENTÉS

A. Les mots en caractères gras dans les phrases suivantes sont des mots d'emprunt (*loan words*). Expliquez—en français, si possible—ce qu'ils veulent dire.
   1. She doesn't seem to have a **sou**, yet you often see her in the best **boutiques**.
   2. She likes to go to **soirees**. He prefers a **tête-à-tête**.
   3. Maupassant made his **debut** in what remained his favorite **genre**: the short story.
B. Les mots en caractères gras dans les phrases suivantes sont des mots apparentés. Les mots apparentés anglais sont indiqués. Expliquez—en français, si possible—ce qu'ils veulent dire.
   1. C'était un **fonctionnaire** assez mal payé.
      Mot apparenté: functionary
   2. Maintenant il se promène dans le Bois dans son propre **équipage**.
      Mot apparenté: equipage
   3. On se demande quelle est la **provenance** de cette fortune.
      Mots apparentés: provenience, provenance
   4. Par ce traité la France a **cédé** le Canada à la Grande Bretagne.
      Mot apparenté: to cede
   5. Il gardait une certaine **rancune** contre les bijoux de sa femme.
      Mot apparenté: rancor

# VOCABULAIRE ET MOTS-CLÉS

A. Changez le sens du passage suivant en remplaçant les mots en caractères gras par un mot qui signifie le contraire.

- a. l'avant-veille
- b. cacher
- c. déplaisait
- d. fâché
- e. honte
- f. tout bas

**Deux jours plus tard** (1) il avait hérité d'une fortune. Dès qu'il apprit la nouvelle il était possédé par l'**orgueil** (2) . Il voulait **étaler** (3) sa bonne fortune à tout le monde. Il en parlait **haut** (4) . Il était vraiment **content** (5) de voir tout le monde au courant. Cela lui **convenait** (6) tout à fait.

B. Lisez le passage suivant en remplaçant les mots en caractères gras par un synonyme.

- a. ailleurs *elsewhere*
- b. flâneurs *strollers*
- c. gagné *reaches*
- d. gêné *embarrassed*
- e. méprendre
- f. mépris *scorn*
- g. pareil *alike*
- h. prendre au mot
- i. prêt *ready*

Dans la rue, Lantin avait la vague impression que les **passants** (1) le regardaient avec un sentiment de supériorité ou même de **dégoût** (2) , et il se sentait **embarrassé** (3) . Mais quand il eut **atteint** (4) la boutique une surprise l'attendait, une surprise pour laquelle il n'était pas **préparé** (5) . Le marchand lui dit que le collier était non seulement **similaire** (6) à un bijou authentique, mais en effet un vrai bijou. Fallait-il le **croire** (7) , ce joaillier? Est-ce qu'un expert pourrait se **tromper** (8) ? Il décida de le faire estimer **dans une autre boutique** (9) .

C. Remplissez les tirets dans les phrases suivantes par le mot convenable.

- a. bague
- b. cadeau
- c. flaire
- d. mordre
- e. mouche
- f. mouchoir
- g. plier
- h. rire
- i. veuf

1. Le bijou qu'on porte au doigt s'appelle une ____ .
2. Il fait chaud. Il s'essuie le front avec son ____ .
3. Le chien de chasse a bon nez. Il ____ sa proie.
4. Ce chien est dangereux. Il est capable de vous ____ .
5. Cette bague ne m'a rien coûté. Un ami me l'a offerte en ____ .
6. Elle a pris froid, la pauvre femme. Elle tousse et se ____ constamment.
7. Sa femme est morte. Il est resté ____ .
8. Avant de mettre la feuille de papier dans l'enveloppe il faut la ____ en deux.
9. Quand une chose très drôle arrive on a envie de ____ .

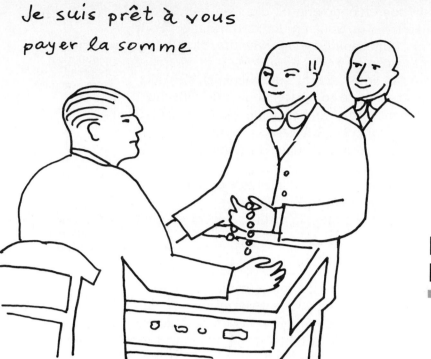

Je suis prêt à vous payer la somme

# LES
# BIJOUX (II)

Il le mit en sa poche et s'en alla vers son ministère en suivant les boulevards, cherchant une boutique de bijoutier qui lui inspirât confiance.

1. Que cherche-t-il?

Il en vit une enfin et entra, un peu honteux d'étaler ainsi sa misère et de chercher à vendre une chose de si peu de prix.

2. Pourquoi a-t-il honte?

«Monsieur, dit-il au marchand, je voudrais bien savoir ce que vous estimez ce morceau.»

L'homme reçut l'objet, l'examina, le retourna, le soupesa, prit une loupe,[1] appela son commis, lui fit tout bas des remarques, reposa le collier sur son comptoir et le regarda de loin pour mieux juger de l'effet.

3. Décrivez ou imitez les gestes du bijoutier.

M. Lantin, gêné par toutes ces cérémonies, ouvrait la bouche pour déclarer : «Oh! je sais bien que cela n'a aucune valeur»,— quand le bijoutier prononça :

4. Qu'est-ce que M. Lantin faillit dire?

«Monsieur, cela vaut de douze à quinze mille francs; mais je ne pourrais l'acheter que si vous m'en faisiez connaître exactement la provenance.»

Le veuf ouvrit des yeux énormes et demeura béant,[2] ne comprenant pas. Il balbutia enfin : «Vous dites?... Vous êtes sûr?»

5. Pourquoi le veuf a-t-il l'air étonné?

[1] **loupe**      verre qui grossit les objets
[2] **béant**      *gaping with astonishment*

L'autre se méprit sur son étonnement, et, d'un ton sec : «Vous pouvez chercher ailleurs si on vous en donne davantage. Pour moi cela vaut, au plus, quinze mille. Vous reviendrez me trouver si vous ne trouvez pas mieux.»

M. Lantin, tout à fait idiot,[3] reprit son collier et s'en alla, obéissant à un confus besoin de se trouver seul et de réfléchir.

Mais, dès qu'il fut dans la rue, un besoin de rire le saisit, et il pensa : «L'imbécile! oh! l'imbécile! Si je l'avais pris au mot tout de même! En voilà un bijoutier qui ne sait pas distinguer le faux du vrai!»

Et il pénétra chez un autre marchand à l'entrée de la rue de la Paix. Dès qu'il eut aperçu le bijou, l'orfèvre[4] s'écria :

«Ah! parbleu;[5] je le connais bien, ce collier, il vient de chez moi.»

M. Lantin, fort troublé, demanda :

«Combien vaut-il?

—Monsieur, je l'ai vendu vingt-cinq mille. Je suis prêt à le reprendre pour dix-huit mille, quand vous m'aurez indiqué, pour obéir aux prescriptions légales, comment vous en êtes détenteur.[6]» Cette fois M. Lantin s'assit perclus[7] d'étonnement. Il reprit : «Mais... mais, examinez-le bien attentivement, Monsieur, j'avais cru jusqu'ici qu'il était en... faux.»

Le joaillier reprit : «Voulez-vous me dire votre nom, Monsieur?

—Parfaitement. Je m'appelle Lantin, je suis employé au ministère de l'Intérieur, je demeure 16, rue des Martyrs.»

Le marchand ouvrit ses registres,△ rechercha, et prononça : «Ce collier a été envoyé en effet à l'adresse de Mᵐᵉ Lantin, 16, rue des Martyrs, le 20 juillet 1876.»

Et les deux hommes se regardèrent dans les yeux, l'employé éperdu de surprise, l'orfèvre flairant un voleur.

Celui-ci reprit: «Voulez-vous me laisser cet objet pendant vingt-quatre heures seulement, je vais vous en donner un reçu?[8]»

M. Lantin balbutia: «Mais oui, certainement.» Et il sortit en pliant le papier qu'il mit dans sa poche.

Puis il traversa la rue, la remonta, s'aperçut qu'il se trompait de route, redescendit aux Tuileries, passa la Seine, reconnut encore son erreur, revint aux Champs-Elysées sans une idée nette

6. Comment le bijoutier se méprend-il sur cette réaction?

7. Quelle opinion Lantin a-t-il de ce bijoutier?

8. Mais que lui dit le deuxième marchand?

9. Quelle offre le marchand fait-il et sous quelles conditions?

10. Pourquoi M. Lantin hésite-t-il à croire ce qu'il entend?

11. Où a-t-on envoyé le collier?

12. Pourquoi le marchand est-il méfiant?

---

[3] **idiot**     (ici) étonné
[4] **orfèvre**     bijoutier
[5] **parbleu!**     mais bien sûr!
[6] **comment vous en êtes détenteur**     comment il est entré en votre possession
[7] **perclus**     paralysé
[8] **un reçu?**     Utilisez le contexte. Que vous donne un marchand quand vous lui laissez un objet de valeur?

dans la tête. Il s'efforçait de raisonner, de comprendre. Sa femme n'avait pu acheter un objet d'une pareille valeur.—Non, certes.△—Mais alors, c'était un cadeau! Un cadeau! Un cadeau de qui? Pourquoi?

Il s'était arrêté, et il demeurait debout au milieu de l'avenue. Le doute horrible l'effleura.[9]—Elle?—Mais alors tous les autres bijoux étaient aussi des cadeaux! Il lui sembla que la terre remuait; qu'un arbre, devant lui, s'abattait,[10] il étendit les bras et s'écroula, privé△ de sentiment.[11]

Il reprit connaissance dans la boutique d'un pharmacien△ où les passants l'avaient porté. Il se fit reconduire chez lui, et s'enferma.

Jusqu'à la nuit il pleura éperdument, mordant un mouchoir pour ne pas crier. Puis il se mit au lit accablé[12] de fatigue et de chagrin, et il dormit d'un pesant sommeil.

Un rayon de soleil le réveilla, et il se leva lentement pour aller à son ministère. C'était dur de travailler après de pareilles secousses.[13] Il réfléchit alors qu'il pouvait s'excuser auprès de son chef; et il lui écrivit. Puis il songea qu'il fallait retourner chez le bijoutier; et une honte l'empourpra. Il demeura longtemps à réfléchir. Il ne pouvait pourtant pas laisser le collier chez cet homme, il s'habilla et sortit.

Il faisait beau, le ciel bleu s'étendait sur la ville qui semblait sourire. Des flâneurs allaient devant eux,[14] les mains dans leurs poches.

Lantin se dit, en les regardant passer : «Comme on est heureux quand on a de la fortune! Avec de l'argent on peut secouer[15] jusqu'aux chagrins, on va où l'on veut, on voyage, on se distrait! Oh! si j'étais riche!»

Il s'aperçut qu'il avait faim, n'ayant pas mangé depuis l'avant-veille. Mais sa poche était vide, et il se ressouvint du collier. Dix-huit mille francs! Dix-huit mille francs! C'était une somme,△ cela!

Il gagna la rue de la Paix et commença à se promener de long en large sur le trottoir, en face de la boutique. Dix-huit mille francs! Vingt fois il faillit entrer; mais la honte l'arrêtait toujours.

13. Que se demande M. Lantin et quelle réponse trouve-t-il finalement?
14. Que lui arrive-t-il?

15. Que fit-il quand on l'eut ramené chez lui?

16. Pourquoi écrit-il à son chef?

17. Pourquoi doit-il retourner chez le bijoutier, et pourquoi ne veut-il pas le faire?

18. A quoi pense-t-il dans la rue, et quelle idée lui vient soudain à l'esprit?

19. Que fait-il devant la boutique?

[9] **le doute horrible l'effleura**    le doute horrible entra dans son esprit. (Il se rend compte que sa femme avait un amant qui lui avait donné tous ces bijoux.)
[10] **un arbre s'abattait**    un arbre tombait
[11] **il s'écroula, privé de sentiment**    *he fell, unconscious*
[12] **accablé**    *overwhelmed*
[13] **une secousse**    *a shock, a shaking up*
[14] **allaient devant eux**    *were strolling along*
[15] **secouer**    *to shake off*

Il avait faim pourtant, grand'faim, et pas un sou. Il se décida brusquement, traversa la rue en courant, pour ne pas se laisser le temps de réfléchir et il se précipita chez l'orfèvre.

Dès qu'il l'aperçut, le marchand s'empressa, offrit un siège avec une politesse souriante. Les commis eux-mêmes arrivèrent, qui regardaient de côté Lantin, avec des gaietés dans les yeux et sur les lèvres.

Le bijoutier déclara : «Je me suis renseigné, Monsieur, et si vous êtes toujours dans les mêmes dispositions, je suis prêt à vous payer la somme que je vous ai proposée.»

L'employé balbutia : «Mais certainement.»

L'orfèvre tira d'un tiroir[16] dix-huit grands billets, les compta, les tendit à Lantin, qui signa un petit reçu et mit d'une main frémissante l'argent dans sa poche.

Puis, comme il allait sortir, il se tourna vers le marchand qui souriait toujours, et, baissant les yeux : «J'ai... j'ai d'autres bijoux... qui me viennent... de la même succession. Vous conviendrait-il de me les acheter aussi?»

Le marchand s'inclina : «Mais certainement, Monsieur.» Un des commis sortit pour rire à son aise; un autre se mouchait avec force.

Lantin impassible, rouge et grave, annonça : «Je vais vous les apporter.»

Et il prit un fiacre[17] pour aller chercher les joyaux.

Quand il revint chez le marchand, une heure plus tard, il n'avait pas encore déjeuné. Ils se mirent à examiner les objets pièce à pièce, évaluant chacun. Presque tous venaient de la maison.[18]

Lantin, maintenant, discutait les estimations, se fâchait, exigeait qu'on lui montrât les livres de vente, et parlait de plus en plus haut à mesure que s'élevait la somme.

Les gros brillants d'oreilles[19] valent vingt mille francs, les bracelets trente-cinq mille, les broches, bagues, et médaillons seize mille, une parure[20] d'émeraudes et de saphirs quatorze mille; un solitaire suspendu à une chaîne d'or formant collier quarante mille; le tout atteignant le chiffre[21] de cent quatre-vingt-seize mille francs.

20. Comment entre-t-il chez le bijoutier?
21. Quelle est l'attitude du marchand? des commis? (De quoi se sont-ils rendu compte?)
22. Quelle proposition le marchand lui fait-il?

23. D'après M. Lantin, d'où lui viennent ces bijoux?
24. Quelle proposition fait-il au marchand?

25. Pourquoi quitte-t-il la boutique?

26. Comment l'attitude de M. Lantin change-t-elle au cours de la discussion?

---

[16] **tiroir**      *drawer*
[17] **fiacre**      *horse-drawn cab*
[18] **de la maison**      c'est à dire de la boutique du même marchand. Un des sens du mot **maison** c'est *firm, company.*
[19] **brillants d'oreille**      diamants qu'on pend à l'oreille
[20] **parure**      collier
[21] **chiffre**      Utilisez le contexte

Le marchand déclara avec une bonhomie railleuse:[22] «Cela vient d'une personne qui mettait toutes ses économies en bijoux.»

Lantin prononça gravement : «C'est une manière comme une autre de placer son argent.» Et il s'en alla après avoir décidé avec l'acquéreur qu'une contre-expertise[23] aurait lieu le lendemain.

Quand il se trouva dans la rue, il regarda la colonne Vendôme avec l'envie d'y grimper, comme si c'eût été un mât de cocagne.[24] Il se sentait léger à jouer à saute-mouton[25] par-dessus la statue de l'Empereur perché là-haut dans le ciel.

Il alla déjeuner chez Voisin et but du vin à vingt francs la bouteille.

Puis il prit un fiacre et fit un tour au Bois.[26] Il regardait les équipages avec un certain mépris, oppressé du désir de crier aux passants : «Je suis riche aussi, moi. J'ai deux cent mille francs!»

Le souvenir de son ministère lui revint. Il s'y fit conduire, entra délibérément chez son chef et annonça : «Je viens, Monsieur, vous donner ma démission.[27] J'ai fait un héritage de trois cent mille francs.» Il alla serrer la main de ses anciens collègues et leur confia ses projets d'existence nouvelle; puis il dîna au café Anglais.

Se trouvant à côté d'un monsieur qui lui parut distingué, il ne put résister à la démangeaison[28] de lui confier, avec une certaine coquetterie, qu'il venait d'hériter de quatre cent mille francs.

Pour la première fois de sa vie il ne s'ennuya pas au théâtre, et il passa sa nuit avec des filles.

Six mois plus tard il se remariait. Sa seconde femme était très honnête, mais d'un caractère difficile. Elle le fit beaucoup souffrir.

27. Quelle supposition railleuse le marchand fait-il sur la personne qui a laissé les bijoux à M. Lantin?

28. De quelle humeur est M. Lantin en sortant?

29. Que veut-il crier à tout le monde?

30. Pourquoi va-t-il au ministère?

31. Que dit-il au monsieur au café Anglais?

32. Que fit-il ce soir-là?

33. Comment sa vie changea-t-elle après six mois?

[22] **avec une bonhomie railleuse**   *with a mocking cheeriness*
[23] **contre-expertise**   *counter-appraisal*
[24] **il regarda la colonne Vendôme avec l'envie d'y grimper, comme si c'eût été un mât de cocagne.**   *he looked at the colonne Vendôme and felt like clambering up it as if it were a Maypole.*
La colonne Vendôme, une colonne haute de 43 mètres et surmontée d'une statue de l'empereur Napoléon, située au milieu de la place Vendôme, serait un des premiers objets qu'il verrait en sortant d'une bijouterie se trouvant «à l'entrée de la rue de la Paix». Les bijouteries les plus célèbres de Paris se trouvent, encore aujourd'hui, sur la place Vendôme ou tout près.
[25] **saute-mouton**   *leapfrog; literally: leapsheep*
[26] **au Bois**   le Bois de Boulogne, grand parc à l'ouest de Paris. Les gens à la mode s'y promenaient en équipage.
[27] **démission**   Utilisez le contexte. Pourquoi Lantin entre-t-il chez son chef?
[28] **démangeaison**   *itch*

# Activités

A. Résumez l'action en corrigeant les phrases fausses.

1. Lantin part à la recherche d'une boutique de joaillier.
2. Il se sent un peu honteux de vouloir vendre le collier parce que sa femme avait tant aimé le porter.
3. Le premier bijoutier jette un coup d'œil sur le collier et lui donne aussitôt son estimation.
4. Lantin est sur le point de dire qu'il sait que ça ne vaut rien quand le bijoutier lui donne son estimation du morceau.
5. Le bijoutier lui fait une offre sans y attacher aucune condition.
6. Le veuf prend la précaution de cacher son étonnement.
7. Le bijoutier a l'impression que Lantin trouve son offre insuffisante.
8. Lantin prend le bijoutier pour un imbécile.
9. Le deuxième bijoutier examine le collier longuement sous la loupe avant de se prononcer.
10. Il avait lui-même envoyé ce collier, le 20 juillet 1876, à Mme Lantin, 16 rue des Martyrs.
11. Lantin se rend compte tout de suite que le collier devait être un cadeau d'un amant de sa femme.
12. Lantin se méfie du bijoutier quand celui-ci lui demande de lui laisser le collier pendant vingt-quatre heures.
13. Le bijoutier croit flairer un voleur.
14. Quand Lantin se rend compte de la vérité le choc est tel qu'il laisse tomber son reçu.
15. Il décide d'oublier son chagrin en allant au ministère se remettre au travail.
16. Quand il voit les flâneurs qui vont devant eux sous le ciel bleu, il se dit: «Oh! si j'étais riche!»
17. Il a faim, grand'faim, et décide d'aller d'abord dans un restaurant.
18. Après un bon repas, il entre sans hésitation et sans honte chez le bijoutier.
19. Le bijoutier et ses commis ont compris la situation: Mme Lantin avait un amant riche, et Lantin ne se doutait de rien.
20. A leur avis, un mari qui a été trompé par sa femme, sans qu'il ne le sache jamais, est une personne ridicule et risible.
21. Vexé par la bonhomie railleuse du marchand, Lantin décide de trouver un autre bijoutier à qui vendre le reste des bijoux.
22. Lantin prétend que tous ces bijoux lui viennent de la même succession.
23. Lantin accepte sans discussion tous les prix proposés par le bijoutier.

24. En sortant de chez le bijoutier, Lantin pense à l'origine de sa nouvelle richesse et sent une honte profonde.
25. Il va donner sa démission au ministère, sans donner aucune raison.
26. Rencontrant un monsieur distingué au café Anglais, il lui confie qu'il vient d'hériter de quatre cent mille francs.
27. Sa nouvelle fortune devient plus grande chaque fois qu'il la mentionne.
28. Il va au théâtre ce soir-là, mais c'est comme avant—il s'y ennuie.
29. Il passe la nuit seul.
30. Six mois plus tard, il épouse une femme qui lui fait connaître enfin le vrai bonheur.

## RÉSUMÉ DE L'ACTION: IDENTIFICATIONS

B. Résumez l'action en spécifiant ce qui est désigné par les pronoms en caractères gras dans les phrases suivantes.
 1. Lantin a l'impression que **cela** a très peu de valeur.
 2. **Il** a tout de suite reconnu le collier pour la simple raison que le collier venait de chez lui.
 3. Il **les** ouvrit, rechercha et prononça: «Ce collier a été envoyé à Mme Lantin, 16 rue des Martyrs.»
 4. Le bijoutier **le** donna à Lantin quand celui-ci laissa le collier chez lui. Lantin le plia et le mit dans sa poche.
 5. **Il** a dû être très riche pour avoir pu offrir tant de cadeaux magnifiques à sa maîtresse. (Mais peut-être en avait-elle plusieurs!)
 6. Les passants l'**y** avait porté quand ils l'ont trouvé privé de sentiment au milieu de l'avenue.
 7. Il **le** mordit pour ne pas crier.
 8. **Ils** allaient devant eux, les mains dans leurs poches, et Lantin pensa: «Quel bonheur d'avoir de la fortune!»
 9. Le marchand **les** prit dans son tiroir, en compta dix-huit, les tendit à Lantin, qui signa un petit reçu.
10. Quand Lantin dit qu'il a d'autres bijoux «de la même succession» l'un d'**eux** sortit pour rire à son aise, l'autre se moucha avec force.
11. **Elle** aurait lieu le lendemain et devait servir à résoudre tout désaccord entre Lantin et l'acquéreur quant à l'estimation des bijoux.
12. En sortant de chez l'orfèvre, Lantin eut envie d'**y** grimper comme si c'eût été un mât de cocagne.
13. Il **y** alla pour donner sa démission à son chef.
14. Lantin **y** alla ce soir-là et, pour la première fois de sa vie, ne s'y ennuya pas.
15. **Elles** passèrent cette nuit-là avec un monsieur qui se vantait d'avoir hérité une fortune.

16. **Elle** était honnête, mais d'un caractère difficile. Elle le fit beaucoup souffrir.

Si vous ne trouvez pas la réponse vous pouvez la chercher dans la liste suivante.

a. le ou les amants de Madame Lantin
b. le deuxième bijoutier
c. les billets de banque
d. le collier
e. la colonne Vendôme
f. les commis dans la boutique du bijoutier
g. la contre-expertise
h. la deuxième femme de Lantin
i. les filles
j. les flâneurs
k. le ministère de l'Intérieur
l. son mouchoir
m. la pharmacie
n. le reçu
o. les registres
p. le théâtre

## SUJETS DE DISCUSSION ORALE OU ÉCRITE

Les Ironies de l'intrigue

1. Quelle est l'affreuse vérité dont Lantin se rend compte quand il apprend la vraie valeur du collier?

2. Est-ce que vous avez été aussi surpris que Lantin lui-même par cette découverte? Y a-t-il peut-être quelques indices dans la première partie du conte qui suggèrent que Mme Lantin n'est pas tout à fait ce qu'elle semble être?

3. D'abord, que savons-nous de la «vraie» Madame Lantin? Par exemple, comment s'appelle-t-elle?

4. Dans la première phrase du conte l'amour enveloppe Lantin «comme un filet» (*net*). Est-ce que quelqu'un a jeté ce filet?

5. La jeune fille «semblait» honnête. Y a-t-il une différence entre cette apparence et la réalité?

6. Quels sont les goûts de Madame Lantin? Sont-ce là les goûts typiques d'une jeune femme connue par sa modestie et sa pudeur?

7. La «jouissance secrète et profonde» qu'elle prend à contempler ses bijoux prend-elle un nouveau sens maintenant que nous savons la vérité?

8. «Comme tu es drôle!» lui dit-elle en lui passant au cou son collier. En quoi est-il drôle exactement? Et quels sont les deux sens du mot «collier»?

9. Quelles sont les personnes différentes que Lantin fait rire au cours du conte? Pourquoi rient-ils? Ces rires diffèrent-ils?

10. «En voilà un bijoutier qui ne sait pas distinguer le faux du vrai!», s'exclame Lantin. Qui est-ce en effet qui ne sait pas faire cette

distinction? Est-ce seulement à propos des bijoux que la distinction du faux et du vrai joue un rôle dans le conte?

11. Il y a deux moments différents où Lantin pleure éperdument, pour deux raisons différentes. Quelles sont ces raisons? Quel malheur dure le moins longtemps? Pourquoi?

12. Comment Madame Lantin a-t-elle apporté le bonheur à son mari, d'abord pendant sa vie, mais aussi après sa mort?

13. Quel malheur lui a-t-elle apporté? Comparez le bonheur et le malheur qu'elle lui a apportés. Lequel compte le plus?

14. Finalement, qui «le fit beaucoup souffrir»? Quelle ironie y a-t-il dans cette conclusion?

15. Lequel préféreriez-vous? Vivre dans une illusion heureuse ou savoir la vérité même si elle vous blesse?

## Les Valeurs morales

Discutez les jugements suivants sur le comportement de Madame Lantin. Y en a-t-il un que vous partagez?

1. En prenant un amant Madame Lantin a commis une action malhonnête.

2. On ne peut pas la condamner pour avoir pris un amant, puisque l'auteur ne nous dit rien des circonstances.

3. Puisque Madame Lantin accepte des «cadeaux», la seule différence entre elle et les «filles» avec qui Monsieur Lantin passe la nuit quand il apprend qu'il est riche, c'est que Madame Lantin gagne plus d'argent, et qu'elle cache ce qu'elle fait.

4. La société où elle vivait n'offrait qu'une possibilité à une jeune fille bourgeoise: le mariage. Elle avait donc le droit d'observer les conventions en se mariant, et en même temps de vivre sa vie pleinement, de suivre ses goûts, et d'y chercher son bonheur.

5. Madame Lantin avait le droit de mener sa vie comme elle le voulait, mais elle n'avait pas le droit de cacher la vérité à son mari. Cacher la vérité, tromper les autres, mener une double vie—voilà cc qui est malhonnête et immoral.

6. Elle a eu raison de cacher son adultère à son mari. Cela lui a permis d'apporter le bonheur à son mari pendant sa vie, et une petite fortune après sa mort. Ce n'est pas elle qui l'a fait souffrir.

7. Il n'est pas question de jugement moral dans ce conte. Ce n'est qu'une reprise cynique et amusante d'un vieux thème satirique: un mari stupide trompé par une femme adroite.

CHAPITRE 16
# DEUX AMIS (I)

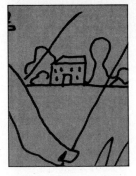

## *Préparation à la lecture*

## LEXIQUE

### MOTS APPARENTÉS

Il se promène **le long de** la Seine          along
et admire l'**île** Saint-Louis.               isle, island
Il **s'émerveille** de ce beau temps           marvels at
au mois de **janvier**.                        January
Il entre chez un marchand de **vins**.         wine

### MOTS PARTIELLEMENT APPARENTÉS

| | | |
|---|---|---|
| Les Prussiens **pillent** le pays. | pillage | lay waste |
| On ne voit que des visages **mornes**. | mournful | glum, dismal |
| C'est l'**hiver**, | cf. hibernate | winter |
| mais le soleil a de la **chaleur**. | calorie | heat, warmth |
| Il rencontre un **confrère**. | confrere | colleague |

| | | |
|---|---|---|
| Une **fantaisie** leur vient à l'esprit: | fantasy | wild idea |
| se lever avant l'**aurore**, | aurora | dawn |
| prendre leurs **cannes** de bambou et | 1. canes | 2. fishing poles |
| partir à travers les terres **nues** | nude | bare, naked |
| et les **vignes** | vines | vineyards |
| où poussent des **cerisiers**, | cf. cerise | cherry trees |
| **courbés** en deux | curved | bent |
| en **rampant** pour ne pas être vus. | cf. ramp | crawling |

## FAUX AMI

| | |
|---|---|
| Ils ont **achevé** leur travail. | not: to achieve   but: to finish |

## VOCABULAIRE

| | |
|---|---|
| Ils **s'entendent** très bien. Le dimanche | get along |
| ils aiment mettre leurs vieilles **culottes**, | pants |
| et prendre le **chemin de fer** | railroad |
| pour aller **pêcher**. | to fish |
| **Côte à côte**, | side by side |
| ils **franchissent** la barrière | cross |
| et gagnent les **berges** | banks |
| du **fleuve**. | river |
| Ils restent **collés** là pendant des heures | glued |
| parmi les **buissons**, | bushes |
| sans autre **toit** que le ciel. | roof |
| Le vent **tiède** | mild (tepid) |
| du **printemps** | spring |
| leur **chatouille** le visage | tickles |
| et leur réchauffe le **dos**. | back |
| Ils ne peuvent **quitter des yeux** | take their eyes off |
| le coucher du soleil **ensanglanté** | blood-red |
| et l'eau qui **coule** à leurs pieds | flows |
| et les beaux **nuages** dans le ciel clair. | clouds |
| Quelle **douceur**! | sweetness |
| Ils s'en sentent **rajeunis**. | young again |
| Mais la guerre arrive. Que c'est **triste**! | sad |
| Adieu les **fritures**! | fried fish |
| On est réduit à manger les **moineaux** | sparrows |
| et les rats d'**égout**. Cependant il reste encore | sewer |

| de l'alcool. Les deux amis **se grisent**. | get a little drunk |
| Ils se sentent un peu **étourdis**. | giddy, silly |

# GRAMMAIRE

### REPRISE: PRONOMS RELATIFS

The relative pronoun, required in French, is often omitted in English.

| Il s'aperçut **qu'**il avait faim. | He noticed he was hungry. or: He noticed *that* he was hungry. |
| la somme **que** j'ai proposée | the sum I proposed or: the sum *that* I proposed |

Similarly in English, a relative pronoun preceded by a preposition may be omitted, and the preposition moved to the end of the sentence.

| la boîte **dans laquelle** elle met ses bijoux | the box she puts her jewels *in* (*in which* she puts her jewels) |

**Dont** is the relative pronoun which replaces **de** + noun. It can be translated by *whose, of which/whom, from which/whom,* or it may be omitted, with the preposition appearing at the end of the sentence.

| la personne **dont** il parle | the person *of whom* he speaks or: the person he speaks *of,* the person he speaks *about* |
| la boutique **dont** venaient ces bijoux | the store *from which* these jewels came or: the store these jewels came *from* |

When **dont** replaces a noun following such verbs as **avoir besoin de** or **se servir de** no preposition is used in English.

| l'argent **dont** il a besoin | the money he needs or: *that* he needs |
| la loupe **dont** il se sert | the magnifying glass he uses or: *that* he uses |

The word order may also differ.

| la personne **dont** il serre la main | the person *whose* hand he shakes |
| une coutume **dont** l'origine est inconnue | a custom the origin *of which* is unknown |

**Où** means *where, in which,* or *to which.* Following an expression of time it means *when.*

| | |
|---|---|
| la boîte **où** elle mettait ses bijoux | the box she put her jewels *in* (*in which* she put her jewels) |
| au temps **où** je le connaissais | at the time *when* I knew him |

**Qui** is used as the subject of the dependent clause, **que**, as the object. The word order is often inverted after **que**.

| | |
|---|---|
| la villa **qu'**occupait le colonel | the villa *that* the colonel occupied |
| l'officier **que** consultèrent les deux amis | the officer *whom* the two friends consulted |

**Ce qui** and **ce que** are usually translated as *what.* When they refer to a whole clause, however, they are usually translated by *which,* and after **tout** by *that.* The word order is often inverted after **ce que** as it is after **que**.

| | |
|---|---|
| Voilà **ce qui** l'inquiète. | That is *what* is bothering him. |
| C'est tout **ce qui** vous inquiète? | Is that all *that* bothers you? |
| Ce sont des bijoux véritables, **ce qui** l'étonne. | They are real jewels, *which* astonishes him. |
| Il s'inquiète de **ce que** diront les gens. | He is worried about **what** people will say. |

## POUR MIEUX COMPRENDRE

Several cognates have two distinct meanings. Sometimes there may be an English cognate for each meaning:

| | |
|---|---|
| Le théâtre **ennuie** Monsieur Lantin. | ennui; to bore |
| Monsieur Lantin est un peu **ennuyé** par cette manie de sa femme. | to annoy; to bother |

Usually only one of the meanings has a cognate in English. The two meanings are often related, however, so that by using the context it is often easy to move from one to the other.

| | |
|---|---|
| Le père donne à son fils un conseil **sage**. | The father gives his son a *sage* (*wise*) piece of advice. |
| Si tu es **sage** tu auras un bonbon. | If you are *good,* you'll get a piece of candy. |

# EXERCICES

## RÉSUMÉ DE LA GRAMMAIRE

1. C'est une histoire **dont** la fin me surprend.
2. Il se souvient du temps **où** ils allaient à la pêche.
3. La situation **où** ils se trouvaient était désespérée.
4. Les Français **que** tuaient les Prussiens étaient des patriotes.
5. Le candidat **que** proposa le président fut applaudi.
6. C'est une maladie **dont** on ignore la cause.
7. **Ce que** voulaient les Prussiens c'était une victoire totale.
8. Ils ne cachaient pas leur arrogance, **ce qui** exaspérait leurs ennemis.

## LES MOTS APPARENTÉS

Les mots en caractères gras dans les phrases suivantes sont des mots apparentés. Expliquez—en français, si possible—ce qu'ils veulent dire.

1. a. Regardez ce soleil couchant. Quel beau **spectacle**!
   b. M. Lantin n'aime pas accompagner sa femme au **spectacle**.
2. a. Qui va **conduire** l'orchestre?
   b. J'ai donné congé à mon chauffeur. Je vais **conduire** moi-même.
3. a. C'est une action que je **regrette**. Je vous implore de l'excuser.
   b. M. Lantin **regrette** les bons repas que sa femme lui préparait.
4. a. Le soldat **garde** le prisonnier pour qu'il ne s'échappe pas.
   b. Le patron est content de mon travail et a décidé de me **garder**.
5. a. La **séduction** d'une personne innocente est une action dés-honorable.
   b. Elle n'est pas très jolie, mais elle a beaucoup de **séduction**.
6. a. Quel **type** de musique préfères-tu?
   b. Qui est ce **type** avec qui je t'ai vue hier soir?

## VOCABULAIRE

A. Remplacez les mots en caractères gras dans les phrases suivantes par un mot qui signifie le contraire.

| | |
|---|---|
| a. campagne | e. soleil couchant |
| b. côte à côte | f. toit |
| c. guerre | g. vêtus |
| d. heureux | |

1. Cet incident a eu lieu en temps de **paix**.
2. Après le bombardement on a fait réparer le **plancher**.

3. Les deux amis préfèrent vivre dans la **ville**.
4. Ils sont **tristes** de se rencontrer dans ces circonstances.
5. Ils s'avancent **séparément** vers leur destination.
6. Ils admirent l'**aurore** qui dore l'horizon.
7. Surpris, ils se jettent dans la rivière tout **nus**.

B. Lisez le passage suivant en remplaçant les mots en caractères gras par un synonyme. Faites les changements de genre nécessaires.

a. culotte
b. chatouille
c. étourdie
d. fleuve
e. franchir
f. griser
g. tiède

M. Sauvage trouve l'air **ni froid ni chaud** (1) du printemps très agréable. Il entre dans un café et boit un bon petit vin blanc qui **provoque le rire** (2) en descendant. Cela a l'effet de l'**enivrer un peu** (3) . Bientôt il en a la tête **qui tourne** (4) . Il décide d'aller à la pêche. Il rentre pour prendre sa canne et mettre son vieux **pantalon** (5) . Il doit **traverser** (6) plusieurs barrières pour gagner les bords de la **Seine** (7) .

C. Lisez le passage suivant en remplissant les tirets par le mot convenable.

a. berge
b. buisson
c. champs
d. chemin de fer
e. ciel
f. coule
g. égout
h. s'entendre
i. friture
j. moineaux
k. nuage
l. rampant

Ce sont deux amis qui parlent peu mais qui semblent __1__ . Il fait beau. L'air est tiède, et le __2__ est clair. Le soleil brille. Il ne se cache pas derrière un __3__ . Ils décident d'aller à la pêche. Puisque c'est trop loin pour y aller à pied, ils prennent le __4__ .

Pour atteindre la Seine ils doivent quitter la route et traverser les __5__ . Ils passent sous une barrière en __6__ , et arrivent enfin à la __7__ de la Seine. Ils admirent la limpidité du fleuve qui __8__ à leurs pieds. Ce n'est pas comme à Paris, où la Seine est aussi polluée et infecte qu'un __9__ .

Puisqu'il fait chaud, ils se mettent à l'ombre d'un __10__ . Il y a beaucoup d'oiseaux. Ce n'est pas comme à Paris où il n'y a que des pigeons et des __11__ . La pêche est bonne. Ce soir ils auront une belle __12__ .

# THE PERILS OF WAR

"*Deux Amis,*" like "*L'Aventure de Walter Schnaffs,*" takes place during the Franco-Prussian War. But the story it tells is a very different one. Although we may feel a little sorry for poor Walter Schnaffs, with his aching feet, and his longing for home, and the struggle within him between fear and hunger, he is a comic figure. Even his name sounds funny, at least to French ears. As for his French captors, with their martial heroism, their medals and their war dispatches, they are wholly ridiculous. In "*Deux Amis*" we again meet people whose lives are disrupted by war. But this story opens a vista on a broader reach of human experience.

Paris is under siege, and hunger and death are omnipresent. The sparrows and sewer rats are being decimated as Parisians are reduced to feeding on them. The thundering cannons on Mont Valérien, occupied by the Prussians, are daily reminders of the callousness, destruction, and violence of war. But life goes on for the Parisians, and for the two friends who are the heroes of the story. In peacetime they share the joys of getting out into the country on a Sunday and fishing along the quiet banks of the Seine downstream from Paris. (This same landscape was to become a favorite subject of the Impressionist painters.) The stillness, the feeling of a breath of spring air on your face, the silvery gleam of a fish at the end of your line, the blood-red glow of a sunset over the river—these are the simple pleasures of being alive, sharpened by the deprivation and danger of war. Is there anything worth giving them up for? That is the question that confronts the two friends as the story reaches its climax.

# DEUX AMIS (I)

*ils se rassurèrent et se mirent à pêcher*

Paris était bloqué, affamé et râlant.[1] Les moineaux se faisaient bien rares sur les toits, et les égouts se dépeuplaient.△ On mangeait n'importe quoi.

Comme il se promenait tristement par un clair matin de janvier le long du boulevard extérieur, les mains dans les poches de sa culotte d'uniforme et le ventre vide, M. Morissot, horloger de son état et pantouflard par occasion,[2] s'arrêta net devant un confrère qu'il reconnut pour un ami. C'était M. Sauvage, une connaissance du bord de l'eau.

1. Que mangeait-on pendant le siège de Paris?

2. Pourquoi M. Morissot s'arrête-t-il net pendant sa promenade?

---

[1] **bloqué, affamé et râlant**    *blockaded, famished, and near death.* (**râler**    *to emit the death rattle*)

[2] **horloger de son état et pantouflard par occasion**    *a watchmaker by profession and a homebody on occasion*

*un retour en arrière - flashback (p. 231 - para. 1-5)*

Chaque dimanche, avant la guerre, Morissot partait dès l'aurore, une canne en bambou d'une main, une boîte en ferblanc[3] sur le dos. Il prenait le chemin de fer d'Argenteuil, descendait à Colombes, puis gagnait à pied l'île Marante. A peine arrivé en ce lieu de ses rêves, il se mettait à pêcher; il pêchait jusqu'à la nuit.

Chaque dimanche, il rencontrait là un petit homme replet[4] et jovial, M. Sauvage, mercier,[5] rue Notre-Dame-de-Lorette, autre pêcheur fanatique. Ils passaient souvent une demi-journée côte à côte, la ligne à la main et les pieds ballants[6] au-dessus du courant;△ et ils s'étaient pris d'amitié l'un pour l'autre.

En certains jours, ils ne parlaient pas. Quelquefois ils causaient; mais ils s'entendaient admirablement sans rien dire, ayant des goûts semblables et des sensations identiques.

Au printemps, le matin, vers dix heures, quand le soleil rajeuni faisait flotter sur le fleuve tranquille cette petite buée qui coule avec l'eau,[7] et versait dans le dos des deux enragés pêcheurs une bonne chaleur de saison nouvelle, Morissot parfois disait à son voisin: «Hein! quelle douceur!» et M. Sauvage répondait: «Je ne connais rien de meilleur.» Et cela leur suffisait pour se comprendre et s'estimer.

A l'automne, vers la fin du jour, quand le ciel, ensanglanté par le soleil couchant, jetait dans l'eau des figures de nuages écarlates, empourprait le fleuve entier, enflammait l'horizon, faisait rouges comme du feu les deux amis, et dorait les arbres roussis déjà,[8] frémissants d'un frisson d'hiver, M. Sauvage regardait en souriant Morissot et prononçait: «Quel spectacle!» Et Morissot émerveillé répondait, sans quitter des yeux son flotteur:[9] «Cela vaut mieux que le boulevard, hein?»

Dès qu'ils se furent reconnus, ils se serrèrent les mains énergiquement, tout émus de se retrouver en des circonstances si différentes. M. Sauvage, poussant un soupir, murmura: «En voilà des événements!» Morissot, très morne, gémit: «Et quel temps! C'est aujourd'hui le premier beau jour de l'année.»

Le ciel était, en effet, tout bleu et plein de lumière.

Ils se mirent à marcher côte à côte, rêveurs et tristes. Morissot reprit: «Et la pêche? hein! quel bon souvenir!»

M. Sauvage demanda: «Quand y retournerons-nous?»

---

3. Que faisaient les deux amis chaque dimanche?

4. Pourquoi s'entendaient-ils si bien?

5. De quoi parlaient-ils en pêchant?

6. Pourquoi aimaient-ils aller à la pêche?

7. Pourquoi sont-ils tristes?

---

[3] **fer-blanc** *tin*
[4] **replet** *pudgy*
[5] **mercier** *owner of a store selling thread, needles, and ribbons*
[6] **ballants** *dangling*
[7] **cette petite buée qui coule avec l'eau** *that little mist that flows along the water*
[8] **et dorait les arbres roussis déjà** *and gave a golden color to the trees that were already turning red*
[9] **flotteur?** *Que regarde-t-on pour savoir si les poissons mordent?*

Ils entrèrent dans un petit café et burent ensemble une absinthe,[10] puis ils se remirent à se promener sur les trottoirs.

8. Où entrent-ils et pour quoi faire?

Morissot s'arrêta soudain: «Une seconde verte, hein?» M. Sauvage y consentit: «A votre disposition.» Et ils pénétrèrent chez un autre marchand de vins.

Ils étaient fort étourdis en sortant, troublés comme des gens à jeun[11] dont le ventre est plein d'alcool. Il faisait doux. Une brise caressante leur chatouillait le visage.

9. Quel effet cela a-t-il sur eux?

M. Sauvage, que l'air tiède achevait de griser, s'arrêta: «Si on y allait?

—Où ça?

—A la pêche, donc.

—Mais où?

10. Quelle suggestion l'un d'eux fait-il?

—Mais à notre île. Les avant-postes[12] français sont auprès de Colombes. Je connais le colonel Dumoulin; on nous laissera passer facilement.»

Morissot frémit de désir: «C'est dit. J'en suis.[13]» Et ils se séparèrent pour prendre leurs instruments.

Une heure après, ils marchaient côte à côte sur la grand'route. Puis ils gagnèrent la villa qu'occupait le colonel. Il sourit de leur demande et consentit à leur fantaisie. Ils se remirent en marche, munis d'un laissez-passer.[14]

11. Quelle est la réaction du colonel à leur demande?

Bientôt ils franchirent les avant-postes, traversèrent Colombes abandonné, et se trouvèrent au bord des petits champs de vigne qui descendent vers la Seine. Il était environ onze heures.

En face, le village d'Argenteuil semblait mort. Les hauteurs d'Orgemont et de Sannois dominaient tout le pays. La grande plaine qui va jusqu'à Nanterre était vide, toute vide, avec ses cerisiers nus et ses terres grises.

12. Quel aspect le pays a-t-il?

M. Sauvage, montrant du doigt les sommets, murmura: «Les Prussiens sont là-haut!» Et une inquiétude paralysait les deux amis devant ce pays désert.

13. Qui occupe les sommets?

«Les Prussiens!» Ils n'en avaient jamais aperçu, mais ils les sentaient là depuis des mois, autour de Paris, ruinant la France, pillant, massacrant, affamant, invisibles et tout-puissants. Et une sorte de terreur superstitieuse s'ajoutait à la haine qu'ils avaient pour ce peuple inconnu et victorieux.

14. Quelle impression ont-ils des Prussiens?

Morissot balbutia: «Hein! si nous allions en rencontrer?»

[10] **absinthe**   liqueur alcoolique de couleur verte, populaire à l'époque
[11] **des gens à jeun**   des gens qui n'ont pas mangé
[12] **avant-postes**   les postes les plus avancés, servant à défendre la ville de Paris contre le siège des Prussiens
[13] **j'en suis**   j'y vais
[14] **munis d'un laissez-passer**   *bearing a pass*

M. Sauvage répondit, avec cette gouaillerie[15] parisienne repa-
raissant△ malgré tout:

«Nous leur offririons une friture.»

Mais ils hésitaient à s'aventurer dans la campagne, intimidés
par le silence de tout l'horizon.

A la fin, M. Sauvage se décida: «Allons, en route! mais avec
précaution.» Et ils descendirent dans un champ de vigne, cour-
bés en deux, rampant, profitant des buissons pour se couvrir,
l'œil inquiet, l'oreille tendue.

Une bande de terre nue restait à traverser pour gagner le bord
du fleuve. Il se mirent à courir; et dès qu'ils eurent atteint la
berge, ils se blottirent dans les roseaux secs.[16]

Morissot colla sa joue par terre pour écouter si on ne marchait pas dans les environs. Il n'entendit rien. Ils étaient bien
seuls, tout seuls.

Ils se rassurèrent et se mirent à pêcher.

15. Que feront-ils
s'ils rencontrent
l'ennemi?

16. Comment
avancent-ils?

17. Pourquoi se
sentent-ils
rassurés?

[15] **gouaillerie** *cheekiness, cockiness*
[16] **ils se blottirent dans les roseaux secs** *they huddled amidst the dry reeds*

# Activités

## RÉSUMÉ DE L'ACTION: PHRASES À COMPLÉTER

A. Faites un résumé de l'action en complétant les phrases suivantes.
  1. Paris était bloqué. Les moineaux se faisaient rares, les égouts se
     dépeuplaient. On y mangeait...
  2. M. Morissot se promenait, les mains dans les poches, et le
     ventre...
  3. En se promenant M. Morissot rencontra...
  4. Avant la guerre, ils allaient pêcher tous les deux chaque...
  5. C'était loin pour y aller à pied. Ils prenaient d'abord...
  6. Les deux amis avaient des goûts...
  7. Au printemps le soleil leur versait dans le dos une bonne...
  8. En automne ils admiraient le ciel ensanglanté par...
  9. Dès qu'ils se furent reconnus, ils se...
  10. Ensemble, ils entrèrent dans...
  11. En sortant d'un deuxième café ils étaient fort étourdis parce
      qu'ils avaient...
  12. M. Sauvage proposa: «...
  13. «Je connais le colonel, dit-il. On nous laissera...
  14. Ils se séparèrent pour prendre...
  15. Le colonel sourit de leur demande et consentit à leur...

16. Le pays qu'ils traversèrent était vide, le village d'Argenteuil semblait...
17. M. Sauvage montra du doigt les sommets et murmura: «Là-haut il y a...
18. Pour les Prussiens qui occupaient leur pays ils avaient un sentiment...
19. «Si nous en rencontrons, dit M. Sauvage, nous leur...
20. Enfin M. Sauvage se décida: «Allons, en route! Mais avec...
21. Ils devaient traverser une bande de terre nue pour...
22. Ils le firent en courant. Arrivé au bord du fleuve, M. Morissot colla sa joue par terre pour...
23. Ils se rassurèrent et se mirent à...

Si vous n'avez pas trouvé la réponse vous pouvez la chercher dans la liste suivante.

a. bu deux absinthes à jeun
b. un café
c. chaleur de saison nouvelle
d. le chemin de fer
e. dimanche
f. écouter si on ne marchait pas dans les environs
g. fantaisie, idée
h. gagner le bord du fleuve, atteindre le fleuve
i. de haine, de terreur superstitieuse
j. leurs instruments, cannes
k. mort, abandonné
l. n'importe quoi
m. offrirons une friture
n. passer facilement
o. pêcher
p. précaution
q. les Prussiens
r. M. Sauvage, son confrère, une connaissance du bord de l'eau
s. semblables, identiques
t. serrèrent la main
u. si on y allait?
v. le soleil couchant
w. vide

## RÉSUMÉ DE L'ACTION: IDENTIFICATIONS

B. Résumez l'action en spécifiant ce qui est désigné par chacune des phrases suivantes.
   1. la ville que les Prussiens bloquaient
   2. Les animaux qui se faisaient bien rares sur les toits—car on les mangeait
   3. les animaux qui se faisaient bien rares dans les égouts—car on les mangeait
   4. l'objet en bambou que prenait M. Morissot quand il allait à la pêche
   5. le sentiment que MM. Sauvage et Morissot avaient l'un pour l'autre

6. le sentiment qu'ils avaient pour les Prussiens
7. la saison où le soleil rajeuni leur versait dans le dos une bonne chaleur
8. la saison où le soleil couchant empourprait le fleuve entier et dorait les arbres roussis déjà
9. la saison où se passe l'action du conte
10. la couleur du ciel par ce premier beau jour de l'année
11. l'endroit où les deux amis entrèrent pour boire une absinthe
12. le nombre d'absinthes qu'ils burent sans avoir rien mangé
13. la décision qu'ils prirent, grisés par l'absinthe
14. la couleur de l'absinthe
15. la personne qui leur donna un laissez-passer
16. le nombre de personnes qu'ils rencontrèrent en traversant la plaine et les champs
17. ceux que les deux amis n'avaient jamais aperçus mais dont ils sentaient la présence depuis des mois
18. ce que M. Sauvage proposa de leur offrir s'ils les rencontraient
19. ce dont les deux amis profitèrent pour se couvrir et se cacher en traversant le champ de vigne
20. ce que Morissot entendit quand il colla sa joue par terre pour écouter

Si vous ne trouvez pas la réponse vous pouvez la chercher dans la liste suivante.

a. l'amitié
b. l'automne
c. bleu
d. les buissons
e. un café
f. une canne
g. le colonel Dumoulin
h. deux
i. une friture
j. la haine, la terreur
k. l'hiver
l. les moineaux
m. Paris
n. partir à la pêche
o. personne, aucune
p. le printemps
q. les Prussiens
r. les rats
s. rien
t. vert

## SUJETS DE DISCUSSION ORALE OU ÉCRITE

«L'Aventure de Walter Schnaffs» et «Deux Amis»

Comment est-ce que Walter Schnaffs et les deux amis se ressemblent?

1. Quelles sont leurs attitudes envers la guerre?
2. Quels sont les plaisirs qu'ils regrettent?
3. Quelles sont leurs attitudes envers l'ennemi?
4. Quelle importance la nourriture prend-elle dans leur vie?

**La Vie des deux amis à Paris pendant la guerre de 1870**

1. De quoi manquait-on?
2. Qu'est-ce qu'on mangeait?
3. De quoi ne manquait-on pas? (Pensez aux deux amis dans le café.)
4. Quel souvenir des deux amis fait contraste avec la vie à Paris en état de siège?
5. Lesquels des termes suivants appartiennent au passé? Lesquels au présent?

   la douceur      la paix
   la tristesse      le bord de l'eau
   le boulevard      la guerre
   la friture      les rats d'égout
6. Quel contraste y a-t-il entre l'atmosphère de Paris, «bloqué, affamé et râlant» et le temps qu'il fait dans la ville le jour où les deux amis se rencontrent?
7. Comment est-ce que le temps semble encourager la fantaisie imprudente des deux amis?
8. Qui d'autre se montre imprudent?

# CHAPITRE 17
# DEUX AMIS (II)

## *Préparation à la lecture*

## LEXIQUE

### MOTS APPARENTÉS

| | |
|---|---|
| Ils sont **privés** de leurs plaisirs. | deprived |
| Il garde un poisson qui est bon à **frire**. | to fry |

### MOTS PARTIELLEMENT APPARENTÉS

| | | |
|---|---|---|
| Ils ont quitté leurs **parents**. | 2. parents | 1. relatives |
| Ils avancent en **balançant** les bras. | cf. balancing | swinging |
| Ils vont **attraper** des poissons, surtout des **goujons**. | cf. to trap gudgeons | to catch small fry |
| Le soldat **barbu** | cf. barber | bearded |
| **introduit** | introduces | puts into |
| le **boulet** dans le canon. | cf. bullet | cannonball |
| Le canon **tonne**. | cf. detonates | booms |
| Le **sol** tremble. | soil | ground |
| Est-ce que le **sang** va couler? | cf. sanguinary | blood |

Est-ce que l'ennemi va **s'attendrir**?     to grow tender  to show
                                                             pity

## MOTS-CLÉS

Tu peux parler **tant que** tu veux,        as much as
mais **tant qu'**il y aura des              as long as
gouvernements il y aura des guerres.

Ils sont **pis** que des bêtes.             worse

Il y aura **bien des** victimes.            many

**Tant pis** pour eux.                      too bad


## VOCABULAIRE

Les **rives** de la Seine                   banks
semblent **délaissées**.                    abandoned

**A cheval sur** leurs chaises,             straddling
**casquettes** de pêcheur sur la tête,      caps

ils attrapent des **poissons**.             fish

Chacun à son **tour**,                      turn

ils les **ramassent**,                      pick up

et ils les mettent dans un **filet**.       net

De petites **vagues** se forment            waves
dans l'eau **plate**.                       flat

Soudain l'eau **rejaillit**.                splashes up

C'est un gros poisson au bout du **fil**.   line

On entend un bruit **sourd**.               dull, thudding

C'est le canon qui **gronde**.              roars

Cela **secoue** la terre.                   shakes

Les hauteurs sont **coiffées** d'un         wear as a hat
nuage **laiteux**.                          milky

C'est l'**haleine** du canon,               breath
le canon qui **écrase** tout.               crushes

Ces deux esprits **bornés**                 of limited scope
**tombent d'accord** sur une chose:         agree

Ce sont les **rois** qui causent la guerre. kings

Ils sont **en colère**. Qu'arriverait-il    angry
si on les prenait pour des **espions** venus spies
**guetter** les mouvements des Prussiens    watch, spy on
en **faisant semblant** de pêcher?          pretending

Déciderait-on de leur **faire grâce**?      pardon

Ils **débrouillent** ensemble toutes ces              settle (untangle)
grandes questions.

# GRAMMAIRE

## LE FUTUR

The future endings, -**ai**, -**as**, -**a**, -**ons**, -**ez**, -**ont**, are added to the infinitive or, in the case of irregular verbs, to the irregular future stem. Regular or irregular, the stem always ends in -**r**. The conditional and the future have the same stem, but the conditional endings are -**ais**, -**ais**, -**ait**, -**ions**, -**iez**, -**aient**.

Personne ne le saur**a**.      Nobody *will* know it.

Personne ne le saur**ait**.      Nobody *would* know it.

The future tense presents few difficulties to the reader. The different endings make it easy to distinguish it from the conditional. It is useful to review the stems of the irregular verbs, however. A few of them are quite dissimilar from their infinitives:

| | | | |
|---|---|---|---|
| aller: | j'**ir**ai | falloir: | il **faudr**a |
| avoir: | tu **aur**as | mourir: | je **mourr**ai |
| courir: | il **courr**a | pouvoir: | tu **pourr**as |
| devoir: | nous **devr**ons | savoir: | il **saur**a |
| envoyer: | vous **enverr**ez | tenir: | nous **tiendr**ons |
| être: | ils **ser**ont | valoir: | vous **vaudr**ez |
| faire: | elles **fer**ont | voir: | ils **verr**ont |
| | | vouloir: | elles **voudr**ont |

The future or future perfect is required in dependent clauses introduced by expressions of time when the main clause is in the future.

Ils iront à la pêche quand la      They will go fishing when the
guerre **sera** terminée.      war *is* over.

## REPRISE: EMPLOI DE L'ARTICLE DÉFINI

With nouns designating parts of the body, articles of clothing, or objects carried, the definite article is sometimes used where English uses a possessive. The noun may be in the singular where English would use a plural.

Il haussa **les** épaules.      He shrugged *his* shoulders.

Ils demeuraient immobiles      They remained motionless
sans ouvrir **la** bouche.      without opening *their* mouths.

Sometimes the indirect object pronoun is used to specify the possessor.

| | |
|---|---|
| Heureux de retrouver son ami, il **lui** serre **la** main chaleureusement. | Happy to see his friend again, he shakes *his* hand warmly. |
| Le soleil **leur** coule sa chaleur dans **le** dos. | The sun pours its heat onto *their* backs. |

## POUR MIEUX COMPRENDRE

Partial cognates are cognates that have a somewhat broader or narrower meaning than their counterpart or may be a different part of speech. If you can see beyond the partial cognate to the true meaning of a word, you can read more rapidly and with clearer understanding.

Many partial cognates may seem fairly remote at first. For example:

| | | |
|---|---|---|
| Il marche sous la **chaleur** | calorie | heat |
| du **soleil**. | solar | sun |
| Il a une **barbe** de deux jours. | barber | beard |
| Il a perdu du **sang**. | sanguinary | blood |
| Le canon **tonne** | detonates | booms |
| et le **sol** tremble. | soil | ground |

But even when the cognate does not come to mind the first time you encounter the word, or you cannot use it to get at the meaning, being aware of it should help you remember the meaning the next time the word occurs.

# EXERCICES

## RÉSUMÉ DE LA GRAMMAIRE

1. Nous **pourrons** pêcher dès que nous **serons arrivés**.
2. Nous **saurons** la fin de l'histoire quand nous **aurons fini** de la lire.
3. Il a dit qu'il **viendrait** s'il le pouvait.
4. Je suis certain qu'il **viendra**.
5. Ils partent, la casquette sur **la** tête et **la** canne à **la** main.
6. Un bruit derrière eux **leur** fait tourner **la** tête.

## LES MOTS APPARENTÉS

Que veulent dire les phrases suivantes? Remarquez que les mots en caractères gras sont des mots partiellement apparentés. Cela peut vous aider à les comprendre.

1. La **nourriture** se faisait rare à Paris et la **faim** se manifestait même dans les **quartiers** riches.
2. Ayant toujours été en bonne **santé**, elle ne voulait pas **avouer** qu'elle ne se **sentait** pas bien et qu'en effet elle était **malade**.
3. Avec une **robe** très simple, un **manteau** léger, et au cou un **collier** de perles, elle lui semblait **ravissante**.
4. C'était un **morne** jour d'**hiver**. Le **vent** soufflait dans les **arbres nus**.

## VOCABULAIRE ET MOTS-CLÉS

A. Remplacez les mots en caractères gras dans les phrases suivantes par un mot qui signifie le contraire.

   a. borné
   b. plate
   c. mieux
   d. peu de
   e. tomber d'accord

   1. Aujourd'hui c'est encore **pis** qu'hier.
   2. Regarde l'eau, comme elle est **agitée**!
   3. Il y a **bien des** plaisirs qu'ils aiment autant que la pêche.
   4. Ces deux amis ont l'esprit assez **large**.
   5. Dans leurs conversations ils ont tendance à **se disputer**.

B. Lisez le passage suivant en remplaçant les mots en caractères gras par un synonyme.

   a. attraper
   b. berge
   c. colère
   d. délaissées
   e. gronder
   f. guetter
   g. laiteuse
   h. pardonner
   i. secoue
   j. leur tour

   Les deux amis font de la pêche sur la **rive** (1) . Les deux rives du fleuve sont entièrement **abandonnées** (2) . Ils s'installent et se mettent à **observer attentivement** (3) . Ils espèrent **prendre** (4) beaucoup de poissons. Une buée **blanchâtre** (5) flotte sur l'eau. Ils entendent **tonner** (6) le canon.

   Cela leur fait penser à la guerre. Ils expriment leur **mécontentement violent** (7) contre ceux qui l'ont déclarée. Jamais ils ne pourraient leur **faire grâce** (8) . Puis une idée leur vient à l'esprit. Cette fois, c'est peut-être **à eux** (9) d'être victimes de la guerre. C'est une idée qui les **trouble profondément** (10) .

C. Lisez le passage suivant en remplissant les tirets par le mot convenable.

   a. casquette _caps_
   b. coiffé _wear_
   c. débrouiller _untangle_
   d. espion _spy_
   e. fait semblant _pretend_
   f. fil _line_
   g. haleine _breath_
   h. poissons _fish_
   i. rejaillit _splashes_ ?
   j. roi _king_
   k. vagues _waves_

M. Sauvage __1__ d'aller dans son bureau, mais en réalité il a l'intention secrète d'aller à la pêche. Il regarde autour de lui comme si un __2__ le suivait.

Quand il va à la pêche il est plus heureux qu'un __3__. A cause du soleil il est __4__ d'un chapeau à larges bords. Il prétend que cela le protège mieux que ne le ferait une __5__.

Il aime aller à la pêche même s'il n'attrape pas de __6__. Il pense aux problèmes de la vie et croit pouvoir les __7__ dans sa tête.

L'eau est calme et plate. Il n'y a pas de __8__. Il croit sentir un poisson qui mord. Il retient son __9__. Mais un bateau rapide passe si près que l'eau __10__ sur lui. Le poisson qu'il avait au bout du __11__ s'est échappé!

ils se serrèrent la main

## DEUX AMIS (II)

En face d'eux, l'île Marante, abandonnée, les cachait de l'autre berge. La petite maison du restaurant était close, semblait délaissée depuis des années.

M. Sauvage prit le premier goujon. Morissot attrapa le second, et d'instant en instant ils levaient leurs lignes avec une petite bête argentée frétillant[1] au bout du fil: Une vraie pêche miraculeuse.

Ils introduisaient délicatement les poissons dans une poche

1. Qu'y avait-il sur l'île?

2. Comment va la pêche?

[1] **frétillant?**    Pensez au contexte. Que fait un poisson qu'on vient d'attraper?

de filet à mailles très serrées,[2] qui trempait à leurs pieds. Et une joie délicieuse les pénétrait, cette joie qui vous saisit quand on retrouve un plaisir aimé dont on est privé depuis longtemps.

Le bon soleil leur coulait sa chaleur entre les épaules; ils n'écoutaient plus rien; ils ne pensaient plus à rien; ils ignoraient le reste du monde; ils pêchaient.

Mais soudain un bruit sourd qui semblait venir de sous terre fit trembler le sol. Le canon se remettait à tonner.

Morissot tourna la tête, et par-dessus la berge il aperçut, là-bas, sur la gauche, la grande silhouette du Mont Valérien, qui portait au front une aigrette blanche,[3] une buée de poudre qu'il venait de cracher.[4]

Et aussitôt un second jet de fumée partit du sommet de la forteresse; et quelques instants après une nouvelle détonation gronda.

Puis d'autres suivirent, et de moment en moment, la montagne△ jetait son haleine de mort, soufflait ses vapeurs△ laiteuses qui s'élevaient lentement dans le ciel calme, faisaient un nuage au-dessus d'elle.

M. Sauvage haussa les épaules: «Voilà qu'ils recommencent», dit-il.

Morissot, qui regardait anxieusement plonger△ coup sur coup la plume△ de son flotteur,△ fut pris soudain d'une colère d'homme paisible contre ces enragés qui se battaient ainsi, et il grommela: «Faut-il être stupide pour se tuer comme ça!»

M. Sauvage reprit: «C'est pis que des bêtes.»

Et Morissot, qui venait de saisir une ablette,[5] déclara: «Et dire que ce sera toujours ainsi tant qu'il y aura des gouvernements.»

M. Sauvage l'arrêta: «La République n'aurait pas déclaré la guerre...»

Morissot l'interrompit: «Avec les rois on a la guerre au dehors; avec la République on a la guerre au dedans.»

Et tranquillement ils se mirent à discuter, débrouillant les grands problèmes politiques avec une raison saine△ d'hommes doux et bornés, tombant d'accord sur ce point, qu'on ne serait jamais libres. Et le Mont Valérien tonnait sans repos, démolissant△ à coups de boulet des maisons françaises, broyant des vies,[6] écrasant des êtres, mettant fin à bien des rêves, à bien des joies attendues, à bien des bonheurs espérés, ouvrant en des

3. Où mettent-ils les poissons?

4. Pourquoi ont-ils tant de plaisir cette fois?

5. Que voit-on au Mont Valérien, et qu'est-ce qu'on entend une seconde plus tard?

6. Pourquoi Morissot est-il en colère?

7. D'après les deux amis, pourquoi y a-t-il des guerres?

[2] **à mailles très serrées** *with a very fine mesh*
[3] **une aigrette blanche** *a white feather (of smoke)*
[4] **une buée de poudre qu'il venait de cracher** *a mist of gunpowder that it had just spat out*
[5] **ablette** *petit poisson*
[6] **broyant des vies** *shattering lives*

cœurs de femmes, en des cœurs de filles, en des cœurs de mères, là-bas, en d'autres pays, des souffrances qui ne finiraient plus.

«C'est la vie», déclara M. Sauvage.

«Dites plutôt que c'est la mort», reprit en riant Morissot.

Mais ils tressaillirent effarés,[7] sentant bien qu'on venait de marcher derrière eux; et ayant tourné les yeux, ils aperçurent, debout contre leurs épaules, quatre hommes, quatre grands hommes armés et barbus, vêtus comme des domestiques en livrée et coiffés de casquettes plates, les tenant en joue au bout de leurs fusils.[8]

Les deux lignes s'échappèrent de leurs mains et se mirent à descendre la rivière.

En quelques secondes, ils furent saisis, attachés, emportés, jetés dans une barque△ et passés dans l'île.

Et derrière la maison qu'ils avaient crue abandonnée, ils aperçurent une vingtaine de soldats allemands.

Une sorte de géant△ velu,[9] qui fumait, à cheval sur une chaise, une grande pipe de porcelaine, leur demanda, en excellent français: «Eh bien, Messieurs, avez-vous fait bonne pêche?»

Alors un soldat déposa aux pieds de l'officier le filet plein de poissons, qu'il avait eu soin d'emporter. Le Prussien sourit: «Eh! eh! je vois que ça n'allait pas mal. Mais il s'agit d'autre chose. Ecoutez-moi et ne vous troublez pas.

«Pour moi, vous êtes deux espions envoyés pour me guetter. Je vous prends et je vous fusille. Vous faisiez semblant de pêcher, afin de mieux dissimuler vos projets. Vous êtes tombés entre mes mains, tant pis pour vous; c'est la guerre.

«Mais comme vous êtes sortis par les avant-postes, vous avez assurément△ un mot d'ordre[10] pour rentrer. Donnez-moi ce mot d'ordre et je vous fais grâce.»

Les deux amis, livides,△ côte à côte, les mains agitées d'un léger tremblement nerveux, se taisaient.

L'officier reprit: «Personne ne le saura jamais, vous rentrerez paisiblement. Le secret disparaîtra avec vous. Si vous refusez, c'est la mort, et tout de suite. Choisissez.»

Ils demeuraient immobiles sans ouvrir la bouche.

Le Prussien, toujours calme, reprit en étendant la main vers la rivière: «Songez que dans cinq minutes vous serez au fond de cette eau. Dans cinq minutes! Vous devez avoir des parents?»

8. Que fait le Mont Valérien pendant leur discussion? Quel effet cela a-t-il sur bien des vies?

9. De quoi se rendent-ils soudain compte?

10. Que font les soldats allemands des deux amis?

11. Qu'est-ce que les soldats n'oublient pas d'emporter?
12. Selon l'officier que faisaient les deux amis?

13. Quel choix les deux amis ont-ils?
14. Comment l'officier rend-il sa menace plus réaliste?

[7] **ils tressaillirent effarés**    *they shuddered, frightened*
[8] **les tenant en joue au bout de leur fusils**    *aiming at them with their rifles*
[9] **velu**    *hairy*
[10] **mot d'ordre**?    Que faut-il dire à la sentinelle?

Le Mont Valérien tonnait toujours.

Les deux pêcheurs restaient debout et silencieux. L'Allemand donna des ordres dans sa langue.△ Puis il changea sa chaise de place[11] pour ne pas se trouver trop près des prisonniers; et douze hommes vinrent se placer à vingt pas, le fusil au pied.[12]

L'officier reprit: «Je vous donne une minute, pas deux secondes de plus.»

Puis il se leva brusquement, s'approcha des deux Français, prit Morissot sous le bras, l'entraîna plus loin, lui dit à voix basse: «Vite, ce mot d'ordre? Votre camarade ne saura rien, j'aurai l'air de m'attendrir.»

Morissot ne répondit rien.

Le Prussien entraîna alors M. Sauvage et lui posa la même question.

M. Sauvage ne répondit pas.

Ils se retrouvèrent côte à côte.

Et l'officier se mit à commander. Les soldats élevèrent leurs armes.

Alors le regard de Morissot tomba par hasard sur le filet plein de goujons, resté dans l'herbe, à quelques pas de lui.

Un rayon de soleil faisait briller le tas de poissons qui s'agitaient encore. Et une défaillance l'envahit.[13] Malgré ses efforts, ses yeux s'emplirent de larmes.

Il balbutia: «Adieu, monsieur Sauvage.»

M. Sauvage répondit: «Adieu, monsieur Morissot.»

Ils se serrèrent la main, secoués des pieds à la tête par d'invincibles tremblements.

L'officier cria: «Feu!»

Les douze coups n'en firent qu'un.

M. Sauvage tomba d'un bloc[14] sur le nez. Morissot, plus grand, oscilla,△ pivota△ et s'abattit[15] en travers sur son camarade, le visage au ciel, tandis que des bouillons de sang s'échappaient de sa tunique crevée à la poitrine.[16]

L'Allemand donna de nouveaux ordres.

Ses hommes se dispersèrent, puis revinrent avec des cordes△ et des pierres qu'ils attachèrent aux pieds des deux morts; puis ils les portèrent sur la berge.

15. Pourquoi change-t-il sa chaise de place?

16. Pourquoi parle-t-il à chacun d'eux séparément?

17. Que font les soldats à son ordre?

18. Quelle vue provoque soudain les larmes de M. Morissot?

19. Décrivez le dernier moment des deux amis.

[11] **changea sa chaise de place**? Imaginez l'action. Comment est-ce qu'on change sa chaise de place?
[12] **le fusil au pied.** Imaginez la posture du soldat. Comment se tient-on quand on a le fusil au pied?
[13] **une défaillance l'envahit** *he suddenly felt faint*
[14] **tomba d'un bloc** *fell flat*
[15] **s'abattit** tomba
[16] **des bouillons de sang s'échappaient de sa tunique crevée à la poitrine** *blood came gushing out of his tunic, split open at the chest*

Le Mont Valérien ne cessait pas de gronder, coiffé maintenant d'une montagne de fumée.

Deux soldats prirent Morissot par la tête et par les jambes; deux autres saisirent M. Sauvage de la même façon. Les corps, un instant balancés avec force, furent lancés au loin, décrivirent△ une courbe,△ puis plongèrent, debout, dans le fleuve, les pierres entraînant les pieds d'abord.

20. Qu'est-ce qu'on fait de leur corps?

L'eau rejaillit, bouillonna,[17] frissonna, puis se calma, tandis que de toutes petites vagues s'en venaient jusqu'aux rives.

Un peu de sang flottait.

21. Pourquoi les corps ne flottent-ils pas?

L'officier, toujours serein,△ dit à mi-voix: «C'est le tour des poissons maintenant.»

Puis il revint vers la maison.

22. Quelle remarque l'officier fait-il et que veut-il dire?

Et soudain il aperçut le filet aux goujons dans l'herbe. Il le ramassa, l'examina, sourit, cria: «Wilhem!»

Un soldat accourut, en tablier[18] blanc. Et le Prussien, lui jetant la pêche des deux fusillés, commanda: «Fais-moi frire tout de suite ces petits animaux-là pendant qu'ils sont encore vivants. Ce sera délicieux.»

23. Que fait-on des poissons?

Puis il se remit à fumer sa pipe.

[17] **bouillonna**    *bubbled up*
[18] **tablier**    *apron*

# Activités

## RÉSUMÉ DE L'ACTION: VRAI/FAUX

A. Résumez l'action en corrigeant les phrases fausses.
   1. Il y avait du soleil mais la pêche n'était pas bonne.
   2. Ils n'entendaient aucun bruit.
   3. Ils sont d'accord que c'est stupide de faire la guerre.
   4. Ils sont d'accord qu'ils ne seront libres que quand il y aura une République.
   5. Soudain ils tournent les yeux et aperçoivent quatre soldats allemands.
   6. Ils sont rassurés parce que les soldats ne sont pas armés.
   7. Ils suivent les soldats en emportant leurs lignes et leur filet.
   8. L'officier emploie un interprète pour les interroger.
   9. L'officier leur dit de donner le mot d'ordre pour rentrer.
   10. Ils lui disent qu'ils ne savent pas le mot d'ordre.
   11. Il leur dit qu'ils seront fusillés le lendemain s'ils ne répondent pas.

12. Il demande à chacun séparément de lui donner le mot d'ordre.
13. Un des deux amis est sur le point de donner le mot d'ordre, mais soudain il a honte, et se tait.
14. Les deux amis se disent adieu.
15. M. Sauvage dénonce la barbarie de l'officier allemand.
16. On n'entend plus gronder le canon sur le Mont Valérien.
17. Les soldats jettent les corps des deux amis dans la Seine.
18. On voit les corps des deux fusillés flotter avec le courant.
19. Au moment de la mort des deux amis les poissons dans le filet sont morts, eux aussi.
20. L'officier allemand fait jeter les poissons dans la Seine.

## RÉSUMÉ DE L'ACTION: NARRATION

B. Complétez la narration suivante en remplissant chaque espace vide par une phrase qui rend le dialogue ou la succession des événements cohérent.
   1. Les deux amis pêchent côte à côte.
   2.
   3. «Voilà qu'ils recommencent,» dit M. Sauvage.
   4.
   5. Les deux lignes s'échappent de leurs mains.
   6.
   7. Un officier allemand se met à les interroger.
   8.
   9. «Ah, mais qu'est-ce que je vois là? dit-il. Il paraît que vous avez fait bonne pêche. Mais il ne s'agit pas de ça. Ecoutez-moi:»
   10.
   11. «Mais si vous me donnez le mot d'ordre, dit-il, je vous fais grâce.»
   12.
   13. «Songez que dans cinq minutes vous serez au fond de cette eau.»
   14.
   15. Le Prussien entraîne alors M. Sauvage et lui pose la même question.
   16. M. Sauvage ne répond pas.
   17. Les soldats élèvent leurs armes.
   18. Les yeux de Morissot s'emplissent de larmes.
   19.
   20. M. Sauvage répond: «Adieu, monsieur Morissot.»
   21.
   22. Les douze coups n'en font qu'un.
   23.
   24. L'eau rejaillit, bouillonne, frissonne, puis se calme.
   25.
   26. «Ce sera délicieux,» dit le Prussien. Puis il se remet à fumer sa pipe.

# SUJET DE DISCUSSION ORALE OU ÉCRITE

L'Action du conte et sa signification

1. A quel moment de l'histoire de France se passe l'action?

2. Quels souvenirs idylliques évoquent la paix?

3. Comment la continuation de la guerre se manifeste-t-elle même aux bords paisibles de la Seine?

4. Qu'est-ce qui nous rappelle les souffrances infligées par la guerre en France, et aussi «en d'autres pays»?

5. Qui souffre pendant la guerre?

6. Quelle opinion les deux amis ont-ils de ceux qui font la guerre?

7. D'après les deux amis, qui est responsable de la guerre?

8. Est-ce que les deux amis expriment des sentiments patriotiques ou de la résignation pendant leur discussion de la guerre?

9. «C'est la vie,» dit M. Sauvage. «Dites plutôt que c'est la mort,» reprend M. Morissot. Et soudain la mort se présente. Sous quelle forme?

10. Pourquoi le Prussien veut-il savoir le mot d'ordre?

11. Comment répondent-ils quand le Prussien le leur demande?

12. Etant donné leur attitude envers la guerre, comment expliquez-vous leur réponse? Qu'en pensez-vous? Est-elle vraisemblable?

13. Comment expliquez-vous l'action de l'officier prussien? Qu'est-ce qui l'a motivée? Qu'en pensez-vous? Est-elle vraisemblable? Pouvez-vous citer des actions semblables en temps de guerre? Croyez-vous que l'un de ses soldats va le dénoncer?

14. Comment se manifeste l'impassibilité et le sang-froid de l'officier prussien pendant toute cette scène?

15. Sur quoi tombe le regard de Morissot au moment où les soldats élèvent leurs armes, et quel effet cela a-t-il sur lui?

16. Pourquoi est-ce que ce qu'il voit lui fait cet effet?

17. On jette les deux corps dans la Seine, et l'officier dit: «C'est le tour des poissons maintenant.» Qu'est-ce qu'il veut dire? Quelle attitude envers la vie cela semble-t-il montrer?

18. Que deviennent les poissons à la fin du conte?

19. Comment est-ce que ce détail à la fin du conte reprend le sujet du premier paragraphe?

20. De quoi s'agit-il au fond dans ce conte? D'une atrocité prussienne? De l'héroïsme de deux Français? De l'absurdité de la guerre?

21. La vision de Maupassant est-elle complètement pessimiste dans ce conte? Evoque-t-il un monde où les plus forts mangent les plus faibles, et où le bonheur et le courage ne sont que des illusions?

# RÉVISION
# LES BIJOUX (I–II)
# ET DEUX AMIS (I–II)

Lisez les passages suivants en remplissant les tirets par le mot convenable.

## LES BIJOUX

### A

a. divertissements
b. ennuie
c. marier
d. nourritures
e. séduction
f. tête-à-tête
g. vue

La dame est venue à Paris parce qu'elle voulait __1__ sa fille. La fille n'a pas d'argent, mais beaucoup de __2__ . Lantin tombe invraisemblablement amoureux à leur première __3__ .

Leur mariage est heureux. Il aime les __4__ délicates qu'elle lui sert, mais il ne partage pas son goût pour les __5__ , et les soirées en ville. Le théâtre l' __6__ . Il préférerait rester seul avec elle en __7__ .

### B

a. collier
b. comptoir
c. empourprer
d. estime
e. marchand
f. misère
g. morceaux
h. placer
i. provenance
j. rancune
k. réfléchit
l. succession

Quand elle meurt, il est étonné d'observer qu'il manque d'argent. Il ne vit pas dans la __1__ noire, mais il mange moins bien et il fait des dettes. Il décide de vendre un __2__ de perles qui appartenait à sa femme. Il avait gardé une certaine __3__ contre ses bijouteries fausses.

Il va chez un orfèvre, le met sur le __4__ et demande au __5__ à combien il l' __6__ . L'orfèvre, flairant un voleur, l'examine et veut savoir quelle est sa __7__ .

Quand Lantin apprend la valeur de ce bijou il __8__ longuement, puis il se sent soudain __9__ de honte. Il se rend compte que sa femme avait un amant qui lui faisait des cadeaux.

Finalement, il s'arme de courage et retourne chez l'orfèvre. Il lui dit qu'il a d'autres __10__ qui lui viennent de la même __11__ . Il lui vend tous les bijoux. Maintenant il est riche. Il va dépenser une partie de son argent, et __12__ le reste. Six mois plus tard, il épouse une femme d'un caractère difficile, et mène une vie bien moins heureuse qu'avec sa première femme.

## DEUX AMIS

### C

| a. achevé | g. hiver |
|-----------|----------|
| b. cannes | h. morne |
| c. chaleur | i. nues |
| d. courbés | j. pillent |
| e. s'émerveille | k. rampant |
| f. fantaisie | l. vignes |

C'est le mois de janvier, ils sont donc en plein __1__ , la saison la plus __2__ de l'année. Cependant, tout le monde __3__ du beau temps qu'il fait. Le ciel est bleu et on sent la __4__ du soleil.

Les deux amis vont dans un café. Quand ils ont __5__ leur deuxième absinthe une __6__ leur vient à l'esprit. Ils rentrent chez eux prendre leurs __7__ de bambou et, malgré les Prussiens qui __8__ le pays, ils vont à la pêche.

Ils traversent un pays vide. Les terres sont __9__ , les __10__ ne sont pas encore en fleur. Pour ne pas être vus, ils avancent __11__ en deux et en __12__ .

### D

| a. attraper | e. privés |
|-------------|-----------|
| b. boulets | f. sang |
| c. frire | g. sol |
| d. introduisent | h. tonne |

Ils espèrent __1__ des poissons, des poissons qui seront bons à __2__ , car depuis le siège ils vivent __3__ de toute nourriture appétissante. Ils font bonne pêche. Fiers de leur succès, ils __4__ les poissons dans leur filet.

Mais pendant tout cela ils entendent le canon qui __5__ et qui fait trembler le __6__ . Ils pensent aux __7__ qui tombent sur des maisons françaises, ils pensent à tout le __8__ que la guerre fait couler, sans se douter qu'elle fera couler le leur. En effet les Prussiens les emmènent, et quand ils refusent de donner le mot d'ordre, ils sont fusillés.

# CHAPITRE 18
# «EN CAS DE DANGER TIREZ LA POIGNÉE...»

## *Préparation à la lecture*

## LEXIQUE

### MOTS PARTIELLEMENT APPARENTÉS

| | | |
|---|---|---|
| Le **mécanicien** fait marcher le train. | 1. mechanic | 2. engineer |
| Le **chauffeur** s'occupe de la locomotive. | 1. chauffeur | 2. stoker |
| La locomotive tire un **convoi** de plusieurs | 1. convoy | 2. train |
| **wagons**. Ils arrivent sans **encombre** à leur | 1. wagons encumberment | 2. passenger cars obstacle |
| destination. Faisant toujours le même **trajet** ils n'ont pas besoin de | cf. trajectory | journey |
| **carte**. Il est **interdit** de varier le | 1. card interdicted | 2. map forbidden |
| trajet. Ils ne doivent pas **obliquer** dans une autre direction. | cf. oblique | turn off |

| | | |
|---|---|---|
| Les voyageurs **se réveilleraient** dans une ville différente. | cf. reveille | would wake up |
| Si on **contrevenait à** ce règlement il y aurait une **peine** sévère. | contravened | broke |
| | 1. pain, sorrow | 2. penalty |
| Mais je vais vous **faire une confidence**: | cf. confide in | tell a secret |
| Il faudrait être un **crétin** pour ne pas **se lasser** de faire toujours le même trajet. | cretin<br>cf. lassitude | fool, idiot<br>get tired |

## FAUX AMIS

| | | |
|---|---|---|
| Le train roule à grande **allure**. | not: allure | but: speed, gait |
| Il boit une **limonade**. | not: lemonade | but: lemon-flavored carbonated drink |

## VOCABULAIRE

| | |
|---|---|
| Il est encore en **chemise de nuit**. | nightshirt |
| Il est **ensommeillé**. | sleepy |
| Il ne mange pas **grand-chose**. | much |
| Il se contente d'**avaler** une tasse de café. | swallow, gulp down |
| Il consulte l'**horaire**. | timetable |
| Il **file** vers la gare. | rushes |
| Sur quelle **voie** part le train? | track |
| Il **a manqué** être en retard. | almost |
| Le train est déjà **en marche**. | under way, moving |
| Les grandes **roues** | wheels |
| de **fer** tournent déjà. | iron |
| Mais le train **fait marche arrière**. | goes into reverse |
| Il revient dans le **sens** de la gare. | direction |
| Je vous le dis **carrément**: il a de la chance. | straight out, bluntly, squarely |
| La place qu'il avait **louée** est occupée par une autre personne. | rented, reserved |

Il a **des démêlés** avec cet individu.          a dispute, problems

Le train s'arrête à un **passage à niveau**.          level crossing

Il rentre chez lui **le surlendemain**.          two days later

# GRAMMAIRE

## REPRISE: LE PLUS-QUE-PARFAIT DU SUBJONCTIF

The pluperfect subjunctive, like the pluperfect indicative, usually expresses completed action in the past. In fact, in clauses introduced by **si**, it may be substituted for the pluperfect indicative.

Il ne savait pas que les autres **fussent partis** sans lui.          He didn't know that the others *had left* without him.

Si les autres **fussent partis** sans lui il aurait été furieux.          If the others *had left* without him he would have been furious.

The pluperfect subjunctive may also be used, however, in place of the past conditional. In any given sentence the context determines which meaning makes sense.

Il aurait pu revenir, mais c'**eût été** dangereux.          He could have come back, but it *would have been* dangerous.

On l'**eût laissé** partir s'il ne ne **se fût obstiné** à parler du train.          They *would have let* him go if he *had* not *insisted* on talking about the train.

## LE PRONOM DISJONCTIF **SOI**

The disjunctive pronoun **soi** corresponds to the subject pronoun **on**.

On a souvent besoin d'un plus petit que **soi**.          One often needs someone smaller than *oneself.*

The English equivalent of **soi**, like the English equivalent of **on**, varies according to the context.

Chacun pour **soi**.          Every man for *himself.*

La lecture est agréable en **soi**.          Reading is fun in *itself.*

Comment voir derrière **soi**?          How can you see behind *you?*

## POUR MIEUX COMPRENDRE: LES IDIOTISMES

**Un idiotisme**—an idiom—can be defined as an expression particular to a given language. The difficulty idioms present varies greatly depending on the idiom itself and on the reader's ability to use context and common sense. Since many of the major points of grammar needed for reading comprehension have now been reviewed, this lesson and subsequent lessons will stress various idioms, turns of phrase, and uses of figurative language that appear in the reading. Try to grasp the meaning of these idioms before looking at the English. The meaning of some will probably be immediately apparent, others may require more thought.

| | |
|---|---|
| Je vous fais confiance, mais je voudrais un reçu, **pour la forme**. | I trust you, but I'd like a receipt, *as a matter of form.* |
| **Ça ne te ferait rien** d'arrêter le train un moment? | *Would you mind* stopping the train for a second? |
| Le train s'arrête en **pleine** campagne. | The train stops *right in the middle of* the countryside. |
| Je connais tous les passages à niveau. J'ai quinze ans **de ligne**. | I know all the level crossings. I have fifteen years *of service on this line.* |

Similes that have become consecrated by usage—*good as gold, strong as an ox,* etc.—do not usually present a serious obstacle to understanding since you can get the general sense without knowing the specific reference. Unless irony is involved, *strong as*—must mean *very strong.* Still, you miss the color the simile adds if you do not understand what the comparison refers to.

Il laisse sa porte ouverte. On entre chez lui **comme dans un moulin**.
The context makes the meaning clear:
He leaves his door open. You can enter his house easily.
Or: Anyone can walk in.
But the literal meaning adds its own flavor:
You can enter his house *as if in a windmill.*

# EXERCICES

## RÉSUMÉ DE LA GRAMMAIRE

1. Il est naturel de penser d'abord à **soi**.
2. Pourquoi payer un autre pour faire ce qu'on peut faire **soi-même**?

3. Si vous **eussiez** pensé au danger, vous **n'eussiez** pas osé le faire.
4. S'**il fût** arrivé trop tard, il **eût** manqué son train.

## MOTS APPARENTÉS ET VOCABULAIRE

A. Lisez le passage suivant en remplaçant les mots en caractères gras par un synonyme.
   a. allure
   b. chemin de fer
   c. contrevenir à
   d. difficulté
   e. fatiguer
   f. interdit
   g. grand-chose
   h. louer
   i. peine
   j. le surlendemain
   k. trajets

C'est un plaisir de voyager par **le train** (1) . Les trains modernes roulent à grande **vitesse** (2) et arrivent à leur destination sans **encombre** (3) .

Remarquez qu'il vaut toujours mieux **retenir** (4) une place—ça ne coûte pas **beaucoup** (5) —et qu'il n'est **pas permis** (6) de tirer le signal d'alarme sans raison. **Violer** (7) ce règlement peut amener une **punition** (8) sévère.

Le train est certainement préférable pour les **voyages** (9) courts. Mais si vous partez par le train pour n'arriver que **deux jours plus tard** (10) , la longueur du voyage va sans doute vous **lasser** (11) .

B. Lisez le passage suivant en remplissant les tirets par le mot convenable.
   a. avalez
   b. carte
   c. chemise de nuit
   d. démêlés
   e. en marche
   f. ensommeillé
   g. horaire
   h. marche arrière
   i. niveau
   j. obliquer
   k. roues
   l. voie

Si vous voulez savoir la distance de Paris à Brest regardez la __1__ . Pour savoir quand part le train regardez l' __2__ . Si vous êtes encore __3__ prenez une tasse de café. Mais si vous êtes en retard __4__ votre café et partez à toute vitesse. Cependant, même si vous êtes très pressé, habillez-vous d'abord. Ne partez pas en __5__ !

A l'aéroport il y a un __6__ pour les arrivées et un autre pour les départs. Mais à la gare vous n'avez qu'à demander sur quelle __7__ part votre train. Normalement on ne peut pas monter si le train est déjà __8__ . Mais si les __9__ ont à peine commencé à tourner, vous pouvez toujours essayer.

Le train roule sur les rails. Il ne peut pas __10__ pour vous déposer à domicile. Il ne peut pas non plus faire __11__ si vous avez oublié quelque chose. Si vous tirez le signal d'alarme pour cette raison-là vous aurez des __12__ avec la police.

# GILBERT CESBRON

Gilbert Cesbron (1913–1980) was an essayist, novelist, dramatist, and short story writer who reached a wide public in France. His *"Les Saints vont en enfer"* (1952), a novel based on the experience of the **prêtres-ouvriers**, a group of priests who entered the labor force and shared the difficulties and deprivations of workers in the immediate post–war years, became a best-seller. His Catholic faith and his compassion for people who are condemned to leading pinched, narrow, and eroded lives are at the center of his work. His characters are usually victims—of harsh economic reality, the abrasive mechanization of modern life, or the force of circumstances—but also suffer from their own apathy, self-absorption, or self-destructiveness.

Although Cesbron's stories are clearly oriented toward the moral point they seek to make, his craftsmanship, invention, imagination, humor, and pacing make his stories something more than schematic parables. Most of them are interesting, lively, engaging, and admirably short.

*"Leur Pesant d'Écume,"* the collection from which the stories presented here are taken, appeared in the year of Cesbron's death. **Cela vaut son pesant d'or** ("It's worth its weight in gold.") is a commonly used phrase. The title, with its suggestion that these stories are worth their weight in foam, is a casual way of pointing to their unusual brevity. But the title may say something too about the kind of stories he wanted to include in this collection: stories that are light, frothy, transparent, and sparkling, but with a faintly bitter aftertaste.

Like many contemporary authors, Gilbert Cesbron was troubled by the impact that mechanization and technology have on our daily lives. Thought, sentiment, and spontaneity are eroded and cramped by assembly lines, automatic vending machines, form letters, and cards that must not be bent, folded, or mutilated. But it was the railroad with its endless, single-minded tracks that first brought the convenience, speed, and rigid confinement of mechanization into our lives, and that is what Cesbron takes aim at in this fantasy. There ought to be some way we can get off the tracks, make a U-turn and go home to kiss a child goodnight, or wander about the countryside at will.

un café
encore ouvert

C'est peu après le kilomètre 76 que le mécanicien du rapide Paris-Brest se souvint tout à coup qu'il n'avait pas embrassé son petit garçon avant de partir.

Evidemment il aurait pu faire marche arrière[2] pour retourner à Paris (car il n'était pas question de n'y point retourner!) mais ç'eût été dangereux. Comment voir un convoi roulant derrière soi sur la même voie? Et puis tous ces gens qui avaient loué leurs places dans le sens de la marche,[3] de crainte de vomir...△ —Non! mieux valait carrément attendre le passage à niveau du kilomètre 79, demander au chauffeur de descendre, ouvrir doucement la barrière△ —«Tu remonteras en marche,[4] vieux!» et obliquer à gauche sur la route de Paris...

Dérailler... Là! tout de suite les grands mots! Mais, après tout, cela signifie seulement «quitter les rails» et, faite avec précautions par un homme qui connaît son métier, l'opération ne présente aucun risque, surtout à petite allure. Vous trouvez naturel qu'une roulotte[5] à quatre roues de fer tienne la route: pour-

1. Pourquoi le mécanicien décide-t-il de retourner à Paris?
2. Pourquoi n'a-t-il pas fait marche arrière?
3. Quels voyageurs objecteraient si le train faisait marche arrière?
4. Comment décide-t-il de retourner à Paris?
5. Qu'est-ce que le «grand mot» dérailler suggère?
6. Que faut-il faire et qui faut-il être pour dérailler sans risque?

---

[1] **poignée**   la poignée du signal d'alarme (**poignée**   *handle*)
[2] **faire marche arrière**   *to back up, to go in reverse*
[3] **dans le sens de la marche**   *facing the front of the train*
[4] **tu remonteras en marche**   *you can get back on as the train is moving*
[5] **roulotte**   *gypsy wagon*

quoi un wagon à huit roues, une locomotive à douze roues n'y rouleraient-ils pas encore mieux? La preuve c'est que le Paris-Brest y roulait tranquillement à présent, Brest-Paris, et tout son monde dormant paisiblement.

Paris, à 4 heures du matin, on y entre comme dans un moulin. Le mécanicien, qui n'habitait pas loin de la barrière, stoppa devant chez lui, dit au compagnon:△ «Attends-moi un moment!» et monta embrasser son petit qui dormait.

Ils reprirent le rail sans encombres à Versailles-Chantiers. La route de Paris à Versailles, la nuit, est un enchantement, et le château endormi sous la lune... Ils étaient ravis et se promirent bien de recommencer.

Le lendemain, le trajet normal leur parut mortellement ennuyeux; et le surlendemain:

—Dis donc, bonhomme, dit le chauffeur à l'autre, j'ai oublié mon grand mouchoir à la maison. Ça ne te ferait rien de...

—C'est bien vrai? demanda le mécanicien pour la forme.

Mais déjà il calculait dans sa tête où recouper△ la route de Paris et comment rejoindre△ ensuite par un autre chemin. Car ne croyez pas qu'il suffît d'une carte de France routière et ferroviaire.[6] Encore fallait-il connaître tous les horaires des trains: un accident est si vite arrivé! Mais quand on a quinze ans de ligne on peut se permettre bien des choses.

Pourtant, cette fois, ils jouèrent de malchance:[7] un voyageur profita de l'arrêt à Paris pour descendre, tout endormi, vit un café encore ouvert, y but une limonade et demanda au patron non moins ensommeillé que lui:

—A quelle heure repart le train?

—Quel train? fit l'autre.

—*Le* train! Paris-Brest, quoi!

—Je ne sais pas, moi! Renseignez-vous à la gare Montparnasse!

Chacun d'eux trouva l'autre singulier△ et ils n'ajoutèrent pas un mot. Mais, en sortant, le voyageur ne vit plus de train du tout et, parce qu'il rentrait chez lui en pyjama, il eut des démêlés avec la police. Elle l'eût volontiers laissé repartir s'il ne se fût obstiné à parler du train dont il descendait à l'instant. Avenue Daumesnil! Vous vous rendez compte?

Une autre fois, un voyageur se réveillant en plein Bois de Boulogne (le lac△ et l'île, à gauche; à droite les tennis: on ne pou-

---

7. Arrivé à Paris, que fait le mécanicien?
8. Quelle impression la route Paris-Versailles fait-elle?

9. Quel prétexte ont-ils pour retourner à Paris le surlendemain?

10. Que faut-il savoir si on veut quitter les rails et les rejoindre ensuite?
11. Que fait un voyageur tout endormi?

12. Qu'est-ce qui semble bizarre à la police?

---

[6] **une carte de France routière et ferroviaire**  une carte qui montre les routes et les chemins de fer de la France
[7] **ils jouèrent de malchance**  *they ran out of luck*

vait pas s'y tromper!) manqua tirer le signal d'alarme. Mais il lut «qu'il était interdit de s'en servir sans motif plausible» et que «le contrevenant» s'exposait à des peines pouvant aller à je ne sais combien de francs d'amende[8] et d'années de prison! Le Bois de Boulogne... Etait-ce là un motif plausible? Il en douta et ne contrevint pas. En se réveillant à Brest, le lendemain matin, il crut avoir rêvé.

De ces incidents, l'équipe de tête[9] ne sut rien et elle continua ses vagabondages. On mit dans la confidence le contrôleur et le postier.[10] Cela permit de déposer *chez lui,* 23, bd Jean-Jaurès à Dreligny, un voyageur qui aurait dû faire à pied dans la nuit les kilomètres qui séparaient sa maison de la gare; et aussi de porter le courrier à domicile[11]—de rendre service, en somme.

Ils visitèrent ainsi des coins ravissants que le chemin de fer ne dessert[12] pas. Ils allèrent chanter aubade[13] sous les fenêtres du président de la Compagnie qui habite un château près de Veiloire. Il parut à son balcon, en chemise de nuit, dit avec simplicité: «Merci, mes amis!» et rentra se coucher. Le lendemain il n'osa parler de sa vision à personne: dans les chemins de fer, il ne faut pas grand-chose pour perdre sa place!...

Mais les escapades du Paris-Brest devaient se terminer tragiquement. Une nuit, en reprenant le rail après un petit souper△ en forêt d'Orléans, il heurta un autocar dont le crétin de chauffeur, lassé de la route et désireux d'aller plus vite, roulait sur le chemin de fer. Il y eut douze morts et dix-huit bl...

—Eugène, dit la femme du mécanicien, au lieu de dormir la pipe au bec,[14] avale donc ton café qui est froid à présent et file à la gare: tu vas être en retard!

—21 h 11, nom de Dieu! Je n'ai que le temps!

Il prit sa casquette et sauta dans l'escalier. Mais, à la hauteur du premier étage, il s'aperçut qu'il avait oublié d'embrasser son petit garçon et il remonta le faire tout de suite par précaution.

13. Qu'est-ce qu'un autre voyageur est sur le point de faire, et pourquoi?

14. Pourquoi ne le fait-il pas?

15. Comment s'explique-t-il cela le lendemain?

16. Quel service rend-on à un autre voyageur et qu'a-t-il ainsi évité?

17. Qui vont-ils voir, comment réagit-il, et pourquoi n'en parle-t-il pas le lendemain?

18. Qu'est-ce qui cause un accident?

19. Que faisait le mécanicien en réalité pendant tout ce temps?

20. Pourquoi part-il en vitesse et pourquoi remonte-t-il une minute après?

---

[8] **amende?**     Que faut-il payer si on tire le signal d'alarme sans motif plausible? Le contexte rend la réponse évidente.
[9] **l'équipe de tête**     *the train crew*
[10] **on mit dans la confidence le contrôleur et le postier**     *they let the train conductor and the postal worker in on the secret*
[11] **porter le courrier à domicile**     *to deliver mail at the doorstep*
[12] **desservir**     *to serve, to reach*
[13] **aubade**     *dawn serenade*
[14] **au bec**     à la bouche

# Activitiés

A. Résumez l'action en choisissant la terminaison qui convient à chacune des phrases suivantes.

1. Peu après le kilomètre 76, le mécanicien se souvient qu'il
   a. a laissé sa casquette chez lui
   b. a oublié d'embrasser son petit garçon
   c. doit consulter l'horaire

2. Voilà la raison pour laquelle il décide de
   a. tirer le signal d'alarme
   b. faire marche arrière
   c. retourner à Paris

3. Il pense aux gens dans le train qui ont loué leur place dans le sens de la marche
   a. parce que c'est moins dangereux
   b. pour mieux admirer la vue
   c. de crainte de vomir

4. En plus de ça, il ne veut pas faire marche arrière parce qu'il ne pourrait pas voir
   a. le pays
   b. les passages à niveau
   c. un convoi roulant derrière lui

5. Il décide donc d'attendre le passage à niveau du kilomètre 79 et d(e)
   a. prendre l'autocar
   b. ouvrir doucement la barrière
   c. ne pas quitter les rails

6. Dérailler ne présente aucun risque, surtout si on le fait
   a. tout à coup
   b. à petite allure
   c. sans motif plausible

7. Paris, à quatre heures du matin, on y entre
   a. comme dans un moulin
   b. par la gare Montparnasse
   c. à grande allure

8. Sur la route de Paris à Versailles ils peuvent
   a. admirer le château endormi sous la lune
   b. se renseigner à la gare Montparnasse
   c. prendre une limonade

9. Le surlendemain, c'est le chauffeur qui trouve un prétexte pour rentrer à Paris. C'est qu'il a oublié
   a. d'avaler son café
   b. d'emporter son grand mouchoir
   c. d'embrasser sa femme

10. Pour recouper la route de Paris et rejoindre ensuite par un autre chemin
    a.  il faut connaître tous les horaires des trains
    b.  il suffit d'une carte de France routière et ferroviaire
    c.  on doit se servir du signal d'alarme
11. Le patron du café est étonné quand le voyageur tout endormi
    a.  commande une limonade
    b.  lui demande à quelle heure repart le train
    c.  lui dit de se renseigner à la gare Montparnasse
12. La police eût volontiers laissé repartir le voyageur
    a.  s'il ne se fût obstiné à parler du train
    b.  s'il se fût abstenu de tirer la poignée
    c.  s'il eût dit avec simplicité «Merci, mes amis!»
13. Un autre voyageur manqua tirer le signal d'alarme parce que:
    a.  le train faisait marche arrière
    b.  il voulait qu'on le dépose chez lui
    c.  il s'était réveillé en plein Bois de Boulogne
14. Le voyageur décide de ne pas tirer le signal d'alarme parce que:
    a.  les autres voyageurs se moqueraient de lui
    b.  il risquerait de perdre sa place
    c.  il s'exposerait à je ne sais combien de francs d'amende
15. On rendit service à un voyageur qui aurait dû faire à pied les kilomètres qui séparaient sa maison de la gare
    a.  en lui faisant visiter des coins ravissants
    b.  en le déposant chez lui
    c.  en livrant son courrier à domicile
16. Ils allèrent sous les fenêtres du président de la Compagnie
    a.  chanter aubade
    b.  faire un petit souper
    c.  le déposer devant son château
17. Le lendemain le président ne parla de sa vision à personne parce que:
    a.  il était charmé par la sérénade
    b.  il avait peur de perdre sa place
    c.  il n'osait pas tirer le signal
18. Les escapades finissent tragiquement quand le train heurte un autocar
    a.  que le président avait envoyé à sa poursuite
    b.  qui avançait à petite allure dans la forêt d'Orléans
    c.  qui roulait sur le chemin de fer
19. Pour l'équipe de tête, ce chauffeur qui voulait rouler plus vite n'était qu'
    a.  un collègue
    b.  un crétin
    c.  une victime
20. A la fin de l'histoire le mécanicien qui dormait la pipe au bec est réveillé par

a. le bruit de la collision
b. la voix de sa femme
c. le signal d'alarme
21. Le mécanicien part en vitesse, mais remonte du premier pour
a. avaler son café
b. embrasser son petit garçon
c. se replonger dans sa rêverie

## RÉSUMÉ DE L'ACTION: LES LIEUX

B. Résumez l'action en identifiant les endroits dont il s'agit dans les phrases suivantes.
1. C'est là que le chemin de fer croise la route. La barrière descend quand le train passe.
2. A en croire le narrateur, on y entre comme dans un moulin à quatre heures du matin.
3. La nuit, on peut y voir le grand château royal endormi sous la lune.
4. Un voyageur y entre pour y boire une limonade.
5. C'est là que le Paris-Brest prend son départ.
6. Quand le train le traverse on voit le lac et l'île à gauche, et à droite les tennis. Il n'y a pas à s'y tromper.
7. On y livre le courrier, on y dépose les voyageurs qui demeurent loin de la gare, pour le simple plaisir de rendre service.
8. Le président de la Compagnie s'y présente en chemise de nuit pour les remercier.
9. Ils s'y arrêtent pour faire un petit souper.
10. Un crétin de chauffeur d'autocar décide d'y rouler.
11. Le mécanicien y dort, la pipe au bec.
12. Le mécanicien s'y arrête et décide de remonter embrasser son petit garçon.

Si vous ne trouvez pas la réponse vous pouvez la chercher dans la liste suivante.

a. sur son balcon
b. le Bois de Boulogne
c. dans un café
d. sur le chemin de fer
e. à domicile
f. dans l'escalier
g. dans son fauteuil
h. en forêt d'Orléans
i. la gare Montparnasse
j. à Paris
k. un passage à niveau
l. à Versailles

## SUJET DE DISCUSSION ORALE OU ÉCRITE

La Révolte du mécanicien contre la machine

1. Expliquons d'abord la fonction ordinaire d'un mécanicien. De quoi s'occupe-t-il?

2. Comment est-ce que la partie émotionnelle et familiale de la vie interrompt ses fonctions ordinaires au début de l'histoire?

3. Quel risque y a-t-il à «quitter les rails», d'après le narrateur?

4. Arrivés par la route à Versailles, quel enchantement le chauffeur et le mécanicien découvrent-ils?

5. De quoi se sentent-ils libérés en quittant les rails?

6. La liste A comprend plusieurs expressions qui font partie du conte. Lisez chacune de ces expressions et expliquez auxquels des thèmes de la liste B on peut la rattacher.

A

| | |
|---|---|
| le chemin de fer | le signal d'alarme |
| la route | le contrevenant |
| une carte de France | le pyjama |
| les horaires | être en retard |
| les vagabondages | embrasser son petit garçon |
| la Compagnie | le château |
| le kilomètre 76 | les escapades |
| la barrière | la casquette du mécanicien |
| la police | des années de prison |
| chanter aubade | dix mille francs d'amende |

B

| | |
|---|---|
| la liberté | la machine |
| la spontanéité | le travail |
| la beauté | la routine |
| le rêve | la contrainte |
| l'indépendance | l'exactitude |
| la vie privée | la loi |

7. Qu'est-ce que nous découvrons à la fin du conte sur les aventures du train vagabond?

8. Le mécanicien s'est-il vraiment révolté? Quelle forme sa révolte prend-elle?

# C H A P I T R E   1 9
# LA COURONNE

## *Préparation à la lecture*

## LEXIQUE

### MOTS APPARENTÉS

| | |
|---|---|
| Arsène n'est pas un artiste **peintre**. | painter |
| C'est un peintre en bâtiment. | |
| Il n'a pas de **compte** en banque. | account |
| Il est sale. Fernand le regarde avec **dégout**. | disgust |
| Fernand a un **geste** d'exaspération. | gesture |
| Il **trinque** à la mémoire de Victor. | drinks, toasts |

### MOTS PARTIELLEMENT APPARENTÉS

| | | |
|---|---|---|
| Fernand va **quêter** de porte en porte. | cf. quest | ask for money for a cause |
| C'est pour une **couronne** pour son ami qui est mort. | 1. crown | 2. wreath |
| Voilà pourquoi il **fait la tournée**. | does the tour | goes on the rounds |

| | | |
|---|---|---|
| Personne ne **pince** les lèvres devant sa demande. | pinches | purses |
| Personne ne **claque** la porte. | clacks | slams |
| Fernand aime prendre son fusil et aller à la **chasse**. | the chase | hunting |
| Il trouve cela **distrayant**. | distracting | fun |
| Il aime les réunions d'**anciens combattants**. | former combatants | veterans |
| Il aime cette **espèce** d'activité. | species | kind |
| Mais il a le sentiment que son groupe d'amis **se démantèle**. | cf. dismantle | is falling apart |
| Quant à cet Arsène, avec ses cheveux d'une **teinte** gris sale, il devrait **se laver**. | tint<br>cf. lavatory | color<br>wash |
| Quand Arsène le prend par le bras, Fernand se **dégage**. | disengages | frees |
| Etonné, il le regarde, les yeux **exorbités**. | out of their orbits | popping |

## MOTS-CLÉS

| | |
|---|---|
| **La plupart** des gens lui donnaient de l'argent. | most, the majority |
| N'importe qui **en** aurait fait **autant**. | as much, the same |
| Mais **désormais** ils ne le feront plus. | henceforth |

## VOCABULAIRE

| | |
|---|---|
| Fernand se lève de son **fauteuil** et va regarder par les **carreaux** de la fenêtre. | armchair<br>windowpanes |
| Il a du **mal** à comprendre ce qui se passe. | trouble |
| Il **enroule** son foulard autour de son cou et sort. | wraps |
| Il apprend qu'on va **enterrer** ce pauvre Victor. | bury |
| Victor avait l'air de **se porter bien**. | to be in good health |
| Il semble à Fernand que la mort lui a joué un **tour**. | trick |

| | |
|---|---|
| Son monde a l'air de **s'effondrer** autour de lui. | collapse |
| Pendant leur service militaire ils ont **vécu** tous les deux dans la même **caserne**. | lived<br>barracks |
| Sans être **aveuglé** par l'amitié Fernand croit que | blinded |
| Victor a **droit** à une couronne. | a right |
| Il va **frapper** aux portes de ses voisins. | knock |
| On l'**accueille** très bien. | greet |
| Il est certain de **réussir** dans sa quête. | succeed |
| Il va frapper à la porte de ce **maudit** Arsène. | accursed |
| Il sonne. Il entend **tinter** la sonnette. | ring, jingle |
| Arsène a une bouteille **à portée** de la main. | within reach |
| Fernand a toujours aimé **boire le coup**. | to have a drink |
| Mais Arsène a trop bu. Il **pue** l'alcool. | stinks of |
| Fernand lui jette un regard **étroit**. | narrow |
| Leur discussion **s'échauffe**. | heats up |

# GRAMMAIRE

## LES PRONOMS DISJONCTIFS

In order to emphasize the subject or the object of a sentence, the appropriate disjunctive pronoun is often added to it. This kind of emphasis is usually rendered orally in English and may be indicated in writing by italicization.

—Moi, je ne quitte jamais la maison.　　"*I* never leave the house.
—Mais Adèle la quitte, elle!　　"But *Adèle* does!"

## LA PLACE DE L'ADJECTIF

The meaning of certain adjectives varies depending on whether they come before or after the noun. One of these adjectives appears in this chapter's story: **ancien**.

Arsène est un **ancien** peintre.　　Arsène is a *former* painter.
Il demeure dans une maison **ancienne**.　　He lives in an *old* house.

| Il est **ancien** combattant. | He is a *former* combatant, i.e., a veteran. |

There are other adjectives belonging in the same category that have appeared in previous reading selections.

| Je n'ai jamais entendu une **pareille** histoire. | I never heard *such* a story. |
| Fernand et Ernest sont deux types **pareils**. | Fernand and Ernest are two *similar* guys. |
| C'est un **brave** homme. | He's a *good* man. |
| C'est un homme **brave**. | He's a *brave* man. |

## POUR MIEUX COMPRENDRE: LES IDIOTISMES

Idioms. To understand idiomatic expressions you need to avoid literal-mindedness. Here are idioms from the reading selection that are easy to understand when they are read within a context.

—Il se portait mal?    —**Pensez-vous**! Il se portait très bien.
—Tu vas quêter pour Victor?    —**Tu parles**! Jamais de la vie!

These are obviously emphatic contradictions. If you wanted to find an English equivalent it would be something like *you've got to be kidding!* But finding an English equivalent for the phrase is not necessary. The object is to understand it, and to do that you need to use the context, and not be misled by the literal meaning of the words.

**Allons bon**! Voilà qu'il pleut et j'ai perdu mon parapluie!

Again, the literal meaning is misleading. This cannot be an expression of pleasure or anticipation, even though the words taken alone might suggest it. So long as you catch the appropriate mood—exasperation, resignation—there is no need to look for an equivalent English expression.

Il lui a demandé si elle allait quêter. Elle a **fait non de la tête**.

Her answer is clearly negative. Visualize her familiar gesture. That is a better way to understand it than putting it into English.

Other idioms may be a little harder to understand but should be clear when read in context. Try to see if you can understand these before checking the English in the right-hand column.

| Il porte des vêtements sombres parce que ça **fait** plus convenable. | He wears dark clothes because it *looks* more suitable. |

| La coutume **veut** qu'on offre une couronne. | Custom *dictates* that you offer a wreath. |
| Il était si curieux qu'il n'y put **tenir**. Il alla leur parler. | He was so curious that he couldn't *hold back*. He went out to talk with them. |
| **Quelle tête elles feront** quand elles verront cet argent! | *How surprised they will look* when they see that money! |

# EXERCICES

## RÉSUMÉ DE LA GRAMMAIRE

1. Il y avait une réunion des **anciens** élèves de l'université.
2. Ils étaient tous deux invités. **Lui** voulait y aller, **elle** non.
3. **Eux** restent, mais nous y allons, **nous**.
4. Il est un peu bête mais c'est un **brave** type.

## VOCABULAIRE ET MOTS APPARENTÉS

A. Lisez le passage suivant en remplissant les tirets par le mot convenable.

| | |
|---|---|
| a. accueillir | i. espèce |
| b. aveugle | j. frapper |
| c. carreaux | k. fauteuil |
| d. chasse | l. laver |
| e. distrayant | m. tinter |
| f. droit | n. tour |
| g. s'effondrer | |
| h. enterrer | |

Arsène entend __1__ la sonnette, mais il ne va pas à la porte. Il sait que les enfants aiment parfois lui jouer un petit __2__ . Ils aiment __3__ à la porte et puis s'enfuir. Arsène n'aime pas les jeux de cette __4__ . Il essaie de regarder par les __5__ de la fenêtre. Il ne voit rien. Ce n'est pas qu'il est __6__ . S'il voit mal, c'est que la fenêtre est très sale. Il devrait la __7__ .

C'est Fernand qui est à la porte. Arsène s'avance pour l' __8__ . Fernand c'est un copain. En automne, ils aiment prendre leurs fusils et partir tous les deux à la __9__ . C'est __10__ d'aller à la chasse avec ses amis. On a le __11__ de s'amuser de temps en temps, n'est-ce pas?

Mais Fernand a une mauvaise nouvelle. Leur ami Victor est mort. On doit l' __12__ mardi. Etonné par cette nouvelle, Arsène va __13__ dans le __14__ où il s'assied toujours.

B. Lisez le passage suivant en remplaçant les mots en caractères gras par un synonyme. Faites les changements de genre nécessaires.

a. accessible à
b. boire le coup
c. dégoût *disgust*
d. échauffe
e. étroit *narrow*
f. faire la quête
g. geste *gesture*
h. mal
i. la même chose
j. plupart
k. se porte bien
l. pue *stinks of*
m. réussit *succeed*
n. vécu *lived*

Au physique, Fernand **est en bonne santé** (1) . Cependant, ayant toujours **demeuré** (2) dans la même petite ville, il a l'esprit **peu large** (3) . Il s'**excite** (4) facilement, et il a de la **difficulté** (5) à comprendre ce qui n'est pas **à la portée de** (6) son esprit assez borné.

C'est ainsi qu'il décide de **demander de l'argent** (7) pour la couronne de Victor lui-même. Au début, il **a du succès** (8) . Mais une mauvaise surprise l'attend chez Arsène. En y entrant, Fernand a un **mouvement du corps** (9) qui montre sa **répugnance** (10) . C'est que ça **sent très mauvais** (11) chez Arsène. La **majorité** (12) de ses amis vont au bistrot après le travail. Fernand **en fait autant** (13) . C'est agréable de **prendre un verre de vin** (14) avec ses amis. Mais Arsène, lui, boit seul et beaucoup trop.

# SMALL TOWN LIVING

Women have their place in life: in bed, in the kitchen, washing windows, accommodating themselves to the needs of men when they are alive, and collecting funds for a wreath when one of the good old boys dies. But how good it is to get away from them, to hang out with the other guys in the **bistrot**, to play politics down at party headquarters, to have a riotous time at a veterans' reunion, or to slip off on a little fishing expedition! That is how the thinking of **le gros Fernand** runs, and several of the men who live in his typical small French town, old friends he has known since grade school, the carpenter, the blacksmith, the fellow who owns the **bistrot**, go along with him one hundred percent on that. But women do not necessarily play the role that this comfortably egotistical, male-centered way of seeing things assigns to them in just the way the men expect them to. Life has a little surprise in store for Fernand and his friends.

Fernand n'y put tenir

# LA COURONNE

A travers les carreaux sales (jamais lavés depuis la mort de Denise) le gros Fernand aperçut M^me Danger et M^me Chalifour qui discutaient, avec des gestes étroits, non loin de la fontaine.

—Allons bon, les *pleureuses!*[1]

Il avait parlé tout haut en se tournant vers la cuisine, la pièce de Denise. Il était trop vieux pour changer d'habitudes.

Les «pleureuses» levaient les bras au ciel et faisaient non de la tête. Fernand n'y put tenir; il se leva, enroula autour de son cou, d'un geste qui datait de la communale, un foulard[2] qui avait fini par prendre la teinte gris sale de ses cheveux, et marcha jusqu'à la fontaine après avoir crié au fantôme de Denise: «Je reviens tout de suite!»

—Alors, mesdames, quelles nouvelles?

—M. Trimblard est mort. On l'enterre jeudi.

—Victor?... Lui aussi! ajouta-t-il d'un ton de reproche.

Il n'en éprouvait aucun chagrin, mais une sorte d'insécurité: son rempart^△ se démantelait. Chaque fois, qu'un visage

1. En quel état est la maison de Fernand depuis la mort de Denise?

2. Malgré la mort de Denise, qu'est-ce que Fernand continue à faire?

3. Pourquoi Fernand sort-il?

4. Quelle nouvelle apprend-il?

5. Quelle est sa réaction à la mort de Victor?

---

[1] **pleureuses?**    Nous ne savons pas encore de quoi il s'agit. Continuons à lire.
[2] **foulard?**    Qu'est-ce qu'on met autour de son cou avant de sortir?

s'effaçait[3] ainsi sur la photo de groupe prise à la communale[4] l'année de ses dix ans, ou sur celle de la caserne du 109e l'année de ses vingt ans, il se sentait un peu plus en danger. Victor aussi lui avait donc joué ce tour!

—Mais quand est-ce arrivé?

—Hier au soir.

—Il ne se sentait pas bien depuis un moment? hasarda△ Fernand sans trop d'espoir.

—Pensez-vous! répondit cruellement l'une des pleureuses, je l'avais encore vu avant-hier: il se portait comme vous et moi.

Un nouveau pan du rempart s'effondra.[5]

—Et vous allez, comme d'habitude, quêter de maison en maison pour sa couronne?

—Eh bien, non! fit Mme Chalifour en pinçant△ les lèvres. C'est de cela que nous discutions. Cette fois, nous ne ferons rien du tout.

—Mais enfin, d'habitude...

—Vous nous permettrez d'avoir notre dignité de femmes, monsieur Chauveau!

—Il y a des limites, ajouta Mme Danger.

—Mais Victor est mort! Il a droit, commes les autres...

—Et comment a-t-il vécu?

—Mais... comme nous tous!

—Vraiment? L'amitié vous aveuglait, monsieur Chauveau.

—Je sais que vous n'aimez pas les chasseurs, mais...

—Il s'agit bien de chasse!

—Bon, il mangeait, il buvait un peu trop, je vous l'accorde.

—Toutes ces affaires d'hommes ne nous intéressent pas, dit Mme Chalifour avec un dégoût infini: les réunions d'anciens combattants, les banquets, le café...

—La politique, ajouta l'autre.

—Eh bien, alors?

Il y eut un long silence; seule la fontaine imperturbable...

—Monsieur Chauveau, dit enfin l'une des pleureuses en détournant son regard, vous êtes bien le dernier à qui nous voudrions donner nos raisons. Vous venez, madame Chalifour?

Fernand lui empoigna le bras sans ménagement.[6]

6. Qu'est-ce que Fernand apprend sur la condition de Victor juste avant sa mort?
7. Quelle est sa réaction?
8. Que font les «pleureuses» d'ordinaire?
9. Qu'est-ce qui est différent cette fois?

10. Comment expliquent-elles leur refus?
11. D'après Fernand, qu'est-ce que ces dames désapprouvaient en Victor?
12. Quelles sont les activités typiques des hommes qui n'intéressent pas les femmes?
13. Quel bruit entend-on?
14. Qu'est-ce que les femmes refusent de lui donner?

[3] un visage s'effaçait  L'expression est figurative. Qu'est-ce que cela signifie quand un visage «s'efface»? Qu'est-il arrivé à Victor?
[4] communale  école communale (école primaire)
[5] un nouveau pan du rempart s'effondra  (langue figurative) une autre partie du rempart qu'il a construit contre la mort a disparu
[6] Fernand lui empoigna le bras sans ménagement  Fernand lui prit le bras rudement

—Ah non, madame Danger, ça ne va pas comme ça!

Ce n'était pas seulement Victor qu'il défendait, mais la Société de pêche, le 109e d'infanterie, le Parti radical, les «joyeux boulistes»[7]—l'espèce masculine tout entière...

La pleureuse se dégagea d'un geste brusque et rejoignit l'autre.

—Eh bien, c'est moi qui m'occuperai de sa couronne! leur cria Fernand.

Il commença son pèlerinage,△ de maison en maison. «Victor Trimblard, vous l'avez bien connu?...» Il avait repris son uniforme de veuf, pour faire plus convenable. A cette heure de la journée, la plupart des hommes se trouvaient au travail ou au café; c'étaient les épouses qui l'accueillaient: «Et c'est vous, monsieur Chauveau, qui vous êtes chargé de?... C'est très... comment dire? Très méritoire.△ »

—Je ne vois vraiment pas pourquoi!

Il commençait à s'échauffer, le gros Fernand. «Méritoire»... Une autre avait dit: «Généreux.» Une autre encore: «Je ne vous savais pas si bon chrétien!△ » Presque toutes montraient un petit sourire ironique qui se transformait parfois en une expression nostalgique qui rajeunissait leur visage. «Victor... Eh oui, Victor», murmura plus d'une en soupirant. La femme du menuisier[8] avait les larmes aux yeux et donna un gros billet. «Quelle tête elles feront, les deux commères[9] quand elles verront la couronne que j'aurai réussi à quêter!» Fernand avait à peu près oublié Victor: seule comptait sa revanche△ sur les pleureuses.

Il dut frapper longtemps à la porte de Bredin, l'ancien peintre.

—Madame Bredin, ouvrez-moi! C'est Fernand... Tiens, c'est toi qui gardes la maison, Arsène?

—Oui, ma vieille,[10] c'est... c'est moi. (Il puait l'alcool.)

—Tu as encore bu, salaud![11]

—Dis donc, Fernand, je te prierai de... Merde![12] aide-moi à m'asseoir.

Il s'effondra dans son fauteuil à tout faire,[13] la bouteille à portée de la main.

---

15. Qu'est-ce qu'il sent le besoin de défendre?

16. Quelle décision prend-il?

17. Comment Fernand est-il habillé pour quêter? Pourquoi cet habit?

18. Pourquoi sont-ce les épouses qui l'accueillent?

19. Qu'est-ce qu'elles lui disent?

20. Quelles expressions voit-il sur leurs visages?

21. Que fait la femme du menuisier?

22. Quelle est la seule chose qui compte maintenant pour Fernand?

23. Où va-t-il ensuite?

24. En quelle condition trouve-t-il Arsène?

---

[7] **bouliste**  joueur de boules. **Boules** *is a game like horseshoes, traditionally played by men. The* **boules** *are metal balls that they try to throw as close as they can to the* **cochonnet**, *a small cork ball.*
[8] **menuisier**  *carpenter, cabinet maker*
[9] **commère**  *gossip*
[10] **ma vieille**  Se dit quelquefois au lieu de **mon vieux**, même à un homme.
[11] **salaud**  *bastard, pig* (cf. **sale**—*dirty*)
[12] **merde!**  *shit!*
[13] **fauteuil à tout faire**  *all-purpose armchair*

—Je viens pour la couronne à Victor.

—Quelle donc couronne? Va te chercher un verre propre, Fernand.

25. Qu'offre-t-il à Fernand?

L'autre refusa et lui expliqua patiemment que Trimblard était mort hier soir, que la coutume△ voulait que les pleureuses fissent la tournée des maisons, mais que ces vieilles biques...[14]

—Et c'est toi qui t'en es chargé?

Arsène se mit à rire, à s'étrangler△ de rire. Il devenait écarlate, le vin rouge semblait remonter jusqu'à ses yeux exorbités. «Sacré Fernand!»[15]

26. Quelle est sa réaction quand il apprend la raison de la visite de Fernand?

—Tu en aurais fait autant, Arsène!

—Peut-être, mais moi c'était normal. Tandis que toi...

—Eh bien quoi, moi?

—Mais, ma pauvre vieille, il vous a tous fait cocus,[16] le Victor! Beretreau, ce con[17] de Leduc, Ernest... Qui encore? Le bistrot, pardi![18] Et toi, comme les autres...

27. Qu'est-ce qui explique cette réaction?

—Si tu n'étais pas saoul comme une bourrique, je te flanquerais une raclée,[19] Arsène. Tu n'as pas le droit d'insulter Denise.

—Et comment qu'il se l'est envoyée,[20] la Denise! Il paraît que tu la délaissais. C'est distrayant, la pêche à la ligne, Fernand; seulement voilà, on laisse la maison ouverte derrière soi!... Et Beretreau, avec ses réunions d'anciens combattants... Et ce con de Leduc, avec la section du Parti...[21] Et ce pauvre Ernest: il aimait trop la pétanque...[22] Tout se paye, Fernand, tout se paye!

28. D'après Arsène, pourquoi est-ce que toutes ces femmes trompaient leurs maris?

—Et toi? hurla l'autre qui se remémorait△ soudain toutes sortes d'indices troublants. Et toi, tu crois que tu es passé au travers[23] peut-être?

—Moi oui, répondit gravement Arsène: je ne quitte pas beaucoup la maison tu comprends!

—Mais Adèle la quitte, elle! cria Fernand en claquant la porte derrière lui.

29. Et pourquoi n'est-il pas cocu lui-même?
30. Quelle réponse Fernand trouve-t-il à cela?

Il eut du mal à reprendre son souffle, puis sa marche. Ah non! il n'allait plus frapper à une seule porte... Victor, cette ordure[24] de Victor... Et ensuite, il devait raconter ses affaires à tout le

---

[14] **ces vieilles biques**    *those old hags* (**bique**    *nanny-goat*)
[15] **sacré Fernand!**    *crazy old Fernand!*
[16] **il vous a tous fait cocus**    il a couché avec vos femmes (**cocu**    *cuckold*)
[17] **con**    *idiot*
[18] **le bistrot, pardi!**    *the whole saloon, by God!*
[19] **si tu n'étais pas saoul comme une bourrique, je te flanquerais une raclée**    *if you weren't as drunk as a skunk I'd give you a thrashing* (**bourrique**    *donkey*)
[20] **il se l'est envoyée**    *he had her*
[21] **la section du Parti**    *party headquarters*
[22] **pétanque**    C'est le nom qu'on donne souvent aux boules dans le Midi.
[23] **tu es passé au travers**    *you came through unscathed, your wife remained faithful*
[24] **ordure**    *scum, son of a bitch; literally: garbage*

monde—enfin à tous les bonshommes du village, en faisant croire aux uns que seuls les autres... Le salaud!

Il ne voulait pas songer à Denise; ce serait pour ce soir—pour tous les soirs désormais! Pour l'instant, il ne pensait qu'à lui, à Beretreau, à Leduc, à Ernest, au 109e, à la Société de pêche, au Parti—à l'honneur de l'espèce masculine. Sa poche droite lui pesait et tintait à chaque pas: tout cet argent maudit... «Une couronne pour Victor, tu parles!»

Il prit brusquement sa résolution et se dirigea vers la maison du forgeron.[25]

—Oh! Beretreau, tu n'as rien à faire? Viens-t'en donc avec moi. On passera prendre Leduc. Et puis Ernest, tiens! Il y a longtemps qu'on n'a pas bu le coup ensemble. Il ne faut pas se lâcher[26] comme ça: le temps passe, on ne sait plus ni qui vit ni qui meurt... Allons, viens!

Les autres pénétrèrent dans le café, heureux et farauds comme des conscrits.[27] «Tu as eu une bonne idée, Fernand! On devrait se voir plus souvent, prendre un peu de bon temps...» Seul, Fernand gardait les sourcils froncés.[28] Il sortit de sa poche une masse de pièces[29] et de billets:

—Tu nous ouvres un compte, patron: tout ça doit disparaître avant jeudi... Et puis viens trinquer avec nous! Tu y as droit, toi aussi.

31. Pourquoi est-il furieux contre Victor?
32. A qui ne veut-il pas penser pour le moment?
33. Que sentait-il dans sa poche droite?

34. Pourquoi va-t-il trouver ses copains?

35. Où Fernand a-t-il pris tout cet argent?
36. Que va-t-il en faire?
37. Le patron «y a droit aussi». Qu'est-ce que Fernand veut dire?

[25] **forgeron**    *blacksmith*
[26] **se lâcher**    *to drift apart*
[27] **heureux et farauds comme des conscrits**    *happy and boastful like conscripts. Conscripts on leave, that is. Obligatory military service is never considered a joy in itself, but an all-male drinking party is always welcome.*
[28] **les sourcils froncés**    *his brows knit*
[29] **pièces?**    Il y a deux espèces d'argent—les billets et les pièces.

# Activités

### RÉSUMÉ DE L'ACTION: PHRASES À COMPLÉTER

A.  Résumez l'action en complétant les phrases suivantes.
1. Les carreaux sont toujours sales chez le gros Fernand depuis...
2. Denise est morte, mais, par habitude, il continue à...
3. Il sort. «Quelles nouvelles?» dit-il aux *pleureuses*. Elles lui disent que...
4. Quand un de ses amis d'école ou de caserne meurt il ne sent aucun...
5. Mais il se sent menacé par la mort, particulièrement par la mort de Victor, car juste avant sa mort, Victor...

6. Il apprend que, cette fois, les femmes ne vont pas, comme d'habitude,...
7. Il veut savoir pourquoi, mais elles refusent de donner...
8. Fernand est furieux. Il sent le besoin de défendre non seulement Victor mais...
9. Celui qui va s'occuper de la couronne de Victor c'est donc...
10. Les hommes étant au travail ou au café, il est accueilli par...
11. «C'est très *méritoire*, très généreux,» disent-elles. Fernand, perplexe, répond: «Je ne...
12. Elles montraient un petit sourire ironique, ou une expression nostalgique. L'une d'elles avait même...
13. Fernand est bien content parce que sa quête...
14. «Quelle tête elles feront, les pleureuses,» se dit Fernand, «quand elles...
15. En entrant chez Arsène, le nez de Fernand lui dit que celui-ci a bu. En effet, Arsène...
16. Quand Arsène apprend que c'est Fernand qui s'est chargé de la couronne de Victor, il...
17. Arsène lui dit que Victor a couché avec plusieurs femmes de la petite ville, y compris...
18. Selon Arsène, elles ont trompé leurs maris parce que leurs maris...
19. Mais Adèle, la femme d'Arsène, ne l'a pas trompé parce que lui, Arsène, ne...
20. Fernand est furieux. Il se décide de ne plus aller frapper à une seule...
21. Mais il y a dans sa poche quelque chose qui lui pèse, et qui tinte à chaque pas. C'est...
22. Il va trouver tous ses amis, tous ces maris trompés, et les invite à venir au...
23. «Tu as eu une bonne idée, Fernand!» disent-ils. Il y a longtemps qu'on n'a pas...
24. Fernand prend une masse de pièces et de billets et les sort de sa...
25. «Tu nous ouvres un compte, patron: avant jeudi tout ça doit...
26. «Et puis viens trinquer avec nous! Toi aussi tu y as...

Si vous n'avez pas trouvé la réponse vous pouvez la chercher dans la liste suivante.

a. l'argent de la quête
b. bistro
c. bu le coup ensemble
d. chagrin
e. les délaissaient
f. Denise
g. disparaître
h. droit
i. l'espèce masculine toute entière
j. les femmes
k. Fernand
l. les larmes aux yeux
m. se met à rire, à s'étrangler de rire
n. la mort de Denise

| | | | |
|---|---|---|---|
| o. | quêter pour sa couronne | v. | leurs raisons |
| p. | lui parler | w. | a réussi, va bien |
| q. | poche *pocket* | x. | Victor est mort |
| r. | se portait bien | y. | verront la couronne que j'aurai réussi à quêter |
| s. | porte *doorway* | | |
| t. | pue l'alcool *smell* | z. | vois vraiment pas pourquoi |
| u. | quitte pas beaucoup la maison | | |

## RÉSUMÉ DE L'ACTION: LA SUITE DES ÉVÉNEMENTS

B. Les phrases suivantes résument l'action, mais dans le désordre. Mettez-les dans leur ordre logique. (Méthode à suivre: Sur une feuille de papier écrivez les numéros de l à 13 suivis d'un tiret. La première phrase c'est la phrase f. Mettez f. sur le tiret à côté du numéro 1. Ensuite cherchez la phrase qui suit logiquement, et mettez sa lettre sur le tiret à côté du numéro 2. Et ainsi de suite.)

a. «M. Trimblard est mort,» répondit l'une d'elles. «On l'enterre jeudi.»

b. En effet, quand Arsène apprit que Fernand faisait la quête pour la couronne de Victor, il se mit à rire, à s'étrangler de rire.

c. Fernand eut d'abord beaucoup de succès avec sa quête.

d. —Et vous allez, comme d'habitude quêter de maison en maison pour sa couronne?

e. Ce n'était pas à Denise qu'il voulait songer, cependant, mais à tous ses copains qui partageaient le même sort que lui.

f. Fernand se demandait ce que disaient les *pleureuses*. Il sortit et alla leur demander: «Quelles nouvelles?»

g. «Sacré Fernand!» s'exclama-t-il. «Mais le Victor, il vous a tous fait cocus, toi et tous tes copains!»

h. Et il décida d'aller les inviter tous à boire le coup avec lui.

i. —Eh bien, non! Nous avons notre dignité de femmes.

j. Et c'est ainsi que l'argent de la quête fut dépensé, non pas pour la couronne de Victor, mais au bistro.

k. «Tu n'as pas le droit d'insulter Denise!» répliqua Fernand en furie. Mais il se remémorait soudain des indices troublants.

l. Mais il eut une mauvaise surprise quand il alla quêter chez Arsène Bredin.

m. Fâché par cette attitude inexplicable des *pleureuses*, Fernand décida de s'occuper lui-même de la couronne de Victor.

## SUJETS DE DISCUSSION ORALE OU ÉCRITE

**La Description du gros Fernand au physique et au moral**

1. Qu'est-ce que ses cheveux, son foulard, les carreaux de sa maison ont en commun?

2. Pourquoi sort-il parler aux *pleureuses*?

3. Qu'est-ce que le nom qu'il leur donne peut indiquer sur l'attitude qu'il a envers elles?

4. Quelle est l'émotion qu'il éprouve quand il apprend que Victor est mort?

5. Qui est-ce qui compte pour lui dans la vie, et de quoi a-t-il peur?

6. Comment parle-t-il aux *pleureuses* quand il apprend qu'elles refusent de faire la quête?

7. Quel rôle l'amitié qu'il avait pour Victor et le chagrin que sa mort lui apporte jouent-ils dans sa décision de faire la quête lui-même?

8. Pourquoi est-ce que le succès de sa quête lui fait particulièrement plaisir?

9. Pourquoi les épouses lui disent-elles qu'il est «généreux» et «bon chrétien» quand il fait la quête? Mérite-t-il ces compliments?

10. A la fin il invite ses copains au café. Cela ne montre-t-il pas sa générosité? Sinon, expliquez pourquoi.

11. Fernand est-il égoïste? Justifiez votre réponse.

### Fernand et ses copains

1. Depuis quand, semble-t-il, Fernand et ses amis se sont-ils connus?

2. Dans quelles photos de groupe apparaissent-ils?

3. Quels sont les jeux, les lieux, les activités qui les réunissent?

4. Qui lave les carreaux, fait la cuisine, et reste à la maison quand ils vont au café?

5. Qui négligent-ils?

6. Comment est-ce que «tout se paye» finalement, selon Arsène?

### La Vie de la petite ville

1. Ces gens se connaissent-ils bien? Sont-ils curieux? S'intéressent-ils à ce que font les autres villageois? Montrez comment tous semblent savoir quelles sont les activités préférées des autres. Fernand, par exemple: Que sait-il des goûts et des habitudes de Victor? Mais qu'est-ce qu'il ignore?

2. Dans quelle mesure la routine et l'habitude dominent-elles la vie des villageois? Fernand, par exemple: A qui parle-t-il quand il est seul chez lui? De quand date le geste avec lequel il enroule son foulard autour de son cou? Et les autres: Que fait-on quand l'un d'eux meurt? Qui s'en occupe? Où ces personnes se rencontrent-elles?

# OUAH OUAH...

## *Préparation à la lecture*

## LEXIQUE

### MOTS PARTIELLEMENT APPARENTÉS

| | | |
|---|---|---|
| Xavier est dans la **bibliothèque**. Il vit | cf. biblio- | library |
| comme un **sauvage**. Il | 1. savage | 2. unsociable person |
| y a un seul **couvert** à | cover | table setting |
| sa table. Il n'a pas | | |
| bonne **mine**. Il ne | mien | look, face |
| se **rase** plus. «Ce | cf. razor | shave |
| n'est pas une façon de | | |
| **se conduire**,» lui dit | conduct oneself | to behave |
| le chien. Puis il | | |
| **feint** de n'avoir rien | feigns | pretends |
| dit. Mais Xavier | | |
| n'est pas **abusé** par | 1. abused | 2. fooled |
| cette **comédie**. «Tu es | 1. comedy | 2. act, pretense |
| comme un chien dans | | |

|  | | |
|---|---|---|
| un **dessin animé**», lui dit-il, **excédé**. Sans **se dépêcher**, il met quelques **cartouches** dans son fusil, et il sort. Le chien va se rouler dans **l'herbe**, et revient enfin tout fatigué, la **langue pendante**. | animated drawing 1. exceeded cf. dispatch cartouches 2. herb 2. language pendant | movie cartoon 2. exasperated hurry up cartridges 1. grass 1. tongue hanging out |

## FAUX AMIS

| | | |
|---|---|---|
| Il examine les odeurs **éparses**. | not: sparse | but: scattered |
| La cuisinière est dans l'**office**. | not: office | but: pantry |

## VOCABULAIRE

| | |
|---|---|
| Xavier mène une vie qui l'**étouffe**. Il s'est assis si longtemps dans son fauteuil de **cuir** que le fond a pris la forme de **ses fesses** après avoir eu la forme de celles de **feu son père**. | is stifling leather his bottom, buttocks his late father |
| On n'entend que le tictac de l'**horloge**. | clock |
| On ne voit dans le hall que des animaux **empaillés**. Xavier va se promener. | stuffed |
| Il prend un vieux **bâton** puis il **se ravise**, remet le bâton, et prend une canne à tête d'**or**. | stick changes his mind gold |
| Il **se penche** pour regarder son chien. | leans over |
| Il **s'avise** que le chien le regarde avec curiosité. | notices |
| «Alors, tu veux sortir?» **grogne** Xavier. | growls |
| Il **entrouvre** la porte pour voir quel temps il fait. | half opens |
| Il se promène à pied, pas à **cheval**. | horse |
| Le chien semble **s'attendre à ce qu'ils empruntent** le chemin de l'**étang**. | expect take, follow pond |

| | |
|---|---|
| Xavier **fait mine** de ne pas s'en apercevoir. | pretends |
| Il l'observe avec une certaine **gêne**. | embarrassment |
| Il fait froid. Il a les **joues** toutes roses. | cheeks |
| Soudain Xavier **tressaille**. | gives a start, shudders |
| Il se demande où est passé son chien. | |
| Il a dû aller **rôder** quelque part. | roam, prowl |
| Xavier **siffle** son chien. | whistles for |

# GRAMMAIRE

## EMPLOIS DE **QUE**

It is important to distinguish between the various uses of **que**.

1. as an interrogative

| | |
|---|---|
| La question le rendait perplexe. | The question perplexed him. |
| **Que** répondre? | *What* could he answer? |

2. in an exclamation

| | |
|---|---|
| **Qu'**elle était belle! | *How* beautiful she was! |
| **Que de** cannes! | *What a lot of* canes! |

3. in an order

| | |
|---|---|
| **Que** personne ne bouge! | (*Let*) nobody move! |

4. expressing an alternative (whether . . . or . . .)

| | |
|---|---|
| **que** vous le croyez ou non | *whether* you believe it *or* not |

5. as the relative pronoun whose antecedent is the object

| | |
|---|---|
| la canne **que** préférait son père | the cane *that* his father preferred |

6. in **ne**... **que**

| | |
|---|---|
| Il n'a personne **que** son chien. | He has nobody *except* his dog. |
| Il n'y a **qu'**une personne ici. | There is *only* one person here. |

## REPRISE: **CROIRE** + INFINITIF

**Croire** is often followed by an infinitive, a past participle, or an adjective where English uses a dependent clause.

| | |
|---|---|
| J'ai cru **entendre** des voix. | I thought *I heard* voices. |
| Je le croyais **perdu**. | I thought *he was lost*. |
| Nous le croyons **honnête**. | We think *he is honest*. |

## POUR MIEUX COMPRENDRE: LES IDIOTISMES

There is one idiom in the story that may be hard to understand from the context alone: **donner raison à**.

| | |
|---|---|
| Il ne voulait pas donner raison à son chien. | He did not want to admit that his dog was right. |

**Raison** in this idiom has the same meaning as in **avoir raison**—to be right.

| | |
|---|---|
| Je vous donne raison. | I admit you are right. |
| Les événements vous ont donné raison. | Events have proved that you were right. |

The other idioms in the story are similar to idioms that have appeared previously, or can be understood by using the context and avoiding literal translation.

1. Je vais continuer à boire jusqu'à **nouvel ordre**.
   Obviously he is not literally waiting for new orders.
2. Xavier est irrité par l'expression qu'il croit voir à son chien. Il lui dit: Veux-tu finir de **faire cette tête**?
   **Tête** means more than *head* in the literal sense. It is used in the same way in "*La Couronne*":
   Quelle **tête** elles feront quand elles verront la couronne!
3. Si cela ne te **fait** rien nous allons rentrer. Oui, je ne me suis pas rasé. Qu'est-ce que cela peut bien te **faire**?
   This is an idiomatic use of **faire**. In the first sentence the English equivalent would be something like *if you don't mind,* or *if it's all right with you,* in the second, *what do you care?* or *what difference does it make to you?* It is used in the same way in "*En cas de danger tirez la poignée...*":
   Ça ne te *ferait* rien de retourner?

# EXERCICES

## RÉSUMÉ DE LA GRAMMAIRE

1. Encore là? Je vous croyais déjà partis.
2. **Que** faire s'il y a de la pluie?
3. **Que** de décisions à prendre!
4. **Que** non!
5. Il n'y a **qu'**une seule décision, et la voilà:
6. **Qu'**il pleuve ou **qu'**il fasse beau, vous partez.
7. Et **que** tout le monde soit à l'heure!

## VOCABULAIRE ET MOTS APPARENTÉS

A. Lisez les phrases suivantes en remplaçant l'expression en caractères gras par une expression qui signifie le contraire.

| | |
|---|---|
| a. s'y attendait | e. gêné |
| b. s'avise | f. penche |
| c. se dépêcher | g. pris garde |
| d. étouffe | h. se ravise |

1. En présence des autres, Xavier se sent **à l'aise**.
2. Il demeure dans une région où l'on **respire**.
3. Il se **tient tout droit** en marchant.
4. Quand il va se promener il n'aime pas **aller trop lentement**.
5. Une fois parti, il **continue son chemin**.
6. Il a **oublié** de prendre son bâton.
7. Il **ne remarque pas** que son chien ne l'accompagne plus.
8. Il commence à pleuvoir. Il **en est surpris**.

B. Lisez le passage suivant en remplissant les tirets par le mot convenable.

| | |
|---|---|
| a. bâton | j. joues |
| b. cheval | k. langue |
| c. cuir | l. or |
| d. entrouvre | m. rasé |
| e. étang | n. rôde |
| f. feu | o. siffle |
| g. grogne | |
| h. herbe | |
| i. horloge | |

Xavier se demande quelle heure il est. Il regarde la grande ___1___ dans le hall mais elle ne marche pas. Alors il sort sa montre. C'est une montre en __2__ que __3__ son père lui a laissée au moment de sa mort.

Passant la main sur ses __4__ il se rappelle qu'il ne s'est pas __5__ ce matin-là. Il décide de sortir quand même. Il ne prend pas son __6__ parce qu'il va monter à __7__ pour faire la tournée de sa propriété. Il se dirige vers un __8__ où il aime aller à la pêche.

«Je veux sortir», __9__ le chien quand Xavier rentre. Xavier lui __10__ la porte. Le chien __11__ pendant toute la matinée. Xavier __12__ pour le rappeler. Le chien revient enfin, bien fatigué, la __13__ pendante. Il s'est roulé dans l' __14__ verte, et il est tout humide. S'il se couchait dans le fauteuil de __15__ du salon Xavier serait bien fâché.

C. Lisez le passage en remplaçant les mots en caractères gras par un synonyme. Faites les changements de genre et de nombre nécessaires.

    a. conduire           e. mine
    b. emprunte        f. sens
    c. feindre            g. tressaillir
    d. les fesses

Xavier a le **visage** (1) sombre d'une personne mélancolique. Il passe trop de temps **le derrière** (2) enfoncé dans son fauteuil.

C'est quelqu'un qui ne sait pas très bien se **comporter** (3) en compagnie. Mais quand il sort il **prend** (4) inconsciemment le chemin qui va dans la **direction** (5) du domaine d'Eliane. Il veut **faire mine** (6) d'être indifférent à sa présence, mais quand il la voit il sent **trembler** (7) son cœur.

# COUNTRY LIVING

Xavier de S. is an **hobereau**—a country squire. He lives in a musty manor house among familiar heirlooms and engages in familiar activities: hunting and shooting and associating with other members of his caste and pouring himself a little more cognac than he needs. How many of his class actually conform to this stereotype would be hard to say, but the figure is a common one in fiction and not unknown in what we call real life. Real life dogs, however, are known to confine their conversation to bow-wow—or **ouah ouah** if they happen to be French. Xavier's dog has a much wider vocabulary than that, and uses it to good effect. He is a shrewd and resourceful animal who plays the part of his master's conscience, prods him out of his lethargy, and provides a happy ending to the story.

non,
dit le chien

## OUAH
## OUAH...

La première fois que son chien lui adressa la parole, Xavier de S. tourna la tête en tous sens, marcha jusqu'à la porte de sa bibliothèque (dont l'odeur tenace avait fini par faire un fumoir[1]), inspecta le hall, cria: «Il y a quelqu'un?»

Il n'y avait personne que le cerf, les trois daims et le sanglier[2] dont la tête empaillée et les yeux fixes△ ne se tournèrent pas vers lui. Personne que ses habits de chasse, de pêche, de pluie, de jardinage,△ pendus là, dépouilles aux épaules étroites.[3] Le «manteau de sortie» se mourait, étouffé par les autres: il y avait des mois que Xavier de S. ne *sortait*[4] plus.

«Tiens, pensa-t-il, j'avais pourtant cru entendre...»

Il rentra dans la pièce austère, toute reliures et boiseries;[5] son chien le suivait des yeux d'un air excédé et ne le quitta du regard que quand il se fut, de nouveau, jeté plutôt qu'assis dans le fauteuil de cuir, gercé[6] par tant d'hivers, et dont le fond commençait à perdre la forme des fesses de feu son père pour se modeler sur les siennes.

1. Que fait Xavier quand il entend son chien lui parler?

2. Qu'y a-t-il dans le hall et qu'est-ce que cela nous dit sur la vie de Xavier?

[1] **fumoir**   salle où l'on fume
[2] **le cerf, les trois daims et le sanglier**   *the stag, the three deer, and the wild boar.*
[3] **dépouilles aux épaules étroites**   *narrow-shouldered garments*
[4] **sortir**   sortir en compagnie, voir ses amis
[5] **reliures et boiseries**   *book-bindings and wood panelling*
[6] **gercé**   *cracked*

Il tendit la main vers le flacon<sup>△</sup> de cognac afin de s'en verser un second verre.

—Non, dit le chien.

—Quoi? (Mais à quoi bon se lever de nouveau?)

—Tu bois trop, tu le sais bien.

—C'est possible, répondit Xavier de S., mais, jusqu'à nouvel ordre...

Il s'arrêta. A qui parlait-il donc? Il se pencha pour observer son chien, mais celui-ci regardait ailleurs, se mit à bâiller,[7] la langue roulée et les yeux clos, puis, se relevant, tourna trois fois sur lui-même avant de retrouver la même position.

—Tu me prends pour un imbécile? demanda son maître que cette comédie de l'innocence n'avait pas abusé.

Il tendit de nouveau la main vers le flacon de liqueur, puis se ravisa.

—Je n'en ai pas envie, murmura-t-il afin de sauver la face.

A 3 heures, ils allèrent se promener comme chaque jour.

—Laisse donc ton fusil, grogna le chien, tu n'as pas plus envie de chasser que moi. Et puis, manger du gibier[8] à tous les repas...

Xavier de S. s'avisa qu'il se faisait un devoir de tirer quelques cartouches tous les après-midi mais que, depuis qu'il avait renoncé à suivre les chasses à courre,[9] il ne prenait plus aucun plaisir à cet exercice. «Je n'avais tout de même pas besoin de cette bête pour m'en apercevoir!» songea-t-il avec irritation. Mais il savait que c'était faux: s'ils étaient deux à le penser,[10] la chose n'était-elle pas plus sûrement vraie? Il laissa donc son fusil et prit sa canne, la vieille, toute noueuse[11] et noircie, et...

—Non, l'autre! commanda le chien. Si nous rencontrions Eliane, tu aurais piètre[12] allure avec ce vieux bâton!

Que répondre? Son maître ne se promenait jamais sans flâner autour du petit étang qui séparait leurs deux domaines, avec l'espoir de rencontrer sa voisine. Et pourtant, il la «détestait»! C'était un bien grand mot qu'il avait adopté comme seule vengeance le soir de cette chasse à courre où Eliane de V. s'était si mal conduite avec le jeune baron C. De ce jour,[13] il n'était plus retourné aux réunions «de tous ces petits hobereaux[14]» (dont

3. Comment le fauteuil change-t-il et qu'est-ce que cela nous dit sur la vie de Xavier?
4. Quel conseil son chien lui donne-t-il?

5. Comment réagit-il au conseil de son chien?

6. Quel nouveau conseil le chien lui donne-t-il et comment le justifie-t-il?

7. Le chien intervient encore une fois. Comment le fait-il?
8. Où aime-t-il flâner et dans quel espoir?
9. Mais qui «déteste»-t-il et pourquoi?

[7] **bâiller**    *to yawn*
[8] **gibier**    *game*
[9] **chasse à courre**    *hunting on horseback with a hunt club and a pack of dogs*
[10] **s'ils étaient deux à le penser**    *if they both thought so*
[11] **noueuse**    *knotty*
[12] **piètre**    *wretched*
[13] **de ce jour**    depuis ce jour
[14] **hobereaux**    *squires, country gentlemen*

il faisait partie), et s'était terré[15] chez lui entre sa pipe et son cognac, entre son horloge et son chien.

Il renfourna la vieille canne torse dans la patte d'éléphant[16] qui en contenait une bonne douzaine et choisit celle que préférait son père: un jonc[17] à tête d'or qu'il lui avait envié durant toute sa jeunesse.

—Alors, tu te dépêches un peu?

Il prit bien garde de ne pas emprunter le chemin de l'étang: moins pour bouder[18] Eliane que pour ne pas donner raison à son chien. Il s'attendait, à tout moment, à ce que l'animal lui en fît la remarque; mais l'autre hypocrite feignait de s'intéresser à cent odeurs éparses et reniflait à ras de terre,[19] ses oreilles traînant dans l'herbe humide.

—Bon, dit enfin son maître excédé, eh bien, si cela ne te fait rien, nous allons rentrer à présent.

L'autre fit mine de n'avoir rien entendu.

Le lendemain matin, comme Xavier descendait l'escalier, il entendit son chien avant même de l'apercevoir.

—Tu ne t'es pas rasé. Cela fait trois jours.

Malgré lui, le maître passa la paume△ de la main sur ses joues.

—Et alors? Qu'est-ce que cela peut bien te faire?

—A moi, rien. Mais si nous avions de la visite?

Xavier haussa les épaules, mais il avait tressailli: car pas un seul matin il ne descendait l'escalier sans espérer, contre toute raison, qu'aujourd'hui peut-être...

—Tu devrais aussi faire cirer[20] tes bottes.

—Non mais...

—Tu as oublié de me déshabiller hier soir, reprit le chien. On dort mal avec son collier. Je me demande où tu as la tête!

—Excuse-moi, grogna Xavier.

Vers midi, étonné de ne pas le voir rôder autour des cuisines, il siffla son chien, puis sortit l'appeler du côté du potager, du côté de la roseraie, à l'orée de la futaie...[21]

10. Qu'est-ce que c'est que le jonc qu'il prend?

11. Pourquoi ne va-t-il pas vers l'étang?

12. Quelle nouvelle remarque le chien lui fait-il et pourquoi?

13. De qui Xavier espère-t-il une visite, selon vous?

14. Qu'est-ce que Xavier a oublié de faire?

15. Qui Xavier appelle-t-il, et pourquoi?

---

[15] **se terrer**    *to bury oneself, to go to ground*
[16] **renfourna la vieille canne torse dans la patte d'éléphant**    *stuck the twisted old cane back into the elephant's paw cane-holder*
[17] **jonc**    *rattan cane*
[18] **bouder**    *to keep away from*
[19] **reniflait à ras de terre**    *sniffed at ground level*
[20] **cirer**    Que fait-on à ses bottes quand on veut faire bonne impression?
[21] **du côté du potager, du côté de la roseraie, à l'orée de la futaie**    *over by the vegetable garden, near the rose garden, at the edge of the woods*

L'autre revint une heure après, haletant, crotté, la langue pendante.[22]

—Où es-tu encore allé traîner?

—Tout le monde ne peut pas rester cloîtré△ comme un sauvage, répondit le chien en s'ébrouant.[23] (Puis après un moment:) Il est vraiment joli le parc de la Charmière. (C'était le domaine d'Eliane.)

16. Où le chien est-il allé et sous quel prétexte?

—J'en étais sûr! Personne ne t'a demandé d'aller te montrer là-bas!

—C'est vrai, personne ne me l'a demandé.

Xavier, qui l'observait, crut le voir rire.

—Tu as fini de faire cette tête-là?[24] Tu te crois dans un dessin animé?

—C'est vraiment triste cette table avec un seul couvert, remarqua le chien. Ton père en faisait toujours ajouter un autre: «la part du pauvre»,[25] tu te rappelles?

Xavier entrouvrit la porte de l'office.

17. Quelle suggestion le chien fait-il et comment Xavier réagit-il?

—Mathilde, ordonna-t-il d'un ton faussement dégagé.△ Ajoutez donc un second couvert... Comme autrefois, ajouta-t-il très vite, vous vous rappelez?

Eliane arriva à cheval. Qu'elle était belle! Xavier en eut le souffle coupé. Pas seulement belle, mais...

18. Quel effet l'arrivée d'Eliane a-t-elle sur Xavier?

—Je vous demande pardon, Xavier. (Il l'aida à descendre. Ce corps entre ses bras, si léger et si lourd: abandonné, un seul instant...) Je vous demande pardon de vous déranger.

—Jamais!

—Mais j'étais inquiète pour votre chien. Ah! le voici... Il est donc revenu. Je l'avais vu rôder, je le croyais perdu.

«Un chien ne se perd jamais, chez nous, elle le sait comme moi! songea Xavier. Et pourtant elle est venue...»

—Entrez, Eliane. Entrez, cela rendra un peu de vie à cette maison!

19. Quel prétexte Eliane a-t-elle pour sa visite?
20. Comment Xavier sait-il que c'est un prétexte?
21. Comment sait-elle qu'il attend quelqu'un?
22. Qui attend-il?

—Non, je ne veux pas vous déranger: je vois que vous attendez quelqu'un pour le déjeuner.

—Oui, vous Eliane.

—Mais...

—C'est ainsi tous les jours, ajouta-t-il à voix basse afin que son chien ne puisse l'entendre.

---

[22] **haletant, crotté, la langue pendante**     *panting, muddy, his tongue hanging out*
[23] **en s'ébrouant**     *shaking himself*
[24] **tu as fini de faire cette tête-là?**     *will you wipe that look off your face?*
[25] **la part du pauvre**     *His father would always set an extra place at the table which he called* **la part du pauvre**—*the poor man's share.*

—Xavier!

Il s'aperçut que l'animal le regardait avec «sa tête de dessin animé». Il fut pris d'une sorte de fureur, ou de gêne, ou de honte; et, comme l'autre poussait un petit grognement de satisfaction:

—Toi, tu vas me faire le plaisir de te taire *maintenant!*

—Oh! Xavier, fit Eliane en prenant sa main dans la sienne, vous êtes injuste. Je n'ai jamais vu une bête aussi intelligente. Il ne lui manque que la parole...

*The only thing that he lacks is speech*

23. Que dit-il au chien de faire?
24. Quelle est la seule chose qui manque au chien d'après Eliane? A-t-elle raison?

# Activités

### RÉSUMÉ DE L'ACTION: PHRASES À COMPLÉTER

A. Résumez l'action en choisissant la terminaison qui convient à chacune des phrases suivantes
   1. Xavier marcha jusqu'à la porte de sa bibliothèque parce que:
      a. il cherchait son chien
      b. l'odeur du fumoir devenait trop tenace
      c. il se demandait s'il n'y avait pas quelqu'un
   2. Il y vit des yeux fixes qui ne se tournaient pas vers lui. C'étaient ceux
      a. de son chien
      b. des trophées de chasse
      c. de feu son père
   3. Parmi les habits pendus dans le hall, ceux qui depuis des mois ne servaient plus étaient ses habits
      a. de sortie
      b. de chasse
      c. de jardinage
   4. Nous savons que le père de Xavier s'est assis pendant des années dans le fauteuil de cuir parce que
      a. le fauteuil avait pris la forme de ses fesses
      b. le chien le regarde comme s'il y était encore
      c. le père n'est plus en vie depuis des années
   5. Quand Xavier tend la main vers le flacon, son chien lui dit «Non!», et Xavier réagit
      a. en mettant son chien à la porte
      b. en se versant un second verre de cognac
      c. en répondant «Quoi?» sans prendre la peine de se lever
   6. Quand Xavier se demande à qui il parle et se penche pour observer son chien, celui-ci
      a. le suit des yeux d'un air excédé

b. joue la comédie de l'innocence

c. répète ce qu'il vient de dire

7. Quand le chien dit à Xavier de laisser son fusil parce qu'il n'a vraiment pas envie de chasser, Xavier

    a. avoue malgré lui que la bête a raison

    b. prend son fusil quand même pour sauver la face

    c. lui demande s'il le prend pour un imbécile

8. Quand Xavier prend sa canne, la vieille, toute noueuse et noircie, son chien

    a. est content qu'il l'ait prise au lieu du fusil

    b. fait semblant de regarder ailleurs

    c. lui dit d'en prendre une autre

9. Si Xavier ne se promène jamais sans flâner dans la direction de l'étang qui sépare son domaine de celui d'Eliane, c'est

    a. que le chien part toujours dans cette direction

    b. qu'il ne prend plus aucun plaisir à tirer des cartouches

    c. qu'il espère qu'il va rencontrer sa voisine

10. Xavier avait décidé qu'il «détestait» Eliane

    a. à cause du petit étang qui séparait leurs deux domaines

    b. parce qu'elle s'était mal conduite avec le jeune baron C.

    c. parce qu'elle n'était qu'un «petit hobereau»

11. Quand Xavier prend, non la vieille canne, mais une autre, plus élégante

    a. il fait ce que son chien lui dit de faire

    b. c'est parce que c'était celle que détestait son père

    c. il commence à regretter de n'avoir pas pris son fusil

12. Il prend garde de ne pas emprunter le chemin de l'étang parce qu'il ne veut pas

    a. aller à la pêche

    b. donner raison à son chien

    c. aller si loin

13. Pendant leur promenade Xavier s'attend à ce que son chien

    a. aille rôder autour des cuisines comme d'ordinaire

    b. s'intéresse aux odeurs éparses et renifle à ras de terre

    c. lui demande pourquoi ils n'empruntent pas le chemin de l'étang

14. Le lendemain matin, le chien dit à Xavier que depuis trois jours

    a. il ne s'est pas rasé

    b. ils ne vont plus se promener

    c. il le regarde d'un air excédé

15. Le chien lui fait un autre reproche. Hier soir Xavier

    a. a encore trop bu de cognac

    b. a refusé de l'emmener en promenade

    c. a oublié de lui enlever son collier

16. Le même jour, vers midi, Xavier s'étonne parce que son chien

    a. continue à lui parler de toutes sortes de choses

    b.   semble avoir disparu pour le moment

    c.   refuse d'aller se promener avec lui

17. Une heure après Xavier apprend que son chien
    a.   était allé rôder dans le domaine d'Eliane
    b.   était resté enfermé toute la matinée
    c.   avait fait semblant de ne pas l'entendre siffler

18. «Elle est vraiment triste, cette table lui dit le chien. Tu devrais
    a.   la faire cirer
    b.   manger dans l'office
    c.   ajouter un second couvert

19. Juste avant le déjeuner, Eliane arrive
    a.   à pied
    b.   à cheval
    c.   en voiture

20. Xavier sent entre ses bras le corps d'Eliane, si léger et si lourd, quand
    a.   il l'aide à descendre
    b.   il l'embrasse passionnément
    c.   elle tombe dans ses bras

21. Eliane lui dit qu'elle est venue le voir parce qu'elle
    a.   voulait l'inviter à dîner
    b.   s'inquiétait pour son chien
    c.   se sentait toute seule

22. Quand Eliane lui dit «Je vois que vous attendez quelqu'un pour le déjeuner» cela montre qu'elle
    a.   préférerait ne pas rester
    b.   le connaissait du temps de son père
    c.   a remarqué le second couvert

23. Xavier répond en lui disant qu'il met un second couvert tous les jours pour
    a.   le chien
    b.   Eliane
    c.   la «part du pauvre»

24. Xavier remarque que le chien le regarde avec ce qu'il appelle sa tête
    a.   de bête intelligente
    b.   d'animal empaillé
    c.   de dessin animé

25. Xavier est pris d'une sorte de gêne devant le chien. Mais Eliane prétend qu'il ne lui manque que:
    a.   la parole
    b.   un collier
    c.   un bon maître

# RÉSUMÉ DE L'ACTION: IDENTIFICATIONS

B. Résumez l'action en spécifiant ce qui est désigné par les phrases suivantes.

1. ce que le chien de Xavier se met à faire et que les autres chiens ne font guère
2. ce que Xavier ne fait plus depuis des mois
3. ce qui commence à prendre la forme des fesses de Xavier
4. ce qu'il y a dans le flacon vers lequel il tend la main
5. ce que Xavier ne fait que trop, selon son chien
6. celui vers qui Xavier se penche pour l'observer quand il se demande qui parle
7. d'après Xavier, celui pour qui son chien semble le prendre avec sa «comédie de l'innocence»
8. ce que Xavier doit emporter s'il veut tirer quelques cartouches
9. ce que Xavier n'a vraiment plus envie de faire depuis qu'il a renoncé aux chasses à courre
10. ce que Xavier a l'habitude d'emporter quand il va simplement se promener
11. ce qui sépare le domaine de Xavier de celui d'Eliane
12. celle que Xavier «déteste» depuis qu'elle s'est si mal conduite avec le jeune baron C.
13. ce que le chien laissait traîner dans l'herbe en reniflant à ras de terre pendant leur promenade
14. ce que Xavier n'a pas fait depuis trois jours, d'après son chien
15. ce que Xavier devrait faire cirer
16. ce que Xavier a oublié d'enlever au chien au moment de se coucher
17. ce que Xavier fait pour appeler son chien quand celui-ci disparaît le lendemain matin
18. le domaine où rôdait le chien pendant que Xavier l'appelait
19. d'après Xavier, ce à quoi la tête du chien ressemble aux moments où il semble sourire
20. ce que Xavier dit à Mathilde d'ajouter sur la table
21. ce que Xavier s'avance pour faire quand Eliane descend de cheval
22. ce qu'un chien ne fait jamais chez eux, d'après Xavier
23. ce que Xavier, sachant que la prétendue inquiétude à propos du chien n'était qu'une excuse, invite Eliane à prendre avec lui
24. ce que Xavier, gêné que ce soit le chien qui les ait réconciliés, dit au chien de faire
25. ce qui est la seule chose qui manque à ce chien si intelligent, d'après Eliane

Si vous ne trouvez pas la réponse vous pouvez la chercher dans la liste suivante.

a. l'aider à descendre
b. boire
c. ses bottes
d. une canne
e. chasser tout seul
f. son chien
g. du cognac
h. son collier
i. un second couvert
j. le déjeuner
k. un dessin animé
l. le domaine d'Eliane
m. Eliane

n. un étang
o. son fauteuil
p. son fusil
q. un imbécile
r. ses oreilles
s. parler
t. la parole
u. se perdre
v. se raser
w. siffler
x. sortir
y. se taire

## SUJETS DE DISCUSSION ÉCRITE OU ORALE

Xavier se réforme

A. Xavier a changé sa façon de vivre, et s'est réconcilié avec Eliane. Maintenant il se rend compte que ce qu'il croyait entendre était en effet la voix de sa propre conscience. Que dit-il à Eliane pour lui expliquer ce qui s'est passé? Voici des sujets à mentionner.
   1. Pourquoi il était fâché contre elle
   2. Pourquoi, néanmoins, il flânait près de son domaine
   3. Comment il vivait depuis des mois
   4. Ses habitudes—la solitude, le tabac, l'inactivité, l'alcool, la chasse, l'apparence personnelle—et comment il a décidé de les changer
   5. Pourquoi il a changé de canne un jour qu'il allait se promener
   6. Pourquoi néanmoins il ne s'est pas dirigé vers son domaine
   7. La disparition mystérieuse de son chien le lendemain et l'état dans lequel il est rentré
   8. Pourquoi il a fait mettre deux couverts
   9. Pourquoi il est heureux que son chien ait rôdé par hasard près de son domaine
B. Voici une autre approche à la même question. Considérez les questions suivantes.
   1. Comment Xavier vit-il depuis plusieurs mois?
   2. Pourquoi?
   3. Quelles mauvaises habitudes a-t-il développées?
   4. Est-il conscient du fait qu'il se laisse aller?
   5. Semble-t-il probable qu'en une partie de son esprit il désapprouve lui-même la vie qu'il mène?
   6. Se peut-il qu'il imagine une désapprobation dans le regard de son chien, son seul compagnon?

### Xavier le solitaire

La vie de Xavier est-elle typiquement celle de ceux qui vivent sans autre présence humaine? Voici deux questions à considérer.

1. Quel rôle l'habitude joue-t-elle dans la vie d'une personne qui vit seule?
2. Quel rôle son animal peut-il jouer dans la vie d'un solitaire comme compagnon, objet d'affection, objet d'irritation, interlocuteur, reflet de ses propres pensées et inquiétudes?

# LA FURIE

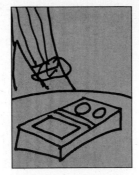

## Préparation à la lecture

## LEXIQUE

### MOTS APPARENTÉS

| | |
|---|---|
| La Révolution c'est le grand **tournant** de l'histoire. | turning point |
| Un **voyant** peut voir le passé aussi bien que l'avenir. | clairvoyant |

### MOTS PARTIELLEMENT APPARENTÉS

| | | |
|---|---|---|
| La Furie est un **hameau** près de Nantes. Elle est moins grande qu'une **bourgade**. | hamlet | small village |
| | burg | market town |
| Il y a beaucoup de **vent** dans | cf. ventilate | wind |
| la région, et on y **respire** un | respire | breathe |
| air pur. Des années **durant** | during | throughout |
| on y a gardé la mémoire des | | |
| **conjurés** de la région qui | cf. conjuration | conspirators |
| s'opposaient à la révolution. | | |
| Le père trouve le **récit** de | recital | story |
| leurs aventures **passionnant**. | cf. passion | exciting |
| Le fils, qui est **interne** à | 1. intern | 2. boarder |

l'école, propose de faire
un **enregistrement** du récit. registering            recording
C'est moins **exigeant** que de  exigent, exacting      demanding
l'apprendre par cœur. Il
a son **propre** magnétophone.  1. proper              2. own
**Prestement**, de sa main       cf. presto             quickly, nimbly
**nerveuse**, il tourne le        1. nervous             2. sinewy
bouton et le **ruban** se         1. ribbon              2. tape
déroule. Puis il **éteint**       extinguishes           turns off
l'**appareil**.                   apparatus              machine
Il **marche** bien. Mais le      1. marches, walks      2. runs, works
visage du père **se fige**, et    grows fixed            grows rigid
il sort sur la **pointe** des     point                  tip
pieds. Cela **fait preuve**       proves                 shows
de sa désapprobation.

## FAUX AMIS

Il revient aux vacances **scolaires**.     not: scholarly    but: school
                                                             (as adjective)

Il faut **décharger** le fusil.            not: discharge    but: unload
ce grand **machin** sur la                 not: machine      but: whatsit,
Révolution                                                   thingamagig

## MOT-CLÉ

**Quoiqu**'il ait bien joué, il a perdu.    although

## VOCABULAIRE

Il **fouille** dans son sac et en                searches, gropes
sort un appareil.

—C'est pas facile d'opérer un
**magnétophone**, hein?                          tape recorder

—Mais **si**, voyons! N'importe                  yes (after a negative
qui peut le faire sans la                        statement)
**moindre** difficulté. Je vais                  least
t'**enseigner**. D'abord tu                      teach
**branches** l'appareil. Ensuite tu              plug in
manœuvres cette **manette**-ci et                handle
un **voyant** s'allume. Il ne faut               light
pas être **voyant** pour comprendre              clairvoyant
ce que signifie cette **lueur**                  glow
**verte** qu'on voit si bien dans la             green
**pénombre**: l'appareil est en                  half-light
marche. C'est comme un **œil** qui               eye
vous regarde. Tourne le bouton
**à l'écart** des autres.»                       apart

| | |
|---|---|
| C'est le fils **aîné** qui enregistre les paroles prononcées par son **aïeul** pendant la Révolution. | elder, oldest<br><br>ancestor |
| Cet aïeul ne voulait pas faire preuve de **lâcheté.** | cowardice |
| C'est avec un certain **soulagement** qu'il a **pris son parti.** | relief<br>made up his mind |
| Il a mis son **foulard** blanc autour de son cou, il est monté sur l'**estrade,** et il a **dévisagé** son adversaire, sans craindre d'**offusquer** cet homme puissant. Il a lancé des **traits** énergiques. | scarf<br><br>platform<br>stared at<br>offending<br><br>stinging remarks |
| Les paroles qu'il a prononcées sont devenues une sorte d'**épopée.** | epic |

# GRAMMAIRE

## LE NOM EN APPOSITION

The article is omitted before a noun in apposition.

| | |
|---|---|
| Ils habitent à La Furie, hameau proche de Nantes. | They live in La Furie, *a* hamlet near Nantes. |
| Le voyant vert s'allume, seule lueur dans la pièce. | The green light goes on, *the* only light in the room. |

## REPRISE: LE PRONOM COMPLÉMENT D'OBJET

It is usually important to know the antecedent of object pronouns.

| | |
|---|---|
| Le père enseigne le récit au fils.<br>Le père **lui** enseigne le récit. | The father teaches *him* the story. |
| Quand le fils **le** sait par cœur le père **le** traite en adulte. | When the son knows *it* by heart the father treats *him* as an adult. |
| Mais le fils **en** oublie la moitié. | But the son forgets half *of it*. |

An object pronoun may be used in French where none is required in English, however:

| | |
|---|---|
| Vous le récitez mieux que je ne saurais jamais **le** faire. | You recite it better than I ever could. |

## POUR MIEUX COMPRENDRE

### Le Suffixe -ée

Sometimes the suffix **-ée** conveys the idea of completeness: **la jour-née**—the whole day. Or fullness: **la maisonnée**—the houseful, or everyone in the house. **La bouchée** follows the same pattern.

### La Langue figurative

Figures of speech are usually easy to understand so long as one does not confine oneself narrowly to a literal meaning. For example, the meaning of the following phrases should be obvious if **œil** is not taken too literally.

> Avant cela je le considérais comme un enfant, mais maintenant je le vois **d'un autre œil**.
>
> Quand la machine est en marche un **œil** vert s'allume.

When a comparison is involved, try to see how it applies. Consider what the phrase **à pas de voleur** conveys in the following sentence.

> Ne voulant pas le réveiller, la mère entre dans la chambre de son enfant à pas de voleur.

The mother entering her child's room is like a robber in one respect only: she moves stealthily.

The same meaning can be conveyed by another image. Given the context, what must **la pointe des pieds** mean?

> Elle entre dans sa chambre sur la pointe des pieds.

# EXERCICES

## VOCABULAIRE ET MOTS APPARENTÉS

A. Lisez le passage suivant en remplissant les tirets par le mot convenable.

| | |
|---|---|
| a. appareil | f. lueur |
| b. branche | g. manette |
| c. à l'écart | h. pénombre |
| d. efface | i. verte |
| e. enregistrer | j. voyant |

Un magnétophone est un __1__ qui reproduit les sons. Le garçon fait marcher l'appareil. D'abord il le __2__ . Quand il l'a branché un __3__ s'allume. Une __4__ indique que le voyant est allumé. La lueur est de couleur __5__ . Dans la __6__ on voit très bien la lueur verte du voyant.

Assis dans la pénombre, le garçon manœuvre la __7__ et parle dans le micro. En manœuvrant la manette il peut __8__ sa propre voix. Quand il enregistre sa voix, il évite de tourner le bouton qui est __9__ des autres. Le bouton qui est à l'écart des autres __10__ ce qu'on a enregistré. Si on le tourne il efface tout.

B. Lisez le passage suivant en remplaçant les mots en caractères gras par un synonyme.

   a. aïeul              g. fouillé
   b. aîné              h. hameau
   c. désormais         i. lâcheté
   d. dévisagé          j. offusqué
   e. fait preuve de    k. pris le parti
   f. s'est figée

Après avoir **cherché** (1) partout, le père a trouvé ce qu'il cherchait. C'est le portrait d'un **ancêtre** (2) célèbre pendant la Révolution. Il le montre à son fils **le plus âgé** (3) .

Cet ancêtre n'avait jamais été coupable d'aucune **action basse** (4) . Au contraire, il avait toujours **montré** (5) beaucoup de courage. Il avait été **fâché** (6) par ce que disait un orateur venu de Paris. Pendant que celui-ci parlait il l'avait **regardé fixement** (7) . Malgré son inexpérience, il avait **décidé** (8) de le réfuter aussitôt. **A partir de ce moment** (9) tout le monde le respectait.

Dans le **petit village** (10) on a gardé la mémoire de ses paroles. C'est une tradition qui **est devenue rigide** (11) au cours des ans.

C. Lisez ce dialogue en remplissant les tirets par le mot convenable.

   a. durant      e. respirer
   b. foulard     f. si
   c. œil         g. soulagement
   d. quoique     h. vent

—A mon avis, __1__ ce soit le mois de décembre, il ne fait pas froid dehors.

—Mais __2__ il fait froid! Tu ne devrais pas sortir sans mettre ton __3__ . N'entends-tu pas le __4__ qui souffle dans les arbres? Il fait toujours froid dans notre pays __5__ l'hiver.

—Que veux-tu? Je vois ça d'un autre __6__ que toi. Je trouve qu'on étouffe ici! Cela serait un __7__ de sortir. J'ai besoin de __8__ un peu d'air pur.

# LIVING WITH THE PAST

Few countries have felt the presence and pressure of the past more deeply than France. For generations, the great figures and events of French history, the conflicts, the victories, and the cultural achievements have constantly entered the fabric of daily life, remaining a source of pride, but also of acrimonious debate and divisiveness. In the last couple of decades, however, this omnipresence of the past has faded considerably. There is a dividing line today between those who see what is old, inherited, and traditional as inherently valuable, and those who are oriented towards the here and now or the future. The two characters in "*La Furie*" stand firmly on opposing sides of that line. Many French men and women today would take their stand with one or the other of them, and that gives the story a particular resonance.

The historical period recalled in this story is the most eventful in modern French history: The French Revolution which began in 1789 with the fall of the Bastille, and the following Napoleonic period called the years of **les guerres de l'Empire**, when France conquered all of Europe. The setting is the region around Nantes, where resistance to the French Revolution was strong.

As for the title, the author tells us that **la Furie** is the name of a small hamlet where the memory of these events was kept alive by transmission of an oral tradition. A strange place-name for a peaceful little village. But powerful memories and strong feelings live there. **Furie** means not only fury, but also impetuous ardor in battle, a quality that used to be traditionally ascribed to French soldiers. Another meaning is rage in the sense of passionate addiction, as, for example, in a "rage for the past."

## LA FURIE

vous n'avez jamais vu de magnétophone!

A la Furie, hameau proche de Nantes, on pouvait depuis deux cents ans rencontrer un homme qui vous racontait, dans leurs moindres détails, la Révolution de 89 et les guerres de l'Empire telles qu'on les avait vécues dans la région. Ce n'était pas qu'il fût historien ou voyant; mais son aïeul avait été mêlé de près aux événements et en avait transmis le récit encore chaud et tout vivant à son fils aîné qui, le moment venu, en avait fait autant avec le sien. C'était donc devenu une tradition dans cette famille: le père initiait△ patiemment son aîné dès sa treizième année et,  les

1. Qu'est-ce que cet homme pouvait raconter?
2. Qui avait raconté ces événements pour la première fois?

yeux dans les yeux, lui apprenait, phrase à phrase, le témoignage de l'ancêtre.△

—Je me tenais devant l'estrade, répétait avec application l'enfant, à quelques mètres...

—Non! à quelques *toises*.[1]

—A quelques toises de l'orateur et soudain, n'y tenant plus, je l'interrompis...

—*L'interpellai*.[2]

—Je l'interpellai: «Citoyen, comment la Convention pourra-t-elle tenir ses promesses dans ce pays-ci? Nous ne sommes... nous ne sommes point des Français comme les autres...[3]»

Des semaines durant, le garçon récitait sa leçon, le front plissé[4] par l'effort, attentif à ne pas changer une seule nuance, sous le regard exigeant du père dont les lèvres, sans un son, formaient les mots avec une imperceptible avance sur lui.

Lorsqu'il connaissait par cœur le récit, les intonations traditionnelles et ces gestes qui demeuraient ceux-là mêmes de l'ancêtre, son père le considérait d'un autre œil. Il le traiterait désormais en véritable adulte et même avec cette sorte de complicité masculine dont font preuve entre eux les conjurés ou les initiés. Dans le même temps—et quoiqu'il demeurât lui-même capable de raconter l'épopée familiale—il se sentait déchargé de cette mission. Devoir accompli! il reprenait souffle, avec le soulagement du coureur de relais△ qui vient de passer le *témoin*[5] au suivant...

La Furie était une si petite bourgade qu'il fallut bien, dans les années 60, envoyer en pension[6] au loin l'aîné des garçons. Il ne revenait parmi les siens qu'aux vacances scolaires, et on l'y accueillait avec une telle impatience et une telle tendresse△ qu'on manifestait peut-être un peu trop d'indulgence aux idées et aux inventions qu'il rapportait de la ville.

Quand il eut pris ses quatorze ans, son père jugea le moment venu de lui transférer la charge et la tradition.

—Je vais t'enseigner le Récit, lui dit-il; et, comme l'ont fait ton

3. Comment son témoignage s'est-il transmis?
4. Qu'est-ce que le fils apprenait?

5. Qui le corrigeait?

6. Que faisait le garçon pendant des semaines?
7. Montrez ce que le père faisait en écoutant.

8. Quand le fils connaissait le récit comment le père le considérait-il?
9. Comment se sentait-il?

10. Où l'aîné devait-il aller dans les années 60 et pourquoi?
11. Comment l'accueillait-on à son retour?

12. Que lui annonce le père?

---

[1] **toise**   mesure de longueur utilisée avant la Révolution. L'équivalent d'à peu près deux mètres.

[2] **interpeller**   *to call out, to demand an explanation in a public meeting*

[3] **. . . point des Français commes les autres**   *When he says "we are not like the others" the speaker is expressing the regional pride and particularism that the Revolution sought to eliminate. The tension between centralization and regional independence still exists in France today.*

[4] **plissé?**   Quel effet l'effort a-t-il sur le front?

[5] **témoin**   *This is what the stick or baton in a relay race is called in French. Cesbron italicizes the word to emphasize the analogy. Just as one runner passes the **témoin** to the next runner, so the father passes on the **témoignage** (eye witness account) to his son.*

[6] **en pension**   *to boarding school*

père, ton grand-père et le père de ton grand-père, tu vas l'apprendre par cœur, de façon...

—Quoi! le... le grand machin sur la Révolution et l'Empire?

—Oui, fit l'autre d'un ton offusqué, ce grand «machin» dont chacun de nous, de père en fils...

—Mais vous, papa, vous le connaissez par cœur?

—Evidemment.

—Alors, attendez...

Il monta fouiller dans sa valise d'interne et revint en brandissant...△

—Qu'est-ce que c'est que ça?

—Ne me dites pas que vous n'avez jamais vu de magnétophone!

—J'en ai entendu parler; mais je ne vois pas en quoi...

—Mais si, voyons, papa. Regardez!

Il brancha l'appareil, tourna un bouton,△ un voyant rouge s'alluma.

—Allez-y.

—Comment cela?

—Dites le début du récit, là, devant le micro.

—Mais...

—Allez-y: ça tourne!

Presque malgré lui, le père commença de réciter l'épopée familiale.

—Arrêtez maintenant, papa.

Il manœuvra prestement une manette puis une autre; un voyant différent ouvrit son œil rouge.

—Écoutez!

Le récit avec toutes ses intonations, sa chaleur, sa progression... Le père, fasciné, ne quittait pas des yeux ces bobines[7] si lentes, ce ruban monotone et patient; simplement, il reconnaissait mal sa propre voix.

—Et maintenant...

Le garçon appuya sur un bouton à l'écart des autres; un signal vert s'alluma; les bobines, soudain réveillées, se mirent à tourner très vite en sens inverse.

—Et voilà: tout est effacé!

Le père, à son tour, parut se réveiller.

—Bon. Tout cela est très ingénieux, mais sans rapport avec la tradition familiale. Magnétophone ou pas, tu vas, à ton tour, apprendre mot à mot le récit et...

13. Qu'est-ce qui offusque le père dans la réponse de son fils?

14. Que va chercher le fils?

15. Que demande-t-il à son père de faire?

16. Qu'est-ce que le père écoute?
17. Qu'est-ce qu'il a du mal à reconnaître?

18. Que fait le fils de l'enregistrement ensuite?

---

[7] **bobines**   *spools*

—Sûrement pas, fit tranquillement le garçon: d'abord, je n'ai aucune mémoire, vous le savez; et puis j'ai toujours été le dernier en récitation.

—Il ne s'agit pas du tout de «récitation» mais de...

—Ecoutez, papa, que désire-t-on? Que ce récit passionnant soit conservé intact, soit sauvé de l'oubli. On veut en conserver les archives vivantes. Si c'était une suite d'images, on en ferait un microfilm; c'est un récit: eh bien, on en fait une cassette et le voici à l'abri de tout!

—Mais tu comprends bien qu'il n'y a aucun rapport entre ce dont tu me parles et une tradition orale qui se perpétue depuis deux siècles!

—Ecoutez, papa: si je me bousille[8] en moto[9] l'an prochain, la tradition orale sera perdue de toute façon! Tandis que si nous enregistrons le récit... Et puis, encore une fois, vous le connaissez et vous le dites mieux que je ne saurais jamais le faire.

—Mais, mon enfant... (Il sentait qu'il ne parviendrait pas à convaincre; sa voix s'altéra△ si brusquement que le garçon le dévisagea avec surprise.) Mais, mon enfant, même si tu le récites mal, même si tu te trompes, même si tu en oublies la moitié, c'est mieux que tout enregistrement. Tu comprends cela?

—Pas du tout.

Il considéra cette face si sincère, ce regard droit, cette main habile et nerveuse encore posée sur l'appareil noir. «Nous voici parvenus au grand tournant, pensa-t-il. *Ils sont d'une autre race...*» L'espace d'un instant, ce furent le Récit, la Tradition familiale, qui lui parurent inexplicables, inutiles.

—Ecoutez, papa. Je vais mettre en marche et vous allez, une fois pour toutes, enregistrer ce récit d'un bout à l'autre. Jamais il n'aura été aussi fidèlement△ reproduit, jamais il ne sera plus sûrement conservé. Voulez-vous que je vous laisse seul pendant ce temps? ajouta-t-il par discrétion.

Ce dernier trait fut celui qui blessa le plus profondément son père. Il était devenu très pâle; il acquiesça△ sans un mot. «Essayons, du moins, de sauver de cette façon le Récit...» songeait-il. Le garçon mit l'appareil en route et, sur la pointe des pieds, quitta la pièce.

Jamais il n'a mieux récité l'épopée; des larmes, par instants, lui venant aux yeux. Puis il a rappelé le garçon et, à son tour, a quitté la pièce sans une parole.

Le soir, durant le dîner familial, il n'a pas pu avaler une

19. Quelles raisons le fils donne-t-il pour ne pas apprendre le récit?
20. D'après le fils, quel est le grand avantage de la cassette?

21. D'après le fils, qu'arriverait-il s'il était tué dans un accident?

22. Quelle est la différence entre un enregistrement et un récit oral? Le fils comprend-il cela?

23. De quoi le père se rend-il compte en contemplant le visage de son fils?
24. Quelle suggestion le fils fait-il?

25. Qu'est-ce qui blesse le père le plus dans les remarques de son fils?
26. Pourquoi le père enregistre-t-il le Récit?

---

[8] **bousille**?  Utilisez le contexte. Qu'est-ce qui détruirait le fils et donc la tradition orale qu'on lui aurait transmise?
[9] **moto**  motocyclette

bouchée. Les autres ne lui ont fait aucune observation, mais lui-même n'a guère observé les autres. «C'est de la lâcheté pure et simple, songe-t-il. Je n'ose pas prendre sur moi d'interrompre la tradition, alors que le temps en est venu... Des archives? Mais les archives ne sont qu'un cimetière!△ »

A ce mot, à cette pensée, son visage s'est figé. Personne n'ose fixer sur lui son regard. Il se lève de table, dit bonsoir à tous d'un geste plutôt que d'une parole et monte s'enfermer dans sa chambre. Son parti est pris, d'un coup.

Tard dans la nuit, tandis que dort toute la maisonnée, il gagne à pas de voleur la pièce où, sur une table, l'appareil noir ressemble, dans la pénombre, à une bête tapie sur elle-même.[10] Il en a fort bien retenu le fonctionnement: il appuie sur le bouton qui se trouve à l'écart des autres; le voyant vert s'allume, seule lueur dans cette pièce endormie, et les bobines se mettent en marche, en silence, très vite.

Il attend, en respirant un peu trop fort, que le Récit soit entièrement effacé puis il éteint l'appareil qui redevient un bloc de matière△ morte.

Il passe alors dans le vestibule, s'enveloppe dans sa grande cape, enroule autour de son cou un foulard écarlate qui appartenait à son père. Rien sur la tête! et il éprouve une joie d'enfant à sentir ce vent vivant soulever ses cheveux tandis qu'il monte, sous la haute lumière de la lune qui ne tire de son étrange silhouette qu'une ombre transparente, qu'il monte vers l'église[11] de la Furie et le petit cimetière qui l'entoure. Ils sont là, côte à côte, son père, son grand-père et le père de son grand-père, invisibles, faussement inattentifs.

Il n'y a rien à leur expliquer. Ils savent, ils comprennent—et chacun d'eux n'en ferait-il pas autant? Il n'a donc pas à se justifier; simplement, dans ce désert lunaire,△ pour la dernière fois et pour eux seuls, d'une voix forte et sans une seule hésitation, il va faire le Récit.

[10] **tapie sur elle-même**   *lurking, crouching*
[11] **l'église**   the church

27. Quelle est l'attitude du père au dîner?
28. Qu'est-ce qu'il n'ose pas faire?
29. Qu'est-ce qu'il a contre les archives?

30. Où monte-t-il tard dans la nuit, et qu'est-ce qu'il y fait?
31. Qu'est-ce qui s'allume quand on efface?

32. Quel foulard prend-il en sortant? (Quelle est l'importance de ce détail?)
33. Comment est-ce dehors?
34. Où va-t-il?
35. Qui est là?

36. Qu'est-ce qu'il y fait?

# Activités

### RÉSUMÉ DE L'ACTION: VRAI/FAUX

A. Résumez l'action en corrigeant les phrases fausses.
1. Depuis deux cents ans on transmet le Récit dans le petit hameau de la Furie.

2. Il s'agit d'événements qui ont eu lieu en 1870, quand Paris était bloqué et affamé par les Prussiens.
3. Dans la famille on a honte de la part jouée par un aïeul dans ces événements.
4. Les yeux dans les yeux, le père initiait patiemment son aîné.
5. Le garçon apprenait phrase à phrase le témoignage de l'ancêtre dès l'âge de six ans.
6. Attentif à ne pas changer une seule nuance, le père récitait sa leçon, sous le regard exigeant du fils.
7. Il fallait apprendre non seulement le Récit, mais aussi les gestes qui l'accompagnaient.
8. Dans les années 60 il fallut envoyer en pension l'aîné des garçons.
9. On accueillait avec hostilité toutes les idées et les inventions qu'il rapportait de la ville.
10. Le père est charmé quand l'aîné appelle le Récit «le grand machin».
11. Le fils a un magnétophone et veut enregistrer le Récit.
12. Quand les bobines tournent très vite en sens inverse la voix du père est enregistrée.
13. Le père trouve que l'enregistrement est le moyen parfait de préserver le Récit, et en félicite son fils.
14. Le fils prétend qu'il n'a aucune mémoire, et qu'il a toujours été le dernier en récitation.
15. Le père tombe d'accord qu'il s'agit d'une «récitation», et que, par conséquent, le fils est incapable d'apprendre le Récit.
16. Le fils dit que s'il est tué dans un accident de moto la tradition orale sera perdue de toute façon.
17. Le père avoue qu'il vaut mieux l'enregistrer que de réciter mal et d'en oublier la moitié.
18. Le père refuse d'enregistrer le Récit lui-même.
19. Le fils reste dans la pièce pendant la récitation.
20. Le père a mangé comme quatre durant le dîner familial.
21. Pour lui, la tradition orale est chaude et vivante, et les archives ne sont qu'un cimetière.
22. Tard dans la nuit, il monte dans la pièce et enregistre le Récit.
23. Puis il sort dans la nuit sous une pluie incessante.
24. Ses aïeux sont là dans le petit cimetière qui entoure l'église.
25. Sortant le magnétophone de dessous sa cape, pour la dernière fois et pour eux seuls, il leur joue le Récit.

## RÉSUMÉ DE L'ACTION: NARRATION

B. Résumez l'action en remplissant chacune des lignes laissées vides avec une phrase qui rend la narration logique et la succession des événements cohérente.

1. Depuis deux cents ans il y avait à la Furie un homme qui racontait en leurs moindres détails les événements de la Révolution de 89, tels qu'on les avait vécus dans la région.

2.

3. Et le fils, le moment venu, en avait fait autant avec le sien.

4.

5. Désormais, le père traitait son fils en véritable adulte.

6.

7. Il ne revenait parmi les siens qu'aux vacances scolaires.

8.

9. —Quoi! le... le grand machin sur la Révolution et l'Empire?

10.

11. —Ne me dites pas que vous n'avez jamais vu de magnétophone!

12.

13. Le père écoutait, fasciné, mais reconnaissait mal sa propre voix.

14.

15. —Sûrement pas! Je n'ai aucune mémoire, et j'ai toujours été le dernier en récitation.

16. —Ecoutez papa, je vais le mettre en marche, et vous allez, une fois pour toutes enregistrer ce récit.

17.

18. Ce dernier trait fut celui qui blessa le plus profondément son père.

19. Pendant le dîner il ne mange rien. Puis, d'un coup, son parti est pris.

20.

21. Il attend que le Récit soit entièrement effacé, puis il éteint l'appareil.

22.

23. Il éprouve une joie d'enfant à sentir ce vent vivant soulever ses cheveux.

24.

25. Pour la dernière fois et pour eux seuls, il va faire le Récit.

## SUJETS DE DISCUSSION ORALE OU ÉCRITE

### Le Récit

1. De quelle époque datent les événements racontés dans le Récit?

2. Quelle importance cette époque a-t-elle dans l'histoire de France?

3. De quelle perspective le Récit raconte-t-il ces événements?

4. Comment transmettait-on le souvenir de ces événements?

5. Le Récit était-il un résumé ou une répétition mot à mot?

6. Le fils apprenait les mots, et quoi d'autre aussi?

7. Le Récit est «une épopée familiale». Connaissez-vous d'autres exemples de la transmission orale d'une épopée?

8. Y aurait-il une différence entre un livre sur les environs de Nantes sous la Révolution et l'Empire et le Récit?

## La Mémorisation ou l'enregistrement?

1. En général, quels avantages ou désavantages voyez-vous à la mémorisation?
2. Est-ce que l'enseignement aujourd'hui encourage les étudiants à apprendre par cœur?
3. Et le fils aîné dans le conte, qu'est-ce qu'il en pense, lui?
4. Quelle suggestion a-t-il pour préserver le Récit?
5. Sa suggestion vous semble-t-elle raisonnable?
6. Quel est son meilleur argument contre la transmission de la tradition orale par la mémorisation?
7. Quelle différence y a-t-il entre la transmission orale et l'enregistrement?
8. Qu'est-ce qui intervient dans un enregistrement, et qu'est-ce qui manque?
9. Le fils aîné ne comprend pas pourquoi son père préférerait une récitation, même mal apprise, au meilleur enregistrement. Pourriez-vous le lui expliquer?

## Le Père et le fils

1. S'agit-il seulement de la transmission d'une épopée ou aussi d'un rapport établi entre père et fils?
2. Comment ce rapport change-t-il quand le fils a appris le Récit?
3. Quel devoir est transmis au fils avec le Récit?
4. Le fils aîné dans le conte semble-t-il se rendre compte de cet aspect de la question?
5. Y a-t-il une certaine révolte dans l'attitude du fils? Y a-t-il un certain désir de domination dans celle du père?
6. **Vous** ou **tu**? Lequel des deux pronoms indique le respect? l'intimité? la supériorité? la distance? Lequel utilisent-ils entre eux?
7. Est-ce que le père est trop orienté vers le passé? Est-ce que le fils est trop fasciné par les idées et les inventions du présent?
8. L'auteur donne-t-il raison à l'un des deux personnages?
9. Et vous-même? Y en a-t-il un qui a raison et un autre qui a tort, à votre avis?

# LES QUATRE CONTES DE GILBERT CESBRON

Lisez ce passage en remplaçant les mots en caractères gras par un synonyme.

## «EN CAS DE DANGER, TIREZ LA POIGNÉE...»

### A

| | | | |
|---|---|---|---|
| a. | allure | h. | lasser |
| b. | le chauffeur | i. | le mécanicien |
| c. | contrevenir à | j. | obliquer |
| d. | convoi | k. | peine |
| e. | crétin | l. | réveillée |
| f. | encombre | m. | le secret |
| g. | interdite | n. | trajet |

**Celui qui fait marcher le train** (1) décide de rentrer à Paris parce qu'il a oublié d'embrasser son petit garçon. Mais il ne veut pas faire marche arrière. Il risquerait d'entrer en collision avec un **train** (2) roulant dans la même direction.

Il explique à son ami **qui s'occupe de la locomotive** (3) qu'ils peuvent **tourner** (4) à gauche et rentrer par la route sans **difficulté** (5) pourvu qu'ils prennent la précaution de rouler à petite **vitesse** (6).

Ils trouvent cette façon de varier leur routine tout à fait charmante. On finit par se **fatiguer** (7) de faire toujours le même **voyage** (8), n'est-ce pas?

Il faut avouer que la manœuvre est **illégale** (9). Les trains doivent rouler sur les rails. **Violer** (10) ce règlement peut amener une **punition** (11) sévère. Mais les deux amis gardent **la confidence** (12), et tout va bien jusqu'à ce qu'un **idiot** (13) de chauffeur de camion cause un accident.

C'est à ce moment que la personne qui a rêvé tout ça est **tirée de son sommeil** (14) par sa femme et doit filer à la gare. Ainsi va la vie.

Lisez les passages suivants en remplissant les tirets par le mot convenable.

# LA COURONNE

## B

a. chasse
b. combattants
c. couronne
d. dégoût
e. démantèle
f. distrayantes
g. espèce
h. pincées
i. quête

Quand Fernand apprend que Victor est mort, c'est pour lui-même qu'il est inquiet. Il sent que son rempart contre la mort se __1__ . Ce sont d'ordinaire les femmes qui font la __2__ pour acheter une __3__ pour le mort. Mais cette fois elles refusent! «Non!» dit madame Chalifour, les lèvres __4__ . Les réunions d'anciens __5__ , la pétanque, la __6__ , toutes les activités de cette __7__ sont peut-être __8__ pour les hommes, mais les femmes les regardent avec un __9__ infini.

## C

a. claquant
b. compte
c. dégage
d. geste
e. lave
f. peintre
g. sale
h. trinquer

Fernand est furieux. D'un __1__ assez brutal il lui empoigne le bras. Madame Chalifour se __2__ et rejoint les autres, et Fernand décide de faire la tournée lui-même.

Mais quand le vieux __3__ Arsène lui dit, «Il vous a tous fait cocus, le Victor!» Fernand sort en __4__ la porte. «Quel __5__ type, ce Victor! s'écrie-t-il. Finie, la quête! Je m'en __6__ les mains. Je m'en vais ouvrir un __7__ au bistrot avec l'argent qu'on m'a donné.» Ce n'est certainement pas à la mémoire de Victor que lui et ses copains vont __8__ !

# OUAH OUAH...

## D

a. se conduire
b. feint
c. flacon
d. langue
e. mine
f. prendre garde
g. rasé
h. sauvage
i. tendre

Depuis qu'il s'est disputé avec Eliane, Xavier vit comme un __1__ . Son chien le regarde avec désapprobation. «Regarde-toi dans le miroir lui dit-il. Tu n'as pas bonne __2__ . Tu ne t'es pas __3__ depuis trois jours. Et tu bois trop. Tu devrais __4__ de ne pas te laisser aller comme ça. Cette façon de __5__ est vraiment bête.»

Sans faire attention, Xavier commence à __6__ la main vers le __7__ de cognac. Puis il s'arrête soudain et regarde son chien. Mais le chien __8__ de n'avoir rien dit. Il se met à bâiller, la __9__ roulée, et les yeux clos.

E

a. abusé          e. dessin animé
b. comédie        f. excédé
c. couvert        g. l'herbe
d. se dépêcher    h. pendante

Xavier n'est pas __1__ par cette __2__ de l'innocence. Il sait que son chien lui a parlé.

Ils vont sortir, mais Xavier prend son temps. Il refuse de __3__ . Quant au chien, il s'en va renifler __4__ humide, puis il disparaît.

Il revient enfin, haletant, crotté, la langue __5__ . Il est allé chez Eliane. Il dit à Xavier de mettre un autre __6__ pour le déjeuner, et Xavier obéit. Xavier prétend être __7__ par la «tête de __8__ » de son chien, mais il ne peut pas cacher son bonheur quand Eliane arrive et accepte de déjeuner avec lui.

# LA FURIE

F

a. application      f. interne
b. enregistrement   g. machin
c. exigeante        h. passionnante
d. fait preuve      i. propre
e. hameau           j. scolaires

C'est le moment des vacances __1__ . Quand le fils aîné, qui est __2__ dans une école à Nantes, rentre dans le petit __3__ où demeure sa famille, son père lui dit qu'il est temps d'apprendre le Récit.

Le fils ne trouve pas cette perspective très __4__ . «Quoi? dit-il, le grand __5__ sur la Révolution?» La remarque __6__ d'une indifférence que son père pourrait accepter chez un autre mais qui le blesse venant de son __7__ fils.

«Pourquoi apprendre tout cela? demande le fils. C'est une besogne __8__ , qui demande beaucoup d' __9__ . J'ai un magnétophone. Nous pouvons faire un __10__ .»

G

a. l'appareil      e. respirant
b. conjurés        f. ruban
c. se fige         g. tournant
d. pointe          h. vent

Le fils met ___1___ en marche. Le père regarde le ___2___ qui se déroule, puis se met à réciter. C'est alors que le fils sort sur la ___3___ des pieds.

Le père se rend à l'évidence: le Récit n'est plus un récit vivant. «Ils sont d'une autre race, se dit-il. Nous sommes parvenus au grand ___4___ .» A cette pensée son visage ___5___ .

La nuit venue, il monte dans la chambre et efface tout. Puis il sort sous la lune. Tête nue, sentant le ___6___ dans ses cheveux, et ___7___ le grand air, il monte au cimetière réciter le Récit à ses ancêtres. Avec eux, et avec eux seuls, il sent une complicité de ___8___ .

# CHAPITRE 22
# FEMMES

## *Préparation à la lecture*

## LEXIQUE

### MOTS APPARENTÉS

| | |
|---|---|
| C'est un homme **attrayant** | attractive |
| mais il est très **vaniteux**. | vain |
| le diminutif **-et**, **-ette** | *-ette* (cf. kitchenette) |
| un garçonn**et** et une fill**ette** | a little boy and a little girl |

### MOTS PARTIELLEMENT APPARENTÉS

| | | |
|---|---|---|
| Elle rencontre dans une **réception** un homme | reception | party |
| **qui lui plaît** beaucoup. | who pleases her | that she is attracted to |
| Elle doit **se faire violence** | do violence to herself | make a big effort |
| pour ne pas **tourner** autour | 1. turn | 2. hover |
| de lui quand il **se déplace**. | displaces himself | moves about |

| | | |
|---|---|---|
| Elle **blanchit**, elle rougit à sa vue. Et cet homme si **exigeant**, | blanches exigent, exacting | turns white demanding, particular |
| la trouve **pourvue de** toutes les qualités. Mais il y a une série de **contretemps** dans ses affaires, et bientôt | provided with contretemps | endowed with hitches |
| c'est le **désarroi** total. Il avait l'**amitié**, l'argent, tout. Aujourd'hui on le fuit | 1. disarray cf. amity | 2. confusion friendship |
| comme la **peste**. Rien ne peut **suppléer** à ce qu'il a perdu. | pestilence 1. supply | plague 2. make up for |

## MOTS-CLÉS

| | |
|---|---|
| Elle est **tellement** ravissante. | so |
| **Justement**. | just so, exactly |

## VOCABULAIRE

| | |
|---|---|
| Un jeune **ménage** parle de leur hôtesse dont ils viennent de **prendre congé**. | couple take leave, say goodbye |
| Le mari **a la parole**: | speaks, has the floor |
| —Avec sa **peau** blanche et ses yeux **luisants** cette **veuve** est vraiment jolie. **Mon dieu**, | skin shining widow heavens (literally: my God) |
| que sa **taille** est fine! Elle est **mince** comme un **fil**. Elle doit avoir beaucoup de **soupirants**. | figure, waist thin thread suitors, admirers (literally: sighers) |
| —Si tu l'admires **à ce point**, mon | that much, to that extent |
| **chéri**, c'est que tu ne la connais pas. Tu admires sa taille. Sais-tu qu'il lui a fallu beaucoup d'**acharnement** pour perdre son **embonpoint**? Quant à | darling, dear determination plumpness, excess weight |

| | |
|---|---|
| ses cheveux, elle les fait **teindre**. | dye |
| Elle **a beau essayer** de le cacher. | tries in vain |
| Il y a quelque chose de **malsain** dans sa | unhealthy, unwholesome |
| vanité. Et puis, c'est une femme **gâtée**. | spoiled |
| Quand les affaires de son mari ont commencé à **péricliter**, qu'ils ont | collapse |
| dû affronter des **épreuves**, et | trials, difficulties |
| que leur **avenir** a pris un aspect | future |
| assez **déprimant**, eh bien, | depressing |
| au lieu de le **soulager**, | comfort |
| au lieu de **se rapprocher** de lui, | to draw close to |
| elle **s'est aigrie**, elle s'est mise à | turned sour, bitter |
| **lui en vouloir**, le pauvre. | to be mad at him, to hold a grudge against him |
| **Que veux-tu**? Il y a des femmes comme ça. | What can you expect? |
| Le pauvre **diable** de mari décide de changer de sujet de conversation. | devil, wretch |

# GRAMMAIRE

## REPRISE: LE CONDITIONNEL

The conditional can be used, as in English, to attenuate a statement or a request.

| | |
|---|---|
| Vous reconduir**ez** Mariette? | *Will* you drive Mariette home? |
| Vous reconduir**iez** Mariette? | *Would* you drive Mariette home? |
| Je pourr**ai** le faire. | I *will* be able to do it. |
| Je pourr**ais** le faire. | I *might* be able to do it. (I *could* do it.) |

The distinction between the conditional and other tenses is more essential for reading comprehension when the conditional expresses a contrary to fact condition.

| | |
|---|---|
| Je continuer**ai** à travailler. | I *will* continue to work. |
| Je continuer**ais** à travailler. | I *would* continue to work. |

When an if-clause is in the imperfect, the result clause is in the conditional. When it is in the pluperfect, the result clause is in the past conditional.

| | |
|---|---|
| Le destin nous **arrangerait** les choses, si nous ne le **poussions** pas. | Destiny *would arrange* things for us, if we *didn't push* it. |
| Si j'**avais gardé** mes cheveux blancs, cela m'**aurait semblé** malsain. | If I *had kept* my hair white, it *would have seemed* unhealthy to me. |

## LE CONDITIONNEL D'INFORMATION

The conditional and the past conditional are also used to report an unverified fact, or a rumor.

| | |
|---|---|
| Elle **aurait** pris un amant. | She *supposedly* took a lover. |
| Il **serait** mort de chagrin. | *They say* he died of sorrow. |

## POUR MIEUX COMPRENDRE: LES IDIOTISMES

Certain idioms that occur quite frequently appear in this reading selection.

**avoir beau** + infinitive: Note that the idea of useless, futile action is expressed in English in a variety of ways: no matter how often I telephone, it's no good telephoning, I'm wasting my time telephoning, etc.

| | |
|---|---|
| J'ai beau téléphoner, elle ne répond jamais. | I telephone in vain, she never answers. |

**être à** + infinitive: This idiom, frequently used with expressions such as **toujours**, **sans cesse**, and **constamment**, expresses action in progress.

| | |
|---|---|
| Elle est toujours à parler. | She is always talking. |

**en vouloir à quelqu'un**

| | |
|---|---|
| Elle en veut un peu à Phillipe de ne pas avoir téléphoné. | She is a little annoyed at Phillipe for not having telephoned. |
| Ne m'en voulez pas, je vous en prie. | Please don't be angry at me. |

**figurez-vous que**: **Figurez-vous que** is an expression that calls attention to what follows, suggesting that there is something unusual or unexpected about it. Its English equivalents are *imagine that, it so happens that, would you believe that?*

|  |  |
|---|---|
| Figurez-vous que mon mari avait des goûts de musulman. | It so happens that my husband had the tastes of a Moslem. |

# EXERCICES

## RÉSUMÉ DE LA GRAMMAIRE

1. Le Paris-Brest **aurait eu** un drôle d'accident hier soir. Je l'ai lu dans le journal.
2. Les femmes **auraient refusé** de quêter pour la couronne de Victor. Est-ce croyable?
3. D'après Mariette, Valentine **aurait causé** beaucoup de chagrin, à ce pauvre Daniel.
4. Mariette prétend que si elle avait été la femme de Daniel, elle ne lui **aurait** jamais **causé** de chagrin.

## VOCABULAIRE

A. Changez le sens du passage suivant en remplaçant les mots en caractères gras par un mot qui signifie le contraire. Faites les changements de genre nécessaires.

| | |
|---|---|
| a. déprimantes | e. prendre congé |
| b. mince | f. séparer |
| c. passé | g. troublée |
| d. péricliter | |

Valentine est une veuve qui est devenue femme d'affaires. Ses affaires commencent à **prospérer** (1) . Elle pense souvent à l'avenir (2) , et elle trouve ces pensées **encourageantes** (3) .

Elle se regarde dans le miroir. Elle se trouve un peu trop **grosse** (4) , mais à part ça pas trop mal. Ses invités vont bientôt **arriver** (5) . A l'idée de se **rapprocher** (6) encore une fois de cet homme qui lui plaît tant elle se sent **soulagée** (7) .

B. Lisez le passage suivant en remplaçant les mots en caractères gras par un synonyme. Faites les changements de genre et de nombre nécessaires.

| | |
|---|---|
| a. s'aigrissait | g. malsain |
| b. à ce point | h. ménage |
| c. acharnement | i. soupirants |
| d. embonpoint | j. la taille |
| e. épreuves | k. teindre |
| f. gâtée | l. veuve |

Parmi tous ses **admirateurs** (1) , c'est Daniel que Valentine a choisi. Au début, ils formaient un **couple** (2) heureux. Mais Valentine était une femme **habituée au luxe** (3) . Pour la satisfaire Daniel travaillait avec une **détermination** (4) féroce, **tellement** (5) qu'il en devenait sérieusement malade. Il y avait là quelque chose de vraiment **morbide** (6) . Leur vie n'était bientôt qu'une série de **malheurs** (7) , et Valentine **devenait irritable** (8) .

Aujourd'hui c'est une **femme qui a survécu à son mari** (9) . Elle voudrait se remarier. C'est pour cela qu'elle s'est fait **colorer** (10) les cheveux, et qu'elle cherche à perdre cette **corpulence** (11) qu'elle a prise pendant son mariage, et retrouver **les formes fines** (12) qu'elle avait avant.

C. Lisez les phrases suivantes en remplissant les tirets par le mot convenable.

a. beau
b. fils
c. luisants
d. parole
e. peau
f. veux

1. J'ai __1__ le répéter, personne n'écoute.
2. Elle regarde jouer ses enfants, les yeux __2__ de plaisir.
3. Elle est revenue de vacances la __3__ bronzée par le soleil.
4. Je vous en __4__ de ne m'avoir jamais écrit, vous savez.
5. Elle a les cheveux noirs avec quelques __5__ blancs.
6. N'interrompez pas. André a la __6__ , vous parlerez après lui.

# CLAIRE MARTIN

Thus far the stories in this reader have been written by authors from metropolitan France, and have been set either in Paris or that other pole of French life, **la province**. But there are many other places besides France where French is the native language. None has a more abundant literature than French Canada.

Claire Martin (1914–    ) is one of a number of French Canadian authors who find an audience both in French Canada and in France. Her most famous and controversial book is *"Dans un gant de fer"* (1965), a powerful attack on the bigotry and narrow-mindedness of Quebec during the years when the author was growing up. "*Femmes*," however, represents another aspect of her work. It comes from *"Avec ou sans amour"* (1958), a collection of short stories that revolve around the pleasures, sorrows, vanities, disillusions, and self-deceptions of love.

In "*Femmes*" we encounter two very different women, and one man who seems to have everything going for him—looks, money, and style—but turns out to be a rather gullible fellow.

*Valentine fouilla dans son sac*

## FEMMES

La réception s'achevait et Valentine était heureuse. Cet homme, qui lui plaisait tellement, elle croyait bien lui plaire aussi. Toute la soirée elle avait senti son regard sur elle, un regard caressant comme des mains, et sa peau était toute chaude de cette insistance.

Comme toutes les femmes qui se sentent observées par un homme qui leur plaît, elle avait de la difficulté à rester naturelle et devait se surveiller pour ne pas rire trop haut. Elle devait aussi se faire violence pour ne pas passer tout son temps dans le groupe où il était et elle lui en voulait un peu de ne pas la suivre quand ses devoirs de maîtresse de maison la faisaient se déplacer dans le grand salon.

Elle était heureuse et courbatue.[1] Cette contrainte△ que les femmes doivent s'imposer de ne pas faire le premier pas quand c'est de tourner autour d'un homme dont elles ont envie, comme le fait si simplement la fillette autour d'un garçonnet qui lui plaît, cette contrainte se faisait durement sentir dans tous ses muscles. Elle fut presque soulagée quand il vint prendre congé.

Elle souriait, un peu abêtie[2] par l'effort de cacher sa joie,

---

[1] **courbatue**   *stiff and aching all over*
[2] **abêtie**   littéralement: rendue bête, stupide

1. Pourquoi Valentine était-elle heureuse?

2. Qu'est-ce qui était difficile pour elle?

3. Pourquoi devait-elle se déplacer de temps en temps dans le grand salon?

4. Que voulait-elle s'empêcher de faire?

parce qu'il disait: «Si vous êtes libre, un soir de cette semaine, et si vous le voulez bien, je viendrai vous prendre pour dîner. Après nous irons danser», quand son amie Mariette, passant près d'eux, jeta: «Je peux me servir du téléphone pour demander un taxi?»

Quel damné besoin avons-nous de toujours vouloir voler son rôle au destin? Il nous arrangerait si bien les choses si nous n'étions pas sans cesse à le pousser, si nous n'étions pas toujours à parler quand nous n'avons pas la parole. Valentine dit: «Un instant, chérie», puis: «Vous reconduiriez bien Mariette, André?» Et voilà!

Tous deux montèrent dans la longue voiture dont le devant chromé, «le sourire du dollar», luisait doucement dans la nuit, comme une tentation,△ un miroir aux alouettes.[3] André se mit tout de suite à parler avec enthousiasme de Valentine, de sa grâce, de son charme, de sa jolie taille. Mariette écoutait et se taisait.

—Vous ne partagez pas mon opinion?

—Si, je la partage! Mais personne mieux que moi ne peut apprécier les qualités de Valentine! Je la connais depuis quinze ans. Vous me parlez de sa jolie taille. Il lui a fallu tellement d'acharnement pour perdre l'embonpoint qu'elle avait accumulé durant son mariage.

—L'embonpoint? Vous voulez me faire marcher?[4] Elle est mince comme un fil.

—Justement. Comme elle était d'ailleurs avant de se marier. Et puis, vous savez ce que c'est. Quand on a conquis le mari, on oublie parfois comment on l'a conquis. On se laisse un peu aller. Quand Valentine est devenue veuve, elle n'était pas obèse, bien sûr, mais... Je lui dis souvent: «Si tu ne peux pas te marier sans grossir, mieux vaut n'y pas songer.» Elle est tellement ravissante maintenant, n'est-ce pas?

—Très.

—Même chose pour ses cheveux. Vous ne l'avez pas connue avant qu'elle les fasse teindre?

—Non. Je croyais qu'ils étaient naturellement auburn. De quelle couleur étaient-ils?

—C'est-à-dire qu'autrefois ils l'étaient. Mais, les dernières années de son mariage, elle avait beaucoup blanchi. Ce n'est que depuis son veuvage qu'elle les fait teindre. Cela lui va tellement

5. Que lui dit cet homme qui lui plaît?

6. A qui ne faut-il pas voler son rôle?

7. Comment Valentine vole-t-elle son rôle au destin?

8. De quoi André se met-il tout de suite à parler?

9. D'après Mariette, qu'est-ce que Valentine a dû faire pour regagner sa taille?

10. D'après Mariette, pourquoi Valentine a-t-elle pris de l'embonpoint après son mariage?

11. Qu'a-t-elle fait à ses cheveux après son veuvage?

---

[3] **miroir aux alouettes**   *literally: mirror for larks. The chrome grill of the expensive car shines like a mirror used to attract and catch birds.*
[4] **vous voulez me faire marcher?**   *are you kidding?*

mieux. Elle paraît de quinze ans plus jeune qu'elle ne l'est en réalité. Si Daniel la voyait, il ne la reconnaîtrait pas.

—Vous l'avez connu, son mari?

—Oh! mais très bien... le pauvre.

—Oui, évidemment, mourir si jeune.

—Ça n'est pas tellement cela. Je pense que Daniel ne tenait plus beaucoup à la vie. Il avait un air soulagé de la quitter qui était assez déprimant, je dois dire.

—Vraiment? Est-ce qu'ils ne s'entendaient pas bien tous les deux?

—Pas très bien. Et pourtant Daniel était de tous les hommes que j'ai rencontrés le mieux pourvu de toutes les qualités imaginables.

—Il y a parfois certaines incompatibilités incoercibles.[5] Car enfin, Valentine aussi a de très grandes qualités.

—Bien sûr. Et d'ailleurs le ménage allait très bien au début. C'est quand les affaires de Daniel se sont mises à péricliter que le désaccord a commencé.

—Oui... il y a des hommes qu'une telle mésaventure[△] aigrit à les rendre inendurables.

—Et des femmes aussi. Que voulez-vous, c'est humain. Valentine était habituée à un certain luxe.[△] J'avais cru, comme tout le monde, qu'il s'agissait d'un mariage d'amour et que ce contre-temps n'y changerait rien. Il y a même des couples d'amoureux que les épreuves rapprochent, dit-on. Je sais bien que, pour ma part, si j'étais mariée et que mon mari vînt à perdre sa fortune, je me dirais que c'est là l'occasion toute trouvée[6] de lui montrer combien je l'aime. Et ça n'est pas ça qui me ferait blanchir les cheveux. Mais Valentine est une enfant gâtée. Au début de cette déconfiture,[7] on a même raconté un peu partout qu'elle aurait, comment dirais-je, tenté de suppléer à ce que Daniel ne pouvait plus lui donner en...

—En ayant un ami riche? C'est ce que vous voulez dire?

—Mon Dieu, oui. Mais ça, je ne l'ai jamais cru.

—En tout cas, ç'aurait été au temps où elle était encore un peu mince et un peu auburn.

—Ne soyez pas méchant. J'ai horreur de ça. Elle ne le mérite pas. Elle a manqué d'un peu de courage. Ça n'est pas un crime.

—Et pourtant la vie qu'elle fait en ce moment doit demander beaucoup de courage. Elle travaille très fort.

12. Quelle attitude Daniel avait-il envers la vie vers la fin, selon Mariette?

13. Qu'est-il arrivé, selon Mariette, quand les affaires de Daniel se sont mises à péricliter?

14. Qu'aurait fait Mariette si elle s'était trouvée dans la même situation que Valentine?

15. Qu'a-t-on raconté sur Valentine, selon Mariette?

[5] **incoercible** *uncontrollable*
[6] **l'occasion toute trouvée** *the perfect opportunity*
[7] **déconfiture** *collapse*

—Mais elle gagne beaucoup. Il faut bien faire l'un quand on veut l'autre. Quand elle a épousé Daniel, elle croyait son avenir assuré pour toujours. Mauvaise mise.[8] Oh! je ne suis pas inquiète pour elle. Comme elle le dit souvent, la prochaine fois elle choisira un homme qui a les reins plus solides.[9]

—Vraiment, elle dit ça?

—Mettez-vous à sa place! Vous ne pouvez comprendre ça. Vous remuez l'argent à la pelle.[10] Moi non plus, d'ailleurs, je ne le comprends pas. J'ai l'infirmité d'être sentimentale.

—L'argent ne vous intéresse pas?

—Moi? Mon pauvre ami! Un cœur et une chaumière,[11] comme on dit. Et même un cœur tout seul.

—C'est très bien ça. Vous avez trouvé?

—Non. Parce que, sur d'autres points, je suis très exigeante.

—Lesquels?

—L'intelligence, par exemple. Je n'aimerai qu'un homme extrêmement intelligent.

—Deuxièmement?

—Des manières raffinées.△ Je ne peux souffrir les rustres.[12]

—Troisièmement?

—Un physique attrayant. Ne riez pas, j'ai cette faiblesse.

—Oui... Vous avez des exigences qui feraient trembler de peur le plus vaniteux des soupirants.

—Vous pouvez parler, vous qui avez tout cela.

—Est-ce à dire que je pourrais poser ma candidature?△

—Mais qu'allez-vous croire là? Je n'ai pas oublié l'existence de Valentine et je vous assure qu'elle est suffisante△ pour qu'il n'en soit pas question. L'amitié est une chose que je respecte plus que tout au monde.

—Comme c'est joli! Et si je vous disais que Valentine n'est rien pour moi. Rien du tout, je vous le jure. Si vous êtes libre un soir de cette semaine, et si vous le voulez bien, je viendrai vous prendre pour dîner. Après nous irons danser.

Six mois plus tard, en allant déjeuner, André s'est trouvé face à face avec Valentine. Il l'a invitée.

—Vous avez l'air bien heureuse, Valentine.

16. D'après Mariette, que croyait Valentine quand elle a épousé Daniel?

17. D'après ce qu'elle dit, qu'est-ce que Mariette veut dans la vie? Qu'est-ce qui ne l'intéresse pas?

18. Quelles sont les trois qualités qu'elle exige chez un homme?

19. Pourquoi est-ce qu'elle ne peut pas permettre à André de lui faire la cour?
20. Quelle invitation André fait-il à Mariette?
21. Quand et comment rencontre-t-il de nouveau Valentine?

[8] **mauvaise mise**    *a bad bet; she figured wrong*
[9] **avoir les reins solides**    *can mean to have a strong back (literally: sound kidneys) or, as it does here, to be in sound financial condition*
[10] **remuer l'argent à la pelle**    *to have loads of money (literally: to move money about with a shovel)*
[11] **chaumière**    *cottage*
[12] **rustre**?    Si on exige des manières raffinées, quelle sorte de personne ne peut-on pas souffrir?

—J'espère bien. C'est que je me marie, voyez-vous.

—Ah! Je connais?

—Oh non! Ça n'est pas un financier. C'est un peintre.

—Un peintre connu, alors?

—Connu? Non! C'est un pauvre diable de peintre plein de talent, mais inconnu.

—Vraiment!

—Qu'y a-t-il? Vous avez l'air tout surpris.

—Je le suis un peu. Vous allez me trouver mufle,[13] mais... de quoi vit-on quand on épouse un peintre inconnu?

De l'air du temps.[14] Et puis je continuerai à travailler. Ça m'est bien égal. Non, jamais de pain, merci.

—Vous avez peur de grossir?

—Comme de la peste. Figurez-vous que mon premier mari avait des goûts de musulman.[15] Je n'étais jamais assez ronde. J'avais beau me défendre. Après, j'ai eu toutes les difficultés du monde à revenir comme j'étais.

—Vous n'avez pas eu envie de rester comme il vous avait aimée?

—Cela m'aurait semblé assez malsain. Comme on dit, il faut vivre avec les vivants.

—Vous avez dû lui en vouloir?

—A Daniel? Le pauvre chéri, j'aurais fait n'importe quoi pour lui.

—Vous vous entendiez bien?

—Je dirais même que nous étions un couple scandaleusement amoureux l'un de l'autre. Même en me remariant je lui garderai toujours un souvenir reconnaissant. Je sais que je l'ai rendu heureux. Je n'ai pas de remords.△

—Vous êtes sûre de l'avoir rendu heureux? Il me semble que c'est tellement difficile à savoir.

Valentine fouilla dans son sac, en retira une carte qu'elle passa à André. C'était une carte comme on vous en fournit chez tous les fleuristes.△ Daniel y avait écrit: «Tu m'as rendu le plus heureux des hommes.»

—C'est la carte qui accompagnait les dernières fleurs qu'il m'a offertes. Je ne m'en sépare jamais. C'est une déclaration qui peut sembler un peu déclamatoire,△ mais songez qu'il allait mourir, qu'il le savait. Quel homme merveilleux!

22. Décrivez l'homme qu'elle épouse.

23. De quoi le ménage va-t-il vivre?

24. Pourquoi avait-elle grossi pendant son premier mariage?

25. Pourquoi voulait-elle revenir comme elle était?

26. Quelle attitude a-t-elle envers Daniel?

27. Qu'est-ce que Valentine garde toujours dans son sac? Qu'y a-t-il d'écrit dessus?

---

[13] **mufle**     *boor*
[14] **vivre de l'air du temps**     *to live on air, to live on very little*
[15] **il avait des goûts de musulman**     *he had the tastes of a Moslem. Moslem men supposedly prefer fat women.*

—Vous l'aimiez à ce point?

—Oui! Quand j'ai su qu'il était condamné, mes cheveux sont devenus tout blancs en quelques mois. Il ne voulait pas que je les fasse teindre parce que c'était pour lui qu'ils avaient blanchi. Il était devenu un peu enfantin, comme bien des malades.

—Allons! vous voilà toute triste. Dites-moi, vous ne m'en avez pas voulu de ne jamais vous avoir téléphoné?

—Un peu, oui. Je peux bien vous le dire, maintenant, il y a eu un moment où j'avais presque commencé à vous aimer. Je n'attendais qu'un peu d'encouragement. Ça n'est pas venu. J'ai eu du chagrin, je l'avoue. Mais puisque vous préfériez Mariette. A propos, ça va tous les deux? Je ne la vois plus jamais. Quand faites-vous comme moi, elle et vous?

—Mariette? Eh bien! je pense que c'est fini avec Mariette.

—En voilà une nouvelle. Depuis quand?

—Mais, depuis aujourd'hui. Voyez-vous, elle n'aime que les hommes extrêmement intelligents.

28. Qu'est-il arrivé à Valentine quand elle a su que Daniel allait mourir?
29. Qu'est-ce que Daniel ne voulait pas qu'elle fasse?
30. Pourquoi Valentine en a-t-elle voulu un peu à André à un certain moment?
31. Quelle question lui pose-t-elle à propos de lui et Mariette?
32. Comment répond-il?
33. Quelle raison donne-t-il?

# Activités

## RÉSUMÉ DE L'ACTION: VRAI/FAUX

A. Résumez l'action en corrigeant les phrases fausses.
1. Mariette est la maîtresse de maison à cette réception.
2. Pendant toute la soirée Valentine sent sur elle le regard d'André.
3. Elle doit se surveiller pour ne pas rire trop haut.
4. Valentine ne sent aucune contrainte, et tourne autour de lui scandaleusement toute la soirée.
5. Elle est déçue quand André fait ses adieux, car il ne l'invite pas à sortir avec elle.
6. C'est Mariette qui suggère qu'André la reconduise.
7. André a une vieille voiture toute couverte de poussière.
8. André se met tout de suite à parler avec enthousiasme de Valentine à Mariette.
9. Mariette lui dit qu'il a fallu beaucoup d'acharnement à Valentine pour perdre son embonpoint.
10. Elle lui dit aussi que Valentine s'est fait teindre les cheveux après la mort de son mari, Daniel.
11. Elle lui dit que Valentine était merveilleuse avec Daniel au moment de leurs épreuves.
12. Elle lui dit que le gros défaut de Valentine c'est qu'elle ne s'intéresse pas du tout à l'argent.

13. Elle lui dit que pour elle, Mariette, l'intelligence est la seule chose qui compte chez un homme.
14. André dit à Mariette que Valentine n'est plus rien pour lui et lui demande de sortir avec lui.
15. Six mois plus tard Valentine et André déjeunent ensemble.
16. Elle lui dit qu'elle va épouser un financier qu'André connaît.
17. Elle refuse le pain parce qu'elle a peur de grossir.
18. Elle dit qu'elle n'était jamais assez ronde pour Daniel.
19. Elle dit qu'elle a eu toutes les peines du monde, après la mort de Daniel, à revenir comme elle était avant.
20. Elle confesse qu'elle a du remords quand elle pense à Daniel parce qu'elle l'a traité si mal.
21. Elle porte dans son sac une carte dont elle ne se sépare jamais.
22. C'est une carte qu'André lui avait envoyée après la réception.
23. Elle préfère les cheveux blancs, dit-elle, mais elle les a fait teindre pour plaire à Daniel.
24. Elle confesse à André qu'elle lui en veut un peu de ne pas lui avoir téléphoné après la réception.
25. André se rend compte à la fin qu'il s'est laissé tromper par les mensonges calomnieux de Mariette.
26. Puisque Mariette n'aime que les hommes extrêmement intelligents, il décide de lui faire une demande en mariage.

## RÉSUMÉ DE L'ACTION: LA SUITE DES ÉVÉNEMENTS

B. Résumez l'action en mettant les phrases suivantes dans leur ordre logique.

(Méthode à suivre: Sur une feuille de papier écrivez les numéros de 1 à 12 suivis d'un tiret. La première phrase c'est la phrase c. Mettez c. sur le tiret à côté du numéro 1. Ensuite cherchez la phrase qui suit logiquement et mettez sa lettre sur le tiret à côté du numéro 2. Et ainsi de suite.)

a. Six mois plus tard André rencontre Valentine, et ils déjeunent ensemble.
b. André répond qu'elle a des exigences qui feraient trembler de peur le plus vaniteux des soupirants.
c. Valentine est heureuse car André l'a invitée à sortir avec lui.
d. Sa conversation avec Valentine continue, et, lentement, André se rend compte que Mariette lui a dit des mensonges.
e. Valentine a la mauvaise idée de demander à André de reconduire Mariette.
f. Puis elle lui dit que personnellement elle ne pourrait aimer qu'un homme intelligent, raffiné, et attrayant.
g. Mariette demande à Valentine si elle peut se servir du téléphone pour appeler un taxi.

h. Valentine lui demande: «Vous et Mariette, ça va? Quand vous mariez-vous?»

i. Mais Mariette lui dit qu'il a toutes les qualités, et finalement c'est elle et non Valentine qu'il invite à sortir.

j. Valentine lui dit tout de suite qu'elle va se marier avec un pauvre diable de peintre.

k. Dès qu'elle est seule avec André, Mariette se met à lui dire beaucoup de mal de Valentine.

l. Il répond: «C'est fini avec Mariette. Voyez-vous, elle n'aime que les hommes intelligents.»

## SUJETS DE DISCUSSION ORALE OU ÉCRITE

1. Comment Valentine «vole-t-elle son rôle au destin»? Est-ce que cette intervention de l'auteur nous donne une idée de ce qui va peut-être se passer? Quel avantage—ou désavantage—cette façon de laisser le lecteur anticiper l'action a-t-elle? La suggestion de Valentine la caractérise-t-elle? Est-ce qu'elle l'aurait faite si elle connaissait mieux Mariette? Ou Valentine est-elle une personne incapable de soupçonner une amie d'une action malhonnête?

2. Montrez comment chacun des mensonges et des distorsions de Mariette est réfuté au cours de la conversation entre Valentine et André.

   a. Valentine a grossi quand elle était mariée. Comment Mariette explique-t-elle cela? Quelle en était la vraie raison?

   b. Ses cheveux ont blanchi pendant son mariage. Comment Mariette explique-t-elle cela? Quelle en était la vraie raison?

   c. Elle s'est fait teindre les cheveux après la mort de son mari. Comment Mariette explique-t-elle cela? Quelle en était la vraie raison?

   d. Mariette dit que Daniel était malheureux avec Valentine. Qu'est-ce qui montre que c'est faux?

   e. Mariette dit que Valentine cherche un homme riche, un homme «qui a les reins solides». Qu'est-ce qui montre que c'est faux?

3. André vous semble-t-il trop naïf pour un homme de son âge? Est-ce que vous vous doutiez en lisant que les propos de Mariette étaient calomnieux?

4. Auriez-vous deviné que l'auteur est une femme? Pourquoi? Comment les femmes y sont-elles représentées? Est-ce qu'une féministe aurait des objections?

5. L'intrigue. Vous a-t-elle intéressé? Vous semble-t-elle trop artificielle? Que pensez-vous du mot de la fin?

# CHAPITRE 23
# LE DÉJEUNER
# DE SYLVIE

## *Préparation à la lecture*

## LEXIQUE

### MOTS APPARENTÉS

| | |
|---|---|
| Tous ces enfants vont à la même **école**. | school |
| Le petit Franck **fait la cour** à la petite Sylvie. | pays court |
| Elle demeure de l'autre côté de la **cour**. | court |
| Elle se **brosse** les cheveux avant de sortir. | brushes |
| Son père **tente** de lui offrir un autre sac. | attempts |
| Le sac qu'il lui offre ne la **tente** pas. | tempt |
| Le bruit de sa voix **résonne** dans la cour. | resounds |
| Les frères Deluca viennent **à la rescousse**. | to the rescue |

### MOTS PARTIELLEMENT APPARENTÉS

| | | |
|---|---|---|
| On va au restaurant? **Chic** alors! | 1. chic | 2. swell, great |
| Elle met ses **affaires** dans son sac. | 1. affairs | 2. things |
| C'est une petite fille **coquette**. | 1. coquettish | 2. clothes-conscious |
| Elle **tend** la main vers le mégaphone et lit l'**étiquette**. | extends<br>1. ticket | reaches<br>2. label |

## FAUX AMIS

Ce sac est tout couvert de
**crasse**.                              not: crass        but: dirt
Viens ici dans le **salon**.           not: saloon       but: living
                                                          room
Elle a des **poissons rouges**.        not: red fish     but: goldfish

## VOCABULAIRE

L'**église** est en face de l'école.              church
L'église est **proche** de l'école.               near
Les enfants sont assis sur les **marches**.       steps
La mère passe, un **panier** sous le bras.        basket
Puis elle **change d'avis** et rentre chez elle.  changes her
                                                  mind

Elle **s'étonne** de voir sa fille assise là.     is surprised
Elle lui **adresse un sourire**.                  smiles at
Ces **gamins** parlent de leur argent de poche.   kids
Sylvie a une belle **chevelure** blonde.          head of hair
Elle n'aime pas se faire **couper** les cheveux.  cut
Franck lui dit qu'elle est née dans une
**poubelle**.                                     garbage can
Elle n'est pas très **agacée** par la remarque.   irritated
Elle reste calme. Elle n'est pas **bouleversée**. upset
«**Ça m'est égal**», dit-elle.                    I don't care
L'**immeuble** où ils demeurent n'est pas loin.   building
La mère **se tient** près de la fenêtre.          stands
Elle peut les **surveiller** ou du moins          watch over
jeter un **coup d'œil** de temps en temps         glance
du **rebord de la fenêtre**. On entend la         windowsill
sonnerie.
Les enfants terminent leurs **jeux**              games
et leurs **bavardages** et vont à l'école.        chattering
Ce n'est pas pour eux une joie **sans mélange**.  unmixed
Ils n'y vont pas **au pas de course**.            at a racing pace
Evidemment il n'y a pas de **serrure** à la porte. lock
Ils ne sont pas **enfermés**                      locked in
à **clef**. Mais ils n'aiment pas beaucoup l'école. key
Sylvie a une jolie robe **imprimée**              printed
à **fleurs**.                                     flowers
Elle veut la **nettoyer** parce qu'elle est sale. clean

| | |
|---|---|
| Il y a beaucoup de **taches** sur sa robe. | spots |
| Elle **frotte** les taches pour les enlever. Puis, **à bout de** patience, elle va jouer avec le | rubs<br>running out of,<br>at the end of her |
| mégaphone de son père. Le mégaphone a une attraction **tentatrice** pour elle. | tempting |

# GRAMMAIRE

## DESCENDRE, ENTRER, MONTER, RENTRER, SORTIR
### EMPLOYÉS TRANSITIVEMENT

Some of the sixteen or so intransitive verbs indicating the direction of an action and conjugated with **être** can also be used transitively, that is they can take a direct object. When used transitively they are conjugated with **avoir** and have a slightly different meaning.

| | |
|---|---|
| Ses parents **sont sortis**. | Her parents *went out*. |
| Elle **a sorti** la clef. | She *took out* the key. |
| Il **est rentré** tard hier soir. | He *came home* late last night. |
| Il pleut. **Rentrons** les chaises. | It's raining. Let's *bring in* the chairs. |

## ELLIPSE DU VERBE AVEC **DONT**

Sometimes the relative pronoun **dont** may be used without a verb following it.

| | |
|---|---|
| Il y a aussi un groupe d'enfants plus petits, **dont** Sylvie. | There is also a group of smaller children, *one of whom is* Sylvie. |

Note that the verb may be omitted in English as well.

| | |
|---|---|
| Plusieurs enfants, **dont** deux filles, sont assis sur les marches de l'église. | Several children, *including* two girls, are seated on the church steps. |

## LE « DATIF ÉTHIQUE»

In colloquial speech the first or second person object pronoun may occasionally be used to make a statement more emphatic or vivid. Grammarians call this the ethical dative. A similar use of the pronoun in English appears in a phrase like "The motor died on me right in the middle of the race." Note that the pronoun is used simply for emphasis and has no meaning beyond that.

| Regarde-**moi** ça! | Look at that! |
| Elle **vous** saisit le micro et elle **vous** se met à chanter. | She grabs the microphone and she starts in singing. |

## POUR MIEUX COMPRENDRE

### Faux Amis

The so-called **faux amis**—words that look as if they mean one thing and turn out to mean something else—deserve special attention. Their meaning is not what it may appear to be at first glance.

La Porsche avançait à grande **allure**.

A Porsche may have great allure, but this sentence means something else:

The Porsche was traveling at high *speed*.

# EXERCICES

## RÉSUMÉ DE LA GRAMMAIRE

1. Tu ne peux pas sortir comme ça en plein hiver. Mets-**moi** un foulard au moins.
2. Plusieurs étudiants, **dont** deux américains, ont participé à la manifestation.
3. D'abord il **est monté** regarder la chambre, puis il **a monté** les bagages.

## FAUX AMIS

Les mots en caractères gras dans les phrases suivantes sont des «faux amis». Ne les confondez pas avec les mots anglais auxquels ils semblent correspondre. Expliquez—en français si possible—ce qu'ils veulent dire.

1. Elle a des invités importants ce soir et elle n'a pas de **toilette** convenable.
2. Les autres se sont levés, mais, étant malade, elle est **restée** assise.
3. Le domestique est entré dans l'**office** avec un plateau de sandwichs.

4. Après avoir **achevé** son déjeuner, elle sortit se promener.
5. Entendant quelqu'un s'approcher, elle se **dressa** soudain.
6. Jamais je ne permettrai ça. Je vous **préviens** tout de suite.
7. C'était un homme qui se sentait **blessé** par la vie.
8. Je ne saurais vous dire qui est ce garçon. Je l'**ignore**.
9. Il y avait beaucoup de monde à ce meeting et une seule **issue**.
10. Comment peut-on tolérer l'état de ce salon! Quelle **crasse**!

## VOCABULAIRE

A. Lisez le passage suivant en remplaçant les mots en caractères gras par un synonyme.

a. agacée
b. à bout de forces
c. change d'avis
d. coup d'œil
e. s'étonne
f. ne lui fait rien

g. immeuble
h. au pas de course
i. gamins
j. sans mélange
k. surveiller
l. se tient

La mère **est debout** (1) à la fenêtre. Elle voit un groupe d'**enfants** (2) qui arrivent **à toute vitesse** (3) de l'école et se mettent à jouer dans la cour. Ce sont ses propres enfants, et puis d'autres qui demeurent dans le même **bâtiment** (4) qu'elle. Elle décide de descendre pour mieux **observer** (5) les enfants à leurs jeux, puis **se ravise** (6). Elle se contente de jeter un **regard rapide** (7) par la fenêtre de temps en temps.

Quelquefois elle rentre du travail **très fatiguée** (8). C'est alors qu'elle est **sérieusement ennuyée** (9) par le bruit que font les enfants. Mais aujourd'hui ça **lui est égal** (10) s'ils font du bruit ou non. Elle aime la joie **pure** (11) qu'ils prennent à leurs jeux. Elle **est surprise** (12) de les voir s'entendre si bien.

B. Remplacez les mots en caractères gras dans les phrases suivantes par un mot qui signifie le contraire.

a. bavardage
b. bouleversé
c. enfermés
d. jeux

e. loin
f. répugnante
g. sali

1. Le restaurant est **tout proche** de notre immeuble.
2. C'est une proposition **tentatrice** que vous nous présentez.
3. La petite fille a **nettoyé** son sac à main.
4. Les enfants se sentent **libérés** dans cette salle de classe.
5. Ils aiment beaucoup leurs **devoirs**.
6. Leur **silence** est vraiment exceptionnel.
7. La nouvelle que vous m'apportez m'a **apaisé**.

C. Lisez le passage suivant en remplissant les tirets par le mot convenable.

a. chevelure
b. clef
c. couper
d. l'église
e. fleurs
f. frotte

g. imprimée
h. marches
i. panier
j. poubelle
k. serrure
l. taches

La petite Sylvie a une belle __1__ blonde. Ce serait vraiment dommage de lui __2__ les cheveux.

Quand la famille va à __3__ le dimanche elle aime porter sa jolie robe __4__ et emporter son sac à main. Mais il est tout couvert de __5__ . Il est vraiment très sale. Elle le __6__ un peu pour le nettoyer, mais sa mère lui dit qu'il faudrait le jeter à la __7__ . Il est vraiment trop sale.

Les voilà tous prêts à partir. Le père met la __8__ dans la __9__ et ferme la porte. La petite fille aime compter les __10__ quand ils descendent l'escalier.

Quant à la mère, elle emporte un __11__ où elle mettra ses achats. Et puisque c'est dimanche elle va aussi acheter des __12__ qu'elle mettra dans un vase.

# FRANÇOIS TRUFFAUT

François Truffaut (1932–1984) was one of the most creative of the group of French moviemakers that came into prominence in the late 1950s and formed the movement known as **la nouvelle vague**. He made his debut with *"Les Quatre Cents Coups"* (1959), a partly autobiographical movie about a lonely and unhappy boy driven to delinquency. It remains, with *"Jules et Jim"* and *"La Nuit américaine,"* one of his best movies. His work is characterized by its wit, its easygoing pace, and its tender moments, as well as its fascination with the craft of moviemaking.

In *"L'Argent de poche"* (1976) Truffaut returns to one of his favorite subjects: childhood. The movie presents a loosely knit series of scenes in the lives of children living in Thiers, a small city located near the geographical center of France. The youngest is a newborn baby, the oldest is Bruno Rouillard, a boy of about fourteen who has developed a keen interest in the opposite sex. But the boys and girls at the center of the film are younger than Bruno. They are just beginning to be interested in one another and are equally engrossed in other discoveries: how to supplement their allowance, how to get into the movies without buying a ticket, how to get through a classroom period without being called on, how to get along with their parents or how to exasperate them.

Adults are very much present too, as they always are in the lives of children. There is a wise and easygoing teacher, another who has more difficulty handling the children's ebullience and liveliness, parents who enjoy their children, parents who are indifferent or worse, and Truffaut himself, casting a tender but unsentimental eye on the kids and their adventures. Although the movie is often funny, Truffaut has interjected some of the gnawing anxiety experienced by most parents about whether their children will make it through to adulthood. Growing up is a risky business. In one scene the twenty-one-month-old Gregory falls from a ninth-story window before the horrified eyes of helpless adults watching from below. But the child bounces on a privet hedge, lands on the grass and arises unharmed, declaring: *"Gregory a fait boum."* Which is a striking way of making the point that if childhood is fraught with hazards it is also miraculously resilient. That confidence in children's ability to bounce back, and their own eagerness to live and grow, give the movie its freshness and charm.

The selections included here come from a short novel Truffaut published under the same title as the film and telling the same story. Two of the dozen or so incidents, minor and not so minor, of *"L'Argent de poche"* appear here: Sylvie and her Sunday dinner, Julien and his mystery.

J'ai faim!

## LE DÉJEUNER DE SYLVIE

*La première fois que nous voyons Sylvie dans le film c'est sur les marches de l'église avec quelques autres gamins.*

Sur les marches de l'église, proche de l'école, quelques gamins se sont arrêtés pour discuter leurs problèmes d'argent de poche: combien chacun reçoit et ce qu'il en fait... Un autre groupe réunit△ des enfants plus petits, dont Sylvie, une ravissante petite blonde aux yeux immenses. Franck Deluca, le petit frère de Mathieu, est prêt à tout pour s'assurer l'exclusivité de son attention. Il choisit pour faire sa cour la manière agressive:

—Je me suis renseigné que toi, on t'a trouvée dans une poubelle.

Sylvie, qui a l'esprit logique, réplique calmement:

1. Que discutent les gamins?

2. Qu'est-ce que Franck dit à Sylvie pour lui faire la cour?

—Non, c'est pas vrai. Je suis née à Toulon. Franck insiste:

—Alors, on t'a trouvée dans une poubelle de Toulon.

Sylvie hausse les épaules.

Mais voilà la sonnerie de l'école; il faut y aller et tous se lèvent sans enthousiasme exagéré.

3. Comment Sylvie prend-elle cela?

4. Qu'est-ce qui interrompt la conversation?

*Quand nous la revoyons c'est un dimanche, vers onze heures du matin. Nous avons vu les frères Deluca préparer leur petit déjeuner, et maintenant nous passons à côté chez la petite Sylvie.*

Dans le même immeuble que les Deluca, mais de l'autre côté de la cour, habite la petite Sylvie, celle qui ne veut pas qu'il soit dit qu'elle est née dans une poubelle!

Lorsque son père entre dans sa chambre, Sylvie est encore en chemise de nuit, occupée à nourrir△ ses deux poissons rouges.

5. Comment est vêtue Sylvie et que fait-elle?

—Bonjour, Sylvie, tu as bien dormi?

—Oui, papa.

—Eh bien, dis donc, tu t'en occupes bien de tes poissons. Tu crois qu'ils te reconnaissent?

6. Que lui demande son père? et que pense-t-elle de sa question?

Sylvie n'aime pas qu'on la traite△ comme un bébé, et elle s'empresse de corriger:

—Moi, je sais les reconnaître. Celui-la s'appelle Plic et celui-là s'appelle Ploc.

D'un doigt sûr, elle a désigné alternativement les deux poissons. Son père décide d'entrer dans son jeu.

—Ah bon, alors celui qui est en train de manger, là, c'est Ploc?

—Non. C'est Plic.

—Ah bon, alors c'est celui-là qui s'appelle Ploc?

—Non, c'est celui-là. Celui-ci s'appelle Plic.

—Mais tu m'avais dit que celui-ci c'était Plic et que l'autre, là-bas, c'était Ploc.

—Oui, mais depuis ils ont tourné en rond, répond Sylvie imperturbable.

Le père, agacé, bat en retraite,△ non sans ajouter:

—Ecoute, je n'y comprends rien du tout à tes poissons. Tu devrais leur mettre une étiquette sur le dos, comme ça je les reconnaîtrai... et puis, dépêche-toi de t'habiller. Tu sais, nous déjeunons au restaurant.

Sylvie lui adresse enfin un sourire.

—On va au restaurant? Chic alors!

7. Quel est le sujet de la petite discussion entre Sylvie et son père?

8. Pourquoi Sylvie est-elle contente?

\* \* \*

Dans sa chambre, Sylvie est pratiquement prête. Elle porte une jolie robe blanche imprimée de petites fleurs et s'occupe activement à nettoyer son sac à main qui a la forme d'un éléphant en peluche.[1] Elle trempe une brosse dans l'eau du bocal[2] a poissons rouges et frotte, sans grand résultat, les taches de crasse dont l'animal est couvert, tout en lui disant doucement:

—Je vais te nettoyer un peu. Tu es vraiment sale.

Quelques minutes plus tard, Sylvie rejoint sa maman dans le salon. La maman approuve la robe de Sylvie, mais s'étonne de ce qu'elle tient à la main:

—Et ça, qu'est-ce que c'est?

—Mon sac.

—Un sac, ce machin tout dégoûtant?

—C'est mon sac à main, il y a toutes mes affaires dedans.

—Et qu'est-ce que tu veux en faire?

—Je veux l'emmener avec moi au restaurant.

Sylvie semble déterminée à faire ce qu'elle dit, mais sa mère le prend assez mal:

—Tu veux emmener ce vieux sac tout sale au restaurant? Mais est-ce que tu te rends compte que tu peux couper l'appétit aux gens? On ne peut pas leur imposer ça, tout de même!

Sylvie reste ferme△ sur ses positions:

—Je veux l'emmener avec moi.

Sa mère change de tactique et essaie d'en appeler à sa vanité:

—Sylvie, tu es une petite fille très coquette. Alors, tu ne devrais pas emmener ce sac.

Sylvie ne faiblit pas:

—Ça m'est égal.

A bout d'arguments, la maman de Sylvie appelle son mari à la rescousse:

—Jean-Marie! Tu ne connais pas la dernière trouvaille de ta fille?[3] Elle a décidé d'emmener ce vieux machin tout dégoûtant au restaurant. Regarde-moi ça!

Le père se penche vers le vieil éléphant que Sylvie tient fermement dans sa main. Il partage, bien sûr, l'opinion de sa femme, mais essaie d'arbitrer le débat△ avec diplomatie:

—Ecoute, Sylvie, tu ne veux pas amener ce sac au restaurant, regarde, il est tout taché, il n'est vraiment pas beau, hein? Tu vas le poser et puis maman va aller te chercher un vrai sac de dame, tu veux? Tiens, Cathy, va lui chercher un petit sac.

Sylvie s'est désintéressée du problème et joue avec un mégaphone qui traîne sur un fauteuil. Son père l'aperçoit:

9. Décrivez le sac à main de Sylvie.
10. Comment le nettoie-t-elle?

11. Que pense la mère de la robe de Sylvie?

12. Et de son sac?

13. Qu'est-ce que Sylvie est déterminée à faire?

14. Quel effet est-ce que cela fera au restaurant, d'après la mère?
15. Changeant de tactique, à quoi en appelle la mère ensuite?

16. Quelle solution le père trouve-t-il?

17. Que fait Sylvie pendant tout cela?

---

[1] **peluche**    *plush, fluffy*
[2] **bocal**?    Dans quoi est-ce qu'on met des poissons?
[3] **tu connais sa dernière trouvaille?**    *you know what she's come up with now?*
   (**trouvaille** *find, stroke of inspiration*)

—Ah, Sylvie, ne touche pas à ça. Tu sais que je m'en sers pour mon travail, hein!

La mère, qui avait quitté la pièce, réapparaît et fait signe à son mari de la rejoindre.

—Tu crois que ça va aller, ça? lui demande-t-elle à voix basse en lui présentant un petit sac en velours rouge à monture d'argent.[4]

—Mais bien sûr, ça va aller. Il n'y a pas de problème, lui assure le père.

La maman tend alors le sac dans la direction de Sylvie avec un sourire tentateur.

—Regarde, Sylvie, ce que je t'ai amené. C'est un de mes sacs; tu le veux?

Sylvie ne prend même pas la peine de répondre. Plantée à l'autre bout de la pièce, elle se contente de secouer négativement la tête. Le père tente sa chance à nouveau:

—Ecoute, Sylvie, prends ce sac. Tu vois bien qu'il est beaucoup plus beau que le tien, et puis c'est un vrai sac de dame: comme ça, on te prendra pour ma femme. Tu le veux?

Sylvie, une fois de plus, hoche[5] la tête négativement. Le ton du père change nettement:

—Bon, écoute, Sylvie. Ce n'est pas compliqué: ou tu prends ce sac-là, ou alors nous allons au restaurant, ta mère et moi, et nous te laissons ici toute seule.

Sylvie répond calmement:

—Ça m'est égal.

—Ça t'est égal? Tu t'obstines? Bien.

Les parents de Sylvie quittent la pièce. Une seconde... et la tête du père réapparaît:

—Tu sais, Sylvie, il est encore temps. Tu n'as pas changé d'avis?

Ce que voit le père de Sylvie, c'est le dos de sa fille et sa chevelure qui oscille△ de droite à gauche. Elle a choisi ce moyen de lui indiquer définitivement que son choix△ était fait.

—Bon, eh bien, tant pis.

Et, cette fois-ci, il ferme la porte. Sans une hésitation, Sylvie s'en approche, donne un tour de clef, sort la clef de la serrure et va la jeter dans le bocal à poissons.

Les parents de Sylvie traversent la cour pour quitter l'immeuble sans même jeter un coup d'œil en arrière. Sylvie les surveille de la fenêtre; dès qu'ils ont disparu, elle va prendre sur la

18. Que dit son père quand il l'aperçoit?

19. Qu'est-ce que la mère a à la main quand elle revient?

20. Quelle offre la mère fait-elle à Sylvie?

21. Comment Sylvie répond-elle sans dire un mot?

22. Selon le père, quels sont les avantages du sac qu'il lui offre?

23. Quelle menace fait-il ensuite?

24. Que dit le père quand il réapparaît?
25. Montrez comment elle répond.

26. Que fait-elle dès qu'ils s'en vont?

---

[4] **en velours rouge à monture d'argent**     *in red velvet with a silver clasp*
[5] **hoche**?     Utilisez le contexte.

table du salon le mégaphone que son père lui a interdit de toucher.

Ce mégaphone, elle doit le porter à deux mains tellement il est lourd. Mais Sylvie, évidemment, sait ce qu'elle veut: elle s'approche de la fenêtre ouverte, appuie le pavillon[6] du mégaphone sur le rebord de la fenêtre, presse le bouton qui fait fonctionner l'appareil, et sa petite voix amplifiée résonne dans toute la cour:

—J'ai faim... J'ai faim... J'ai faim...

Une par une, les fenêtres des appartements voisins s'ouvrent et des têtes curieuses apparaissent. Les frères Deluca ont, eux aussi, entendu la voix de Sylvie et ouvert leur fenêtre. Les parents Deluca se sont joints aux enfants et c'est leur maman qui, la première, lui adresse la parole:

—Qu'est-ce que tu fais là?

Sylvie continue son appel:

—J'ai faim... J'ai faim...

Un voisin du côté gauche intervient:

—Où sont tes parents?

Sylvie explique:

—Ils sont partis au restaurant.

M. Deluca maintenant:

—Ils ne t'ont pas emmenée avec eux?

—Non, ils m'ont laissée ici et j'ai faim.

L'appartement situé au-dessus de chez Sylvie est habité par Thi Loan, une jeune femme vietnamienne. Elle aussi est à la fenêtre avec sa fille et son mari, le papetier,[7] à qui elle explique:

—C'est la petite du troisième à gauche.

—Oui, je la connais, je lui ai déjà vendu de la pâte à modeler,[8] lui répond son mari.

Sylvie reprend de plus belle:[9]

—J'ai faim... J'ai faim...

Les deux Deluca, après avoir consulté leurs parents, font une proposition à Sylvie:

—Viens manger avec nous!

—Je ne peux pas, je suis enfermée.

Toute la cour est bouleversée: comment peut-on laisser une enfant aussi jeune toute seule... la fille d'un commissaire de police... c'est honteux... et s'il lui arrivait quelque chose?... En tout cas, il faut la nourrir... Pendant que les adultes continuent leurs bavardages, les petits Deluca ont pris une décision.

27. Comment désobéit-elle?

28. Que fait le bouton du mégaphone quand on le presse?
29. Que dit-elle dans le mégaphone?
30. Que font les voisins?

31. Que leur dit-elle à propos de ses parents?

32. Quelle invitation les frères Deluca lui font-ils?
33. Avec quel petit mensonge répond Sylvie?
34. Quelles sont les réactions des voisins?

[6] **le pavillon du mégaphone**   *the horn of the megaphone*
[7] **papetier**   marchand qui vend du papier, de la pâte à modeler, etc.
[8] **pâte à modeler**   *modelling clay*
[9] **de plus belle**   encore plus fort

Mathieu, dans la cuisine, remplit généreusement un panier de provisions diverses, tandis que Franck prépare un solide rouleau de corde.[10]

Au passage, le père Deluca inspecte le panier d'où il enlève une bouteille de vin qui lui semble superflue. Au pas de course les petits Deluca traversent la cour, montent l'escalier, réapparaissent à une fenêtre de palier[11] de l'étage supérieur à Sylvie et, avec l'aide de Thi Loan et sous les regards admiratifs de tous les habitants△ de l'immeuble, ils établissent une sorte de pont aérien[12] afin que le panier redescende juste devant la fenêtre où se tient Sylvie.

La petite fille se saisit du panier, remercie ses sauveurs△ et va s'asseoir sur un fauteuil pour déjeuner en se répétant avec une joie sans mélange:

—Tout le monde m'a regardée, tout le monde m'a regardée...

35. Que préparent les petits Deluca?

36. Comment leur père intervient-il?

37. Où réapparaissent les petits Deluca?

38. Que font-ils avec le panier?

39. Que fait Sylvie et pourquoi est-elle si heureuse?

[10] **rouleau de corde**    *coil of rope*
[11] **palier**    *landing*
[12] **pont aérien**    *airlift. Supplies are brought into a beleaguered city by airlift. In this case, however, the supplies are not lifted, but lowered from the landing above.*

# Activités

## RÉSUMÉ DE L'ACTION: PHRASES À COMPLÉTER

A. Résumez l'action en choisissant la terminaison qui convient à chacune des phrases suivantes.
   1. Les gamins s'arrêtent sur les marches de l'église
      a. parce qu'ils ne veulent pas y entrer
      b. pour parler de l'argent de poche qu'ils reçoivent
      c. pendant que leurs parents vont au restaurant
   2. Pour faire sa cour à la ravissante petite Sylvie le jeune Franck Deluca lui offre
      a. une insulte
      b. des fleurs
      c. ses poissons rouges
   3. Sylvie réagit à la remarque de Franck Deluca en
      a. lui assurant l'exclusivité de son attention
      b. choisissant la manière agressive
      c. haussant les épaules
   4. D'après Franck, on a trouvé Sylvie
      a. dans une poubelle
      b. dans un bocal à poissons
      c. dans un pavillon de mégaphone

5. Quand son père entre dans sa chambre Sylvie est occupée à
    a. tourner en rond
    b. jouer avec le mégaphone
    c. nourrir ses poissons
6. Sylvie considère que son père la traite comme un bébé quand il lui demande
    a. si elle veut aller au restaurant
    b. si les poissons la reconnaissent
    c. si elle veut jouer avec le mégaphone
7. Le père dit qu'il pourrait reconnaître les poissons de Sylvie
    a. s'ils ne tournaient pas en rond
    b. si elle les désignait du doigt
    c. si elle leur mettait une étiquette sur le dos
8. Quand le père lui annonce qu'ils déjeunent au restaurant Sylvie
    a. demeure imperturbable
    b. lui adresse un sourire
    c. bat en retraite
9. L'objet qui a la forme d'un éléphant en peluche c'est
    a. son bocal à poissons
    b. sa robe imprimée
    c. son sac à main
10. Pour enlever les taches de crasse de l'animal elle trempe dans l'eau du bocal
    a. sa chemise de nuit
    b. les poissons rouges
    c. une brosse
11. Quand la mère voit le sac à main de Sylvie elle
    a. l'appelle un machin tout dégoutant
    b. le laisse traîner sur un fauteuil
    c. lui adresse un sourire tentateur
12. Elle lui dit que quand les gens verront ce sac
    a. ils vont vouloir l'emmener
    b. ça va leur couper l'appétit
    c. ils changeront de tactique
13. A bout d'arguments la maman de Sylvie décide d'appeler à la rescousse
    a. un machin tout dégoutant
    b. son mari Jean-Marie
    c. la jolie robe blanche
14. La maman quitte la pièce pour aller chercher
    a. le mégaphone dont son mari se sert
    b. le vieil éléphant qu'elle tient à la main
    c. un petit sac en velours rouge
15. Quand sa maman tend le sac vers elle et lui demande si elle ne le veut pas, Sylvie
    a. ne prend même pas la peine de répondre
    b. s'exclame «Chic alors!»
    c. lui montre comment elle a nettoyé son sac

16. Quand ils lui disent qu'ils la laisseront toute seule elle
    a. s'écrie «J'ai faim!»
    b. essaie d'arbitrer le débat
    c. répond «Ça m'est égal».
17. Quand ils sont partis, elle ferme la porte à clef, et jette la clef
    a. par la fenêtre
    b. dans son sac à main
    c. dans le bocal à poissons
18. Elle va prendre le mégaphone sur la table. Elle doit le porter à deux mains parce qu'
    a. il est interdit d'y toucher
    b. elle oscille de droite à gauche
    c. il est très lourd à porter
19. Sylvie doit pousser le bouton du mégaphone pour
    a. l'appuyer sur le rebord de la fenêtre
    b. faire fonctionner l'appareil
    c. surveiller ses parents de la fenêtre
20. Les fenêtres des voisins s'ouvrent et des têtes apparaissent parce que:
    a. Sylvie secoue négativement la tête
    b. ils quittent l'immeuble sans même jeter un coup d'œil
    c. la voix de Sylvie résonne dans la cour
21. Quand toute la cour apprend que ses parents ont laissé Sylvie enfermée toute seule
    a. ils décident qu'elle doit l'avoir mérité
    b. ils disent que c'est honteux de leur part
    c. ils n'en sont aucunement bouleversés
22. Les petits Deluca lui préparent un déjeuner en mettant des provisions dans
    a. un panier
    b. un bocal
    c. un sac à main
23. Ensuite ils le font descendre devant la fenêtre de Sylvie au moyen
    a. d'un immeuble
    b. d'un fauteuil
    c. d'une corde
24. La joie de la petite fille est sans mélange parce que:
    a. elle avait vraiment faim
    b. tout le monde l'a regardée
    c. elle s'est vengée sur le petit Deluca

## RÉSUMÉ DE L'ACTION: LES LIEUX

B. Résumez l'action en spécifiant ce qui est désigné par les pronoms en caractères gras dans les phrases suivantes.

1. les enfants s'**y** arrêtent pour discuter leurs problèmes d'argent de poche
2. on **y** a trouvé la petite Sylvie, du moins d'après Franck Deluca
3. les enfants s'**y** dirigent—sans enthousiasme exagéré—quand ils entendent la sonnerie
4. Sylvie, les Deluca, Thi Loan et son mari le papetier, et d'autres voisins **y** demeurent
5. Le père de Sylvie **y** entre pour bavarder avec sa fille
6. le père de Sylvie va **y** emmener leur petite famille ce dimanche-là
7. Sylvie **y** garde toutes ses affaires
8. la maman de Sylvie **y** réapparaît, un petit sac en velours rouge à la main
9. Sylvie **en** sort la clef après le départ de ses parents
10. Sylvie **y** jette la clef
11. ses parents **la** traversent sans jeter un coup d'œil en arrière
12. le mégaphone dont le père de Sylvie se sert dans son travail **y** traîne
13. Sylvie **y** appuie le pavillon du mégaphone
14. des têtes curieuses **y** apparaissent quand la voix de Sylvie résonne dans toute la cour
15. les petits Deluca **y** mettent des provisions diverses y compris une bouteille de vin que leur père enlève
16. les petits Deluca **y** montent, et, avec l'aide de Thi Loan, font redescendre le panier au moyen d'une corde
17. Sylvie s'**y** tient, se saisit du panier, et remercie ses sauveurs

Si vous ne trouvez pas toutes les réponses vous pouvez les chercher dans la liste suivante.

a. dans le bocal
b. dans la chambre de Sylvie
c. la cour
d. vers l'école
e. à l'étage supérieur
f. dans un fauteuil
g. aux fenêtres
h. à sa fenêtre
i. dans l'immeuble
j. sur les marches de l'église
k. dans le panier
l. dans une poubelle
m. au rebord de la fenêtre
n. au restaurant
o. dans son sac à main
p. dans le salon
q. de la serrure

## SUJET DE DISCUSSION ORALE OU ÉCRITE

Discutez le comportement des enfants dans cet épisode du film. En quoi semble-t-il typique? Diffère-t-il de ce que cela serait dans votre propre pays? Considérez aussi le comportement des adultes, du même point de vue. Questions à discuter:

1. La façon dont le petit Franck s'y prend pour s'assurer l'exclusivité de l'attention de Sylvie.

2. La réponse de Sylvie. Est-elle timide? Pleure-t-elle facilement? Sait-elle se défendre? Connaissez-vous des enfants qui lui ressemblent?

3. Quel jour est-ce, et où Sylvie et ses parents vont-ils déjeuner? Fait-on la même chose chez vous?

4. Sylvie et ses poissons. La perplexité de son père.

5. Sylvie et son sac à main. Les enfants ont-ils souvent une possession qu'ils chérissent tout particulièrement?

6. L'attitude des parents envers la propreté (*cleanliness*) et les apparences. Serait-elle la même dans les milieux que vous connaissez? Croyez-vous qu'ils s'inquiètent trop de la réaction des autres clients dans le restaurant?

7. La tactique des parents. Ont-ils raison de l'adopter? Faut-il encourager les petites filles à être coquettes—c'est-à-dire à s'habiller avec beaucoup de soin? Y a-t-il d'autres qualités—indépendance, confiance en soi—plus importantes?

8. A un certain moment il est évident que l'idée de déjeuner dans le restaurant n'intéresse plus Sylvie. Qu'est-ce qu'elle a décidé de faire? Cela vous semble-t-il vraisemblable de la part d'un enfant de son âge?

9. Quelle est l'attitude du narrateur envers ces parents qui laissent leur petite fille toute seule? Envers cette petite fille qui désobéit à ses parents et qui ment à ses voisins? Désapprouve-t-il?

10. La solution que les petits Deluca trouvent à la situation où Sylvie prétend se trouver. Est-ce là une idée qui viendrait tout naturellement à l'esprit d'un enfant?

11. On a prétendu qu'en France on applaudit les enfants sages, mais on admire les enfants malins (*smart, cunning*). Cet épisode confirme-t-il cette idée?

# CHAPITRE 24
# QUEL EST LE SECRET DE JULIEN?

## *Préparation à la lecture*

## LEXIQUE

### MOTS APPARENTÉS

| | |
|---|---|
| Cet enfant a mené une vie **pénible**. | painful, sad |
| Voilà ce qu'ils **entendent** faire. | intend |
| Elle fait faire une **dictée** à la classe. | dictation |
| **-esse** (cf. doctoresse, sauvagesse) | the feminine suffix *-ess* |

### MOTS PARTIELLEMENT APPARENTÉS

| | | |
|---|---|---|
| Julien dort **roulé en boule**. | rolled up into a ball | curled up |
| Il a dû **se passer** de sommeil. | to pass up | to do without |
| Il y a une **file** devant l'école. | file | line |
| Les garçons sont tous **en rang**. Ils doivent enlever leur **pantalon** pour la **visite médicale**. Soudain l'infirmière **surgit** dans la cour. | in rank pantaloon medical visit cf. surges | lined up pants checkup rushes into |

| | | |
|---|---|---|
| La femme se **camoufle** derrière | cf. camouflage | hides |
| sa vieille valise en **carton**. | 1. carton | 2. cardboard |
| Ils vont **débattre** la question. | debate | discuss |
| Ils vont la débattre **ouvertement**. | overtly | openly |
| Ils garderont le **souvenir** de | souvenir | memory |
| ce jour. Il leur **signale** que | 1. signals | 2. points out |
| l'école sera **mixte** quand ils reviendront. Ils seront | mixed | coeducational |
| dans la classe **supérieure**. | 1. superior | 2. upper |

## FAUX AMIS

| | | |
|---|---|---|
| Les enfants sont en **slip**. | not: slip | but: underpants |
| Elles ont une **allure** sauvage. | not: allure | but: look |
| Elles lancent des **injures**. | not: injuries | but: insults |
| Elles **réclament** un avocat. | not: reclaim | but: demand |
| On les emmène dans un **car**. | not: car | but: van, bus |

## MOTS-CLÉS

| | |
|---|---|
| **Quel que** soit l'endroit, il sera mieux là qu'avec ses parents. | whatever |
| **De toute façon**, il n'a pas le choix. | in any case |

## VOCABULAIRE

| | |
|---|---|
| Le **concierge** trouve Julien devant l'école | janitor |
| bien avant la **rentrée**. | start of classes |
| Puis les autres **élèves** arrivent. | pupils |
| L'interruption de la classe est **la bienvenue**. | welcome |
| Julien rejoint les autres **à contrecœur**. | unwillingly |
| Il reste **en queue de rang**. | at the tail end |
| Il n'est pas du tout **détendu**. | relaxed |
| Il entre dans la **salle** d'examen. | room |
| Il paraît qu'il a certaines **brûlures**. | burns |
| «Bande de **vauriens**!» s'écrie la femme. | good-for-nothings |
| Elle a les cheveux **dénoués**. | undone |
| Elle est **soucieuse** de se défendre. | anxious |
| Les gens **se pressent** autour d'elle. | crowd |
| Les gendarmes **écartent** les curieux. | push aside |

| | |
|---|---|
| Le car de police **démarre**. | starts up |
| On les emmène à la **préfecture**. | police station |
| Sa valise est attachée avec une **ficelle**. | string |
| Un monsieur lève le **poing** contre elle. | fist |
| Ses injures sont **à l'intention de** la femme. | aimed at |
| Il y a des **tas** d'enfants dans la classe. | piles, i.e. lots |
| Les enfants **s'entassent** dans la classe. | pile up |
| M. Richet va dire sa **pensée** à la classe. | thought |
| Julien est un enfant **malheureux**. | unhappy |
| Nous lui **souhaitons** une meilleure vie. | wish |
| Nous **tenons à** la vie, car la vie est belle. | value, care about |

# GRAMMAIRE

## LE NÉGATIF DE L'INFINITIF

When an infinitive is negated both **ne** and **pas** or other negative expressions (**jamais**, **plus**, etc.) precede the infinitive.

| | |
|---|---|
| Ma mère m'a dit de **ne pas** y aller. | My mother told me not to go there. |
| Je promets de **ne plus jamais** le faire. | I promise never to do it again. |

## L'OMISSION DE **NE**

In colloquial speech **ne** is often omitted.

| | |
|---|---|
| Il veut pas se déshabiller. | He doesn't want to undress. |
| Les regarde pas, maman. | Don't look at them, Mom. |

## AUTRES EMPLOIS DE **NE**

Not only is **ne** often omitted from negative statements, but it may also be used without negative meaning in certain cases:

in *ne . . . que*

| | |
|---|---|
| Il n'y a **que** des garçons dans sa classe. | There are *only* boys in his class. |

in comparative clauses introduced by *plus . . . que* or *moins . . . que*

| | |
|---|---|
| Il est plus malheureux que vous **ne** le croyez. | He is unhappier than you think. |

in certain dependent clauses

| | |
|---|---|
| Il ne voulait pas aller à la visite médicale de peur qu'on **ne** découvre la vérité. | He didn't want to go to the medical checkup for fear that they might discover the truth. |

## L'OMISSION DE **PAS**

Although **ne** alone does not usually have negative force, it does when used with the verbs **oser**, **cesser**, **pouvoir**, and **savoir**.

| | |
|---|---|
| Quel est le secret de Julien? | What is Julien's secret? |
| Je **ne** sais. | I do *not* know. |

## POUR MIEUX COMPRENDRE

### Les Gros mots et les insultes

In "*Quel était le secret de Julien?*," as in "*La Couronne,*" some of the characters use **les gros mots**—bad language. These expletives and insults are used quite commonly, although never in polite discourse. Recognizing their general tonality is more important than knowing their specific meaning.

**Merde**! is a commonly used expletive. It refers to excrement (to put it politely), but is used even more frequently than *dammit* is in English. Here are other emphatic expressions with their less outspoken equivalents.

| | |
|---|---|
| ce **con** de Leduc! | cet idiot, cet imbécile de Leduc |
| quel **salaud**, cet Arsène! | quel sale type, cet Arsène! |
| **Foutez-moi le camp**! | Allez-vous en! |
| ces vieilles **biques** | ces vieilles femmes |
| Ce sont tous des **cocus**. | Ce sont tous des maris trompés. |

### La Langue familière

It is important to distinguish between the vulgarity of *les gros mots* and *la langue familière*, colloquial language that is perfectly acceptable but is not used in formal discourse. For example:

| | |
|---|---|
| Il a **bousillé** sa moto. | He *smashed up* his motorcycle. |
| C'est un **môme** de douze ans. | He's a twelve-year-old *kid*. |
| Il aime **se balader** en ville. | He likes *to traipse around* town. |
| **Dis donc**, la rentrée c'est dans une heure. | *Listen,* school starts in an hour. |
| Faut pas **se laisser faire**. | You musn't *let yourself be pushed around*. |

# EXERCICES

## RÉSUMÉ DE LA GRAMMAIRE

1. Dis rien! Réponds pas!
2. Il a eu plus de malheurs qu'il n'en méritait.
3. Je n'ose y penser.

## VOCABULAIRE

A. Lisez le passage suivant en remplaçant les mots en caractères gras par un synonyme. Faites les changements de genre nécessaires.

a. à contrecœur
b. démarrer
c. s'entassent
d. à l'intention de
e. malheureux
f. pensée

g. en queue de rang
h. réclame
i. souhaiter
j. tas
k. tenir à
l. de toute façon

On voit dans la cour un **grande nombre** (1) d'enfants qui **se pressent** (2) devant la porte, et puis qui se mettent en file. C'est Julien qui est **le dernier** (3) . C'est **sans le vouloir** (4) qu'il se joint aux autres. Quand les enfants se mettent à lancer des cris et des injures **adressés à** (5) Julien, l'infirmière apparaît et **demande** (6) un peu de silence.

Le lendemain, Jean-François parle à la classe de cette histoire de Julien. Il veut leur dire son **idée** (7) là-dessus.

Il hésite. Il ne sait pas comment **commencer** (8) . Puis il dit: «Il est normal d'**aimer beaucoup** (9) la vie, parce que la vie est belle. Mais pour un enfant **triste** (10) comme Julien, il est difficile d'aimer la vie. Sera-t-il plus heureux quand il grandira? Il faut l'**espérer** (11) . **En tout cas** (12) , il sera mieux ailleurs qu'avec sa mère.»

B. Lisez le passage suivant en remplissant les tirets par le mot convenable.

a. le bienvenu
b. concierge
c. dénoués
d. détendue
e. écarter
f. élève
g. ficelle

h. quelle que
i. poing
j. préfecture
k. rentrée
l. salle
m. soucieux
n. vaurien

Les vacances sont terminées. C'est le moment de la __1__ des classes. Pour ceux qui n'aiment pas l'école, le moment où les classes recommencent n'est jamais __2__ . Le __3__ prend la grosse clef et ouvre le portail de l'école. Benoît, Louis et tous les autres enfants entrent dans la cour.

Benoît est un ___4___ dans la classe de Mlle Petit. Il vient d'une famille très pauvre, mais il est ___5___ de cacher cela aux autres. Benoît est mal habillé. Son pantalon est attaché par une ___6___. Quand Louis se moque de lui, Benoît lui donne un coup de ___7___. «Toi tu n'es qu'un ___8___ !» s'exclame Louis, et il se précipite sur lui.

Mlle Petit ne permet pas qu'on se batte dans la cour. Elle se hâte de les ___9___, ce qui n'est pas facile. Les cheveux ___10___ et la figure rouge, elle emmène les deux combattants au bureau du directeur. Le directeur est fâché. L'atmosphère dans son bureau est loin d'être ___11___. « ___12___ soit la raison, il n'est jamais permis de se battre, ni dans la ___13___ de classe ni dans la cour», leur dit-il. Il leur dit que si ça continue il fera venir la police et on les emmènera à la ___14___.

toute la file

## QUEL EST LE SECRET DE JULIEN?

*Julien Leclou est un garçon qui s'entend bien avec les autres enfants mais qui reste un peu mystérieux. Toujours habillé d'un vieux maillot rayé[1] bleu et blanc trop grand pour lui, il demeure dans une espèce de vieille baraque[2] où aucun d'eux n'est jamais entré. C'est vers la fin du film que l'aventure de Julien se déroule. Il s'est enfui de chez lui. Nous le trouvons le lendemain matin endormi devant le portail de l'école.*

[1] **maillot rayé**   *striped jersey*
[2] **baraque**   *shack*

M. Touly, le concierge, vient ouvrir le portail△ de l'école. Il est surpris de trouver le petit Julien qui dort, roulé en boule, en travers du chemin.

—Tiens, Leclou qui est là! Qu'est-ce que tu fais? T'as dormi ici? C'est dans une heure la rentrée, dis donc!

Il aide l'enfant à se relever.

—Tu es tout sale, viens donc te laver un peu, là.

Et le brave homme entraîne le gamin dans la cour.

Un peu plus tard, dans la matinée, Mlle Petit est en train de faire faire une dictée à sa classe, quand le concierge vient frapper à la porte:

—Bonjour, mademoiselle. Je viens chercher les élèves pour la visite médicale, s'il vous plaît.

Mlle Petit libère les garçons:

—Bon, allez-y, les enfants.

Toute interruption étant la bienvenue, les enfants quittent la classe joyeusement. Seul Julien Leclou reste assis à sa place; il semble décidé à ne pas bouger.

Mais M. Touly l'a vu:

—Et toi, qu'est-ce que tu fais là?

—Mes parents m'ont dit de ne pas y aller.

—Tu as un mot³ de tes parents pour pas y aller?

Julien est bien obligé de reconnaître qu'il n'en a pas.

—Eh bien, va à la visite comme tout le monde!

A contrecœur, Julien se lève et sort lentement de la classe à la suite de M. Touly.

Dans la cour, les enfants sont en rang le long du mur en attendant de passer devant le docteur. Ils se sont tous déshabillés: la plupart sont en slip, les moins courageux en slip et maillot de corps.⁴

Julien rejoint la file et se tient un peu à l'écart, en queue de rang...

Tout au bout de la file des enfants, un bruit de discussion attire l'attention du concierge. Des garçons se sont aperçus que Julien n'était pas déshabillé et ils le prennent à parti:⁵

—Eh, tu dois te déshabiller comme nous, Leclou!

—Tu dois enlever ton pantalon!

—Allez, déshabille-toi!

Le niveau des voix s'est tellement élevé que l'infirmière apparaît à la fenêtre de la salle d'examen pour réclamer un peu de silence. Le concierge lui explique:

1. Où le concierge trouve-t-il Julien?

2. Il l'entraîne avec lui. Pour quoi faire?

3. Pour quelle raison le concierge interrompt-il la classe?
4. Comment la classe accueille-t-elle l'interruption?
5. Que fait Julien?

6. Qu'est-ce que Julien est obligé de faire?
7. Comment les garçons sont-ils habillés?
8. Où se tient Julien?

9. Que disent les enfants à Leclou?

10. Qu'est-ce que l'infirmière vient réclamer?

³ **un mot**?    Qu'est-ce qu'il faut que cela signifie dans ce contexte?
⁴ **maillot de corps**    *undershirt*
⁵ **ils le prennent à parti**    *they give him a hard time*

—C'est un élève qui veut pas se déshabiller, mademoiselle!

—Eh bien, amenez-le, on va le faire passer tout de suite, décide l'infirmière.

11. Que décide-t-elle de faire?

Et Leclou doit remonter toute la file sous les quolibets[6] de ses camarades.

Dans la salle d'examen, le docteur et l'infirmière forcent Leclou à quitter son éternel maillot rayé et le poussent vers la radioscopie. La pièce est plongée dans le noir, seule la lumière de l'appareil est visible. Le silence est impressionnant.

Dans la cour où les enfants continuent à attendre leur tour, l'infirmière surgit tout à coup et part en courant vers le bureau du directeur; tout le monde s'arrête de parler, car chacun devine qu'il se passe quelque chose d'important.

12. Qui surgit tout à coup?

La porte est fermée, le directeur n'est pas là. L'infirmière repart, toujours en courant. M. Richet la rejoint.

—Aidez-moi à trouver le directeur!

—On va regarder dans la réserve![7] décide M. Richet en l'entraînant vers une des portes.

13. Qui l'infirmière cherche-t-elle?

De la fenêtre de sa classe, Mlle Petit suit le remue-ménage.[8] Elle les interpelle:[9]

—Non, non, M. le Directeur n'est pas dans la réserve, il vient de passer chez moi. Il est à côté.

L'infirmière monte les quelques marches de pierre qui mènent à une autre porte, d'où sort M. Berbert:

—Que se passe-t-il?

L'infirmière ne donne pas beaucoup d'explications, mais elle entraîne le directeur vers son bureau parce que, dit-elle, «c'est très urgent, et le docteur veut vous voir».

Devant le bureau, le docteur, une femme aux cheveux, gris, attend déjà.

14. Qu'est que l'infirmière dit au directeur?

—Monsieur le Directeur, c'est très grave, dit-elle; il faudra appeler le commissaire de police certainement.

15. Qu'est-ce que le docteur lui dit de faire?

Tout le monde disparaît dans le bureau dont la porte se referme.

Les élèves sont maintenus dans un coin de la cour par M. Richet et le concierge, qui annonce:

—Ah! Voilà le commissaire!

16. Qui arrive?

Précédé par le gendarme, M. Lomay, le commissaire fait son entrée dans la cour.

[6] **quolibets**    *hoots and jeers*
[7] **la réserve**    *the storeroom*
[8] **remue-ménage**    *commotion*
[9] **interpelle**    appelle

D'un pas vif, il se dirige vers le bureau du directeur où l'attendent Mlle Petit, le docteur et M. le Directeur lui-même.

M. Berbert, toujours correct, fait les présentations:

—Monsieur le Commissaire, docteur Lartigues.

La doctoresse explique aussitôt au commissaire pourquoi on l'a fait venir:

—Eh bien, voilà. Nous étions en train de faire la visite médicale ce matin; on m'a amené un enfant qui refusait de se laisser déshabiller; et il se trouve que cet enfant est couvert d'ecchymoses,[10] de coups, de traces de brûlures.

—Vous l'avez questionné? Qu'a-t-il dit? demande le commissaire.

—Il a dit ce que ces enfants-là disent toujours: «Je suis tombé, je me suis cogné...[11]»

—Il est dans quelle classe?

Le directeur répond au commissaire avec précision:

—Il s'appelle Julien Leclou, dans la classe de Mlle Petit.

Le commissaire se tourne alors vers Mlle Petit:

—Et vous, vous ne vous êtes jamais rendu compte de rien?

Mlle Petit, trop bouleversée pour répondre, se laisse tomber sur une chaise et éclate en sanglots.

* * *

Aux Mureaux, un groupe de voisins se presse devant la maison de Julien, d'où l'on voit sortir, précédées par le commissaire et encadrées[12] par des gendarmes, deux femmes: la mère et la grande-mère de Julien, les cheveux dénoués, l'air étonné, une allure de sauvagesses...

Les gendarmes doivent écarter les curieux et protéger les deux femmes contre la colère des gens. Mais la mère de Julien ne se laisse pas faire:[13] menottes aux poignets,[14] elle n'en couvre pas moins d'injures les curieux.

—Les regarde pas, maman, tourne la tête de l'autre côté! Sortez d'ici, rentrez chez vous! C'est une propriété△ privée ici! Foutez le camp, bande de vauriens![15]

—Tas de chienlit![16] ajoute la vieille femme qui n'a peut-être pas toute sa raison.

17. Nous apprenons enfin la cause de toute cette émotion. Qu'est-ce que c'est?
18. Comment Julien a-t-il expliqué ses ecchymoses et ses brûlures?

19. Quelle question le commissaire pose-t-il à Mlle Petit?
20. Quelle est sa réaction?

21. Qui sont ces deux femmes qu'on emmène?
22. Contre quoi les gendarmes doivent-ils les défendre?

23. Que dit la mère de Julien aux voisins?

[10] **ecchymoses** *bruises*
[11] **je me suis cogné** *I banged into something*
[12] **encadrées** *flanked*
[13] **ne se laisse pas faire** *doesn't take it lying down*
[14] **menottes aux poignets** *handcuffs on her wrists*
[15] **foutez le camp, bande de vauriens!** *get the hell out of here, you bunch of good-for-nothings!*
[16] **tas de chienlit!** *you louses!*

—Il est pas malheureux, mon môme,[17] reprend la mère, soucieuse de se justifier, il va à l'école. Hein, maman, qu'il va à l'école?

Les deux femmes ont atteint le car de police. La mère de Julien se camoufle derrière une vieille valise en carton attachée d'une ficelle, pour éviter d'être photographiée par le reporter de *La Montagne.*

Le commissaire réussit à embarquer△ tout son monde, et le car de police démarre, poursuivi△ par les injures des voisins. Il y a même un lyncheur△ qui court encore pendant quelques mètres, levant un poing vengeur△ à l'intention des deux bourreaux d'enfants,[18] mot qui, curieusement, n'existe pas au féminin.

24. Comment se justifie-t-elle?

25. Avec quoi se camoufle-t-elle, et pourquoi? (Montrez son geste.)

26. Quel geste fait le «lyncheur»? (Montrez-le.)

\* \* \*

Ce matin, dans la cour de l'école, rien n'est tout à fait pareil. D'abord, Mlle Petit n'est pas habillée comme tous les jours. Elle est en robe de ville. Elle s'approche de Jean-François Richet qui, lui aussi, semble moins détendu que d'habitude:

—Ecoutez, monsieur Richet, ça ne vous ennuie pas de prendre mes élèves avec les vôtres, parce que je vais à la préfecture répondre à leurs questions.

—Soyez tranquille. Je prends les vôtres avec les miens, lui dit l'instituteur.

27. Qu'est-ce que Mlle Petit demande à Jean-François de faire, et pourquoi?

Cinquante-cinq élèves sont donc entassés, trois par table, certains debout au fond de la classe, certains assis sur les radiateurs et les rebords des fenêtres.

De toute façon, Jean-François Richet ne va pas leur faire une classe normale. Il sent chez les enfants la tension qu'a créée l'histoire de Julien Leclou et il choisit d'en débattre ouvertement avec eux.

28. Où se mettent tous les élèves dans la classe de Jean-François?

Il s'appuie sur son bureau, face à cinquante-cinq visages attentifs et il commence à parler dans le silence total:

—Voilà, je sais que vous pensez tous à la même chose, vous pensez tous à Julien Leclou; vous avez lu les journaux, vos parents en ont parlé chez vous, entre eux ou avec vous.

«Maintenant, vous allez tous partir en vacances, et moi aussi je voudrais vous parler de Julien. Alors, à propos de Julien, je ne sais pas grand-chose de plus que vous, mais je voudrais vous donner mon point de vue.

29. A quoi pensent-ils tous, et pourquoi?

«D'abord, d'après ce qu'on m'a dit, Julien sera pris en charge par l'Assistance publique: il va être placé dans une famille. Quel

30. Qui va s'occuper de Julien?

---

[17] **mon môme**    mon enfant
[18] **bourreaux d'enfants**    *child-beaters* (**bourreau**—*torturer, executioner*)

que soit l'endroit où il sera, il sera évidemment mieux qu'avec sa mère et sa grand-mère où il était maltraité, pour dire les choses exactement, où il était battu. Sa mère sera «déchue[19] de ses droits maternels», ce qui signifie qu'elle n'aura plus le droit de s'occuper de lui. Je pense que, pour Julien, la vraie liberté va commencer vers quinze ou seize ans, lorsqu'il se sentira libre d'aller et venir.

«Devant une histoire aussi terrible que celle de Julien, la première réaction de chacun de nous est de se comparer à lui. J'ai eu une enfance pénible, enfin beaucoup moins tragique que celle de Julien, moins pénible, et je me souviens que j'étais très impatient de devenir adulte parce que je sentais que les adultes ont tous les droits, qu'ils peuvent diriger leur vie comme ils l'entendent. Un adulte malheureux peut recommencer sa vie ailleurs, il peut changer d'endroit, il peut repartir de zéro.[20] Un enfant malheureux ne peut pas avoir cette pensée—il sent qu'il est malheureux, mais il ne peut pas mettre un nom sur son malheur, et surtout nous savons qu'à l'intérieur de lui-même il ne peut même pas remettre en question[21] les parents ou les adultes qui le font souffrir.

«Un enfant malheureux, un enfant martyr se sent toujours coupable et c'est cela qui est abominable.

«Parmi toutes les injustices qui existent dans le monde, celles qui frappent les enfants sont les plus injustes, les plus ignobles, les plus odieuses.△ Le monde n'est pas juste et il ne le sera jamais, mais il faut lutter pour qu'il y ait davantage de justice...

«La vie n'est pas facile, elle est dure, et il est important que vous appreniez à vous endurcir pour pouvoir l'affronter. Attention, je ne dis pas à vous durcir, mais à vous endurcir.[22]

«Par une sorte de balance bizarre, ceux qui ont eu une jeunesse difficile sont souvent mieux armés pour affronter la vie adulte que ceux qui ont été très protégés, très aimés; c'est une sorte de loi de compensation.

«La vie est dure, mais elle est belle puisqu'on y tient tellement. Il suffit qu'on soit obligé de rester au lit à cause d'une grippe△ ou d'une jambe cassée pour s'apercevoir qu'on a envie d'être dehors, de se balader,[23] pour s'apercevoir qu'on aime vraiment beaucoup la vie.

Les enfants ont écouté leur maître△ avec sérieux et attention.

31. Pourquoi sa mère a-t-elle perdu ses droits?

32. Comment était l'enfance de Jean-François?
33. Quelle impatience sentait-il?

34. Que peut faire un adulte malheureux qu'un enfant malheureux ne peut pas faire?
35. Quelles sont les autorités qu'il ne peut pas remettre en question?
36. Comment se sent l'enfant battu?

37. Si le monde ne sera jamais juste, pourquoi lutter?
38. Pourquoi faut-il apprendre à s'endurcir?

39. Quel avantage y a-t-il dans une jeunesse difficile?

40. Qu'est-ce qu'on a envie de faire quand on est obligé de rester au lit?
41. Qu'est-ce que ça prouve?

---

[19] **déchue**   *deprived*
[20] **de zéro**   *from scratch*
[21] **remettre en question**   *challenge, question the authority of*
[22] **pas à vous durcir, mais à vous endurcir**   *not to grow hard, but to grow hardy*
[23] **se balader**   *to move around, to go places*

Il se lève maintenant et circule parmi les tables en continuant de parler:

—Maintenant, vous allez tous partir en vacances, vous allez découvrir des endroits nouveaux, des gens nouveaux, et puis à la rentrée vous passerez tous dans la classe supérieure. Je vous signale que les classes seront mixtes l'an prochain... et puis, vous verrez, le temps passe très vite—et un jour vous aurez aussi des enfants. Alors, j'espère que vous les aimerez et qu'ils vous aimeront. A vrai dire, ils vous aimeront si vous les aimez; et, si vous ne les aimez pas, ils reporteront[24] leur amour ou leur affection, leur tendresse, sur d'autres gens ou sur quelque chose d'autre, parce que la vie est ainsi faite qu'on ne peut se passer d'aimer ou d'être aimé.

«Voilà. Alors, les enfants, les classes sont terminées et je vous souhaite de bonnes vacances.»

42. Que vont-ils découvrir en vacances?
43. Qu'est-ce qui sera différent a leur retour?
44. Qu'est-ce qu'il espère pour ces enfants?
45. Que font les enfants si leurs parents ne les aiment pas?
46. De quoi ne peut-on se passer dans la vie?

[24] **ils reporteront**    *they will transfer*

# Activités

## RÉSUMÉ DE L'ACTION: PHRASES À COMPLÉTER

A. Résumez l'action en choisissant la terminaison qui convient à chacune des phrases suivantes.
   1. La personne qui vient ouvrir le portail de l'école c'est
      a. Julien
      b. le concierge
      c. le commissaire
   2. Il y trouve, roulé en boule en travers du chemin,
      a. M. Touly
      b. Julien
      c. M. Richet
   3. Quand il voit dans quel état il est il lui dit
      a. «Rentre chez toi tout de suite.»
      b. «As-tu un mot de tes parents?»
      c. «Viens donc te laver un peu.»
   4. Le concierge vient interrompre la classe de Mlle Petit
      a. pour la visite médicale
      b. pour faire une dictée
      c. pour présenter le commissaire
   5. Julien essaie de rester assis, apparemment décidé à ne pas bouger. Il prétend que:
      a. il est trop sale pour y aller

b. il y est déjà allé

c. ses parents lui ont dit de ne pas y aller

6. Les enfants qui attendent dans la cour
   a. y sont à contrecœur
   b. parlent de leur argent de poche
   c. sont, pour la plupart, en slip

7. Quand Julien rejoint la file il
   a. se met à bavarder avec ses amis
   b. essaie de passer devant les autres
   c. se tient en queue de rang

8. Les autres garçons prennent Julien à parti parce qu'il
   a. n'est pas déshabillé comme eux
   b. se met à se disputer avec les autres
   c. a ôté son éternel maillot rayé

9. Quand l'infirmière apprend d'où vient le bruit de discussion
   a. elle fait taire les enfants
   b. elle fait passer Julien tout de suite
   c. elle oblige Julien de se déshabiller devant les autres

10. Soudain quelqu'un surgit de la salle d'examen en courant vers le bureau du directeur. C'est
    a. Julien Leclou
    b. un des autres garçons
    c. l'infirmière

11. On a découvert les traces de brûlures et les ecchymoses de Julien
    a. quand on l'a déshabillé
    b. parce qu'il leur en a parlé
    c. après la radioscopie

12. Julien explique cela en disant qu'
    a. on le bat à la maison
    b. il jouait avec le feu
    c. il s'est cogné en tombant

13. Quand on demande à Mlle Petit si elle ne s'est jamais rendu compte de rien, elle
    a. tombe sur une chaise et éclate en sanglots
    b. dit que Julien est toujours absent
    c. décide d'en débattre ouvertement

14. Les cheveux dénoués, l'air étonné, une allure de sauvagesse— c'est la description
    a. de l'infirmière quand elle surgit dans la cour
    b. de Mlle Petit quand elle apprend la nouvelle
    c. de la mère de Julien quand on vient l'arrêter

15. La mère de Julien se camoufle derrière une vieille valise en carton attachée avec une ficelle pour
    a. écarter les curieux
    b. éviter d'être photographiée
    c. essayer de se justifier

16. Un lyncheur court derrière le car qui emmène les deux femmes,
    a. levant un poing vengeur
    b. essayant de les photographier
    c. soucieux de les protéger
17. Ce matin Mlle Petit est habillée en robe de ville parce qu'elle doit aller
    a. aux Mureaux
    b. à la préfecture
    c. à l'école
18. Debout au fond de la salle, ou assis sur les radiateurs et les rebords des fenêtres, on voit
    a. les gendarmes qui conduisent les deux femmes à la préfecture
    b. les voisins qui leur lancent des injures
    c. les élèves qui s'entassent dans la classe de M. Richet
19. Face à ces visages attentifs, Jean-François Richet décide de
    a. faire une classe normale
    b. débattre l'histoire de Julien ouvertement
    c. leur donner un jour de congé
20. La mère de Julien n'aura plus le droit de s'occuper de lui. Autrement dit,
    a. elle est déchue de ses droits maternels
    b. elle fait partie d'une bande de vauriens
    c. elle n'a peut-être pas toute sa raison
21. Pour dire les choses exactement, quand il était avec sa mère et sa grand-mère Julien était
    a. gâté
    b. battu
    c. roulé en boule
22. D'après M. Richet, devant une histoire aussi terrible que celle de Julien notre première réaction est de
    a. vouloir l'oublier tout de suite
    b. devenir adulte aussi vite que possible
    c. nous comparer à lui
23. Ce qui est abominable, c'est qu'un enfant martyr
    a. peut repartir de zéro
    b. se sent toujours coupable
    c. remet en question ceux qui le font souffrir
24. Les enfants doivent apprendre non à se durcir mais à s'endurcir parce que la vie est
    a. dure
    b. juste
    c. ignoble
25. Quand on doit rester au lit à cause d'une grippe ou d'une jambe cassée on s'aperçoit que:
    a. la vie est injuste
    b. on a mené une vie très protégée
    c. on a envie d'être dehors

26. Pendant que leur maître leur parle, les enfants
    a. écoutent avec sérieux et attention
    b. regardent par la fenêtre
    c. poursuivent les coupables d'injures
27. Il leur dit qu'ils vont découvrir des endroits nouveaux, des gens nouveaux parce qu'ils vont
    a. bientôt partir en vacances
    b. repartir de zéro
    c. connaître une jeunesse difficile
28. M. Richet leur dit que la vie passe vite et qu'un jour ils vont
    a. oublier l'histoire de Julien
    b. s'apercevoir qu'ils ont envie de se balader
    c. avoir eux-mêmes des enfants
29. Il leur dit que dans la vie ce dont on ne peut pas se passer c'est
    a. de la justice
    b. de l'amour
    c. d'une bonne éducation

## RÉSUMÉ DE L'ACTION: IDENTIFICATIONS

B. Résumez l'action en spécifiant ce qui est désigné par les pronoms en caractères gras dans les phrases suivantes.
    1. Il **y** dort roulé en boule, en travers du chemin.
    2. Mlle Petit est en train d'**y** faire une dictée, quand le concierge vient frapper à la porte.
    3. Julien **y** reste assis quand les autres enfants sortent.
    4. Julien est obligé de **la** rejoindre, mais se tient un peu à l'écart.
    5. Les enfants **y** restent en attendant de passer devant le docteur.
    6. **Elle** est plongée dans le noir, seule la lumière de la radioscopie y étant visible.
    7. C'est **là** que la doctoresse explique au commissaire et à tous les autres ce qu'ils ont découvert.
    8. Mlle Petit s'**y** laisse tomber, et éclate en sanglots.
    9. Un groupe de voisins s'**y** presse pour regarder sortir les deux femmes.
    10. On **y** embarque la mère et la grand'mère de Julien et il démarre.
    11. Mlle Petit doit **y** aller pour répondre aux questions de la police.
    12. Cinquante-cinq élèves **y** sont entassés.
    13. Certains élèves **y** sont assis, car il n'y a plus de place.
    14. Les enfants ont pu **y** lire l'histoire de ces deux bourreaux d'enfants—la mère et la grand'mère de leur camarade Julien.
    15. Julien **y** sera placé, après avoir été pris en charge par l'Assistance publique.
    16. Tous les élèves **y** partiront bientôt.

Si vous n'avez pas trouvé la réponse vous pouvez la chercher dans la liste suivante.

a. dans le bureau du directeur
b. dans le car de police
c. sur une chaise
d. dans la cour
e. dans une famille
f. la file de garçons qui attendent la visite
g. dans les journaux
h. devant la maison de Julien
i. à sa place, dans la salle de classe de Mlle Petit
j. devant le portail de l'école
k. à la préfecture de police
l. sur les radiateurs et les rebords des fenêtres
m. la salle d'examen, la salle où la visite médicale a lieu
n. dans la salle de classe de Jean-François Richet
o. dans la salle de classe de Mlle Petit
p. en vacances

## SUJETS DE DISCUSSION ORALE OU ÉCRITE

### Les Bourreaux d'enfants et les enfants martyrs

1. Quelle est la cause des coups et des traces de brûlures qu'on découvre sur le corps de Julien? Comment les explique-t-il? Est-ce que le docteur s'étonne de cette explication? Savez-vous si les enfants martyrs en général ont tendance à cacher aux autres le traitement qu'ils reçoivent? Pourquoi le feraient-ils?

2. Expliquez et commentez les idées de Jean-François sur ce sujet. Qu'est-ce qui se passe dans l'esprit de l'enfant martyr? Qui ne peut-il pas accuser? Pourquoi pas? Comment l'enfant battu peut-il avoir le sentiment d'être coupable lui-même? Quelle compensation y a-t-il souvent pour une jeunesse difficile? Dans quelle mesure partagez-vous ces idées?

### Le Point de vue de Jean-François

1. Qu'est-ce qui montre que la vie est dure dans cet épisode? Que faut-il apprendre pour l'affronter? La vie est belle aussi. Comment Jean-François fait-il pour montrer cela à ces enfants? Quelles perspectives s'ouvrent devant eux pour l'été et pour l'année suivante? Montrez comment cela mène à des perspectives plus distantes. (Sont-elles si distantes que cela, d'ailleurs? Comment le temps passe-t-il?) Faites le contraste entre la vie que Julien a connu et la vie que Jean-François souhaite à ses élèves. De quoi Julien a-t-il été privé dans la vie, et de quoi ne peut-on se passer? Partagez-vous le point de vue de Jean-François?

2. Jean-François est-il un bon maître d'école? Ce qu'il avait à dire était-ce important, et a-t-il su le communiquer aux enfants? Comment ont-ils écouté? Aurait-il mieux fait de mener une discussion où plusieurs élèves auraient participé? Cette scène se serait-elle passée de la même façon dans une salle de classe aux Etats-Unis?

# AU PARC BORÉLY AVEC TANTE ROSE

## *Préparation à la lecture*

## LEXIQUE

### MOTS APPARENTÉS

| | |
|---|---|
| Je me **hâtais** d'arriver au parc. | hastened |
| Une **escadre** de canards naviguait dans l'étang. | squadron |
| Ma tante portait une jolie **voilette** | little veil |
| qui cachait ses **tempes** blanches. Nous nous | temples |
| asseyions **d'ordinaire** sur le même banc. Il | ordinarily |
| était devenu, pour ainsi dire, notre **campement**. | encampment. |

### MOTS PARTIELLEMENT APPARENTÉS

| | | |
|---|---|---|
| A l'**époque** nous allions souvent | epoch | time |
| au parc et nous nous promenions | | |
| dans les **allées**. | alleys | paths, walks |
| Il y avait des plantes **sauvages**. | 1. savage | 2. wild |
| Il était **défendu** d'y toucher. | 1. defended | 2. forbidden |
| Le **gardien** ne le permettait pas. | cf. guardian | guard |
| Je donnais des **croûtons** aux bêtes, | croutons | crumbs |

| | | |
|---|---|---|
| **rangées** en demi-cercle devant moi. | arranged | lined up |
| Il y avait aussi un monsieur qui avait beaucoup d'**éducation**. | 1. education | 2. breeding, upbringing |
| Ce monsieur avait la **figure** rose, | 1. figure | 2. face |
| et portait des **gants** de cuir. Rose, | cf. gauntlet | gloves |
| était-elle **soutenue** par ce monsieur riche? Etait-ce une | sustained | supported |
| **courtisane**? | courtesan | kept woman |
| Mais non! Quelle idée **plaisante**! | 1. pleasing | 2. funny |

## FAUX AMIS

| | | |
|---|---|---|
| Ma tante portait une **ombrelle**. | not: umbrella | but: parasol |
| Le monsieur vivait de ses **rentes**. | not: rent | but: private income |
| J'ai **assisté à** leur première rencontre. | not: assisted at | but: was present at |

## MOTS-CLÉS

| | |
|---|---|
| C'était **sinon** un mensonge | if not |
| **du moins** une grosse exagération, mais | at least |
| **à force de** le répéter il le croyait lui-même. | by, by dint of |

## VOCABULAIRE

| | |
|---|---|
| J'aimais jouer à l'indien sur le **plancher** | floor |
| de la **salle à manger** entre les jambes des adultes. | dining room |
| J'aimais surtout nos **sorties** dans le parc. | excursions |
| Je vivais dans l'**espoir** d'y être emmené | hope |
| et je n'étais jamais **déçu**. | disappointed |
| J'étais **reconnaissant** à tante Rose. | grateful |
| Il y avait un omnibus tiré par quatre **chèvres**. | goats |
| Il y avait de belles **pelouses** vertes. | lawns |
| Et dans l'étang du parc il y avait des **canards**. | ducks |
| J'apportais toujours du **pain** | bread |
| que je **lançais** | threw |
| à ces **oiseaux**. J'aimais aussi m'approcher | birds |

| | |
|---|---|
| d'eux, en **retenant mon souffle**, | holding my breath |
| et la **mâchoire** | jaw |
| **serrée**, comme un guerrier sauvage, une | clenched |
| pierre à la main. Quand je la lançais, ils bat- | |
| taient de l'**aile** | wing |
| et faisaient entendre des cris **déchirants**. | piercing |
| Parfois un cycliste débutant faisait une | |
| **chute**, puis se relevait furieux, tout couvert | fall |
| de **poussière**, | dust |
| et le pantalon déchiré aux **genoux**. | knees |
| Avec l'ombrelle qu'elle avait **empruntée** à | borrowed |
| maman, Tante Rose se promenait dans les | |
| allées **ombragées**. | shaded |
| Elle était assise sur un banc avec son **tricot**, | knitting |
| quand un monsieur avec une moustache | |
| **épaisse**, | thick |
| et des **sourcils** noirs vint s'y asseoir. | eyebrows |
| Elle **rougissait** quand il lui parlait. | blushed |
| Moi, je le considérais comme un **vieillard**. | old man |

# GRAMMAIRE

## LE COMPARATIF ET LE SUPERLATIF

The comparative and the superlative follow a similar pattern in French and in English.

| | |
|---|---|
| moins...que | less . . . than |
| plus...que | more . . . than |
| le plus | the most |
| le moins | the least |

The equivalent for **plus** and **le plus** in English, however, is often the *-er* or *-est* ending.

| | |
|---|---|
| Elle était **plus jolie que** les autres. | She was *prettier* than the others. |
| Elle était **la plus jolie**. | She was *the prettiest*. |
| Je vous verrai **plus tard**. | I'll see you *later*. (not: *more late*.) |

Related expressions:

| | |
|---|---|
| Elle devenait **de plus en plus jolie**. | She was becoming *prettier and prettier*. |

| | |
|---|---|
| Elle était **aussi jolie que** ma mère. | She was *as pretty as* my mother. |
| Elle était **si jolie que** tout le monde l'admirait. | She was *so pretty that* everyone admired her. |
| J'étais fier d'avoir un ami **si riche**. | I was proud of having *such a rich* friend. |
| Cela ne lui coûtait rien, mais je **n'en** étais **pas moins** reconnaissant. | It cost him nothing, but I was *nonetheless* grateful. |
| **Plus** il me donnait, **plus** j'étais reconnaissant. | *The more* he gave me, *the more* grateful I was. |

Note that when the **ne** is omitted from the negative expression **ne... plus**, only the context can tell you where **plus** means *more* or *no more*.

| | |
|---|---|
| **Plus** de sorties au parc! Ce garçon doit travailler. | *No more* trips to the park! This boy has to work. |
| **Plus** de sorties au parc! Ce garçon a besoin d'air pur. | *More* trips to the park! This boy needs fresh air. |

## EMPLOI DE L'ARTICLE DÉFINI

Used before days of the week and certain other expressions of time, the definite article indicates that the action is recurring or habitual.

| | |
|---|---|
| **Le jeudi** et **le dimanche** nous allions au parc. | *Thursdays* and *Sundays* we went to the park. |
| Que faites-vous **l'après-midi**? | What do you do *in the afternoon?* |

## POUR MIEUX COMPRENDRE: IDIOTISMES

There are a number of idioms in the story that should be fairly easy to understand, especially in context. See if you can guess what they mean before looking at the right-hand column.

| | |
|---|---|
| Cet enfant **a bonne mine**. | looks fine, healthy |
| Le garde s'en alla **à pas comptés**. | with a measured tread |
| Trente-sept ans, c'est **la force de l'âge**. | the prime of life |
| **Pour être beau**, il n'est pas beau. | as far as good looks are concerned |
| Il l'a frappé **en pleine tête**. | right in the middle of his head |
| Il en riait **aux larmes**. | until tears came to his eyes |

# EXERCICES

## RÉSUMÉ DE LA GRAMMAIRE

1. **Le jeudi** il n'y a pas d'école, mais **l'été** c'est les grandes vacances.
2. «**Plus** d'école, **plus** de devoirs», s'écrient les élèves.
3. Les vacances commencent, mais Julien n'**en** est **pas moins** triste.
4. **Plus** j'y pense, **moins** je le comprends.

## VOCABULAIRE

A. Lisez le passage suivant en remplaçant les mots en caractères gras par un synonyme.

   a. aux larmes
   b. croûtons
   c. déchirants
   d. déçu
   e. faire une chute
   f. lancer
   g. ombragé
   h. reconnaissance
   i. sortie
   j. vieillard

Encore aujourd'hui j'ai beaucoup de **gratitude** (1) pour ma tante Rose. C'est elle qui m'emmenait, deux fois par semaine, faire une **petite excursion** (2) au parc Borély. J'y allais toujours avec beaucoup d'anticipation, et je n'étais jamais **désappointé** (3) .

   J'aimais **jeter** (4) aux canards qui naviguaient dans l'étang des **petits morceaux de pain** (5) que j'emportais dans un sac. J'aimais aussi regarder les cyclistes débutants s'élancer dans les allées, et puis soudain **tomber** (6) , en poussant des cris **qui perçaient les oreilles** (7) . J'en riais **follement** (8) .

   Nous nous installions toujours sur le même banc **à l'abri du soleil** (9) . J'avais six ans. Pour moi, le monsieur qui est venu un beau jour s'installer sur notre banc était un **homme très âgé** (10) .

B. Lisez le passage suivant en remplissant les tirets par le mot convenable.

   a. ailes
   b. canards
   c. chèvre
   d. épais
   e. espoir
   f. à force de
   g. genoux
   h. mâchoire
   i. du moins
   j. oiseaux
   k. plancher
   l. serrée
   m. sinon
   n. sœur
   o. souffle
   p. sourcils

J'étais encore tout petit, mais j'étais agile comme une __1__ . Quand je jouais avec mon petit frère, je me mettais à __2__ sur le __3__ de la salle à manger, et je courais à quatre pattes à toute vitesse.

Mais j'aimais surtout aller au parc avec ma tante Rose. C'était la __4__ de ma mère, et tout aussi jolie. Elle avait de longs cheveux, noirs et __5__ . Ses beaux yeux brillaient sous ses __6__ noirs et fins.

Au parc, on entendait les petits __7__ qui chantaient dans les arbres. On les entendait chanter, on entendait battre leurs __8__ . Il y avait aussi des __9__ qui nageaient dans l'étang.

Mon grand __10__ était de frapper un de ces animaux d'une pierre. Le regard fixe, et la __11__ serrée, je m'approchais en retenant mon __12__ , pour ne pas leur faire peur. Je tenais la pierre __13__ dans la main, puis je la lançais.

Un jour, __14__ lancer des pierres, j'ai fini par en atteindre un, et cela m'a fait peur. Je craignais de l'avoir __15__ tué, __16__ blessé sérieusement.

# MARCEL PAGNOL

The moviemaker, dramatist, and novelist, Marcel Pagnol (1895–1974) was one of the most popular and successful authors of his time. Especially in some of the movies he made during the thirties—*"César," "La Femme du boulanger," "La Fille du puisatier,"* and others—he enchanted French and international audiences with the image he presented of the life and manners of his native Provence and its metropolis, Marseilles. His skill at story-telling and dialogue, his humor, gift of phrase, eye for detail, and the keen appetite for life that his work displays help to explain the popularity it has enjoyed.

In the *"Souvenirs d'enfance,"* from which this selection is taken, Pagnol evokes his extraordinarily picturesque, fragrant, sun-drenched native land. He celebrates its provençal song and mirth, and nostalgically recalls the semi-impoverished but adventurous life his family led there at the turn of the century. The setting and the events are seen through the eyes of the boy Marcel, from his first memories to early adolescence. The six-year-old Marcel we meet in this selection, with his avid enjoyment of the park, his lively response to the adults around him, and his sudden initiation into the fine art of impenitent lying, is a child that many readers have enjoyed getting to know.

The episode presented here takes place in Marseilles, and begins in the parc Borély, an elegant park in an elegant part of the city. Although much has changed in France since 1901—trolleys belong to the past and grown-ups no longer feel the need to take bicycle lessons—children are still taken to the park on days when there is no school, there are still ducks in the pond and donkey rides, and you still get in trouble if you walk on the grass.

## AU PARC BORÉLY AVEC TANTE ROSE

*il me lança toutes les injures qu'il savait*

Le jeudi[1] et le dimanche, ma tante Rose, qui était la sœur aînée de ma mère, et qui était aussi jolie qu'elle, venait déjeuner à la maison, et me conduisait ensuite, au moyen d'un tramway, jusqu'en ces lieux enchantés.

On y trouvait des allées ombragées par d'antiques platanes,[2] des bosquets[3] sauvages, des pelouses qui vous invitaient à vous rouler dans l'herbe, des gardiens pour vous le défendre, et des étangs où naviguaient des flottilles de canards.

On y trouvait aussi, à cette époque, un certain nombre de gens qui apprenaient à gouverner[4] des bicyclettes: le regard fixe, les mâchoires serrées, ils échappaient soudain au professeur, traversaient l'allée, disparaissaient dans un fourré,[5] et reparaissaient, leur machine autour du cou. Ce spectacle ne manquait pas d'intérêt, et j'en riais aux larmes. Mais ma tante ne me laissait pas longtemps dans cette zone dangereuse: elle m'entraînait—la tête tournée en arrière—vers un coin tranquille, au bord de l'étang.

1. Quand Marcel et sa tante allaient-ils au parc?

2. Qu'est-ce qu'il était défendu d'y faire?

3. Qu'est-ce que ces gens apprenaient à faire?

4. De quel œil Marcel voyait-il leurs accidents?

[1] **jeudi**    jour de congé dans les écoles à cette époque
[2] **platanes**    *plane trees*
[3] **bosquets**    *groves*
[4] **gouverner?**    Continuez à lire, et utilisez le contexte.
[5] **fourré**    *thicket*

Nous nous installions sur un banc, toujours le même, devant un massif de lauriers,[6] entre deux platanes; elle sortait un tricot de son sac, et j'allais vaquer[7] aux travaux de mon âge.

Ma principale occupation était de lancer du pain aux canards. Ces stupides animaux me connaissaient bien. Dès que je montrais un croûton, leur flottille venait vers moi, à force de palmes,[8] et je commençais ma distribution.

Lorsque ma tante ne me regardait pas, tout en leur disant, d'une voix suave, des paroles de tendresse, je leur lançais aussi des pierres, avec la ferme intention d'en tuer un. Cet espoir, toujours déçu, faisait le charme de ces sorties, et dans le grinçant[9] tramway du Prado, j'avais des frémissements[10] d'impatience.

Mais un beau dimanche, je fus péniblement surpris lorsque nous trouvâmes un monsieur assis sur notre banc. Sa figure était vieux-rose; il avait une épaisse moustache châtain,[11] des sourcils roux[12] et bien fournis, de gros yeux bleus, un peu saillants.[13] Sur ses tempes, quelques fils blancs.[14] Comme de plus, il lisait un journal, je le classai aussitôt parmi les vieillards.

Ma tante voulut m'entraîner vers un autre campement; mais je protestai: c'était *notre* banc, et ce monsieur n'avait qu'à partir.

Il fut poli et discret. Sans mot dire, il glissa jusqu'au bout du siège, et tira près de lui son chapeau melon,[15] sur lequel était posée une paire de gants de cuir,[16] signe incontestable de richesse, et d'une bonne éducation.

Ma tante s'installa à l'autre bout, sortit son tricot et je courus, avec mon petit sac de croûtons, vers le bord de l'étang.

Je choisis d'abord une très belle pierre, grande comme une pièce de cinq francs, assez plate, et merveilleusement tranchante. Par malheur, un garde me regardait: je la cachai donc dans ma poche, et je commençai ma distribution, avec des paroles si plaisantes et si affectueuses que je fus bientôt en face de toute une escadre rangée en demi-cercle.

Le garde—un blasé△—me parut peu intéressé par ce spectacle: il tourna simplement le dos, et s'en alla à pas comptés. Je

5. Que faisait la tante Rose quand Marcel jouait?

6. Pourquoi les canards venaient-ils vers Marcel?

7. Que faisait-il quand on ne le regardait pas?

8. Quelle surprise ont-ils un jour?

9. Comment Marcel classe-t-il le monsieur, et pourquoi?

10. Comment sait-on qu'il a une bonne éducation?

11. Pourquoi Marcel cache-t-il sa pierre?
12. Comment parle-t-il aux canards?

[6] **un massif de lauriers** *a clump of laurel*
[7] **vaquer** *to attend to*
[8] **palmes** *webbed feet*
[9] **grinçant** *creaking*
[10] **frémissements** *tremblings*
[11] **châtain** *chestnut-colored*
[12] **roux** *red*
[13] **saillants** *protuberant*
[14] **quelques fils blancs** *a few white hairs*
[15] **chapeau melon** *derby hat*
[16] **cuir?** Quelle sorte de gants un monsieur élégant porterait-il?

sortis aussitôt ma pierre, et j'eus la joie—un peu inquiète—d'atteindre en pleine tête le vieux père canard. Mais au lieu de chavirer et de couler à pic[17]—comme je l'espérais—ce dur-à-cuir vira de bord,[18] et s'enfuit à toutes palmes, en poussant de grands cris d'indignation. A dix mètres du bord, il s'arrêta et se tourna de nouveau vers moi; debout sur l'eau et battant des ailes, il me lança toutes les injures qu'il savait, soutenu par les cris déchirants de toute sa famille.

Le garde n'était pas bien loin: je courus me réfugier auprès de ma tante.

Elle n'avait rien vu, elle n'avait rien entendu, elle ne tricotait pas: elle faisait la conversation avec le monsieur du banc.

—Oh! le charmant petit garçon! dit-il. Quel âge as-tu?

—Six ans.

—Il en paraît sept! dit le monsieur. Puis il fit compliment sur ma bonne mine, et déclara que j'avais vraiment de très beaux yeux.

Elle se hâta de dire que je n'étais pas son fils, mais celui de sa sœur, et elle ajouta qu'elle n'était pas mariée. Sur quoi l'aimable vieillard me donna deux sous, pour aller acheter des «oublies»[19] au marchand qui était au bout de l'allée.

On me laissa beaucoup plus libre que d'ordinaire. J'en profitai pour aller chez les cyclistes. Debout sur un banc—par prudence—j'assistai à quelques chutes inexplicables.

La plus franchement comique fut celle d'un vieillard d'au moins quarante ans: en faisant de plaisantes grimaces, il arracha le guidon[20] de la machine, et s'abattit[21] tout à coup sur le côté, en serrant toujours de toutes ses forces les poignées de caoutchouc.[22] On le releva, couvert de poussière, ses pantalons déchirés aux genoux, et aussi indigné que le vieux canard. J'espérais une bataille de grandes personnes, lorsque ma tante et le monsieur du banc arrivèrent et m'entraînèrent loin du groupe vociférant, car il était l'heure de rentrer.

Le monsieur prit le tramway avec nous: il paya même nos places, malgré les très vives protestations de ma tante qui en était, à mon grand étonnement, toute rougissante. J'ai compris, beaucoup plus tard, qu'elle s'était considérée comme une véri-

13. Quel succès a-t-il quand il lance enfin sa pierre?

14. Que fait le vieux père canard?

15. Que dit le monsieur à propos de Marcel?

16. Qu'est-ce que Rose se hâte d'expliquer?

17. Qu'est-ce que le monsieur donne à Marcel et pour quoi faire?

18. Qui Marcel va-t-il regarder?

19. En quel état est le cycliste qui est tombé?

20. Qu'est-ce que Marcel espérait voir?

21. Que fait le monsieur dans le tramway, malgré les protestations de la tante Rose?

---

[17] **chavirer et couler à pic** *capsizing and sinking straight to the bottom*

[18] **ce dur-à-cuire vira de bord** *this tough customer came about (to come about [in a sailboat], to head off on another tack)*

[19] **«oublies»** *thin, cone-shaped cookies, traditionally sold by street vendors*

[20] **le guidon** *the handlebar*

[21] **s'abattit** *tomba*

[22] **les poignées de caoutchouc** *the rubber handle-guards*

table courtisane, parce qu'un monsieur encore inconnu avait payé trois sous pour nous.

Nous le quittâmes au terminus, et il nous fit de grandes salutations, avec son chapeau melon à bout de bras.

En arrivant sur la porte de notre maison, ma tante me recommanda—à voix basse—de ne parler jamais à personne de cette rencontre. Elle m'apprit que ce monsieur était le propriétaire du parc Borély, que si nous disions un seul mot de lui, il le saurait certainement, et qu'il nous défendrait d'y retourner. Comme je lui demandais pourquoi, elle me répondit que c'était un «secret». Je fus charmé de connaître, sinon un secret, du moins son existence. Je promis, et je tins parole.

22. Quel mensonge innocent Rose dit-elle à Marcel à propos du monsieur?

23. Quelle promesse Marcel fait-il?

Nos promenades au parc devinrent de plus en plus fréquentes, et l'aimable «propriétaire» nous attendait toujours sur notre banc. Mais il était assez difficile de le reconnaître de loin, car il n'avait jamais le même costume. Tantôt c'était un veston clair avec un gilet bleu, tantôt une veste de chasse sur un gilet de tricot; je l'ai même vu en jaquette.[23]

24. Pourquoi était-il difficile de reconnaître le monsieur de loin?

De son côté, ma tante Rose portait maintenant un boa de plumes, et une petite toque de mousseline[24] sous un oiseau bleu aux ailes ouvertes, qui avait l'air de couver son chignon.[25]

Elle empruntait l'ombrelle de ma mère, ou ses gants, ou son sac. Elle riait, elle rougissait, et elle devenait de plus en plus jolie.

25. A votre avis, pourquoi s'habillent-ils tous les deux avec tant de soin?

Dès que nous arrivions, le «propriétaire» me confiait d'abord au berger des ânes[26] que je chevauchais[27] pendant des heures, puis à l'omnibus traîné par quatre chèvres, puis au patron du toboggan:[28] je savais que ces largesses ne lui coûtaient rien, puisque tout le parc lui appartenait, mais je n'en étais pas moins très reconnaissant, et j'étais fier d'avoir un ami si riche, et qui me prouvait un si parfait amour.

26. Pourquoi Marcel croit-il que les largesses du monsieur ne lui coûtent rien?

27. Où se cache-t-il en jouant aux cachettes?

Six mois plus tard, en jouant aux cachettes[29] avec mon frère Paul, je m'enfermai dans le bas du buffet, après avoir repoussé les assiettes. Pendant que Paul me cherchait dans ma chambre,

---

[23] **jaquette** *morning coat;* **veste** *jacket;* **veston** *jacket;* **gilet** *vest. There are many* **faux amis** *in the vocabulary of clothing.* (cf. **slip** *underpants, panties*)

[24] **une toque de mousseline** *a muslim cap*

[25] **qui avait l'air de couver son chignon** *which seemed to be nestling on her bun*

[26] **le berger des ânes** *the man in charge of donkey rides*

[27] **chevauchais?** *Que fait-on sur un âne?*

[28] **le patron du toboggan** *the man in charge of the slide*

[29] **cachettes?** *Dans quel jeu les joueurs se cachent-ils?*

et que je retenais mon souffle, mon père, ma mère et ma tante entrèrent dans la salle à manger. Ma mère disait:

—Tout de même, trente-sept ans, c'est bien vieux!

—Allons donc! dit mon père, j'aurai trente ans à la fin de l'année, et je me considère comme un homme encore jeune. Trente-sept ans, c'est la force de l'âge! Et puis, Rose n'a pas dix-huit ans!

—J'ai vingt-six ans, dit la tante Rose. Et puis il me plaît.

—Qu'est-ce qu'il fait, à la Préfecture?[30]

—Il est sous-chef de bureau. Il gagne deux cent vingt francs par mois.

—Hé! hé! dit mon père.

—Et il a de petites rentes qui lui viennent de sa famille.

—Ho Ho! dit mon père.

—Il m'a dit que nous pouvions compter sur trois cent cinquante francs par mois.

J'entendis un long sifflement, puis mon père ajouta:

—Eh bien, ma chère Rose, je vous félicite! Mais au moins, est-ce qu'il est beau?

—Oh non! dit ma mère. Ça, pour être beau, il n'est pas beau.

Alors, je poussai brusquement la porte du buffet, je sautai sur le plancher, et je criai:

—Oui! Il est beau! Il est superbe!

Et je courus vers la cuisine, dont je fermai la porte à clef.

* * *

C'est à la suite de tous ces événements que le propriétaire vint un jour à la maison, accompagné de ma tante Rose.

Il montrait un large sourire, sous les ailes d'un chapeau melon, qui était d'un noir lustré.△ La tante Rose était toute rose, vêtue de rose des pieds à la tête, et ses beaux yeux brillaient derrière une voilette bleue accrochée au bord d'un canotier.[31]

Ils revenaient tous deux d'un court voyage, et il y eut de grandes embrassades: oui, le propriétaire, sous nos yeux stupéfaits, embrassa ma mère, puis mon père!

Ensuite, il me prit sous les aisselles,[32] me souleva, me regarda un instant, et dit: «Maintenant, je m'appelle l'oncle Jules, parce que je suis le mari de tante Rose.»

* * *

28. Qui entend-il parler?

29. Quelle est l'objection de la mère, et comment le père y répond-il?

30. Où le monsieur travaille-t-il?

31. Quel autre revenu a-t-il?

32. Qu'est-ce qui fait une grande impression sur le père?

33. Comment la mère juge-t-elle l'aspect physique du monsieur?

34. Quelle surprise les adultes ont-ils à ce moment-là?

35. Qui est venu un jour à la maison?

36. Comment le monsieur a-t-il étonné les enfants?

37. Quelle annonce fait-il à Marcel?

[30] **Préfecture**   *office of the* **préfet,** *chief administrator of the region, appointed by the central government. Not to be confused with the* **préfecture de police**—*police station.*
[31] **un canotier**   *a straw hat, a boater*
[32] **sous les aisselles?**   Comment prend-on un enfant de six ans quand on le soulève? Montrez le geste.

Mon oncle Jules devint très vite mon grand ami. Il me félicitait souvent d'avoir tenu la parole donnée, et d'avoir gardé le secret, au temps des rendez-vous au parc Borély; il disait à qui voulait l'entendre, que «cet enfant ferait un grand diplomate» ou un «officier de premier ordre» (cette prophétie, qui avait pourtant une alternative, ne s'est pas encore réalisée). Il tenait beaucoup à voir mes bulletins scolaires,[33] et me récompensait (ou me consolait) par des jouets[34] ou des sachets de berlingots.[35]

Cependant, comme je lui conseillais un jour de faire construire une petite maison dans son admirable parc Borély, avec un balcon pour voir les cyclistes, il m'avoua, sur le mode badin,[36] qu'il n'en avait jamais été le propriétaire.

Je fus consterné par la perte instantanée d'un si beau patrimoine,△ et je regrettai d'avoir si longtemps admiré un imposteur.

De plus, je découvris, ce jour-là que les grandes personnes savaient mentir aussi bien que moi, et il me sembla que je n'étais plus en sécurité parmi elles.

Mais d'un autre côté, cette révélation, qui justifiait mes propres mensonges passés, présents et futurs, m'apporta la paix du cœur, et lorsqu'il était indispensable de mentir à mon père, et que ma petite conscience protestait faiblement, je lui répondais: «Comme l'oncle Jules!», alors, l'œil naïf et le front serein, je mentais admirablement.

[33] **mes bulletins scolaires**     *my report cards*
[34] **des jouets**?     Qu'est-ce qu'un bon oncle comme Jules offrirait à son neveu?
[35] **des sachets de berlingots**     *bags of candy*
[36] **sur le mode badin**     *in a jocular manner*

38. De quoi l'oncle Jules félicitait-il souvent Marcel?

39. Quelles carrières lui prédisait-il?

40. Quel conseil Marcel donne-t-il un jour à son oncle?
41. Qu'est-ce que l'oncle avoue dans sa réponse?

42. Quelle découverte la réponse nonchalante de l'oncle Jules apporte-t-elle au petit Marcel?
43. Quel avantage trouve-t-il dans cette révélation?
44. Que fait-il désormais en bonne conscience?
45. Comment le justifie-t-il?

# Activités

## RÉSUMÉ DE L'ACTION: LES OBJETS ET LES ANIMAUX

A. Résumez l'action en spécifiant ce qui est désigné par les pronoms en caractères gras dans les phrases suivantes.

1. Sa tante Rose **y** emmenait le petit Marcel, le jeudi et le dimanche.
2. Les gardiens vous défendaient de vous **y** rouler dans l'herbe.
3. A cette époque un certain nombre de gens apprenaient à **les** gouverner, non sans accidents.
4. Marcel et sa tante s'**y** installaient, toujours sur le même.
5. La tante Rose **le** sortait de son sac tandis que le garçon allait jouer.
6. Posés sur son chapeau melon par le monsieur assis à côté d'eux, **ils** étaient un signe incontestable de son éducation.

7. Des flotilles de canards **y** naviguaient.

8. Marcel **en** jetait aux canards quand on le regardait.

9. Il **en** jetait aux canards quand on ne le regardait pas.

10. Atteint en pleine tête, **il** s'enfuit à toutes palmes, en poussant de grands cris d'indignation.

11. Le monsieur **en** donna à Marcel pour aller acheter des «oublies» au marchand qui était au bout de l'allée.

12. Quand on releva le monsieur qui était tombé de sa bicyclette, **ils** étaient déchirés aux genoux.

13. La tante Rose et Marcel **le** prenaient pour aller au parc, et pour en revenir.

14. A l'heure de rentrer, le monsieur **les** paya, malgré les vives protestations de la tante Rose.

15. Le monsieur **en** portait un différent chaque fois qu'il les rencontrait au parc.

16. Il y **en** avait quatre qui traînaient l'omnibus dans lequel l'heureux petit Marcel se promenait.

17. Marcel s'**y** enferma en jouant aux cachettes avec son frère Paul, et ainsi entendit la conversation des adultes.

18. En plus de son salaire, le monsieur qui allait devenir l'oncle Jules avait **ce** qui lui venait de sa famille.

19. Le jour où Marcel conseilla à son oncle Jules d'**en** construire une dans son admirable parc Borély, il apprit enfin la vérité.

20. Désormais Marcel **en** disait sans hésiter. C'est qu'il suivait l'exemple de l'oncle Jules.

Si vous ne trouvez pas la réponse vous pouvez la chercher dans la liste suivante.

| | | | |
|---|---|---|---|
| a. | de l'argent (deux sous) | k. | du pain |
| b. | sur leur banc | l. | ses pantalons |
| c. | les bicyclettes | m. | au parc Borély |
| d. | dans le buffet | n. | sur les pelouses |
| e. | des chèvres | o. | des pierres |
| f. | un costume | p. | leurs places (dans le tramway) |
| g. | dans l'étang | q. | de petites rentes |
| h. | ses gants (de cuir) | r. | le tramway |
| i. | une maison (avec un balcon) | s. | son tricot |
| j. | des mensonges | t. | le vieux père canard |

## RÉSUMÉ DE L'ACTION: LES PERSONNAGES

B. Résumez l'action en spécifiant qui prononce ou pourrait prononcer les phrases suivantes.

1. Je ne suis pas un ogre, mais il est de mon devoir d'empêcher les enfants de marcher sur la pelouse.

2. Mais c'est notre banc, ce monsieur n'a qu'à partir!

3. Marcel! Si tu n'es pas plus poli je te laisserai à la maison la prochaine fois!

4. Oh! le charmant petit garçon! Quel âge a-t-il?

5. Mon Dieu, que mes étudiants sont maladroits! En voilà un qui a arraché le guidon d'une des machines.

6. Regardez mes pantalons déchirés! Vous auriez dû me prévenir du risque! Vous n'avez pas honte?

7. Les trois places, ça vous fait un total de trois sous, monsieur.

8. Le monsieur c'est le propriétaire du parc Borély. Mais tu dois promettre de n'en jamais dire un mot à personne.

9. Mais bien sûr que tu peux l'emprunter mon ombrelle, ma petite Rose, et que cela te porte bonheur.

10. Cette petite toque de mousseline vous va comme un charme, mademoiselle. Remarquez aussi que le prix est très intéressant.

11. Ce veston bleu est absolument impeccable. Et il irait très bien avec le gilet que vous portez, monsieur.

12. Du moment qu'il peut payer, il peut chevaucher mes ânes tant qu'il veut, ce garçon. Tant mieux, puisque j'en gagne.

13. Dis donc, tu veux jouer aux cachettes, Marcel, tu veux?

14. Tout de même, trente-sept ans c'est bien vieux!

15. Allons donc! J'en aurai trente à la fin de l'année et je me considère comme un homme encore jeune.

16. Ça, pour être beau, il n'est pas beau.

17. Oui! Il est beau! Il est superbe!

18. Mais écoute, mon petit Marcel, ça c'était une plaisanterie. Propriétaire du parc Borély, je ne le suis pas.

19. Eh bien, puisque c'est comme ça, puisque les grandes personnes le font, je n'ai qu'à faire comme eux—comme l'oncle Jules, quoi!

Si vous ne trouvez pas la réponse vous pouvez la chercher dans la liste suivante.

a.  le berger des ânes
b.  le cycliste débutant
c.  le professeur (de bicyclette)
d.  le gardien
e.  Marcel
f.  la mère de Marcel
g.  l'oncle Jules
h.  Paul (le frère de Marcel)
i.  le père de Marcel
j.  le receveur de tramway
k.  la tante Rose
l.  le vendeur (dans un magasin d'habillement masculin)
m.  la vendeuse (dans un magasin d'habillement féminin)

## SUJETS DE DISCUSSION ORALE OU ÉCRITE

1. Cette sélection des *Souvenirs d'enfance* de Marcel Pagnol, comme les sélections de *L'Argent de poche* de François Truffaut, présente la

vie des enfants, avec cette différence, cependant: dans la sélection de Pagnol, il s'agit des souvenirs d'une enfance passée vers le début de notre siècle, l'époque des moustaches en guidon de vélo (*handlebar*) et des boas de plumes. Quels sont les éléments dans le texte qui se rattachent à ce passé assez lointain? A part cela, la vie de Marcel ressemble-t-elle à celle des enfants dans *L'Argent de poche?*

2. Dans le comportement du petit Marcel, qu'est-ce qui, à votre avis, est typique des enfants en général, et qu'est-ce qui est distinctif? Considérez divers épisodes.

   a. Marcel et les canards. Pourquoi leur lance-t-il des pierres? Faisiez-vous des choses comme ça quand vous étiez petit? Que lui diriez-vous si vous étiez là?

   b. Marcel et les cyclistes. Qu'est-ce qui le fait rire? Est-ce plus amusant parce que ce sont des adultes? Qu'est-ce qu'il espère quand la dispute commence? Cela vous semble-t-il typique d'un petit garçon?

   c. Marcel et ses parents. Comment entend-il leur conversation. Que pensez-vous de son intervention? A-t-il du courage? Est-il timide?

   d. Marcel et le mensonge. Qu'est-ce qu'il apprend? Que pensez-vous de sa réaction à cette révélation? L'épisode est-il entièrement humoristique? Quelle attitude Marcel a-t-il envers les adultes en général?

# C H A P I T R E  2 6
# LA CHÈVRE DU LIBAN

## *Préparation à la lecture*

## LEXIQUE

### MOTS APPARENTÉS

| | |
|---|---|
| Une fois qu'Antoun a une idée en tête, | |
| personne ne peut la **déloger**. Il cherche la | dislodge |
| chèvre. Il l'appelle en faisant **claquer** sa | clacking |
| langue contre son **palais**. Mais la chèvre | palate |
| s'enfuit, **bondissant** | bounding |
| sur les chemins **rocailleux**. | rocky |

### MOTS PARTIELLEMENT APPARENTÉS

| | | |
|---|---|---|
| La chèvre est un animal **attachant**, | attaching | that you get |
| selon Antoun. Elle a l'air de se moquer | | attached to |
| de la **gaucherie** des hommes, dit-il. | cf. gauche | clumsiness |
| La **carriole** d'Antoun | carryall | cart |
| est couchée sur le **flanc**. Il la pousse | flank | side |

| | | |
|---|---|---|
| pour la remettre d'**aplomb** et il rentre. | plumb | perpendicular, straight up |
| En rentrant, il fait un **salut** à sa femme. | cf. salute | greeting |
| C'est sa femme qui lave le **linge** | linen | sheets, clothes |
| et fait la **vaisselle** dans la maison. | 1. vessel | 2. dishes |

## FAUX AMI

| | | |
|---|---|---|
| Elle met la **nappe** sur la table. | not: napkin | but: tablecloth |

## VOCABULAIRE

| | |
|---|---|
| Dans ce conte il **est question** | is about |
| d'Antoun et de ses **troupeaux**. | flocks |
| Antoun est du **Liban**. | Lebanon |
| Il porte des vêtements de **toile** | cloth |
| épaisse, une **ceinture** de cuir, | belt |
| et aux pieds de grosses **chaussures** | shoes |
| qui l'**alourdissent**, mais qu'il | weigh him down, make him heavy |
| faut bien porter si on veut **grimper** | climb |
| sur les **pentes** abruptes | slopes |
| des **collines** libanaises. | hills |
| Il se lève à l'**aube**. Il voit | dawn |
| qu'il y a une **brebis** qui manque. | sheep, ewe |
| Elle doit être là-haut sur le **coteau**. | hillside |
| En **hochant la tête**, il prend | shaking his head |
| le **sentier** qui monte là-haut en | path |
| suivant le torrent qui **dévale**. | rushes down |
| Il cherche sous le soleil **brûlant**. | burning hot, broiling |
| Ce n'est qu'au **crépuscule** qu'il | dusk |
| la trouve enfin. Elle a la **patte** | paw |
| prise dans un **piège**! Il la libère | trap |
| et la soigne. Puis il **s'accroupit**, | crouches |
| les **coudes** sur les genoux, | elbows |
| et le **menton** dans les mains. | chin |

Il est tout **essoufflé**.                                    out of breath

Il ne peut **secouer** sa fatigue. Il pense à               shake off
la fraîcheur des **draps** de son lit                         sheets
et il voudrait pouvoir se coucher.

# GRAMMAIRE

## L'INVERSION

Subject-verb inversion occurs in questions, as it does in English:

**As-tu** vu ma chèvre?     *Have you* seen my goat?

or after a quotation, as it often does in English:

Je ne l'ai jamais vu, **prétend-elle**.     I never saw him, *says she*.

It also occurs after certain adverbs when they come at the beginning of
the sentence.

Peut-être **était-elle** blessée.     Perhaps *she was* hurt.

Sans doute **était-elle**             *She was* probably lost.
perdue.

## REPRISE: LES VERBES PRONOMINAUX ET LES PRONOMS RÉFLÉCHIS

Use the context to determine whether the reflexive pronoun in a pronominal verb has a meaning of its own, either reflexive or reciprocal, or
whether it forms part of the meaning of the verb.

Ils **se** laissent entraîner.          They let *themselves* be
                                         dragged along.

Elles **se lamentent** pour une tache   They *grieve* over a spot on a
sur une robe.                            dress.

Note how a verb changes meaning when it takes a reflexive pronoun.

Elle **déverse** le contenu de l'urne.  She *pours out* the contents of
                                         the jug.

La soupe **se déverse** sur la          The soup *spills* on the
nappe.                                   tablecloth.

## POUR MIEUX COMPRENDRE

### Familles de mots

Seeing family relationships between words can be helpful in developing reading comprehension. There are many verbs in this reading selection that are derived from other verbs, nouns, or adjectives:

| | | | |
|---|---|---|---|
| **parcourir** | to run through | from **courir** | to run |
| **déverser** | to pour out | from **verser** | to pour |
| **aboutir** | to end up | from **bout** | end |
| **allonger** | to lengthen | from **long** | long |
| **adosser** | to lean (one's back) against | from **dos** | back |
| **hausser** | to heighten | from **haut** | high |
| **dévaler** | to rush down | from **val** | valley |
| **empoigner** | to grasp, grab | from **poing** | fist |
| **dénuer** | to lay bare, denude | from **nu** | naked |

### Les Idiotismes et la langue figurée

There are many idioms and figures of speech in this reading selection. The meaning of some is obvious, if you know the dictionary meaning of the words, because English uses the same image.

| | |
|---|---|
| La phrase **martèle** dans sa tête. | The phrase *hammers* in his head. |
| Il **se ronge** le cœur. | He *is eating* his heart *out*. |
| La fatigue l'**empoigne**. | Fatigue *seizes* him. |

Other images are less familiar but should not present any real difficulty if you remember not to be too literal-minded.

| | |
|---|---|
| Cette femme est un **nid** de silence. | That woman is a *nest* of silence. |
| Il **s'attelle** à une idée et se laisse entraîner. | He *hitches up to* an idea and lets himself be dragged along by it. |
| La nuit descend en **nappes**. | Night comes down in *layers*. |

In some images the gap between the literal and the figurative meaning is wider.

Il s'inquiètait. Il allait et venait dans les bois, le **front fermé**.

**Le front fermé** means literally *with his forehead closed*. You have to think of the context to make sense out of it. What sort of expression does a worried man have on his face? It has to be something like *a fixed expression, drawn features, a furrowed brow.*

# EXERCICES

## RÉSUMÉ DE LA GRAMMAIRE

1. Elle se laisse aller depuis son mariage.
2. Ceux qui disent qu'elle trompe son mari se trompent.
3. A peine fut-il arrivé qu'il dut repartir.
4. Peut-être n'a-t-il pas compris.

## VOCABULAIRE

A. Corrigez les absurdités dans le passage suivant en remplaçant les mots en caractères gras par un mot qui convient mieux au sens du passage. Faites les changements de genre et de nombre nécessaires.

| | | | |
|---|---|---|---|
| a. | accroupir | g. | essoufflé |
| b. | alléger | h. | grimper |
| c. | attachants | i. | menton |
| d. | aube | j. | paire de chaussures |
| e. | colline | k. | pentes |
| f. | crépuscule | l. | peu |

Quand on veut passer une journée dans la montagne on part au **crépuscule** (1) . Avant de partir on fait tout ce qu'on peut pour **alourdir** (2) son sac. Puisqu'on marche beaucoup, il est essentiel de porter une solide **ceinture** (3) . Cela rend la montée des **terrains plats** (4) plus facile.

Il y a une haute **vallée** (5) qui domine tout le paysage. Il faut **dévaler** (6) jusqu'au sommet pour admirer le point de vue. C'est une montée dure. Quand on arrive au sommet on est complètement **reposé** (7) . A **l'aube** (8) on peut admirer un magnifique coucher de soleil.

Il y a là de toutes petites fleurs cachées dans l'herbe. Il faut se **tenir sur la pointe des pieds** (9) pour mieux les voir. On y voit quelquefois de jolies chèvres de montagne. La chèvre de montagne a une jolie petite barbe qui lui pend des **oreilles** (10) . Ce sont des animaux vraiment **peu attrayants** (11) . Mais les chèvres se font de plus en plus rares. On en voit **des troupeaux** (12) aujourd'hui.

B. Lisez le passage suivant en remplissant les tirets par le mot convenable.

a. brebis
b. brûlant
c. ceinture
d. coteau
e. coudes
f. draps
g. hocher

h. pattes
i. pièges
j. poussière
k. secouer
l. sentier
m. toile

Antoun voudrait rester au lit. Il quitte les __1__ à regret. Il doit __2__ sa torpeur. Il se lave les mains et les bras jusqu'aux __3__ , il met son pantalon de __4__ bleue avec sa belle __5__ de cuir, et il sort pour compter son troupeau.

Il y a dix-neuf __6__ dans son troupeau. Il a une drôle de façon de les compter: il compte leurs __7__ , puis il divise par quatre. Cela fait __8__ la tête à sa femme.

Toute la journée il garde son troupeau là-haut sur le __9__ où l'herbe est épaisse et verte et le soleil moins __10__ . Le jour, les carrioles qui prennent la grande route font beaucoup de __11__ . Il préfère suivre le petit __12__ pour monter là-haut. Mais c'est un chemin rocailleux plein de __13__ . Alors la nuit, il rentre par la grande route.

# ANDRÉE CHEDID

Andrée Chedid (1921–    ) was born and brought up in Cairo, Egypt. In 1942 she moved to Lebanon, and in 1946 to Paris. Her story, "*La Chèvre du Liban*," like Claire Martin's "*Femmes*," serves as a reminder that French is spoken in many parts of the world outside of France itself. It plays a major role in the North African countries of Morocco, Algeria, and Tunisia, and also has a strong presence in Egypt and Lebanon.

Much of Andrée Chedid's work is set in Egypt or Lebanon and conveys the flavor and feeling of those regions. The action in "*La Chèvre du Liban*" takes place before the tragic sequence of murders, reprisals, bombings, and terrorist acts that began in 1975 and that are still a reality in Lebanon.

The rugged and beautiful landscape in which the shepherd Antoun leads his pastoral life seems closer to the Bible than the image we get from today's newspapers. The hatred, the destruction, and the sporadic violence lie ahead. But Chedid's story is not an expression of nostalgia for the simple, communal life. Antoun's isolated act of altruism is greeted by others with incomprehension or derision. The world he lives in is a hard place, with little room for the brotherhood of man. Yet the sober realism of the story conveys the authenticity of its central character. In "*La Chèvre du Liban*," the instinct to relieve the suffering of others is as real as suffering itself, and no less indestructible.

*Non! Je ne la vois pas, ta chèvre!*

# LA CHÈVRE DU LIBAN

Oui, des frères partout. (Je le sais, je le sais!)
Ils sont seuls comme nous. Palpitants de
   tristesse.
La nuit, ils nous font signe.

JULES LAFORGUE[1]

—Eh! Eh, là-bas! As-tu vu ma chèvre?

Comme une pierre la voix dévala la montagne, tomba dans l'oreille d'Antoun qui gardait ses troupeaux.

Secoué de sa torpeur,△ il se leva en hâte; ses vêtements larges l'alourdissaient. Il fit quelques pas, regarda autour de lui, à flanc de coteau et assez loin dans la vallée; puis, il hocha la tête comme pour dire: «Je ne vois rien.» Il se tourna alors vers la montagne, écarta les jambes et, le corps bien d'aplomb, la tête rejetée en arrière, les mains en cornet[2] devant la bouche pour que les mots grimpent mieux (ils avaient bien six cent mètres à parcourir), il cria, du plus fort qu'il put, vers l'homme de là-haut:

—Non! Je ne la vois pas ta chèvre!

Ensuite, il revint s'asseoir à l'ombre des trois pins.△

La voix qu'il n'entendait plus s'était cependant engouffrée

1. Que fait Antoun?

2. D'où vient l'appel qu'il entend?

3. Que fait-il avant de répondre?

4. Comment répond-il?

---

[1] **Jules Laforgue**    poète français (1860−1887) né à Montevideo, auteur de «complaintes» à la fois poétiques, mélancoliques et humoristiques.

[2] **en cornet**   *cupped (like a horn or cornet)*

quelque part dans sa tête,[3] battant entre ses tempes. «As-tu vu ma chèvre? As-tu vu ma chèvre?...» martelait-elle,[4] insistant sur chaque syllabe. Pour s'en débarrasser, de sa grosse main noueuse,[5] puis de son index recourbé,[6] Antoun se donnait de petites tapes sur le crâne.

Un moment après, il pensa qu'il serait bientôt l'heure de rentrer, et il se mit à compter ses brebis. Il les compta par nombres de pattes, c'était la méthode qu'il préférait. Elle aidait à passer le temps. Il y fallait, en plus de l'attention, de la mémoire, et Antoun se flattait d'en être généreusement pourvu.

Il y avait vingt-trois brebis, mais pas de chèvre. Pourtant, c'est si bondissant une chèvre! Tellement fait pour les chemins rocailleux. Si attachant aussi, lorsque, les quatre pattes sur une large pierre, elle vous regarde de côté comme pour se moquer de votre gaucherie.

* * *

Sitot[7] qu'il ouvrit la porte de sa maison, Antoun dit à sa femme:

—Chafika, il y a le voisin de la montagne qui a perdu une chèvre. Tu ne l'as pas vue dans les parages?[8]

—Non. Mais viens, la soupe t'attend.

Ah! Que cette femme parlait peu. Des nids[9] de silence, les filles de ce pays. A longueur de journée,[10] elles plongent leurs bras dans l'eau de linge et de vaisselle; ou bien, font reluire l'envers des casseroles de cuivre et le carrelage des chambres dénuées.[11]

—Il ne doit pas pouvoir manger ce soir!

—Qui?

—Mais le voisin! Celui qui a perdu sa chèvre...

—Dépêche-toi, ta soupe sera encore froide.

Elle s'était levée pour aller vers ses primus.[12]

—Je t'ai préparé ce que tu aimes, des feuilles de vigne farcies.[13] Ce sont les premières.

5. Qu'est-ce qui martèle dans sa tête?

6. Comment compte-t-il ses brebis?

7. Qu'est-ce qu'il trouve de si attachant dans une chèvre?

8. Que demande-t-il tout de suite à sa femme en rentrant?

9. Au lieu de manger à quoi pense-t-il?

[3] **s'était... engouffrée... dans sa tête** *had sunk into his head*
[4] **marteler** *to hammer*
[5] **noueuse** *gnarled, knotty*
[6] **son index recourbé** *his bent index finger*
[7] **sitôt** aussitôt
[8] **dans les parages** dans les environs
[9] **nids** *nests*
[10] **à longueur de journée** toute la journée
[11] **elles font reluire l'envers des casseroles de cuivre et le carrelage des chambres dénuées** *they make the bottom of their copper pots and the tiling of their bare rooms shine*
[12] **primus** *primus stoves*
[13] **feuilles de vigne farcies** *stuffed grape leaves*

—Il est bien question de feuilles de vigne!

Comment pouvait-il être question de feuilles de vigne alors que—là-haut—un homme, un voisin, un frère se rongeait le cœur?[14] Antoun l'imaginait: il allait et venait dans les bois, il battait les fourrés,[15] le pas nerveux, le front fermé.[16] Il appelait, appelait: «Ma chèvre! Où es-tu, ma chèvre?» C'est terrible un homme qui appelle! Ça ne vous laisse plus de repos.

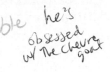

—Il ne dormira pas cette nuit.

—Qui ça?

La femme revenait portant sa casserole brûlante enveloppée dans un torchon.[17]

—Mais le voisin!

—Le voisin! Le voisin! (Chafika haussa le ton.[18]) C'est ridicule, tu ne l'as jamais vu! Tu ne connais même pas son visage.

—J'ai entendu sa voix..., dit Antoun.

Chafika soupira. C'était inutile de répondre. Quand les hommes s'attellent à une idée,[19] ils se laissent entraîner, tout bêtement, comme des carrioles.

—Mais finis donc ta soupe.

«Les femmes, songeait Antoun, c'est comme la terre. Toujours à la même place. Elles connaissent les dix façons de faire du pain, d'accommoder[20] les feuilles de vigne, de préparer une soupe; mais elles naissent et meurent sans rien imaginer! Elles se lamentent pour une tache sur une robe, une viande trop cuite, pas sur un homme dans la peine; parce que, prétendent-elles, elles ne l'ont jamais vu!»

Antoun repoussa la table, se leva:

—Ecoute!

L'assiette pleine de soupe se déversa sur la nappe:

—Je n'y tiens plus... Donne-moi la lanterne, je pars chercher la chèvre!

—Tu es fou! A ton âge et dans ce froid, tu attraperas la mort.

—Elle est peut-être tout près. Je connais le chemin qui mène chez le voisin. Je connais aussi le sentier des chèvres.

Antoun s'en irait, elle ne pourrait pas le retenir. Il était comme cela, aboutissant à son idée par coups de tête successifs; et celle-ci une fois atteinte, personne ne pouvait l'en déloger.

10. Qu'est-ce qu'il imagine entendre?

11. Pourquoi la préoccupation d'Antoun semble-t-elle ridicule à Chafika?
12. D'après elle, que font les hommes quand ils s'attellent à une idée?

13. D'après Antoun, qu'est-ce qui manque aux femmes?

14. Qu'arrive-t-il quand il repousse la table?
15. Que va-t-il faire?
16. Que lui arrivera-t-il selon Chafika?

---

[14] **il se rongeait le cœur**    *he was eating his heart out*
[15] **il battait les fourrés**    *he was beating the bushes*
[16] **le front fermé**    *with a worried look on his face*
[17] **un torchon**    *a dishrag, a potholder*
[18] **elle haussa le ton**    *she raised her voice*
[19] **ils s'attellent à une idée**    *they hitch onto an idea*
[20] **accommoder**    préparer

—Je trouverai sa chèvre, je la trouverai.

Chafika lui donna sa lanterne, et il partit.

* * *

La nuit descendait par nappes;[21] bientôt Antoun dut allumer sa lampe.

Il avançait avec précaution; le chemin tapissé[22] de pierres inégales était plein de pièges. Il visitait les broussailles,[23] faisant claquer sa langue contre son palais; c'était là sa façon de parler aux bêtes.

Au bout de quelque temps, le vent se leva, et Antoun dut avancer plié en deux. «Chafika a raison, je vais attraper la mort.» Il tira de sa large ceinture un mouchoir de coton qu'il enroula autour de son cou. Et sa coiffe?[24] Il se demanda ce qu'il devait en faire. La forme cylindrique de ce fez vous empêchait de le garder sous le bras ou de le fourrer[25] dans une poche. Un coup de vent le fit tomber, puis l'envoya rouler dans la vallée. Antoun le regarda disparaître, haussa les épaules et reprit sa marche.

La pente était raide,[26] le vieil homme s'essoufflait. Pour se donner du courage il repensa au voisin. Il l'aimait encore plus depuis que, pour lui, il avait quitté sa maison, affronté la nuit. Et la chèvre? Peut-être était-elle blessée, couchée sur le flanc, terrifiée de tout ce noir autour d'elle, les yeux grands ouverts.

Antoun allongea son chemin pour explorer les sentiers de traverse. Il braqua[27] sa lumière sur le sol pour y chercher des traces. L'âge lui pesait dans les jambes; la fatigue l'empoignait,[28] il respirait mal. Il aurait voulu s'étendre, dormir. Il pensa à son lit, à ses draps; des draps d'un blanc dont Chafika avait, seule, le secret. Mais il grimpa, grimpa encore. Jamais ses chaussures ne lui avaient paru si étroites.

La mèche[29] faiblit, se consuma; la nuit devint totale.

Antoun dut abandonner la lampe et, s'aidant de ses deux mains, faire le reste du trajet sur les genoux.

* * *

Posé comme une couronne sur le sommet de la colline, le village s'appelait Pic des Oiseaux, à cause de la prédilection des

17. Quels sont les dangers du chemin?
18. Pourquoi fait-il claquer sa langue?
19. Comment le temps change-t-il?

20. Quel problème son fez lui présente-t-il?
21. Qu'arrive-t-il à son fez?
22. A quoi pense-t-il pour se donner du courage?

23. Comment imagine-t-il la chèvre?

24. Qu'aurait-il voulu faire?

25. Comment doit-il finir le trajet?

[21] **nappes**  *layers*
[22] **tapissé**  couvert
[23] **broussailles**  *undergrowth, brush*
[24] **coiffe**  chapeau
[25] **fourrer**  mettre
[26] **raide**  *steep*
[27] **braqua**  *pointed*
[28] **la fatigue l'empoignait**  *fatigue seized him*
[29] **la mèche**  *the wick*

hirondelles[30] pour ses arbres. Antoun y entra avec l'aube.

Balançant son urne△ à bout de bras, une femme, allait vers la fontaine:

—Que le jour te soit clair, ô mon oncle!

Une autre, adossée[31] au battant[32] de sa porte, l'interpella[33] ainsi:

—Tu viens sans doute de loin, tu portes la fatigue sur toi. Et tes mains, dans quel état les as-tu mises? Entre vite ici te reposer.

—Je te remercie, je ne peux pas. Je cherche un homme.

—Un homme? Quel homme?

—Hier, au crépuscule, un homme de chez vous a crié dans la vallée. Il était malheureux. Il appelait.

—Pourquoi appelait-il?

—Il avait perdu sa chèvre.

—Ah! C'est Iskandar dont tu parles.

—Je ne sais pas. Il souffrait...

Elle éclata de rire.

—Mais qu'est-ce que tu as?

—Il ne l'a pas perdue, il l'a vendue! Le matin même avec dix-neuf autres. Le soir, il s'est trompé en recomptant son troupeau. Que veux-tu; il a tellement de bêtes! C'est le plus gros propriétaire de la région.

—Tu es sûre?

—Puisque je te le dis.

Se laissant choir[34] sur une marche du perron,[35] les coudes sur les genoux, le menton dans les mains, Antoun contempla longuement la vallée et considéra la distance qu'il venait de parcourir.

—Tiens, le voici! reprit la femme. Sa carriole l'attend un peu plus bas, il va passer devant nous. Une fois par semaine, pour les besoins de son commerce, il fait la tournée des villages, et c'est aujourd'hui son jour.

Bordé d'un côté par les maisons, de l'autre par le précipice, ici le chemin se rétrécissait.[36]

L'homme avançait avec assurance, déplaçant l'air de ses larges épaules; il portait un pantalon de toile blanche, une veste noire, une coiffe rouge. En passant, il fit un bref salut à la femme; puis toisa du regard[37] cet étranger, couvert de poussière, accroupi sur le porche, comme un vagabond.

26. Où est le village et d'où lui vient son nom?

27. Comment y est-il accueilli?

28. Quelle suggestion la femme fait-elle, et pourquoi refuse-t-il?

29. Que fait la femme quand elle apprend ce qu'Antoun cherche?

30. Qu'est-il arrivé en réalité?

31. Qui est cet Iskandar?

32. Que fait Antoun quand il apprend cela?

33. Qui passe à ce moment-là?

34. Décrivez Iskandar.

35. Pour qui prend-il Antoun?

---

[30] **hirondelles**    *swallows*
[31] **adossée**    *leaning*
[32] **le battant**    *the door flap (of a double door)*
[33] **l'interpella**    *lui parla*
[34] **choir**    *tomber*
[35] **perron**    *doorstep*
[36] **se rétrécissait**    *devenait plus étroit*
[37] **toiser du regard**    *regarder avec mépris*

# Activités

## RÉSUMÉ DE L'ACTION: PHRASES À COMPLÉTER

A. Résumez l'action en choisissant la terminaison qui convient à chacune des phrases suivantes.

1. Antoun est en train de garder
   a. sa carriole
   b. ses troupeaux
   c. sa chèvre

2. Il s'inquiète parce qu'il sait que quelqu'un a perdu
   a. son cheval
   b. sa brebis
   c. sa chèvre

3. Il sait que l'animal a disparu parce que
   a. sa femme le lui a dit
   b. on en parlait dans le village
   c. quelqu'un a appelé de la montagne

4. Antoun se donne de petites tapes sur le crâne pour
   a. se débarrasser de cette voix qui s'est engouffrée dans sa tête
   b. se reprocher de ne pas avoir fait assez pour trouver la bête
   c. s'aider à se souvenir de ce qu'il vient d'entendre

5. A l'avis d'Antoun les chèvres
   a. devraient être attachées
   b. sont très attachantes
   c. s'attachent à une large pierre

6. Antoun ne peut pas manger ce soir-là parce qu'
   a. il est trop fatigué
   b. il est fâché avec sa femme
   c. il s'inquiète pour la chèvre

7. Sa femme a accommodé pour ce soir-là
   a. des feuilles de vigne farcies
   b. une viande trop cuite
   c. de l'eau de vaisselle

8. A l'avis d'Antoun ce qui manque aux femmes c'est qu'elles
   a. sont incapables de préparer la soupe
   b. font reluire l'envers des casseroles
   c. ne savent rien imaginer

9. A l'avis de la femme d'Antoun les hommes
   a. ne vous laissent plus de repos avec leurs exigences
   b. s'attellent à une idée et se laissent entraîner
   c. se désintéressent quand un autre est dans la peine

10. Quand Antoun faisait claquer sa langue contre son palais,
    a. c'était là sa façon de parler aux bêtes
    b. c'est qu'il faisait de plus en plus froid
    c. c'est parce que le coup de vent l'avait fait tomber

11. Antoun ne pouvait garder sous le bras ni fourrer dans une poche
    a. sa lanterne
    b. son mouchoir de coton
    c. sa coiffe

12. La fatigue l'empoignait, il aurait voulu s'étendre. Il pensa à
    a. son fez
    b. sa nappe
    c. ses draps

13. La nuit devint totale pour Antoun quand
    a. la mèche se consuma
    b. la pente devint trop raide
    c. il braqua sa lumière sur le sol

14. Antoun vit enfin, posé comme une couronne sur le sommet de la colline,
    a. l'animal qu'il avait cherché toute la nuit
    b. le village qui s'appelait Pic des Oiseaux
    c. l'homme qui avait crié la veille au crépuscule

15. La femme qui balançait son urne à bout de bras
    a. était adossée au battant de sa porte
    b. éclata de rire quand elle vit l'état des mains d'Antoun
    c. s'en allait à l'aube vers la fontaine

16. Quand Antoun explique pourquoi il est venu là-haut la femme
    a. lui dit qu'on a déjà retrouvé la chèvre
    b. l'admire pour son acte de dévouement désintéressé
    c. explique que c'est Iskandar qui a appelé

17. L'homme a appelé «As-tu vu ma chèvre?» par ce qu'il
    a. regrette d'avoir vendu sa chèvre
    b. s'est trompé en recomptant son troupeau
    c. est le plus gros propriétaire de la région

18. La personne qui se laisse choir sur les marches du perron, les coudes sur les genoux, le menton dans les mains, c'est
    a. Antoun
    b. la femme
    c. Iskandar

19. Quand le propriétaire de la chèvre vit Antoun, il
    a. l'invita chez lui se reposer
    b. le toisa du regard
    c. lui fit un bref salut

20. A l'avis d'Iskandar, Antoun était
    a. un bon voisin
    b. un nid de silence
    c. un vagabond

# RÉSUMÉ DE L'ACTION: IDENTIFICATIONS

B. Résumez l'action en spécifiant ce qui est désigné par chacune des phrases suivantes.

1. ce qui dévala la montagne quand Antoun gardait ses troupeaux
2. la raison pour laquelle Antoun mit les mains en cornet devant la bouche
3. où la voix qu'Antoun avait entendue s'était engouffrée, battant entre ses tempes
4. Antoun les compte quand il veut savoir combien il a de brebis dans son troupeau
5. ce qu'il y avait dans la casserole de Chafika ce soir-là
6. ce à quoi les hommes ressemblent, selon Chafika, quand ils s'attellent tout bêtement à une idée
7. selon Antoun, ce que les femmes naissent et meurent sans jamais apprendre à faire
8. Antoun la prit pour mieux voir quand il s'en alla dans le noir chercher la chèvre
9. un coup de vent l'envoya rouler dans la vallée
10. Antoun l'imaginait, blessée, couchée sur le flanc, terrifiée par tout ce noir autour d'elle
11. Antoun grimpait, la fatigue l'empoignait, et elles ne lui avait jamais paru si étroites
12. le moment où Antoun arriva enfin au Pic des Oiseaux
13. la femme la balançait à bout de bras quand elle allait vers la fontaine
14. le moment où Antoun avait entendu la voix de l'homme qui appelait
15. ce que le propriétaire de la chèvre en avait fait le matin de la même journée
16. ce qu'Iskandar a fait quand il a compté son troupeau
17. l'endroit où Antoun s'est laissé choir quand il a appris pourquoi l'homme avait appelé
18. ce qu'était cet étranger, couvert de poussière et accroupi sur le porche, aux yeux d'Iskandar

Si vous ne trouvez pas la réponse vous pouvez la chercher dans la liste suivante.

a. pour appeler, pour faire grimper les mots
b. à l'aube
c. à des carrioles
d. ses chaussures
e. la chèvre
f. sa coiffe, son fez
g. au crépuscule

h. les feuilles de vigne farcies
i. imaginer
j. sa lanterne
k. sur la marche d'un perron
l. les pattes (de ses brebis)
m. dans sa tête

n. il s'est trompé  q. il l'avait vendue
o. son urne  r. une voix, un appel
p. un vagabond

## SUJETS DE DISCUSSION ORALE OU ÉCRITE

### Le Thème de l'altruisme

Comment est-ce que l'appel qu'il entend prend possession de l'esprit d'Antoun? Que fait-il pour s'en débarrasser? Réussit-il à s'en débarrasser?

A qui et à quoi ne peut-il s'empêcher de penser une fois qu'il a entendu cet appel? Quelle est son attitude envers les chèvres? envers les autres personnes qui, comme lui, gardent les troupeaux? Que voit-il dans son imagination?

Que décide-t-il de faire? Pourquoi continue-t-il? Est-ce une idée morale ou un instinct qui détermine son action?

Qu'apprend-il quand il arrive au village? Que dit la femme quand elle voit sa fatigue? Que fait-il quand elle en comprend la cause? Quelle ironie y a-t-il dans la conclusion du conte? La valeur de l'action d'Antoun en est-elle diminuée? Si non, pourquoi pas? Croyez-vous qu'Antoun ne va plus s'occuper des malheurs des autres?

### L'Elément biblique

Où se passe l'action? Quelle est l'occupation des personnages qu'on y rencontre? Quels éléments dans le conte peuvent rappeler une parabole (*parable*) biblique? Laquelle?

### L'Homme et la femme

Est-ce qu'Antoun apprécie les qualités de Chafika? Quelle idée Antoun se fait-il des femmes? A quoi les compare-t-il? Comment expliquez-vous la comparaison?

Et Chafika, comment voit-elle les hommes en général, et Antoun en particulier? Que pense-t-elle de son obstination? de son idée? S'y oppose-t-elle?

Est-il juste de dire que, dans ce conte, l'homme seul a le beau rôle, et que les femmes manquent de sympathie et d'imagination et sont peu touchées par les malheurs des autres?

# LES CINQ DERNIERS CONTES

Remplissez les tirets dans les passages suivants par le mot convenable.

## FEMMES

### A

| | | | |
|---|---|---|---|
| a. | attrayant | i. | pourvue |
| b. | blanchit | j. | ravissante |
| c. | contretemps | k. | réceptions |
| d. | se déplacer | l. | suppléer |
| e. | désarroi | m. | tourner |
| f. | exigeante | n. | vaniteux |
| g. | peste | o. | violence |
| h. | plaît | | |

Au cours d'une de ses __1__ Valentine fait la connaissance d'un homme qui lui __2__ beaucoup. Elle doit se faire __3__ pour ne pas __4__ autour de lui toute la soirée. Elle lui en veut presque de ne pas la suivre quand elle doit __5__ dans le grand salon.

C'est Valentine qui suggère à André de reconduire Mariette. Mauvaise idée! Il aurait dû la fuir comme la __6__ .

André dit à Mariette qu'il trouve Valentine __7__ de toutes les qualités, une femme __8__ . Mais en quelques minutes, Mariette réussit à détruire Valentine totalement. Elle parle des __9__ qu'a subi le mariage de Valentine et Daniel, et elle suggère même que celle-là avait pris un amant riche pour __10__ à ce que son mari ne pouvait plus lui offrir.

Puis, elle lui fait comprendre qu'elle, Mariette, est une femme __11__ , mais qu'elle le trouve très __12__ . André est assez __13__ ou naïf pour se laisser flatter. Il oublie Valentine et sort avec Mariette.

Six mois plus tard il rencontre Valentine. Elle lui dit qu'elle va se remarier. Au cours de la conversation il devient évident que Mariette a menti honteusement, et que Valentine est une femme merveilleuse. Il __14__ quand il pense à ce qu'il a fait. Imaginez son __15__ .

## LE DÉJEUNER DE SYLVIE

**B**

| | | | |
|---|---|---|---|
| a. | affaires | f. | étiquette |
| b. | brosse | g. | sac |
| c. | chic | h. | tend |
| d. | coquette | i. | tente |
| e. | crasse | j. | tenter |

Sylvie et son père parlent de ses poissons, Plic et Ploc. Il ne voit pas la différence entre eux. «Tu devrais leur mettre une __1__ au dos lui dit-il. Mais il est temps de s'habiller, on va au restaurant.» « __2__ alors!» s'exclame-t-elle.

Elle veut emporter son __3__ où elle met toutes ses __4__ , mais il est tout couvert de __5__ . Elle __6__ de le nettoyer en trempant une __7__ dans le bocal à poissons rouges.

«Toi qui es une petite fille __8__ , lui dit sa mère, tu ne veux pas qu'on te voie avec ça!» Elle va chercher un vrai sac de dame et le __9__ dans la direction de Sylvie. Mais celle-ci ne se laisse pas __10__ .

**C**

| | | | |
|---|---|---|---|
| a. | bouton | f. | provisions |
| b. | corde | g. | rescousse |
| c. | cour | h. | résonne |
| d. | école | i. | saisit |
| e. | mégaphone | | |

Les parents, vexés par l'obstination de leur fille, s'en vont seuls au restaurant. Dès qu'ils sont partis, Sylvie prend le __1__ de son père, va à la fenêtre, et presse le __2__ . Sa voix amplifiée __3__ dans toute la cour. Quand elle dit qu'elle est enfermée sans rien à manger, son camarade d' __4__ , le petit Franck (c'est lui qui lui fait la __5__ ) et son frère viennent à la __6__ . Au moyen d'une __7__ , ils font descendre un panier de __8__ devant sa fenêtre. Elle __9__ le panier et va s'asseoir pour déjeuner, très contente d'elle-même.

# QUEL EST LE SECRET DE JULIEN?

**D**

a. boule
b. dictée
c. entend
d. file
e. pénible

f. rang
g. réclamer
h. slip
i. surgit
j. visite

Le petit Julien dort, roulé en __1__ devant l'école. C'est le concierge qui le fait entrer. Mais quand celui-ci vient interrompre la __2__ que fait Mlle Petit pour annoncer la __3__ médicale, Julien ne veut pas y aller. Il se met en queue de __4__ . Les autres dans la __5__ sont tous en __6__ , mais Julien n' __7__ pas se dévêtir. Les autres garçons le prennent à parti, leurs voix s'élèvent, et l'infirmière vient __8__ le silence.

Elle décide de le faire entrer le premier. Une minute plus tard elle __9__ de la salle d'examen. Que se passe-t-il? On fait appeler le commissaire. Il paraît que le corps de Julien est couvert de coups, de traces de brûlures. C'est un enfant qui a dû mener une vie bien __10__ .

**E**

a. allure
b. camoufle
c. car
d. carton
e. coupable
f. débattre

g. injures
h. mixte
i. ouvertement
j. se passer
k. souvenir
l. supérieure

La police emmène la mère et la grand'mère de Julien dans un __1__ . Les deux femmes ont une __2__ sauvage. Elles lancent des __3__ aux curieux qui les regardent. La mère se __4__ le visage derrière une vieille valise en __5__ , pour qu'on ne la photographie pas.

Jean-François Richet décide de __6__ la question de Julien __7__ avec la classe. Il leur dit qu'un enfant martyr se sent toujours __8__ et c'est cela qui est abominable. Il espère qu'ils aimeront leurs enfants quand ils seront parents. Il leur dit que dans la vie on ne peut __9__ de l'amour. Il sait qu'ils garderont le __10__ de cette journée dramatique.

Enfin il leur annonce que l'année prochaine, quand ils seront dans la classe __11__ l'école sera __12__ . Cela fait naître un grand sourire au visage de tous ces garçons.

# AU PARC BORÉLY AVEC TANTE ROSE

### F

| | |
|---|---|
| a. allées | f. gardien |
| b. croûtons | g. hâtait |
| c. défendu | h. rangeaient |
| d. époque | i. sauvages |
| e. escadre | |

Marcel se __1__ toujours d'arriver au parc. Il y avait là toute une __2__ de canards. C'était des animaux bien plus domestiques que __3__ . Ils se __4__ tous en demi-cercle et on leur lançait des __5__ . Marcel préférait leur lancer des pierres. Mais c'était __6__ . Il osait le faire seulement quand le __7__ n'était pas là.

La bicyclette était une invention récente à cette __8__ . Les adultes apprenaient à y monter, parcouraient les __9__ , et faisaient des chutes spectaculaires. Marcel en riait aux larmes.

### G

| | |
|---|---|
| a. assista | i. places |
| b. courtisane | j. plaisante |
| c. éducation | k. propriétaire |
| d. figure | l. rentes |
| e. gants | m. tempes |
| f. largesses | n. voilette |
| g. ombrelle | |
| h. pantalon | |

C'est dans ce parc que Marcel __1__ à la première rencontre de sa tante Rose et son oncle Jules. Celui-ci était un monsieur avec une __2__ rose et quelques fils blancs aux __3__ . Il portait un __4__ élégant, et il avait mis sur le banc à côté de lui sa paire de __5__ de cuir, signe incontestable d'une bonne __6__ . Quand ils rentrèrent ce monsieur paya leurs __7__ dans le tramway. La pauvre tante Rose se considérait une véritable __8__ pour avoir accepté. Plus tard, elle expliqua à Marcel que le monsieur était le __9__ du parc. Ainsi Marcel pensait que les __10__ de ce monsieur ne lui coûtait rien. Il ne lui en était pas moins reconnaissant.

Six mois plus tard, Marcel entendit une conversation au sujet du monsieur. «Il a de petites __11__ qui lui viennent de sa famille», disait la tante Rose. Et quand elle apparut un jour, toute en rose, une jolie __12__ à son chapeau, et une __13__ à la main, accompagné du monsieur, Marcel apprit qu'ils s'étaient mariés.

Ce n'est que plus tard qu'il apprit que l'oncle Jules n'était pas le propriétaire du parc. «Quelle idée __14__ nous avons eue de te raconter ça», disait son oncle. C'est ainsi que Marcel apprit à mentir.

# LA CHÈVRE DU LIBAN

## H

a. aplomb
b. attachants
c. bondissent
d. déloger
e. flanc

f. gaucherie
g. linge
h. nappe
i. rocailleux
j. vaisselle

Antoun entend quelqu'un appeler: «As-tu vu ma chèvre?» La tête rejetée en arrière, et le corps bien d'___1___ , il crie «Non, je ne la vois pas!» Mais la phrase est entrée dans son crâne, et il ne peut la ___2___ .

Pour Antoun les chèvres sont des animaux ___3___ . Elles sont à l'aise sur les chemins les plus ___4___ , elles ___5___ d'une grosse pierre à l'autre et semblent se moquer de la ___6___ des hommes.

Chafika est une femme excellente. Elle sert de bons repas, et après elle fait la ___7___ , elle lave le ___8___ , la ___9___ qu'elle met sur la table est toujours propre. Mais elle n'a pas d'imagination. Elle ne voit pas dans son imagination la pauvre chèvre blessée et couchée sur le ___10___ .

## I

a. balançant
b. carriole
c. claquer

d. palais
e. salut
f. vagabond

Antoun ne peut y tenir. Il sort chercher la chèvre. Pour l'appeler il fait ___1___ sa langue contre son ___2___ . Toute la nuit il la cherche sans la trouver.

C'est à l'aube qu'il entre dans le village. Une femme se dirige vers la fontaine, ___3___ son urne à bout de bras. Elle lui dit qu' Iskandar, le plus gros propriétaire de la région, croyait avoir perdu une chèvre, mais qu'il s'était trompé. «Tiens, le voici», dit-elle. Iskandar laisse sa ___4___ en bas et monte au village. Il fait un bref ___5___ à la femme, mais il regarde cet étranger, Antoun, comme un ___6___ .

# VOCABULAIRE

Most identical and nearly identical cognates are omitted. Definitions apply only to the contexts in which words appear in the text. The abbreviations used are: *m* masculine noun; *f* feminine noun; *mf* noun that can be either masculine or feminine; *pl* plural; *adj* adjective. Feminine forms of adjectives are given only if they are irregular.

## A

**abattre** to knock down; **s'abattre** to fall down

**abbé** *m* priest

**abêti** made numb; made dumb

**ablette** *f* bleak (*small river fish*)

**abois, être aux abois** to be at bay; to be in a desperate plight

**aboutir** to end up; to reach

**abri** *m* shelter

**abriter** to shelter

**absinthe** *f* absinth

**absolument** absolutely

**abusé** fooled

**accabler** to overwhelm

**accommoder** to accommodate; to prepare

**accompagner** to accompany

**accorder** to accord, grant

**accourir** to run up; to come running

**accrocher** to hook onto

**accroupi** squatting

**accueillir** to greet, welcome

**accumuler** to accumulate

**acharné** fierce, unrelenting

**acharnement** determination, relentlessness, fury

**acheter** to buy

**achever** to finish

**acier** *m* steel

**acquéreur** *m* purchaser

**acquérir** to acquire

**acquiescer** to acquiesce; to agree

**acte de décès** *m* death certificate

**adieu** *m* farewell

**admettre** to admit, allow

**adossé** leaning with one's back against

**adresser la parole à** to speak to; **adresser un sourire à** to smile at

**aérien** aerial

**s'affaiblir** to weaken, grow feeble, diminish

**affaires** *f* things, possessions; business

**affamé** famished

**affectueux, affectueuse** affectionate

**affirmer** to affirm, state

**affreux, affreuse** frightful

**affronter** to confront

**afin de** so as to, in order to

**agacé** irritated

**agenda de commerce** *m* account book

**agir** to act; **s'agir de** to be about

**agiter** to agitate, excite; **s'agiter** to grow agitated; to struggle

**agrémenté** decorated

**aide** *f* help

**aider** to help

**aïeul** *m* ancestor

**aigrette** *f* feather

**aigrir** to turn sour; to embitter

**aigu, aiguë** acute, sharp

**aile** *f* wing

**ailleurs** elsewhere

**aimable** amiable, likable

**aimer** to love, like

**aimer mieux** to prefer

**aîné** elder, eldest

**ainsi** thus, so; **et ainsi de suite** and so on

**air** *m* air; manner, look; **vivre de l'air du temps** to live on air

**aise** *f* ease; **à l'aise** at ease

**aisselle** *f* armpit

**ajouter** to add

**alarme** *f* alarm; **signal d'alarme** alarm

**alcool** *m* alcohol

**allée** *f* walk, path; **allées et venues** comings and goings

**allemand** German

**aller** to go; **aller bien** to be in good health; **ça va?** how is it going? how are you? **aller à la rencontre de** to go to meet

**allonger** to lengthen

**allumer** to light

**allure** *f* rate, speed; manner

**alors** then, so, well; **alors que** while, whereas

**alourdir** to weigh down, to make heavier

**altérer** to alter, change

**amant** *m* lover

**amarrer** to tie up, moor

**âme** *f* soul

**amende** *f* fine

**amener** to bring; **amener à** to bring to; to make one decide to

**ami** *m* friend

**amitié** *f* friendship

**amour** *m* love

**amoureux, amoureuse** *adj* in love; *m, f* lover

**amuser** to amuse; **s'amuser** to have a good time, have fun

**an** *m* year

**ancêtre** *m* ancestor

**ancien** ancient; former

**âne** *m* donkey

**angoisse** *f* anguish; anxiety

**angoissé** anxious

**année** *f* year

**annoncer** to announce; to tell about

**anonyme** anonymous

**anormal** abnormal

**antichambre** *f* antechamber, waiting room

**apaiser** to calm down, appease

**apercevoir, s'apercevoir** to notice, see, remark

**aplomb** steady, straight

**appareil** *m* machine

**apparence** *f* appearance

**appartenir** to belong; to appertain

**appel** *m* call

**appeler** to call

**appointements** *m pl* salary

**apporter** to bring

**apprécier** to appreciate, value

**apprendre** to learn, find out; to teach, inform

**approcher, s'approcher** to approach; to draw near

**approximativement** approximately

**appui** *m* support

**appuyer** to lean; to support

**après** after; **et après?** so what? **d'après** according to

**après-midi** *mf* afternoon

**arbre** *m* tree

**archevêque** *m* archbishop

**argent** *m* money; silver

**argenté** silvery

**arme** *f* arm (*weapon*); **arme à feu** firearm; **fait d'armes** *m* feat of arms

**armée** *f* army

**arracher** to tear; to grab away

**s'arranger** to work out

**arrêt** *m* stop

**arrêter** to stop

**arrière** behind

**arrivée** *f* arrival

**arriver** to arrive; to happen; to succeed

**arriviste** *m* social climber

**artillerie**  *f* artillery
**as**  *m* ace; expert
**assaillir**  to assail
**assassiner**  to kill; to assassinate
**assaut**  *m* assault
**s'asseoir**  to sit down
**assez**  enough
**assiette**  *f* plate
**assis**  seated
**assister à**  to witness; to be present at
**assurément**  assuredly
**attachant**  likable, engaging
**attaquer**  to attack
**attarder**  to delay
**atteindre**  to reach, attain; to strike
**atteint**  stricken
**atteler**  to hitch up
**attendre**  to wait
**s'attendre à ce que**  to expect
**attendrir**  to touch, move
**attendu**  expected
**atterrer**  to overwhelm, knock down, floor
**attirer**  to attract
**attraper**  to catch
**attrayant**  attractive
**aubade**  *f* dawn serenade
**aube**  *f* dawn
**auberge**  *f* inn
**aubergiste**  *m* innkeeper
**aucun, aucune**  none, not any
**audace**  *f* audacity
**audacieux, audacieuse**  audacious
**au-dedans**  inside
**au-dessus**  above
**auparavant**  beforehand, first
**auprès de**  near, close to; by; at
**aurore**  *f* dawn
**aussi**  also; therefore
**aussitôt**  immediately; **aussitôt que** as soon as
**autant**  as much, as long; **tout autant** just as much; **en faire autant** to do as much; to do the same thing
**autocar**  *m* intercity bus
**automne**  *m* autumn
**autopsie**  *f* autopsy
**autoriser**  to authorize

**autour de**  around
**autre**  other
**autrefois**  in the past
**autrement**  otherwise; differently; **autrement dit** in other words
**avaler**  to swallow
**avance: en avance**  in advance
**avancer**  to advance
**avant**  before; **avant-hier** the day before yesterday; **l'avant-veille** two days before
**avant-garde**  *f* vanguard
**avant-poste**  *m* outpost
**avec**  with
**avenir**  *m* future
**s'aventurer**  to venture forth
**averse**  *f* shower, downpour
**avertir**  to warn
**aveugle**  blind
**aveuglé**  blinded
**avis**  *m* opinion
**s'aviser**  to notice; to be aware
**avocat**  *m* lawyer
**avoir**  to have; **y avoir** to be; **avoir lieu** to take place; **avoir raison** to be right; **avoir tort** to be wrong; **on les aura** we'll get them
**avouer**  to admit

### B

**badin**  jocular
**bague**  *f* ring
**bâiller**  to yawn
**baïonnette**  *f* bayonet
**baiser**  *m* kiss
**baiser**  to kiss
**baisser**  to lower
**se balader**  to traipse around
**balancer**  to swing
**balbutier**  to stammer
**balcon**  *m* balcony
**baleine**  *f* whale
**ballant**  *adj* dangling
**bambou**  *m* bamboo
**banal**  banal, ordinary
**banc**  *m* bench
**bande**  *f* band, strip
**banlieue**  *f* suburb

**baraque** *f* shed, hovel

**barbu** bearded

**barque** *f* boat

**barre** *f* bar; **à la barre** in court, at the bar of justice

**barrière** *f* barrier, gate

**bas** low; **en bas** down below; **tout bas** in a low voice

**bataille** *f* battle

**bâtiment** *m* building

**bâton** *m* stick, cane

**battant** *m* flap of a double door

**battre** to beat

**bavard** talkative

**bavardage** *m* talking

**béant** gaping, open-mouthed

**beau, belle** beautiful; fine

**bébé** *m* baby

**bec** *m* beak, mouth

**bégayer** to stammer, stutter

**béquille** *f* crutch

**berge** *f* bank of a river

**berger** *m* shepherd; **berger des ânes** donkey-man

**berlingot** *m* a kind of candy

**besogne** *f* job, work

**besoin** *m* need

**bête** *f* animal

**bête** *adj* stupid

**bêtement** stupidly

**bêtise** *f* stupidity

**bibliothèque** *f* library

**bicyclette** *f* bicycle

**bien** well; indeed; very; **bien des** many; **si bien que** so that; **bien portant** healthy; **bien entendu** of course

**bien-aimée** *f* beloved

**bientôt** soon; **à bientôt** see you soon

**bienveillant** benevolent, kindly

**bienvenue** *f* welcome

**bière** *f* beer

**bijou** *m* jewel

**bijoutier** *m* jeweler

**bille** *f* billiard ball

**billet** *m* bill

**bique** *f* nanny goat; old woman

**bistro(t)** *m* bistro, bar

**blanc, blanche** white

**blanchâtre** whitish

**blanchir** to whiten, turn white

**blasé** blasé, world-weary

**blesser** to wound

**bleu** blue

**bloc** *m* block; **tomber d'un bloc** to fall flat

**bloqué** blockaded

**se blottir** to hide, crouch down

**boa de plumes** *m* feather boa

**bobine** *f* spool

**bocal** *m* basin; fishbowl

**bock** *m* glass of beer

**bohémienne** *f* gypsy woman

**boire** to drink; **boire le coup** to have a drink

**bois** *m* wood

**boiserie** *f* woodwork

**boîte** *f* box

**bon, bonne** good; **à quoi bon** what's the use of

**bond** *m* leap; **d'un bond** in a rush

**bondir** to leap, bound

**bondissant** leaping, bounding

**bonheur** *m* happiness

**bonhomie** *f* cheeriness

**bonhomme** *m* fellow

**bonjour** *m* good day, hello

**bonne** *f* maid

**bonsoir** *m* good evening

**bord** *m* edge; bank; side

**border** to line; to run alongside

**borné** limited, narrow, shortsighted

**bosquet** *m* grove

**botte** *f* boot

**bouche** *f* mouth

**bouchée** *f* mouthful

**bouder** to pout; to keep away from

**boue** *f* mud

**bouffée** *f* puff

**bouger** to move, budge

**bouillon** *m* bubble

**bouillonner** to bubble up

**boule** *f* ball; **boules** type of bowls (game)

**boulet** *m* cannonball
**bouleverser** to upset
**bouliste** *m* player of *boules*
**bourgade** *f* small town
**bourgeoisie** *f* upper middle class
**bourreau** *m* executioner, headsman; **bourreau d'enfants** childbeater
**bourrique** *f* donkey
**bousiller** to wreck; to smash; **se bousiller** to be done in
**bout** *m* end; bit; **à bout de** at the end of; out of
**bouteille** *f* bottle
**boutique** *f* shop
**bouton** *m* button; knob
**branchage** *m* branches
**brancher** to plug in
**brandir** to brandish; to hold
**braquer** to aim
**bras** *m* arm (*anatomy*); **avoir le bras long** to have influence, power
**brasserie** *f* beer hall, café-restaurant
**brave** brave; good, decent
**brebis** *f* sheep, ewe
**bref** brief; in brief
**brigadier** *f* police sergeant
**briller** to shine
**brise** *f* breeze, wind
**briser** to break
**broche** *f* brooch
**brosse** *f* brush
**broussaille** *f* brushwood, undergrowth
**broyer** to crush
**bruit** *m* noise
**brûlure** *f* burn
**brun** brown
**brusque** brusque; sudden
**brusquement** suddenly; brusquely
**buée** *f* mist
**buisson** *m* bush
**bulletin scolaire** *m* report card
**bureau** *m* bureau; office

### C

**cabine téléphonique** *f* telephone booth
**cabinet** *m* cabinet; office

**cacher** to hide
**cacheter** to seal
**cachettes** *f*; **jouer aux cachettes** to play hide and seek
**cadeau** *m* gift, present
**cadre** *m* frame
**café** *m* coffee; café, bar
**caillou du Rhin** *m* rhinestone
**calculer** to calculate; to figure out
**calomnie** *f* slander, calumny
**camarade** *mf* friend, buddy; comrade
**camion** *m* truck
**camoufler** to hide
**campagne** *f* countryside
**campement** *m* camp; encampment
**canard** *m* duck
**candidature** *f* candidacy
**canne** *f* cane; fishing pole
**canon** *m* cannon; **canon de fusil** rifle barrel
**canotier** *m* straw hat
**caoutchouc** *m* rubber
**capitaine** *m* captain
**car** because, for
**car** *m* van; bus
**carreau** *m* windowpane
**carrelage** *m* tiling
**carrément** squarely; frankly
**carriole** *f* carry-all, cart
**carte** *f* card; map; **carte de visite** visiting (calling) card
**carton** *m* carton, box; cardboard
**cartouche** *f* cartridge
**cas** *m* case
**caserne** *f* barracks
**casque** *m* helmet; **casque à pointe** pointed helmet
**casquette** *f* cap
**casser** to break
**casserole** *f* pot
**cause** *f* cause; **à cause de** because of
**causer** to cause; to chat, talk
**ce, cet, cette, ces** this, that, these, those
**ceci, cela** this, that
**céder** to give way, cede
**ceinture** *f* belt

**célèbre**   celebrated, famous

**cependant**   however

**ce que, ce qui**   what

**cercle**   *m* circle; club

**cerf**   *m* stag

**cerisier**   *m* cherry tree

**certes**   certainly

**cesse**   cease; **sans cesse** constantly, without ceasing

**cesser**   to cease, stop

**chacun**   each, each one

**chagrin**   *m* chagrin, sorrow

**chaise**   *f* chair

**chaleur**   *f* heat

**chambre**   *f* bedroom; **chambre d'amis** guest room

**champ**   *m* field

**chance**   *f* luck; **une fière chance** real luck

**changement**   *m* change

**changer**   to change; **changer d'avis** to change one's mind

**chanter**   to sing

**chanteur, chanteuse**   *m, f* singer

**chantier**   *m* railroad yard

**chapeau**   *m* hat; **chapeau melon** derby

**chaque**   each

**charge**   *f* load, responsibility

**charger**   to load; to take on board; **se charger de** to take care of

**chasse**   *f* hunting, hunt; **chasse à courre** hunt with pack of dogs

**chasseur**   *m* hunter

**chat**   *m* cat

**châtain**   chestnut-colored

**château**   *m* castle

**chatouiller**   to tickle; to titillate

**chatterie**   *f* caress, kittenish manner

**chaud**   hot

**chauffeur**   *m* chauffeur, driver; stoker

**chaumière**   *f* cottage, thatched-roof cottage

**chaussée**   *f* pavement

**chaussure**   *f* shoe

**chavirer**   to capsize

**chef**   *m* employer, boss

**chemin**   *m* path, way; **en chemin** along the way; **chemin de fer** railroad

**chemise de nuit**   *f* nightshirt

**chercher**   to look for

**cheval**   *m* horse; **à cheval sur** sitting astride

**chevaucher**   to ride on a horse or donkey

**chevelure**   *f* head of hair, hair

**chevet**   *m* bedside

**cheveux**   *m pl* hair

**chèvre**   *f* goat

**chez**   at the house of

**chic**   fashionable; swell, great

**chien**   *m* dog

**chienlit**   *mf* troublemaker; havoc

**chiffre**   *m* number, figure

**chignon**   *m* chignon, bun

**choc**   *m* shock; impact

**choir**   to fall

**choisir**   to choose

**choix**   *m* choice

**choquer**   to shock

**chose**   *f* thing

**chrétien**   Christian

**chromé**   chrome-plated

**chute**   *f* fall

**ciel**   *m* heaven; sky

**cimetière**   *m* cemetery

**cinq**   five

**cinquante**   fifty

**circonspection**   *f* circumspection, caution; respect

**circuler**   to circulate, move about

**cirer**   to wax; to shine

**clair**   clear; bright; light

**clameur**   *f* clamor, noise

**claquer**   to slam; to clack

**classer**   to classify, categorize

**clef**   *f* key

**clergé**   *m* clergy

**clinquant**   *m* false jewelry

**cloîtré**   cloistered, shut in

**clos**   closed

**cocher, cocher de fiacre**   *m* coachman

**cocu**   *m* cuckold

**cœur**   *m* heart

**coffre** *m* trunk of a car
**cogner** to knock; to hit
**coiffe** *f* hat, headgear
**coiffé** wearing on one's head
**coin** *m* corner; **coin du feu** fireside
**coincer** to get stuck, jammed
**colère** *f* anger
**collègue** *m* colleague, co-worker
**coller** to stick; to glue
**collier** *m* collar; necklace
**colonne** *f* column
**colporter** to peddle; **colporter des ragots** spread gossip
**combattant** *m* combatant; soldier
**comédie** *f* play (*theatrical*), reenactment; act, pretense, show
**comme** like; as, since
**commencement** *m* beginning
**comment** how; what
**commère** *f* gossipy woman
**commettre** to commit
**commis** *m* shop assistant; **commis de bureau** office clerk
**commissaire de police** *m* police super-intendent
**commission** *f* errand
**commun** common; **le commun des mortels** the common run of people
**communale** *f*: **école communale** grade school
**compagne** *f* female companion
**compagnie** *f* company
**compagnon** *m* male companion
**complaisance** *f* indulgence; accommo-dating spirit
**complice** *mf* accomplice
**compliqué** complicated; **ce n'est pas compliqué** that's all there is to it
**comprendre** to understand, compre-hend; to include; **y compris** including
**compte** *m* account
**compter** to count; to count on, plan
**comptoir** *m* counter
**con** *m* dope, fool (*vulgar*)
**concierge** *mf* janitor
**condamner** to condemn

**condoléances** *f pl* sympathy, condolences
**conduire** to conduct, lead; to drive; **se conduire** to behave
**conduite** *f* conduct, behavior
**confiance** *f* confidence
**confidence** *f* secret
**confier** to confide; to entrust
**confondre** to confuse, mix up, confound
**confrère** *m* friend, associate
**confus** confused, embarrassed
**congé** *m* day off; **en congé** on leave; **prendre congé** to take one's leave
**conjuré** *m* conspirator
**connaissance** *f* acquaintance; conscious-ness; **apporter à la connaissance de quelqu'un** to bring to someone's attention
**connaître** to know, be acquainted with
**conquérir** to conquer, overcome
**conscrit** *m* draftee
**conseil** *m* advice; **conseil d'Etat** state council
**conseiller** to advise, counsel
**conseiller d'État** *m* state councilor
**consommation** *f* drink (*in a bar or café*)
**constater** to notice, observe, take note of
**consterner** to consternate; to alarm
**constituer** to constitute; **se constituer prisonnier** to give oneself up
**construire** to construct
**consultation** *f* doctor's appointment
**consumer** to consume; **se consumer** to wear out, go out
**conte** *m* story
**contenance** *f* countenance
**contenir** to contain
**contraindre** to constrain
**contrainte** *f* constraint
**contraire** *m* the contrary
**contrarier** to thwart, go against the wishes of
**contre** against
**contrecœur** *m*: **à contrecœur** unwillingly
**contre-expertise** *f* counterappraisal, sec-ond expert assessment

**contretemps**  *m* contretemps, hitch

**contrevenant**  *m* offender

**contrevenir**  to contravene; to violate

**contrôleur**  *m* train conductor

**convaincu**  convinced; convicted

**convenable**  suitable, proper

**convenir**  to agree; to be suitable

**convocation**  *f* summons

**convoi**  *m* train

**copain**  *m* pal

**coquet, coquette**  well-dressed; flirtatious

**coquetterie**  *f* conquettishness; pride

**corde**  *f* cord, rope

**corps**  *m* body; **corps d'armée** army corps

**corriger**  to correct

**côte**  *f* hill; **côte à côte**  side by side

**côté**  *m* side; **à côté** beside, nearby; **du côté de** toward, over by

**couchant**  *m:* **couchant du soleil** sunset

**couche**  *f* layer

**coucher**  to lay down; **se coucher** to go to bed

**coude**  *m* elbow

**couler**  to flow, pour; **couler à pic** to sink to the bottom

**coup**  *m* blow, strike; **coup de couteau** stab; **coup d'œil** glance; **coup de main** helping hand; **coup de pied** kick; **coup de téléphone** telephone call; **coup de tête** butt with the head; **boire le coup** to have a drink; **d'un coup** all at once; **coup sur coup**  over and over

**coupable**  guilty

**couper**  to cut

**cour**  *f* court, courtyard; **faire la cour** to pay court

**couramment**  ordinarily, usually

**courant**  *m* current

**courbatu**  aching, stiff and aching

**courbe**  *f* curve, parabola

**courbé**  bent

**coureur**  *m* runner

**courir**  to run

**couronne**  *f* crown; wreath

**courrier**  *m* mail

**course**  *f* errand; **au pas de course** at full speed

**courtisane**  *f* courtesan, "kept woman"

**couteau**  *m* knife

**coûter**  to cost

**coutume**  *f* custom

**couver**  to hatch

**couvert**  *m* cover; table setting

**couvrir**  to cover

**cracher**  to spit; to emit; **cracher de la politique** to talk politics

**craindre**  to fear

**crainte**  *f* fear

**craintif**  timid, fearful

**crâne**  *m* cranium, head

**crapule**  *f* villain

**crapuleux, crapuleuse**  villainous

**crasse**  *f* dirt

**créer**  to create

**crépuscule**  *m* dusk, twilight

**crétin**  *m* fool, dope

**crever**  to burst

**cri**  *m* cry, yell

**crier**  to yell, call, cry out

**crise cardiaque**  *f* heart attack

**croire**  to believe

**croiser**  to cross; **croiser les bras** to fold one's arms

**croissant**  *m* crescent of the moon

**crotté**  muddy

**croûton**  *m* bread crumb

**croyable**  credible, believable

**cuir**  *m* leather

**cuire**  to cook

**cuisine**  *f* kitchen; cooking

**cuisinière**  *f* cook

**cuite**  cooked

**cuivre**  *m* copper

**culotte**  *f* pants

**curé**  *m* priest

**curieux, curieuse**  curious, strange

**cycliste**  *m* bicyclist

**cylindrique**  cylindrical

**cynique**  cynical

### D

**d'abord**  at first

**d'ailleurs**  besides

**daim**  *m* deer

**dame**  *f* lady

damné   damned
d'après   according to
davantage   more
débarrasser   to clear away; **se débarrasser de** to get rid of
débat   *m* debate, discussion
débattre   to debate; to discuss
debout   standing
déboutonner   to unbutton
débrouiller   to untangle; to figure out
début   *m* beginning
débutant   *m* beginner
débuter   to begin
décemment   decently
décès   *m* death
décevoir   to disappoint
déchargé   relieved of one's responsibility
déchirant   piercing
déchirer   to tear
déchu: **déchue de ses droits maternels**   deprived of her rights as a mother
décidé à   determined to
décider   to decide; to persuade someone
(to)
déclamatoire   declamatory
décomposer   to decompose; **se décomposer** to fall apart; to become distorted
déconfiture   *f* failure; discomfiture
décorer   to decorate; to give a medal to
découvert   uncovered; open; convertible
découverte   *f* discovery
découvrir   to discover
décrire   to describe
déçu   disappointed
dedans, **au-dedans**   inside
défaillance   *f* weakness; faintness
défaire   to undo; **se défaire de** to get rid
of
défaite   *f* defeat
défendre   to defend; to forbid
défendu   forbidden
défenseur   *m* defender
définitivement   definitively; for good
dégagé   disengaged, free and easy
dégager: **se dégager**   to pull away
dégoût   *m* disgust
dégoûtant   disgusting
dehors   outside

déjà   already
déjeuner   *m* lunch
déjeuner   to lunch
delà: **au delà**   beyond
délaissé   abandoned
délibérément   deliberately
demain   *m* tomorrow
demander   to ask; to require
démangeaison   *f* itch; need
démanteler   to dismantle; **se démanteler** to fall apart
démarrer   to start up; to drive off
démêlé   *m* dispute; difficulty
demeurer   to remain; to live
demi   half
demi-cercle   *m* half-circle
démission   *f* resignation
demoiselle de compagnie   *f* lady's
companion
démolir   to demolish
dénoncer   to denounce; to reveal the
presence of
dénouer   to untie
dent   *f* tooth
dénué   bare, denuded
départ   *m* departure
dépasser   to pass, go beyond
dépêcher: **se dépêcher**   to hurry, hasten
dépeupler: **se dépeupler**   to be
depopulated
déplacer: **se déplacer**   to move about
déposer   to put down; to drop off
dépouille   *f* garment
déprimant   depressing
depuis   since
député   *m* deputy; member of the **Chambre des députés**
déranger   to bother
dernier, **dernière**   last
dérouler   to unfold
derrière   behind
dès   as soon as; beginning with; **dès lors**
from then on
désaccord   *m* disagreement
désagréable   disagreeable
descendre   to descend, go down; to get
off; **descendre à l'hôtel** to stay at the
hotel

**désert** *m* desert; *adj* deserted

**désespéré** desperate

**désespoir** *m* despair

**déshabillage** *m* undressing

**déshabillé** undressed

**déshériter** to disinherit

**désintéresser: se désintéresser** to lose interest

**désolé** sorry

**désordre** *m* disorder

**désormais** henceforth

**desservir** to serve

**dessin** *m* drawing

**dessin animé** *m* animated cartoon

**dessus** above, over; **tirer dessus** to shoot at

**détachement** *m* detachment; troops sent on special service

**détendre** to relax

**détenteur** *m* possessor

**détruire** to destroy

**dette** *f* debt

**devant** in front of, before

**devenir** to become

**déverser** to pour; **se déverser** to spill

**deviner** to guess

**devoir** to owe; to have to

**devoir** *m* duty

**dévouement** *m* devotion

**d'habitude** usually

**diable** *m* devil; **pauvre diable** wretch, poor fellow

**dictée** *f* dictation

**dieu** *m* god; **mon dieu** heavens

**digne** worthy; dignified

**dimanche** *m* Sunday

**dîner** to dine

**dire** to say; **cela ne vous dit rien de...?** would you be interested in . . . ?

**directeur** *m* director; school principal

**diriger** to direct; **se diriger vers** to head toward

**discours** *m* speech

**discuter** to discuss

**disparaître** to disappear

**dissimuler** to dissimulate, hide

**distraire** to distract; **se distraire** to relax, enjoy oneself

**distrayant** fun

**divertissement** *m* entertainment, amusement; show

**dix** ten

**doctoresse** *f* woman doctor

**doigt** *m* finger

**domaine** *m* domain; estate

**domestique** *mf* servant

**domicile** *m* domicile, home; **à domicile** at the doorstep

**donc** therefore

**donner** to give; **étant donné que** given that, since

**dont** of which; whose

**d'ordinaire** usually, ordinarily

**dorer** to gild

**dormir** to sleep

**dos** *m* back

**dot** *f* dowry

**doucement** gently; quietly; slowly

**douceur** *f* delight; sweetness

**douleur** *f* sorrow; pain

**douloureux, douloureuse** painful

**doute** *m* doubt

**douter** to doubt; **se douter de** to suspect

**doux, douce** sweet; soft; gentle

**douzaine** *f* dozen

**draguer** to drag

**drame** *m* drama; adventure

**drap** *m* sheet; clothing material

**dresser** to draw, rise up

**droit** *m* right; **faire son droit** to study law

**droit** *adj* straight; straightforward

**droite** *f* right (versus *left*)

**drôle** funny

**dupe** duped, fooled

**dur** hard; **dur-à-cuir** *m* tough customer

**durant** during, throughout

**durcir** to harden

**durer** to last

### E

**eau** *f* water

**ébrouer: s'ébrouer** to shake off

**écarlate** scarlet

**écart** *m:* **à l'écart** off to the side

**écarter** to put aside; to separate

**ecchymose** *f* bruise

**ecclésiastique** *m* churchman

**échange** *m* exchange

**échapper** to escape

**échauffer: s'échauffer** to heat up; to get excited

**éclairé** lighted up; with the lights on

**éclairer** to reconnoiter

**éclater** to burst

**école** *f* school

**écouter** to listen

**écraser** to crush

**s'écrier** to cry out

**écrire** to write

**écrouler: s'écrouler** to fall down

**effacer** to wipe out, efface; **s'effacer** to disappear

**effarer** to frighten, startle

**effectuer** to bring about; to carry out

**effet** *m* effect; **en effet** in fact; in effect; sure enough

**effleurer** to brush up against; **le doute l'effleura** doubt crept into his mind

**effondrer: s'effondrer** to collapse

**effraction** *f* illegal entry

**égal** equal; **ça m'est égal** I don't care

**également** also; equally

**égard** *m* regard, respect; **à cet égard** with respect to that (in that regard)

**église** *f* church

**égout** *m* sewer

**élancer: s'élancer** to rush forward

**élève** *mf* pupil

**élever** to bring up

**s'éloigner** to go off

**émail** *m* enamel

**embarquer** to get on board

**embonpoint** *m* plumpness, obesity

**embrassade** *f* embrace

**embrasser** to embrace; to kiss

**émeraude** *f* emerald

**émerveiller: s'émerveiller** to marvel

**emmener** to lead off; to take away; to take

**empailler** to stuff

**empêcher** to prevent

**emplir** to fill

**employé** *m* employee

**employer** to use; to employ

**empoigner** to grab; to clutch

**emporter** to carry off; to take away

**empourprer** to turn purple

**empresser: s'empresser** to hasten

**emprunter** to borrow; to take

**ému** moved; upset

**encadré** flanked

**encombre** *m:* **sans encombre** without mishap

**encore** again; yet

**encre** *f* ink

**endormi** asleep; half-asleep

**endormir: s'endormir** to fall asleep

**endroit** *m* place

**endurcir** to toughen

**enfance** *f* childhood

**enfant** *mf* child

**enfantin** childish

**enfermer** to close in; to lock up

**enflammer** to inflame

**s'enfuir** to run away

**engouffrer: s'engouffrer** to sink into

**énigme** *f* enigma

**enjamber** to step over

**enlever** to take away; to take off; to carry off, abduct

**ennui** *m* problem, difficulty

**ennuyer** to bother, annoy; to bore

**ennuyeux, ennuyeuse** boring

**enquête** *f* investigation

**enquêter** to investigate

**enragé** fanatic; furious

**enregistrement** *m* recording

**enregistrer** to register; to record

**enrouler** to wrap

**ensanglanté** bloody, blood-red

**enseignement** *m* lesson; teaching

**enseigner** to teach

**ensemble** together

**ensommeillé** sleepy

**ensuite** next

**entasser: s'entasser** to pile up

**entendre** to hear; to understand; to mean, intend; **entendre parler de** to hear about; **bien entendu** of course; **s'entendre** to get along

**enterrement** *m* burial; funeral

**enterrer** to bury

**entier**, **entière**   entire, whole
**entourer**   to surround
**entraîné**   carried away
**entraîner**   to drag, take off
**entre**   between
**entrée**   *f* entrance; entry
**entrer**   to enter, go in
**entretien**   *m* conversation
**entrouvrir**   to open halfway
**envahir**   to invade
**envelopper**   to envelop, wrap up,
  surround
**envers**   toward
**envers**   *m* inside; wrong side
**envie**   *f* desire; **avoir envie de** to want to
**envier**   to envy
**environ**   around
**envoyer**   to send
**épais**, **épaisse**   thick
**épars**   scattered
**épaule**   *f* shoulder; **hausser les épaules** to
  shrug one's shoulders
**éperdu**   overcome; frantic
**éperdument**   frantically
**épopée**   *f* epic
**époque**   *f* period, time, epoch
**épouse**   *f* wife
**épouser**   to marry
**épouvantable**   frightful
**épouvante**   *f* fright, fear
**éprendre**: **s'éprendre de**   to be infatuated
  with, taken with, in love with
**épreuve**   *f* trial, difficulty
**éprouver**   to experience; to undergo
**épuiser**   to wear out, exhaust
**équipage**   *m* carriage
**équipe**   *f* crew, team; **équipe de**
  **tête**   train crew
**errer**   to wander
**erreur**   *f* error
**escadre**   *f* squadron
**escalier**   *m* staircase, stairs
**espèce**   *f* kind; species
**espérer**   to hope
**espion**   *m* spy
**espoir**   *m* hope
**esprit**   *m* mind, spirit, wit

**essayer**   to try
**essence**   *f* gas
**essouffler**: **s'essouffler**   to run out of
  breath
**essuyer**   to wipe
**estimer**   to estimate; to evaluate; to
  esteem
**estrade**   *f* platform
**établir**   to establish, settle
**étage**   *m* floor, story (*of a building*)
**étaler**   to display
**étang**   *m* pond
**état**   *m* state; condition
**éteindre**   to extinguish, put out
**étendre**   to extend, reach out; **s'étendre**
  to stretch out, lie down
**étiquette**   *f* label
**étonnement**   *m* astonishment, surprise
**étonner**   to astonish; **s'étonner de** to be
  astonished by
**étouffer**   to stifle; to smother
**étourdi**   dazed
**étrange**   strange
**étranger**   *m* stranger
**étrangler**   to strangle, choke
**être**   to be
**être**   *m* being
**étroit**   narrow
**étudiant**   *m* student
**éveil**   *m* awakening; **en éveil** alert
**événement**   *m* event, development
**évêque**   *m* bishop
**évidemment**   obviously
**éviter**   to avoid
**excédé**   furious, exasperated
**exemple**   *m* example; **par exemple!** my
  word!
**exigeant**   demanding, particular
**exiger**   to require, insist on
**exorbité**   bulging
**expérience**   *f* experience; experiment
**expliquer**   to explain
**exprimer**   to express

## F

**face**   *f* face; **en face de** facing, in front of,
  opposite

**fâcher**  to anger: **se fâcher** to get angry

**fâcheux, fâcheuse**  bothersome, troublesome

**facile**  easy

**faciliter**  to facilitate, simplify

**façon**  *f* way, fashion

**faible**  weak, small

**faiblesse**  *f* weakness

**faiblir**  to weaken

**faillir**  to come close to, to nearly . . . ; **il faillit tomber** he nearly fell

**faim**  *f* hunger

**faire**  to make; to do; **en faire autant** to do as much; to do the same thing; **faire beau** to be good weather; **faire son droit** to study law; **faire grâce** to pardon, forgive; **faire mal** to hurt; **faire marcher** to pull someone's leg, to deceive; **faire mine de** to pretend; **faire semblant de** to pretend; **faire signe** to wave; **faire vivre** to support

**fait**  *m* fact; **au fait** by the way; in fact; **fait d'armes** feat of arms

**falloir**  to be necessary

**fameux, fameuse**  famous; very good

**familial**  *adj* family, familial

**famille**  *f* family

**fantaisie**  *f* fantasy; whim

**fantôme**  *m* phantom, ghost

**faraud**  boastful

**farci**  stuffed

**faute**  *f* mistake; fault

**fauteuil**  *m* armchair

**faux, fausse**  false; **faux ami** false friend; misleading cognate

**feindre**  to pretend, feign

**féliciter**  to congratulate

**femme**  *f* woman; wife

**fenêtre**  *f* window

**fer**  *m* iron

**fer-blanc**  *m* tin

**ferme**  *adj* firm

**ferme**  *f* farm

**fermer**  to close

**fesse**  *f* buttock

**feu**  late; **feu sa mère** his late mother

**feu**  *m* fire; **arme à feu** *f* firearm

**feuille**  *f* leaf; newspaper

**fiacre**  *m* horse-drawn cab

**ficelle**  *f* string

**fiche**  *f* registration form

**fidèle**  faithful

**fidèlement**  faithfully

**fier, fière**  proud

**fiévreux, fiévreuse**  feverish

**figure**  *f* face

**fil**  *m* thread

**file**  *f* line

**filer**  to speed along, rush

**filet**  *m* net

**fille**  *f* girl; daughter; prostitute

**fillette**  *f* little girl

**fils**  *m* son

**fin**  *f* end

**finir**  to finish; **finir par** to end up by (*doing something*), to finally (*do something*)

**fixer**  to fix, determine, set

**flacon**  *m* bottle

**flairer**  to sense; to smell out

**flanc**  *m* side, flank; **à flanc de coteau** on the side of the hill

**flâner**  to stroll

**flâneur**  stroller

**flanquer**  to fling; to knock down

**fleur**  *f* flower

**fleuriste**  *m* florist

**fleuve**  *m* river

**flot**  *m* flood

**flotter**  to float, hover

**flotteur**  *m* float, bobber

**flottille**  *f* flotilla

**fluxion de poitrine**  *f* pneumonia

**foi**  *f* faith; **ma foi** upon my word, well; **tromper la bonne foi de** to deceive; to take advantage of someone's good faith

**fois**  *f* time; **à la fois** at the same time, both

**fonctionnaire**  *mf* civil servant

**fonctionnement**  *m* mode of operation, functioning

**fonctionner**  to function, work

**fond**  *m* bottom; **au fond** deep down, fundamentally

**fontaine**  *f* fountain
**force**  *f* strength; **à force de** by dint of, by
**forêt**  *f* forest
**forgeron**  *m* blacksmith
**forme**  *f* form, shape; **pour la forme** as a matter of form, for appearance's sake
**formule**  *f* formula
**fort**  strong; very
**fortuit**  fortuitous, chance
**fortune**  *f* fortune; money
**fossé**  *m* ditch
**fou, folle**  crazy, mad
**fouiller**  to search
**foulard**  *m* scarf
**fournir**  to furnish; **bien fourni** abundant
**fourré**  *m* bush
**fourrer**  to stuff
**foutre le camp**  to get the hell out (vulgar)
**fracas**  *m* loud noise; fracas
**franc, franche**  frank, open
**français**  French
**franchement**  frankly
**franchir**  to cross
**franchise**  *f* frankness
**franc-tireur**  *m* partisan, irregular
**frapper**  to hit, strike
**frauduleusement**  fraudulently
**frein**  *m* brake
**freiner**  to brake
**frémir**  to tremble
**frémissement**  *m* trembling
**frénétique**  frenzied, frenetic
**frère**  *m* brother
**frétillant**  wriggling
**frire**  to fry
**frisson**  *m* shiver, shudder
**frissonner**  to shiver, shudder
**friture**  *f* fried fish
**froid**  *adj* cold
**froncer: froncer les sourcils**  to knit one's brow
**front**  *m* forehead
**frotter**  to rub; to scrub
**fuir**  to flee, run away
**fuite**  *f* flight
**fumée**  *f* smoke
**fumer**  to smoke

**fumoir**  *m* smoking room
**fusil**  *m* rifle; **fusil au pied**  at parade rest
**fusillade**  *f* fusillade, hail of bullets
**fusiller**  to shoot by firing squad
**fut**  was; **il s'en fut** he went off
**futaie**  *f* cluster of trees

## G

**gagner**  to win; to gain; to earn; to reach; to go to
**gai**  gay, funny
**gaieté**  *f* gaiety, merriment
**gamin**  *m* boy, kid
**gant**  *m* glove
**garagiste**  *m* garageman
**garçon**  *m* boy; waiter
**garçonnet**  *m* little boy
**garder**  to keep; to watch over
**gardien**  *m* guard
**gare**  *f* railway station
**garrotter**  to tie up
**gâter**  to spoil
**gauche**  *f* left
**gaucherie**  *f* clumsiness
**géant**  *m* giant
**gémir**  to moan
**gendarme**  *m* policeman
**gendarmerie**  *f* police station
**gêne**  *f* embarrassment
**gêné**  embarrassed; troubled
**gêner: se gêner**  to bother about, go out of one's way for
**généreusement**  generously
**généreux, généreuse**  generous
**genou**  *m* knee
**genre**  *m* type; gender
**gens**  *m pl* people
**gentil, gentille**  nice
**gentilhommière**  *f* manor house, country estate
**gercer**  to crack
**geste**  *m* gesture
**gibier**  *m* game
**gilet**  *m* vest
**glisser**  to slide, slip
**gonfler**  to swell up
**gorge**  *f* throat

**gouaillerie**  *f* cheekiness, impudence
**goujon**  *m* gudgeon, small fry
**goût**  *m* taste
**gouverner**  to steer; to govern
**grâce: grâce à** thanks to; **faire grâce à** to pardon, forgive
**grand**  big; great
**grand'chose: pas grand'chose**  not much
**gré: bon gré, mal gré**  willy-nilly, whether one wants to or not; **savoir gré**  to be grateful
**grimper**  to climb
**grinçant**  grinding, squeaking
**grippe**  *f* flu, cold
**gris**  gray
**griser: se griser**  to get tipsy
**grognement**  *m* grunt
**grogner**  to growl; to grumble
**grommeler**  to grumble
**gronder**  to rumble; to growl
**gros, grosse**  big; fat
**grossir**  to grow big; to put on weight
**grue**  *f* derrick; crane
**guère**  scarcely
**guerre**  *f* war
**guerrier**  *m* warrior
**guetter**  to watch for; to spy on
**guidon**  *m* handlebar

## H

**habile**  clever; able
**habiller**  to dress; **s'habiller** to get dressed
**habitant**  *m* inhabitant
**habiter**  to live
**habitude**  *f* habit; **d'habitude** usually
**habituel, habituelle**  habitual
**habituer: s'habituer à**  to get used to
**haine**  *f* hatred
**haleine**  *f* breath
**haleter**  to pant
**hameau**  *m* village, hamlet
**hanté**  haunted; obsessed
**hardi**  bold; hardy
**hasard**  *m* chance; **à tout hasard** on the off chance, just in case
**hasarder**  to suggest tentatively; to risk
**hâte**  *f* haste

**hâter**  to hasten
**hâtif, hâtive**  hasty
**hausser**  to heighten; **hausser les épaules** to shrug one's shoulders; **hausser le ton** to raise one's voice
**haut**  high; aloud
**hautain**  haughty
**hauteur**  *f* height; level
**hein?**  eh? what?
**hélas**  alas
**herbe**  *f* grass
**héritage**  *m* inheritance; heritage
**héritier**  *m* heir
**heure**  *f* hour; time; o'clock
**heureux, heureuse**  happy
**heurter**  to bump into, run into
**hier**  *m* yesterday
**hirondelle**  *f* swallow (*bird*)
**histoire**  *f* story; **des histoires** shenanigans
**hiver**  *m* winter
**hobereau**  *m* squire, country gentleman
**hocher: hocher la tête**  to nod; to shake one's head
**hommage**  *m:* **mes hommages** my respects
**homme**  *m* man
**honnête**  honest; virtuous
**honte**  *f* shame
**honteux, honteuse**  ashamed
**horaire**  *m* timetable
**horloge**  *f* clock
**horloger**  *m* clockmaker
**horreur**  *f* horror; **j'ai horreur de** I can't stand
**hors de combat**  out of action
**hôtel**  *m* hotel; **hôtel particulier** town (private) mansion
**huissier**  *m* bailiff
**huit**  eight
**humeur**  *f* humor; mood
**hurler**  to yell

## I

**ici**  here
**idée**  *f* idea
**idiot**  *adj* idiotic; dumbstruck
**ignorer**  not to know, to be ignorant of

**il y a** there is, there are; ago
**île** *f* island
**immeuble** *m* building
**immodéré** immoderate
**immonde** foul; unspeakable
**impatienter: s'impatienter** to grow impatient
**impérieux, impérieuse** imperious; pressing
**importer** to matter; **n'importe** it does not matter
**imposteur** *m* impostor
**impressionnant** impressive
**impressionner** to impress
**imprimé** printed
**incliner: s'incliner** to bow
**incoercible** uncontrollable
**inconnu** unknown
**inculper** to charge with
**indécis** undecided
**index** *m* index finger
**indice** *m* clue
**indigne** unworthy
**indigné** indignant
**indiquer** to indicate; to show; to point at
**inégal** uneven, unequal
**inendurable** unbearable
**inépuisable** inexhaustible
**infanterie** *f* infantry
**infini** infinite
**infirmière** *f* nurse
**ingénieux, ingénieuse** ingenious
**initié** *m* initiate
**initier** to initiate
**injure** *f* insult
**injuste** unjust
**inonder** to inundate
**inqualifiable** unspeakable
**inquiet, inquiète** worried, uneasy
**inquiétant** worrisome; bothersome
**inquiéter** to worry
**inquiétude** *f* worry, anxiety
**insécurité** *f* insecurity
**insistance** *f* insistence; pressure
**installer: s'installer** to move in, settle in; to sit down
**instantané** instantaneous
**insuffisant** insufficient

**insupportable** unbearable
**intégral** total, complete
**intention: à l'intention de** intended for; addressed to
**interdire** to forbid
**interdit** forbidden
**intérieur** *m* inside
**interne** *m* boarder in boarding school
**interpeller** to speak to, address; to call out
**interrogatoire** *m* interrogation
**interroger** to interrogate
**interrompre** to interrupt
**intervenir** to intervene
**intrigue** *f* plot
**introduire** to show in; to put into
**inutile** useless
**invraisemblablement** unbelievably
**irrégulier, irrégulière** irregular
**isolé** isolated
**issue** *f* exit; way out

## J

**jaloux, jalouse** jealous
**jamais** never; ever
**jambe** *f* leg
**janvier** *m* January
**jaquette** *f* morning coat
**jardin** *m* garden
**jardinage** *m* gardening
**jaune** yellow
**jeter** to throw; to say, interject, cry out; **jeter bas** to bring down
**jeu** *m* game; **en jeu** at stake
**jeudi** *m* Thursday
**jeun: à jeun** on an empty stomach
**jeune** young
**jeunesse** *f* youth
**joaillier** *m* jeweler
**joie** *f* joy
**joindre** to join; **se joindre à** to join with; **les pieds joints** with feet together
**joli** pretty
**jonc** *m* cane, rattan
**joue** *f* cheek
**jouer** to play; to deceive; to imitate
**jouet** *m* toy
**jouissance** *f* pleasure

**jour**  *m* day; daylight; **au jour levant** at daybreak

**journal**  *m* newspaper

**journée**  *f* day; **à longueur de journée** all day long

**joyau**  *m* jewel

**joyeusement**  joyously

**juge de paix**  *m* justice of the peace

**juger**  to judge; to consider; **se juger** to consider oneself to be

**jurer**  to swear

**juron**  *m* oath; swear word

**jusque, jusqu'à**  until; as far as; even

**juste**  just; **au juste** exactly

**justement**  just so; exactly

**justifier**  to justify

## L

**là**  there

**lac**  *m* lake

**lacet**  *m* shoe-lace

**lâcher**  to let go; **se lâcher** to drift apart

**lâcheté**  *f* cowardice

**là-haut**  up there

**laisser**  to leave; **laisser entendre** to imply; **se laisser faire**  to take it lying down

**laissez-passer**  *m* pass

**laiteux, laiteuse**  milky

**lancer**  to throw; to cry out

**langue**  *f* tongue; language

**largesse**  *f* largess, generosity

**larme**  *f* tear

**lasser**  to tire; to fatigue

**laurier**  *m* laurel

**laver**  to wash

**léger, légère**  light

**lendemain**  *m* next day

**lent**  slow

**lentement**  slowly

**lequel, lesquels, laquelle, lesquelles**  which

**lettre**  *f* letter

**lever**  to lift; **se lever** to get up, rise

**lèvre**  *f* lip

**liane**  *f* creeper

**liasse**  *f* bundle

**libérer**  to liberate

**liberté**  *f* liberty

**libre**  free

**lien**  *m* bond

**lier**  to tie

**lieu**  *m* place

**ligne**  *f* line; railroad line

**limonade**  *f* lemon-flavored carbonated drink

**linge**  *m* laundry; linen

**lire**  to read

**lit**  *m* bed

**livide**  livid, white

**livre**  *m* book; **livre de vente** register of sales

**livrée**  *f* livery, uniform

**loge**  *f* box in the theatre

**loger**  to lodge, house

**logique**  *adj* logical

**logique**  *f* logic

**logis**  *m* house, dwelling place

**loi**  *f* law

**loin**  far

**lointain**  far away, distant

**long: de long en large**  back and forth; **le long de** along

**longtemps**  a long time

**longuement**  at length

**longueur**  *f* length; **à longueur de journée** all day long

**louange**  *f* praise

**louer**  to rent; to reserve; to praise

**loupe**  *f* magnifying glass

**lourd**  heavy

**lourdeur**  *f* heaviness; clumsiness

**lueur**  *f* glow

**luire**  to shine

**lumière**  *f* light

**lundi**  *m* Monday

**lune**  *f* moon; **lune de miel** honeymoon

**lustré**  lustrous

**lutte**  *f* struggle

**luxe**  *m* luxury

## M

**machin**  *m* thingamajig, whatsit

**machinalement**  automatically; unconsciously

**mâchoire**  *f* jaw

**magasin**  *m* store

**magnétophone** *m* tape recorder
**maille** *f* mesh
**maillot** *m* jersey; **maillot de corps** undershirt
**main** *f* hand
**maintenant** now
**maintenir** to maintain; to keep
**maison** *f* house; firm, company; **à la maison** at home
**maisonnée** *f* houseful
**maître** *m* master; schoolteacher
**maîtresse** *f* mistress; **maîtresse de la maison** lady of the house; hostess
**mal** badly; **mal à l'aise** uneasy
**mal** *m* trouble
**malade** sick
**maladroit** clumsy
**malchance** *f*: **jouer de malchance** to run into bad luck
**malfaiteur** *m* malefactor, evildoer
**malgré** in spite of
**malheur** *m* misfortune, unhappiness, accident
**malheureux, malheureuse** unhappy
**malin** sly; clever
**malsain** unhealthy; morbid
**maltraiter** to mistreat
**maman** *f* mom, mommy
**manche** *f* sleeve
**mandat** *m*: **mandat de perquisition** search warrant
**manette** *f* handle
**mangeaille** *f* mounds of food
**manger** to eat
**manière** *f* manner
**manigances** *f pl* tricks, schemes
**manquer** to miss; to fail; to almost (*do something*)
**manteau** *m* coat
**marchand** *m* merchant
**marche** *f* walking; movement; step; **en marche** running, moving; **marche arrière** reverse
**marcher** to walk; to work, run
**mardi** *m* Tuesday
**mari** *m* husband
**marier** to marry off; **se marier** to get married

**marinier** *m* sailor
**maroquin** *m* Morocco leather
**marteler** to hammer
**massif** *m* clump of bushes
**mât de cocagne** *m* maypole
**mathématique** mathematical
**matière** *f* matter
**matin** *m* morning
**matinée** *f* morning
**maudit** accursed, damned
**mauvais** bad
**mécanicien** *m* railroad engineer
**méchant** mean; bad, evil; paltry
**mèche** *f* wick
**médecin** *m* doctor; **médecin légiste** forensic surgeon
**médicament** *m* medicine, drug
**méfait** *m* misdeed
**méfiance** *f* suspicion
**méfier: se méfier** to mistrust, be suspicious of
**mélange** *m* mixture; **sans mélange** pure, unalloyed
**mêler** to mix up; **être mêlé à** to be involved in
**même** same; even; self
**ménage** *m* couple; household
**ménagement** *m* consideration, care
**mener** to lead
**menotte** *f* handcuff
**mensonge** *m* lie
**mentir** to lie
**menton** *m* chin
**menuisier** *m* carpenter; joiner
**méprendre: se méprendre** to be mistaken
**mépris** *m* scorn
**mercier** *m* shopkeeper selling thread, ribbon, needles
**mercredi** *m* Wednesday
**merde** *f* shit
**mère** *f* mother
**méritant** deserving, meritorious
**mérite** *m* merit
**méritoire** meritorious, admirable
**merveilleux, merveilleuse** marvelous
**mésaventure** *f* misadventure

**mesure** *f* measure; **à mesure que** gradually, as

**métier** *m* job; profession

**mètre** *m* meter

**mettre** to put; **mettre à la porte** to fire, dismiss; **mettre en route** to start up; **se mettre à** to start to; **mettre six minutes à** to take six minutes to

**meuble** *m* piece of furniture

**meublé** furnished

**mi: à mi-voix** in an undertone

**micro** *m* microphone, mike

**midi** *m* noon

**milieu** *m* middle; environment

**mille** *m* thousand

**mince** thin

**mine** *f* face, look; **faire mine de** to pretend to

**ministère** *m* ministry

**minuit** *m* midnight

**miroir** *m* mirror

**miroiter** to gleam

**mise** *f* bet

**misère** *f* misery; poverty

**mobile** *m* motive

**mode** *f* fashion; *m* manner, way

**modeler** to model; **se modeler sur** to take the shape of

**moindre** least

**moineau** *m* sparrow

**moins** less; **pour le moins** at the least; **du moins, au moins** at least

**mois** *m* month

**moitié** *f* half

**môme** *mf* kid

**moment** *m* moment; time; **du moment que** since

**monde** *m* world; people; **tout le monde** everybody

**monotone** monotonous

**monsieur** *m* mister; gentleman

**montagne** *f* mountain

**monter** to go up

**montre** *f* watch

**montrer** to show

**monture** *f* clasp

**moquer: se moquer de** to make fun of; not to care about

**morceau** *m* piece

**mordre** to bite

**morne** dreary; sad

**mort** *f* death; *adj* dead

**mort** *m* dead person; dummy at bridge

**mortel, mortelle** mortal

**mot** *m* word; note; **mot-clé** key word; **mot d'ordre** password; **prendre au mot** to take literally

**motif** *m* motive, reason

**moto, motocyclette** *f* motorcycle

**mou, molle** soft

**moucher: se moucher** to blow one's nose

**mouchoir** *m* handkerchief

**moulin** *m* windmill

**mourir** to die

**mousseline** *f* muslin

**moyen** *m* means, way; **les moyens** the means, the wherewithal, the money

**moyennant** for a sum of; by means of

**muet, muette** quiet; mute

**mufle** *m* boor

**muni** equipped

**mur** *m* wall; **mur d'appui** parapet

**musulman** *m* Moslem

**mystère** *m* mystery

## N

**nager** to swim

**nageuse** *f* female swimmer

**naïf, naïve** naive

**naître** to be born; **faire naître** to give rise to

**nappe** *f* tablecloth; layer

**naturel, naturelle** natural

**néanmoins** nevertheless

**nécessaire** necessary; **faire le nécessaire** to do what has to be done

**négliger** to neglect

**nerveux, nerveuse** nervous; energetic; sinewy

**net** clean; sharp

**nettement** clearly

**nettoyer** to clean

**neuf** nine

**neveu** *m* nephew

**nez** *m* nose

**ni... ni...** neither . . . nor . . .

**nid**  *m* nest

**nier**  to deny

**niveau**  *m* level; **passage à niveau** level crossing

**noir**  black

**noircir**  to blacken

**nom**  *m* name; noun; **nom de Dieu!** my God! **nom de nom!** heavens!

**nombre**  *m* number

**nombreux, nombreuse**  numerous

**non**  no; **non plus** neither

**normand**  Norman

**notaire**  *m* legal and financial advisor

**note**  *f* bill

**noueux, noueuse**  knotty, gnarled

**nourrice**  *f* wet-nurse, nurse who breast-feeds babies

**nourrir**  to nourish, feed

**nourriture**  *f* food

**nouveau, nouvelle**  new; **à nouveau, de nouveau** again; **nouveau venu** newcomer

**noyé**  *m* drowned person

**nu**  naked, bare

**nuage**  *m* cloud

**nuit**  *f* night

**nullement**  not at all

## O

**obéir**  to obey

**objet**  *m* object

**obliquer**  to veer off

**obscurcir**  to darken, grow dark

**obscurité**  *f* darkness

**obstiner**: **s'obstiner à**  to insist on

**obtenir**  to obtain

**occasion**  *f* opportunity; occasion

**occuper**  to occupy; **s'occuper de** to take care of, be interested in

**odieux, odieuse**  odious

**œil**  *m* eye; **voir d'un autre œil** to see differently

**office**  *m* office; *f* pantry

**officier**  *m* officer

**offrir**  to offer

**offusqué**  offended

**oiseau**  *m* bird

**ombragé**  shaded

**ombre**  *f* shade; shadow; darkness

**ombrelle**  *f* parasol

**or**  *m* gold

**or**  now; it so happens that

**ordinaire**  ordinary; **d'ordinaire** usually

**ordure**  *f* scum; garbage

**orée**  *f* edge (of a wood)

**oreille**  *f* ear

**orfèvre**  *m* jeweler

**orgueil**  *m* pride

**ornière**  *f* rut

**orpheline**  *f* female orphan

**osciller**  to oscillate, swing back and forth

**oser**  to dare

**ôter**  to take away

**ou**  or; **ou... ou...** either . . . or . . .

**où**  where

**ouah ouah**  bow-wow

**oubli**  *m* oversight; forgetfulness

**oublier**  to forget

**outre**  besides; **en outre** in addition

**ouvertement**  openly

**ouvrir**  to open

## P

**pacifique**  peaceful

**pacotille**  *f* cheap stuff, rubbish

**pain**  *m* bread

**paisible**  peaceful

**paix**  *f* peace

**palais**  *m* palate; palace

**Palais de Justice**  *m* courthouse

**palier**  *m* landing

**palme**  *f* webbed foot

**pan**  *m* segment

**panier**  *m* basket

**panne**  *f* breakdown

**pantalon**  *m* pants

**pantelant**  panting, breathless

**pantouflard**  *m* stay-at-home

**papetier**  *m* stationer

**papier**  *m* paper; newspaper article

**par**  by; **par contre** on the other hand; **par où** where

**parages**  *m pl* environs, vicinity

**paraître**  to appear

**parapluie**  *m* umbrella

**parbleu** well, of course

**parc** *m* park

**parcourir** to travel; to run through; **parcourir des yeux** glance through

**par dessus** above

**pardi** by god

**pare-brise** *m* windshield

**pareil, pareille** similar; such a

**parent** *m* parent; relative

**parer: se parer** to dress up, put on one's finery

**parfait** perfect

**parfois** sometimes

**parier** to bet

**parisien** *m* Parisian

**parler** to speak

**parmi** among

**parole** *f* word

**part** *f* share, part; **à part** aside; **quelque part** somewhere

**partager** to share

**partenaire** *mf* partner

**parti** *m* (political) party; **prendre à parti** to give a hard time to; **prendre son parti** to make up one's mind

**particulier, particulière** private

**partie** *f* part

**partir** to leave

**partout** everywhere

**parure** *f* necklace

**parvenir** to succeed; to arrive; to come through

**pas** step; **à pas comptés** with measured steps; **à pas de course** at racing speed; **à pas de voleur** stealthily

**passage à niveau** *m* level crossing

**passant** *m* passerby

**passé** *m* past

**passer** to pass; to go; to drop by; to put on; **passer au travers** to come through unscathed; **se passer** to happen; **se passer de** to do without

**passionnant** exciting

**pâte à modeler** *f* modeling clay

**patiemment** patiently

**patrimoine** *m* patrimony, inheritance

**patron** *m* boss

**patte** *f* paw

**paume** *f* palm (of the hand)

**pauvre** poor; pitiable

**pavillon** *m* horn

**payer** to pay

**pays** *m* country

**paysan** *m* peasant, farmer

**peau** *f* skin

**pêche** *f* fishing

**pêcher** to fish

**pêcheur** *m* fisherman

**peigne** *m* comb

**peine** *f* sorrow; pain; trouble; penalty; **à peine** scarcely

**pèlerinage** *m* pilgrimage

**pelle** *f* shovel

**peluche** *f* plush

**pencher** to lean

**pendant** during, while

**pendre** to hang

**pénétrer** to penetrate; to enter

**pénible** painful

**péniche** *f* barge

**pensée** *f* thought

**penser** to think

**pension** *f* boarding school

**percepteur** *m* tax collector

**perclus** paralyzed

**perdre** to lose

**père** *m* father

**perfide** perfidious, treacherous

**péricliter** to collapse

**périlleux, périlleuse** perilous

**perle** *f* pearl

**permettre** to permit

**perron** *m* doorstep

**personnage** *m* character; person

**personne** *f* person; **ne... personne** nobody

**personnellement** personally

**perte** *f* loss

**pesant** heavy

**peser** to weigh, weigh heavily

**peste** *f* plague

**pétanque** *f* type of bowling game

**petit** little, small

**peu** little; not very; **à peu près** about

**peuplier** *m* poplar

**peur** *f* fear

**peut-être** perhaps

**pharmacien** *m* pharmacist, druggist

**pic** *m* peak

**pièce** *f* room; play (*theatrical*); coin

**pied** *m* foot; **à pied** on foot

**piège** *m* trap

**pierre** *f* stone

**piètre** wretched

**piller** to pillage, lay waste

**piloter** to pilot; to drive

**pin** *m* pine

**pincer** to pinch; to draw in

**pis** worse

**piscine** *f* pool

**pitoyable** pitiful

**pivoter** to pivot; to turn

**place** *f* job, position; place; seat

**placer** to invest

**plaider** to plead; to argue in court

**plaindre: se plaindre** to complain

**plainte** *f* complaint; moan

**plaire** to please; to be attractive to

**plaisant** pleasing; funny

**plaisanter** to joke, exchange pleasantries

**plaisanterie** *f* joke

**plaisir** *m* pleasure

**plancher** *m* floor

**plaque** *f* plaque, nameplate

**plat** *adj* flat

**plat** *m* dish of food, course

**platane** *m* plane tree

**plateau** *m* platter

**platiné** *adj* platinum

**plein** full

**pleurer** to cry, weep

**pleureuse** *f* weeper, mourner

**pleuvoir** to rain

**plier** to fold

**plisser** to wrinkle

**plonger** to dive; to sink

**pluie** *f* rain

**plume** *f* feather

**plupart: la plupart** *f* most

**plus** more; **ne... plus** no longer; **au plus** at the most; **le plus** the most; **non plus** neither; **de plus en plus** more and more

**plusieurs** several

**plutôt** rather; **plutôt que** rather than

**poche** *f* pocket

**poignée** *f* handle

**poignet** *m* wrist

**poing** *m* fist

**point** *m*: **à ce point** to that extent; **ne... point** not at all

**pointe** *f* point

**poisson** *m* fish; **poisson rouge** goldfish

**poitrine** *f* chest

**poli** polite; polished

**policier** *m* policeman

**politesse** *f* politeness

**politique** *f* politics

**pompe** *f* pump

**pont** *m* bridge; **pont aérien** airlift

**porche** *m* porch

**portail** *m* gate, portal

**portant: bien portant** in good health

**porte** *f* door

**porte cochère** *f* formal carriage entrance

**portée** *f*: **à portée de** within reach of

**portefeuille** *m* wallet

**porter** to carry, bear; to wear; **porter plainte** to bring an action; **se porter** to be well/unwell

**poser** to put down; **poser une question** to ask a question; **poser sa candidature** to declare one's candidacy

**postier** *m* postman

**potager: jardin potager** vegetable garden

**poubelle** *f* garbage can

**poudre** *f* powder

**pour** for; **pour que** so that

**pourquoi** why

**poursuivre** to pursue

**pourtant** yet, however

**pourvu de** provided with, endowed with

**pourvu que** provided that; so long as

**pousser** to push; **pousser un cri** to let out a cry

**poussière** *f* dust

**poussiéreux, poussiéreuse** dusty

**pouvoir** to be able to; **n'en pouvoir plus** to be exhausted; **ne pouvoir y tenir** not to be able to stand it any longer

**pratique** practical

**précéder**  to precede

**précipiter: se précipiter**  to rush forward

**précisément**  precisely

**préciser**  to specify

**précision**  *f* detail

**préfecture**  *f* police station; departmental administrative headquarters

**premier, première**  first

**prendre**  to take; **prendre garde** to watch out; **prendre à parti** to give someone a hard time; **prendre son parti** to make up one's mind; **prendre place** to take a seat; **s'en prendre à** to attack; to be angry at; to blame; **s'y prendre** to go about it; **se prendre d'affection (d'amitié) pour** to take a liking to

**près**  near

**presque**  almost

**pressé**  hurried, pressed for time

**presser: se presser**  to hurry; to crowd

**prestement**  quickly; deftly

**prêt**  ready

**prétendre**  to claim, allege

**prêter**  to lend

**prêtre**  *m* priest

**preuve**  *f* proof

**prévenir**  to warn

**prier**  to beg; to pray

**primus**  *m* primus stove

**printemps**  *m* spring

**prisonnier**  *m* prisoner

**privé**  deprived; private; **privé de sentiment** unconscious

**priver**  to deprive

**prix**  *m* price; fee; value

**prochain**  next

**proche**  nearby, near

**procureur**  *m* district attorney

**professeur**  *m* professor, teacher

**profiter de**  to take advantage of

**profond**  deep, profound

**profondément**  deeply

**profondeur**  *f* depth

**projet**  *m* plan

**projeter**  to plan; to project; to push forward

**promenade**  *f* walk; drive, ride

**promener: se promener**  to go for a walk, a drive

**promesse**  *f* promise

**promettre**  to promise

**prononcer**  to say; to pronounce

**prophétie**  *f* prophecy

**propos**  *m* remark; **à propos** by the way; **à propos de** about

**propriétaire**  *mf* owner

**propriété**  *f* property

**protecteur**  *m* protector

**protectrice**  *f* protectress

**protéger**  to protect

**prothèse**  *f* prosthesis, artificial limb or teeth

**prouver**  to prove

**provenance**  *f* provenance, source

**pudeur**  *f* modesty, sense of decency

**puer**  to stink

**puis**  then

**puisque**  since

**puissant**  powerful

**punir**  to punish

**punition**  *f* punishment

## Q

**qualité**  *f* quality

**quand**  when

**quant à**  as for

**quarante**  forty

**quart**  *m* quarter (*fraction*); **une heure et quart** one fifteen (o'clock)

**quartier**  *m* quarter, part of town; **quartier général** headquarters; **quartier latin** student quarter in Paris

**quatre**  four

**quatrième**  *m* fourth (at bridge)

**que**  that; whom; which; what; how; let; whether; **ne... que** only

**quel, quels, quelle, quelles**  what, which

**quel que**  whatever

**quelque**  some; **quelque chose** something; **quelque part** somewhere

**quelquefois**  sometimes

**quelqu'un**  someone

**question**  *f* **être question de** to be about; **remettre en question** to challenge the authority of

**quêter**   to raise funds; to collect
**queue**   *f* tail; **en queue** at the end
**qui**   who, whom; that, which
**quinze**   fifteen
**quitter**   to leave; **quitter des yeux** to take one's eyes off
**quoi**   what, which
**quolibet**   *m* hoot, jeer

### R

**raclée**   *f* thrashing
**raconter**   to tell
**radiateur**   *m* radiator
**radioscopie**   *f* X-ray examination; X-ray examination room
**raffiné**   refined
**ragot**   *m* a piece of malicious gossip
**raide**   steep
**raillerie**   *f* mockery
**railleur, railleuse**   mocking
**raison**   *f* reason; **avoir raison** to be right; **donner raison à** to admit that someone is right
**raisonné**   reasoned, well thought-out
**raisonner**   to reason; to argue
**rajeunir**   to make younger
**râler**   to emit the death rattle; to complain insistently
**ramasser**   to pick up
**ramener**   to bring back
**ramper**   to crawl
**rancune**   *f* rancor, animosity
**rang**   *m* rank; order
**rangé**   lined up
**rapide**   *m* express train
**rappeler**   to call back; to recall; **se rappeler** to remember, recall
**rapport**,   *m* relationship; rapport
**rapporter**   to bring in; to bring back
**rapprocher: se rapprocher**   to approach
**ras: à ras de terre**   at ground level
**raser**   to shave
**rasoir**   *m* razor
**rasseoir: se rasseoir**   to sit down again
**rassurer**   to reassure
**rater**   to miss; to fail
**ravin**   *m* ravine

**ravir**   to delight
**raviser: se raviser**   to change one's mind
**ravissant**   delightful
**rayé**   striped
**rayon**   *m* ray
**réapparaître**   to reappear
**rebord**   *m* rim
**réception**   *f* reception, party
**recevoir**   to receive; to welcome as a guest; to entertain
**recherche**   *f* search
**rechercher**   to look for
**récit**   *m* story
**réclamer**   to demand
**recommander**   to recommend
**recommencer**   to begin again; to go back to; to do again
**recompter**   to count again
**reconduire**   to show (someone) to the door; to take home; to drive home
**reconnaissance**   *f* gratitude, recognition; reconnaissance
**reconnaissant**   grateful
**reconnaître**   to recognize; to admit
**recouper**   to intersect
**recourbé**   bent, crooked
**reçu**   *m* receipt
**reculer**   to draw back, recoil
**redescendre**   to go back down
**redevenir**   to become again
**réduire**   to reduce
**réel, réelle**   real
**refermer**   to close; to close again
**réfléchir**   to reflect, think
**reflet**   *m* reflection
**réfugier: se réfugier**   to take refuge
**regard**   *m* look
**regarder**   to look
**régler**   to settle; to rule on
**régulier, régulière**   regular
**rein**   *m* kidney; **avoir les reins solides** to be on a financially sound basis; to have a strong back
**rejaillir**   to splash up
**rejeter**   to throw back
**rejoindre**   to rejoin; to join
**relais**   *m* relay

**reliure** *f* binding
**reluire** to shine
**remémorer: se remémorer** to remember
**remercier** to thank
**remettre** to put back; **remettre en question** to challenge the authority of; **se remettre à** to start in again
**remonter à** to go back to
**remords** *m* remorse
**rempart** *m* rampart
**remplacer** to replace
**remplir** to fill
**remue-ménage** *m* fuss, noise
**remuer** to move
**rencontre** *f* encounter, meeting
**rencontrer** to meet
**rendez-vous** *m* meeting
**rendre** to give back; to render; to make; **se rendre** to surrender; **se rendre à** to go to; **se rendre compte** to realize
**renfourner** to put back in
**renifler** to sniff
**renseignement** *m* (piece of) information
**renseigner** to inform; **se renseigner** to gather information
**rente** *f* income
**rentrée** *f* start of classes, start of school; return
**rentrer** to go home; to bring in
**renverser** to knock over
**reparaître** to reappear
**repartir** to go off again
**repas** *m* meal
**repenser** to think again
**répéter** to repeat
**replet, replète** chubby
**replier: se replier** to withdraw
**répliquer** to reply
**répondre** to answer
**réponse** *f* answer
**reporter: reporter sur** to transfer to
**repos** *m* repose, rest
**reposer** to put back; **se reposer** to rest
**repousser** to push back
**reprendre** to take back; to continue; to regain; to go back to; **reprendre connaissance** to regain consciousness

**reproche** *m* reproach
**reprocher** to reproach
**rescousse: à la rescousse** to the rescue
**réserve** *f* storeroom
**résolu** resolved
**résonner** to resound
**respirer** to breathe
**ressouvenir: se ressouvenir** to remember again
**rester** to remain
**résultat** *m* result
**retard** *m:* **en retard** late
**retarder** to delay
**retenir** to hold back; to remember; to retain
**retirer** to withdraw; to take out; **se retirer** to withdraw; to go away
**retour** *m* return
**retourner** to return; to turn over
**retracer** to retrace; to retell
**retraite** *f* retreat
**rétrécir** to grow narrow; to shrink
**retrouver** to find; to go back to; **se retrouver** to meet; to meet again
**réunir** to gather; to come together
**réussir** to succeed
**revanche** *f* revenge
**rêve** *m* dream
**réveiller: se réveiller** to wake up
**révélateur, révélatrice** revealing
**révéler** to reveal
**revendre** to resell
**revenir** to come back
**rêver** to dream
**rêveur** *m* dreamer
**rez-de-chaussée** *m* ground floor
**richesse** *f* wealth, richness
**ridicule** ridiculous
**rien** *m* nothing; **rien que** only; nothing but; just
**rigoureux, rigoureuse** rigorous
**rigueur** *f* rigor; **à la rigueur** strictly speaking; if need be
**rire** to laugh
**risque** *m* risk
**rive** *f* shore; bank
**rivière** *f* river

**robe**  *f* dress
**rocailleux, rocailleuse**  rocky
**rôder**  to roam, wander
**roi**  *m* king
**ronce**  *f* bramble
**rond**  round; fat
**ronger**  to gnaw at; to eat away
**rose**  pink
**roseau**  *m* reed
**roseraie**  *f* rose garden
**roue**  *f* wheel
**rouge**  red
**rougir**  to redden, blush
**rouleau**  *m* coil
**rouler**  to roll; to roll up; to move along
**roulette**  *f* roller; **aller comme sur des roulettes** to go off like clockwork
**roulotte**  *f* gypsy wagon
**roussi**  reddened
**route**  *f* road; route; **en route** under way; in operation
**routier, routière**  *adj* road
**roux, rousse**  red
**rue**  *f* street
**ruisseau**  *m* gutter
**rustre**  *m* lout, boor

### S

**sac**  *m* bag; **sac à main** handbag
**sachet**  *m* small bag
**sage**  good; wise
**saillant**  protuberant
**sain**  healthy
**saisir: se saisir de**  to seize, to catch
**saison**  *f* season
**salaud**  *m* son of a bitch, bastard
**sale**  dirty
**salle**  *f* room; **salle à manger** dining room; **salle de classe** classroom
**salon**  *m* drawing room
**salon de jeu**  *m* cardroom
**salut**  *m* greeting
**samedi**  *m* Saturday
**sang**  *m* blood
**sang-froid**  *m* composure, nerve, cool
**sanglier**  *m* wild boar
**sanglot**  *m* sob

**sangloter**  to sob
**sanguinaire**  blood thirsty, sanguinary
**sans**  without; **sans doute** probably
**santé**  *f* health
**saoul**  drunk; satiated
**saute-mouton**  *m* leapfrog
**sauter**  to jump
**sauvage**  wild
**sauvagesse**  *f* wild woman
**sauver**  to save
**sauveur**  *m* savior
**savoir**  to know; to know how to; to be able to; **savoir gré** to be grateful
**savourer**  to savor
**scandaleusement**  scandalously
**scolaire**  *adj* school
**sec, sèche**  dry
**sèchement**  drily
**secouer**  to shake; to shake off, get rid of
**secourir**  to help
**secours**  *m* help
**secousse**  *f* shake; start
**section**  *f:* **section du Parti** party headquarters
**sécurité**  *f* safety
**séduction**  *f* charm
**seigneur**  *m* lord
**selon**  according to
**semaine**  *f* week
**sembler**  to seem
**semer**  to sow
**sens**  *m* sense; direction; meaning; **bon sens** good sense
**sentiment**  *m* feeling; consciousness
**sentir, se sentir**  to feel
**sept**  seven
**serein**  serene
**sérieux, sérieuse**  serious
**serré**  clenched, squeezed close together
**serrer**  to squeeze; **serrer la main** to shake hands
**serrure**  *f* lock
**servir**  to serve; to be good for; to be used; **se servir de** to use
**seuil**  *m* threshold, doorstep
**seul**  alone; only
**seulement**  only

**si** if; **si on allait** suppose we go
**siège** *m* seat
**sifflement** *m* whistle
**siffler** to whistle; to whistle for
**signal** *m*: **signal d'alarme** alarm
**signaler** to call attention to
**signe** *m* sign; **faire signe** to make a gesture; to wave; to beckon
**silencieux, silencieuse** silent
**similor** *m* imitation gold
**simulacre** *m* enactment; pretense
**simuler** to simulate; to imitate
**singulier, singulière** singular; strange
**sinon** except; if not
**sitôt que** as soon as
**situation** *f* situation; job
**slip** *m* underpants
**sœur** *f* sister
**soigné** well-groomed
**soigner** to take care of
**soigneux, soigneuse** careful
**soin** *m* care; concern
**soir** *m* evening
**soirée** *f* evening; evening party
**soit** so be it; O.K.; **soit... soit...** whether . . . or . . .
**sol** *m* ground
**soldat** *m* soldier
**solennel** solemn
**solitaire** *m* solitaire, single jewel
**somme** *f* sum; **en somme** in short; to sum up
**sommeil** *m* sleep
**sommet** *m* summit
**son** *m* sound
**songer** to think; to dream
**sonner** to ring; to ring the doorbell
**sonnerie** *f* ring
**sort** *m* fate
**sortie** *f* outing, trip
**sortir** to go out; to take out
**sou** *m* sou, penny; money
**soucieux, soucieuse** careful; concerned
**soudain** suddenly
**souffle** *m* breath; **avoir le souffle coupé** to have one's breath taken away
**souffler** to breathe hard; to blow

**souffrance** *f* suffering
**souffrir** to suffer
**souhaiter** to wish; to hope for
**soulagement** *m* relief
**soulager** to relieve
**soulever** to lift; to raise
**soupçon** *m* suspicion
**soupe** *f* soup; meal
**souper** *m* supper
**soupeser** to heft; to feel the weight of
**soupir** *m* sigh
**soupirant** *m* suitor
**soupirer** to sigh
**sourcil** *m* eyebrow
**sourd** dull; deaf
**sourire** *m* smile
**sourire** to smile
**souris** *f* mouse
**sous** under
**sous-chef** *m* second-in-command
**sous-officier** *m* noncommissioned officer
**sous-préfecture** *f* county seat
**soutane** *f* cassock
**soutenir** to bear; to support
**souvenir** *m* memory; souvenir
**souvenir: se souvenir** to remember
**souvent** often
**spectacle** *m* spectacle; show, performance
**sportif, sportive** athletic; **club sportif** sports club
**stopper** to stop
**stupéfait** astounded
**succession** *f* inheritance
**suffire** to suffice; **ça suffit** that's enough
**suffisant** enough, sufficient
**suite** *f* succession; **à la suite de** as a result of; after
**suivre** to follow
**sujet** *m* subject; **au sujet de** about
**superflu** superfluous
**supérieur** upper
**suppléer** to make up for; to supply
**supplier** to beg
**supporter** to bear, stand for
**supprimer** to suppress, do away with
**sur** on

**sûr** sure, certain; **bien sûr** of course
**sûrement** surely
**sûreté** *f* safety
**surexcité** overexcited
**surgir** to rush in; to appear suddenly
**surlendemain** *m* day after the next day, day after tomorrow
**surprendre** to surprise
**surtout** especially; above all
**surveiller** to watch; to survey; **se surveiller** to control oneself
**suspendre** to hang
**syllabe** *f* syllable

## T

**tablier** *m* apron; smock
**tache** *f* spot
**tactique** *f* tactics
**taille** *f* figure, waist
**tailler** to cut
**taire: se taire** to be quiet; to fall silent
**tandis que** while
**tant** so much; **tant que** so long as; **tant pis** so much the worse
**tante** *f* aunt
**tape** *f* tap
**tapir: se tapir** to crouch
**tapissé** bestrewn, covered
**tard** late
**tarder** to delay
**tas** *m* pile; bunch
**tasse** *f* cup
**teindre** to dye, color
**teinte** *f* color
**tel, telle** such
**téléphoniquement** by telephone
**tellement** so much
**témoignage** *m* testimony
**témoigner** to bear witness, testify
**témoin** *m* witness; baton in a relay race
**temps** *m* time; weather
**tenace** tenacious
**tendre** to extend, stretch, reach out; **tendre l'oreille** listen carefully
**tendresses** *f* tokens of affection
**tenir** to hold; **tenir à** to insist on; to value; **ne pouvoir pas y tenir** not to be

able to stand it; **tenir en joue** to aim at (with a rifle); **tenir parole** to keep one's word; **tenez!** look! **se tenir** to stand
**tennis** *m* tennis court
**tentateur, tentatrice** tempting
**tentation** *f* temptation
**tenter** to attempt; to tempt
**terminer** to finish
**terminus** *m* end of the line
**terre** *f* earth; ground; **à terre** on the ground
**terrer: se terrer** to go to ground; to bury oneself
**terreur** *f* terror
**tête** *f* head; face; **tête-à-tête** twosome; **faire non de la tête** to shake one's head
**thé** *m* tea
**tiède** tepid; mild
**tinter** to ring; to chime
**tirer** to draw; to take out; to pull; to shoot
**tiret** *m* blank
**tiroir** *m* drawer
**titre** *m* title; headline
**toboggan** *m* slide
**toile** *f* cloth
**toilette** *f* dress; clothing
**toise** *f* prerevolutionary term of measurement (*about 6½ feet*)
**toiser: toiser du regard** to look at scornfully
**toit** *m* roof
**tombe** *f* tomb
**tombeau** *m* tomb
**tomber** to fall; **tomber d'accord** to agree; **tomber d'un bloc** to fall flat
**ton** *m* tone
**tonnant** thundering
**tonne** *f* ton
**tonner** to thunder; to roar
**toque** *f* hat
**torchon** *m* dishrag; potholder
**torpeur** *f* torpor
**torse** twisted
**tort** *m* wrong; **avoir tort** to be wrong
**tôt** early
**toujours** always; still
**tour** *m* turn; trick; **tour à tour** in turn

**tournée** *f* round; **faire une tournée** to do the rounds

**tourner** to turn; **tourner autour de** to hover around

**tousser** to cough

**tout, toute, tous, toutes** all

**tout** everything; all; very; **tout à coup, tout d'un coup** suddenly; **tout bonnement** quite simply; **tout à fait** completely; **tout à l'heure** later on; **tout de même** after all

**tout-puissant** all-powerful

**traditionnel, traditionnelle** traditional

**trahir** to betray

**trahison** *f* betrayal

**train: en train de** in the act of

**traîner** to drag; to lie around

**trait** *m* stinging remark

**traiter** to treat

**trajet** *m* journey, trip

**tranchant** cutting, sharp

**trancher** to cut

**transmettre** to transmit

**trappe** *f* trapdoor

**travail** *m* work

**travailler** to work

**travers: à travers, en travers** across; through

**traverser** to cross

**tremblement** *m* trembling

**tremper** to soak

**trente** thirty

**très** very

**tressaillir** to give a start; to shudder

**tricot** *m* knitting

**tricoter** to knit

**trinquer** to drink; to drink to the health of

**tripes** *f pl* tripe

**triste** sad

**trois** three

**trompe l'œil** *m* trompe l'œil, imitation of the real thing

**tromper** to deceive; **se tromper** to make a mistake, be wrong

**trottoir** *m* sidewalk

**trou** *m* hole

**troupe** *f* troop

**troupeau** *m* flock

**troupier** *m* trooper

**trouvaille** *f* find; stroke of inspiration

**trouver** to find; to think; **se trouver** to be located; **il se trouve que** it happens that

**tuer** to kill

**tunique** *f* tunic

**type** *m* type; fellow

## U

**un** one

**urne** *f* jar; urn

**usage** *m:* **d'usage** customary

**user** to use

**utile** useful

## V

**vacances** *f pl* vacation

**vacarme** *m* racket, noise

**vague** *f* wave

**vain** vain; **en vain** in vain

**vaincu** vanquished, defeated

**vainqueur** *m* victor

**vainqueur** *adj* victorious

**vaisselle** *f* dishes

**valeur** *f* value

**valise** *f* valise, bag

**vallée** *f* valley

**valoir** to be worth; **valoir mieux** to be better

**vaniteux, vaniteuse** vain

**vanter** to boast about; to vaunt

**vaquer à** to be busy at; to attend to

**vaurien** *m* good-for-nothing

**vécu** lived

**veille** *f* day before, night before

**veiller** to watch over

**vélo** *m* bicycle

**velours** *m* velvet

**velu** hairy

**vendeur** *m* salesman, seller

**vendre** to sell

**vendredi** *m* Friday

**vengeur** avenging

**venir** to come; **venir de** to have just

**vent** *m* wind

ventre  *m* stomach; belly
véritable  veritable, real
vérité  *f* truth
verre  *m* (drinking) glass
verroterie  *f* glass jewelry
vers  toward
verser  to pour
vert  green
vertu  *f* virtue
veste  *f* jacket
veston  *m* jacket
vêtement  *m* article of clothing
vêtir  to dress
veuf  *m* widower
veuvage  *m* widowing; widowhood
veuve  *f* widow
vexer  to vex; to annoy
viande  *f* meat
vicieux, vicieuse  vicious
victoire  *f* victory
vide  empty
vider  to empty
vie  *f* life
vieillard  *m* old man
vieux, vieille  *m* old; **mon vieux** pal, old
  man
vieux-rose  faded pink
vif, **vive**  lively
vigne  *f* vine
vilain  ugly
villageois  *m* villager
ville  *f* city
vin  *m* wine
vingt  twenty
vingtaine  *f* about twenty
virer de bord  to come about
visage  *m* face
vite  quickly
vivant  living, alive

vivement  quickly; earnestly; warmly
vivre  to live; **vivre de l'air du temps** to
  live on air
vociférer  to yell
vogue  *f* fashion; **en vogue** fashionable
voie  *f* way; track
voilà  here is, are; there is, are; **voilà que**
  now
voiler  to veil
voilette  *f* little veil
voir  to see
voisin  *m* neighbor
voiture  *f* car
voix  *f* voice
voler  to steal; to rob
voleur  *m* robber; **à pas de voleur**
  stealthily
volontairement  deliberately
volontiers  gladly
voluptueux, voluptueuse  voluptuous
vomir  to vomit
vouloir  to want; **vouloir bien** to be willing; **vouloir dire** to mean; **en vouloir à** to
  be angry at
voyant  *m* clairvoyant; signal light
vrai  true
vraisemblance  *f* believability
vue  *f* sight

## W

wagon  *m* wagon; carriage

## Y

y  there
yeux  *m pl* eyes

## Z

zéro  zero; **repartir de zéro** to start again
  from scratch